사례로 보는

교원, 공무원 징계(기타불이익, 재임용 거부) 및 소청심사

박교식

박영사

머리말

 이 책은 저자가 교육부 교원소청심사위원회, 교육부 감사관실/사학감사담당관실, 인사혁신처 소청심사위원회에서 소청심사 조사 업무, 행정소송 업무, 감사 업무 등을 수행한 경험을 바탕으로 소청심사 사건의 주요 결정례를 해설한 책입니다.

 교육부 교원소청심사위원회와 인사혁신처 소청심사위원회에서 공개한 2014년부터 2017년까지의 결정례 중에서 교원, 공직자, 업무담당자에게 징계제도의 구체적인 운영과 소청 및 재임용 심사 절차 등에 참고가 될 만한 결정례를 선정하였습니다.

 쟁점을 명확히 하고 가독성을 높이기 위하여 위 결정례의 사실관계 등을 재구성하여 법률적 쟁점에 대한 해설을 기재한바, 이 책에 기재된 내용은 교육부 교원소청심사위원회와 인사혁신처 소청심사위원회의 공식적인 견해와 다를 수 있음을 알려드립니다.

 이 책이 교원과 공직자들이 업무를 수행하는 과정에서 부당한 징계 처분을 받았거나 그 의사에 반하여 불이익한 처분을 받았을 때 정당한 권익 구제에 기여하면서, 업무담당자가 관련 제도를 보다 공정하고 객관적으로 적용하는 데 참조할 수 있는 유익한 참고 자료로 활용될 수 있기를 기대합니다.

2020. 3.

저자 박교식 올림

차   례

01
교원 징계 소청

02
교원 기타불이익 소청

03
교원 재임용 거부 소청

04
공무원 징계 소청

05
공무원 기타불이익 소청

01

교원 징계 소청

[1] 교통사고 사건

주 문

피청구인이 2017. 2. 23. 청구인에게 한 견책 처분을 불문경고 처분으로 변경한다.

이 유

1. 사건 경과

가. 청구인은 2011. 3. 1. A학교 교사로 신규 임용된 후, 2016. 3. 1.부터 현재
까지 B학교에 재직 중이다.

나. 청구인은 2016. 10. 1. 차량을 운행하던 중 교통신호를 위반하여 피해자 C
의 차량에 충격을 주고 전치 약 2주간의 치료가 필요한 상해를 입게 하였다.

다. D지방검찰청은 2016. 12. 21. 청구인에 대해 교통사고처리특례법위반으로
벌금 100만 원의 구약식 처분을 하였다.

라. 피청구인은 2017. 2. 3. E교육청 교육공무원 일반징계위원회에 청구인에 대
한 경징계 의결을 요구하였고, E교육청 교육공무원 일반징계위원회는 2017.
2. 9. 청구인에 대해 견책을 의결하였으며, 피청구인은 2017. 2. 23. 청구인
에게 견책 처분을 하였다.

2. 처분 사유

청구인은 2016. 10. 1. 22:00경 甲시 乙동 丙아파트 앞 교차로에서 丁파출소 쪽
으로 좌회전하던 중 신호가 적색 점멸 신호임에도 일시 정지하지 않고 그대로

진행하던 중 피해자 C의 승용차의 좌측 앞 휀더 부분을 청구인의 차량 우측 앞 범퍼 부분으로 들이받았다. 이로 인해 청구인은 피해자 C에게 약 2주간의 치료를 요하는 요추 염좌 등의 상해를 입혀 교통사고처리특례법위반으로 D지방검찰청으로부터 구약식 처분을 받았다. 이러한 청구인의 행위는 국가공무원법 제63조의 품위유지의 의무를 위반한 것으로 같은 법 제78조 제1항에 해당되어 견책 처분한다.

3. 청구인 주장

청구인의 우발적인 작은 실수에서 기인한 이 사고는 운전자라면 누구나 겪을 수 있는 단순한 사고이고, 사고로 인한 인적·물적 피해 규모 또한 극히 경미한 것으로 청구인은 이미 피해 보상을 완료하였으며, 직무와 무관한 일상적인 교통사고는 교육공무원의 품위 유지와 무관한 것이므로 징계 대상에서 제외되어야 한다.

청구인이 교통사고처리특례법위반으로 이미 벌금을 납부하였고, 교직 경력 동안 징계 전력이 전혀 없으며, 교육장 표창 공적이 있고, 이 사고에 대해 깊이 반성하고 있는 사정 등을 참작하여 이 사건 처분의 취소나 감경을 바란다.

4. 판단

가. 징계 사유의 인정 여부

1) D지방검찰청의 공무원 피의사건 처분 결과 통보서에 의하면, 청구인이 2016. 10. 1. 22:00경 승용차를 운전하여 甲시 乙동 丙아파트 앞 교차로에서 丁파출소 쪽으로 좌회전하던 과정에서, 적색 점멸 신호에 일시 정지 없이 교통신호를 위반한 채 직진하다가 피해자 C가 운행하던 피해차량 좌측 앞 휀더 부분을 청구인 차량 우측 앞 범퍼 부분으로 들이받아 피해자 C에게 약 2주간 치료가 필요한 경추 염좌 등의 상해를 입게 한 사실을 알 수 있다.

2) 청구인에 대한 징계 사유에 대하여는 본 사건에 나타난 증거에 의해 충분히 인정된다. 청구인은 교통법규 위반이 직무와 연관성 없는 일상적인 것이고 교육공무원의 품위 유지와는 무관하므로 징계 대상에서 제외되어야 한다고 주장하고 있으나, 공무원은 직무의 내외를 불문하고 그 품위가 손상되지 않도록 노력해야 할 의무가 있고 이는 법률을 준수할 의무를 포함한다. 청구인

이 교통사고처리특례법 제3조에서 규정하고 있는 도로교통법 제5조(신호 또는 지시에 따를 의무)를 위반하여 상대 차량 운전자에게 상해를 입힌 점은 공직자로서의 품위 유지 의무를 위반한 징계 사유로 인정된다.

나. 징계 양정의 적정 여부

1) 청구인에 대한 징계 사유는 인정되나, ① 이 사건은 교통사고처리특례법을 위반한 비위 행위로 청구인의 직무와는 무관한 점, ② 청구인이 사고 당일 학생들의 야간 자율학습 지도를 하고 늦은 시간 퇴근하는 길에 이 사건 사고를 일으킨 점, ③ 청구인이 일으킨 교통사고는 단순·경미한 사고로 인적·물적 피해 보상을 완료한 점, ④ 사고 발생에 고의성이 없어 보이고 청구인이 본인의 실수를 인정하며 잘못을 반성하고 있는 점 등을 고려할 때 이 사건으로 인한 징계 양정이 다소 과중하므로, 피청구인이 청구인에게 한 견책 처분을 불문경고 처분으로 변경한다.

5. 결론

이상에서 살펴본 바와 같이 청구인에 대한 징계 사유가 인정되지만, 이 사건 견책 처분은 여러 가지 정상 사정을 고려할 때 과중하다고 할 것이므로 주문과 같이 결정한다.

※ 본 사안은 교원소청심사위원회 2017년도 결정문집 Ⅰ. 징계 처분 결정 연번 1번 등을 바탕으로 재구성한 사안입니다.

▣ 사안의 해설

본 사안에서는 청구인의 과실로 교통사고가 발생하여 피해자 C가 상해를 입었고 청구인은 관련 형사 사건에서 교통사고처리특례법 위반으로 벌금형을 선고받았습니다. 과실로 발생한 교통사고 사건을 품위유지위반의 징계 사유로 인정할 수 있는지에 대해 다음에서 상세히 살펴보도록 하겠습니다.

◉ 쟁점: 교통사고 사건이 품위 유지의 의무 위반의 징계 사유로 인정되는 지 여부

교육공무원에 대해서는 국가공무원법상 징계 사유가 적용된다고 할 것인데, 국가공무원법 제63조에서는 직무의 내외를 불문하고 그 품위가 손상하는 행위를 하여서는 아니 된다고 규정하고 있습니다.

또한, 판례에서도 교육공무원의 품위손상행위는 본인은 물론 공직사회에 대한 국민의 신뢰를 실추시킬 우려가 있으므로 사적인 부분에 있어서도 건실한 생활을 할 것을 요구하는 품위 유지 의무를 규정하고 있다는 취지로 판시하고 있습니다 (대법원 1987. 12. 8. 선고 87누657, 87누658 판결 등 참조).

본 사안에서는 위 법리에 따라 이 사건 교통사고와 같은 과실에 의한 교통사고도 징계 사유로 인정하였습니다. 다만, 본 사안의 징계 양정을 정함에 있어서 이 사건 교통사고가 청구인의 직무와는 무관한 점과 기타 정상을 참작하여 견책에서 불문경고로 감경하였습니다.

교직사회에 대한 국민의 신뢰를 실추시킬 우려를 배제하기 위하여 원칙적으로 직무 외적인 부분에 대해서도 품위 유지 의무 위반으로 봄이 상당하다 할 것입니다. 다만, 실제 사안의 적용에 있어서는 직무와 관계가 없는 단순한 과실에 의한 행위로서 사회통념에 비추어 교원의 품위를 손상하지 아니하였거나 그 정도가 현저히 경미하다면 징계 사유로 인정할 수 없다고 달리 해석할 여지도 있어 보입니다.

❑ 관계 법령

국가공무원법 제63조(품위 유지의 의무)
공무원은 직무의 내외를 불문하고 그 품위가 손상되는 행위를 하여서는 아니 된다.

❏ 관련 판례

❍ 품위 유지의 의무 위반의 범위에 대해 사적인 부분을 포함한 사안
－대법원 1987. 12. 8. 선고 87누657, 87누658 판결 등 참조

국민으로부터 널리 공무를 수탁하여 국민 전체를 위해 근무하는 공무원의 지위를 고려할 때 공무원의 품위손상행위는 본인은 물론 공직사회에 대한 국민의 신뢰를 실추시킬 우려가 있으므로 지방공무원법 제55조는 국가공무원법 제63조와 함께 공무원에게 직무와 관련된 부분은 물론 사적인 부분에 있어서도 건실한 생활을 할 것을 요구하는 '품위 유지 의무'를 규정하고 있고, 여기에서 품위라 함은 주권자인 국민의 수임자로서의 직책을 맡아 수행해 나가기에 손색이 없는 인품을 말한다고 할 것이다.

[2] 음주운전 사건

주 문

청구인의 청구를 기각한다.

이 유

1. 사건 경과

가. 청구인은 2007. 3. 1. A고등학교 교사로 신규 임용되었고, 2011. 3. 1. B고등학교에서 근무하고 있는 자이다.

나. 청구인은 2014. 7. 1. 22:45경 혈중알코올농도 0.051%의 주취 상태에서 청구인의 자동차를 운전하다 음주운전 검문에 적발되었다.

다. 청구인은 2014. 7. 25. C지방검찰청으로부터 도로교통법위반(음주운전)으로 기소유예 처분을 받았다.

라. 피청구인은 2014. 8. 14. 청구인에 대한 징계 의결을 요구하였고, 징계위원회는 2014. 9. 24. 청구인에 대해 견책으로 의결하였으며, 피청구인은 2014. 10. 8. 청구인에게 견책 처분을 하였다.

2. 처분 사유

청구인은 2014. 7. 1. 22:45경 혈중알코올농도 0.051%의 주취 상태에서 청구인의 자동차를 운전하다 음주운전 검문에 적발된 사실로 2014. 7. 25. C지방검찰청으로부터 기소유예 처분을 받았다. 이는 국가공무원법 제63조(품위 유지의 의무)를 위반한 것이다.

3. 청구인 주장

음주운전 사실에 대하여 인정하며, 진정으로 반성하고 있다(이하 중략).

4. 판단

가. 징계 사유의 인정 여부

1) 도로교통법 제44조는 술에 취한 상태에서의 운전 금지를 규정하고 있는데, 제4항에서 술에 취한 상태의 기준으로 운전자의 혈중알코올농도를 0.05퍼센트 이상인 경우로 규정하고 있다.[1]

2) 청구인이 2014. 7. 1. 22:45경 甲시 乙구 丙동 丁삼거리 앞 도로상에서 혈중알코올농도 0.051%의 주취 상태로 청구인 소유 자동차를 운전한 사실에 대하여는 양 당사자 사이에 다툼이 없다.

3) 그렇다면 청구인이 도로교통법에서 금지하고 있는 음주운전을 한 행위는 국가공무원법 제63조(품위 유지의 의무)를 위반한 것으로 징계 사유가 인정된다.

나. 징계 양정의 적정 여부

청구인에 대한 징계 사유가 인정되고, 피청구인 음주운전 사건 처리 기준에 따르면 음주운전(0.05~0.10%)으로 기소유예된 경우 경징계(견책)로 징계기준이 제시되어 있는 점, 교육공무원 징계 양정 등에 관한 규칙 제4조 제2항에 따라 음주운전으로 징계의 대상이 된 경우에는 징계 감경할 수 없는 점 등을 종합할 때, 청구인이 주장하는 사정들로 이 사건 견책 처분이 징계 재량권을 일탈·남용하여 위법하다고 할 수 없다.

5. 결론

청구인의 청구는 이유 없으므로 주문과 같이 결정한다.

※ 본 사안은 교원소청심사위원회 2014년도 결정문집 I. 징계 처분 결정 연번 6번 등을 바탕으로 재구성한 사안입니다.

---

[1] 19. 6. 25.자로 시행 중인 도로교통법 제44조에 따르면 운전이 금지되는 술에 취한 상태의 기준은 운전자의 혈중알코올농도가 0.03퍼센트 이상인 경우로 합니다.

▣ 사안의 해설

본 사안에서는 청구인이 음주운전을 하였고, 이로 인해 관련 형사 사건에서 도로교통법 위반으로 기소유예 처분을 받았습니다.

교육공무원에 대해서는 국가공무원법상 징계 사유가 적용된다고 할 것인데, 국가공무원법 제63조에서는 품위 유지에 대해 직무의 내외를 불문하고 그 품위가 손상하는 행위를 하여서는 아니 된다고 규정하고 있습니다. 이에 음주운전, 불건전한 이성교제, 도박 등과 같이 비위사실이 직접적으로 직무와 관련되어 있지 않다고 하더라도 징계 사유에 해당할 수 있습니다.

아래에서는 본 사안과 같은 음주운전 위반 사안에 대한 구체적인 징계 양정에 대해 중점적으로 살펴보겠습니다.

◉ 쟁점: 음주운전 위반 사안에 대한 징계 양정

징계 양정의 적정성에 대해서는 청구인이 소청심사나 소송 단계에서 이를 다툴 수 있습니다. 교원소청에 관한 규정 제16조 제4항에 따르면, 심사위원회는 소청심사청구의 대상이 되는 처분보다 청구인에게 불이익한 결정을 하지 못하는바, 소청심사 단계에서 징계 양정을 다툰다고 하여 청구인에게 불이익한 방향으로 징계 양정이 가중되지는 않습니다.

한편, 판례의 판시 내용(대법원 2006. 12. 21. 선고 2006두16274 판결 참조) 따르면 징계권자인 피청구인이 청구인에게 징계 사유가 있어서 징계 처분을 하는 경우 어떠한 처분을 할 것인가는 피청구인의 재량에 맡겨진 것이므로 징계 양정으로 인하여 위법하다고 하기 위해서는 피청구인이 재량권의 행사로서 한 징계 처분이 사회통념상 현저하게 타당성을 잃어 재량권을 남용한 것이라고 인정되는 경우에 한한다고 할 것입니다.

징계 양정의 적정성을 살펴볼 수 있는 참조 기준으로는 교육공무원 징계 양정 등에 관한 규칙을 참조할 수 있습니다. 이는 징계위원회 단계에서 국·공립 교원에 대하여 적용되는 규칙이나 사립 교원에 대해서도 이를 참조하여 양정을 정할 수 있다고 할 것이며, 소청심사 단계에서도 위 기준이 양정의 적정성을 참조하는 자료로 유의미하게 활용될 수 있다고 할 것입니다.

음주운전의 경우에는 공무원 징계령 시행규칙을 준용하도록 규정하고 있는데, 공무원 징계령 시행규칙에 따르면 음주운전 횟수, 혈중알코올농도, 물적·인적 피해 유무 등을 중심으로 하여 음주운전 사안에 대한 기준을 정하고 있습니다.

다만, 모든 음주운전 사안에 대하여 위 기준의 내용이 일률적·기계적으로 적용된다고는 보기 어렵고, 위 기준 내 양정 요소에 더하여 비위의 정도 및 과실의 경중, 청구인의 근무성적, 공적, 뉘우치는 정도 등도 종합적으로 검토된다고 봄이 상당하다 할 것입니다.

한편, 아래의 음주운전 기준은 ① 2018. 5. 30.자 개정된 음주운전 징계기준과 ② 2019. 6. 25.자 개정된 음주운전 징계기준입니다. 음주운전에 대한 징계 양정 기준은 신분상 불이익이 강화되는 방향으로 개정되고 있는 추세이며, 징계 처분과 더불어 전보, 의원 면직 제한, 근무평정, 승진 제한 등의 불이익을 부과하는 경향을 보이고 있다는 점을 유의할 필요가 있습니다.

[① 2018. 5. 30.자 개정된 음주운전 징계기준]

음주운전 유형		처리기준	비고
최초 음주운전을 한 경우	혈중알코올농도가 0.1퍼센트 미만인 경우	감봉 - 견책	1. "음주운전"이란 「도로교통법」 제44조 제1항을 위반하여 음주운전을 한 것을 말한다.
	혈중알코올농도가 0.1퍼센트 이상인 경우 또는 음주측정불응의 경우	정직 - 감봉	2. "음주측정 불응"이란 「도로교통법」 제44조제2항을 위반하여 음주측정에 불응한 것을 말한다.
2회 음주운전을 한 경우		해임 - 정직	3. "중상해"란 뇌 또는 주요 장기에 대한 중대한 손상, 사지절단 등 신체 중요

3회 이상 음주운전을 한 경우	파면 - 해임	부분의 상실·중대변형, 신체기능의 영구 상실 등 완치 가능성이 희박한 불구·불치의 부상·질병 또는 이에 상응하는 부상·질병을 말한다.
음주운전으로 운전면허가 정지 또는 취소된 상태에서 운전을 한 경우	정직 - 감봉	
음주운전으로 운전면허가 정지 또는 취소된 상태에서 음주운전을 한 경우	해임 - 정직	4. "운전업무 관련 공무원"이란 운전직류 및 집배운영직류 공무원 등 운전을 주요 업무로 하는 공무원을 말한다. 다만, 운전업무 관련 공무원이 음주운전을 하였더라도 운전면허취소나 운전면허정지 처분을 받지 않은 경우에는 혈중알코올농도에 따른 징계 처리기준을 적용한다.

음주운전으로 인적·물적 피해가 있는 교통사고를 일으킨 경우	경상해 또는 물적 피해의 경우	정직 - 감봉	
	중상해의 경우	해임 - 정직	
	사망사고의 경우	해임 - 강등	
	사고 후 「도로교통법」 제54조제1항에 따른 조치를 하지 않은 경우	파면 - 정직	
운전업무 관련 공무원이 음주운전을 한 경우	면허취소 처분을 받은 경우	파면 - 해임	
	면허정지 처분을 받은 경우	강등 - 정직	

[② 2019. 6. 25.자 개정된 음주운전 징계기준]

음주운전 유형		처리기준	비고
최초 음주운전을 한 경우	혈중알코올농도가 0.08퍼센트 미만인 경우	정직 - 감봉	1. "음주운전"이란 「도로교통법」 제44조제1항을 위반하여 음주운전을 한 것을 말한다.
	혈중알코올농도가 0.08퍼센트 이상인 경우 및 음주측정 불응의 경우	강등 - 정직	2. "음주측정 불응"이란 「도로교통법」 제44조제2항을 위반하여 음주측정에 불응한 것을 말한다.
2회 음주운전을 한 경우		파면 - 강등	3. "운전업무 관련 공무원"이란 운전직류 및 집배운영직류 공무원 등 운전을 주요 업무로 하는 공무원을 말한다. 다만, 운전업무 관련 공무원이 음주운전을 하였더라도 운전면허취소나 운전면허정지 처분을 받지 않은 경우에는 혈중알코올농도에 따른 징계 처리기준을 적용한다.
3회 이상 음주운전을 한 경우		파면 - 해임	
음주운전으로 운전면허가 정지 또는 취소된 상태에서 운전을 한 경우		강등 - 정직	
음주운전으로 운전면허가 정지 또는 취소된 상태에서 음주운전을 한 경우		파면 - 강등	4. 음주운전 횟수를 산정할 때에는 행정안전부령 제253호 공무원 징계령 시행규칙 일부개정령의 시행일인 2011년 12
음주운전으로 인적·물적 피해가 있는 교통사고를	상해 또는 물적 피해의 경우	해임 - 정직	
	사망사고의 경우	파면 - 해임	

		물적 피해 후 도주한 경우	해임 - 정직	월 1일 이후 행한 음주운전부터 산정한다.
일으킨 경우	사고 후 「도로교통법」 제54조제1항에 따른 조치를 하지 않은 경우	인적 피해 후 도주한 경우	파면 - 해임	
운전업무 관련 공무원이 음주운전을 한 경우	면허취소 처분을 받은 경우		파면 - 해임	
	면허정지 처분을 받은 경우		해임 - 정직	

❏ 관련 판례

❍ 징계 양정을 정함에 있어 재량권 일탈 · 남용 판단기준
－대법원 2006. 12. 21. 선고 2006두16274 판결 등 참조

공무원인 피징계자에게 징계 사유가 있어서 징계 처분을 하는 경우 어떠한 처분을 할 것인가는 징계권자의 재량에 맡겨진 것이므로, 그 징계 처분이 위법하다고 하기 위해서는 징계권자가 재량권의 행사로서 한 징계 처분이 사회 통념상 현저하게 타당성을 잃어 징계권자에게 맡겨진 재량권을 남용한 것이라고 인정되는 경우에 한한다. 그리고 공무원에 대한 징계 처분이 사회통념상 현저하게 타당성을 잃었는지 여부는 구체적인 사례에 따라 직무의 특성, 징계의 원인이 된 비위사실의 내용과 성질, 징계에 의하여 달성하려고 하는 행정목적, 징계 양정의 기준 등 여러 요소를 종합하여 판단하여야 한다.

[3] 교통사고 발생 후 도주 혐의 사건

주 문

청구인의 청구를 기각한다.

이 유

1. 사건 경과

가. 청구인은 2002. 9. 1. A대학 교수로 신규 임용되어 현재까지 재직 중이다.

나. 청구인은 2015. 12. 2. 甲시 乙로 丙교차로를 丁차량으로 주행 중에 교차로 를 통행 중인 승용차를 충격하였다.

다. B지방검찰청은 2016. 1. 11. 청구인에 대해 특정범죄 가중처벌 등에 관한 법률위반(도주차량)과 도로교통법위반(사고후미조치) 혐의로 공소 제기하 였고, 청구인은 1심 판결 결과 벌금 700만 원을 선고받았으나 항소하여 현 재 항소심이 진행 중이다.

라. 피청구인은 2016. 1. 29. A대학교 일반징계위원회에 청구인에 대한 징계 의 결을 요구하였고, A대학교 일반징계위원회는 2016. 5. 12. 청구인에 대하여 견책을 의결하였으며, 이에 피청구인은 2016. 5. 18. 청구인에게 견책 처분 을 하였다.

2. 처분 사유

청구인은 2015. 12. 2. 22:07경 승용차를 운전하여 甲시 乙로에 있는 丙교차로 앞 편도 3차로의 도로 진행 시 전방 주시 태만으로 진행 방향 좌측에서 우측으로 교차로를 통행하던 피해자 C가 운전하는 승용차 우측 뒤 범퍼 부분을 충격하여 피해자에게 약 2주간의 치료가 필요한 상해를 입게 하였고, 위 승용차를 손괴하고도 즉시 정차하여 피해자를 구호하는 등 필요한 조치를 취하지 않고 그대로 도주한 사실이 인정된다.

청구인의 이와 같은 행위는 특정범죄 가중처벌 등에 관한 법률 위반(도주차량) 및 도로교통법(사고후미조치)을 위반한 행위로 국가공무원법 제56조 및 제63조 위반에 해당되어 징계 사유로 인정된다.

3. 청구인 주장

가. 청구인은 교통사고 직후에는 사고임을 인지하지 못해 현장을 이탈하였지만 5분 후 청구인의 차에 이상이 생겨 사고임을 확인한 다음 현장에 복귀하여 경찰 신고, 음주 측정, 신분 확인, 사고 수습, 피해자 구호, 보험사 연락 등 사고 후 조치에 최선을 다했다.

나. 청구인은 사고 당시 왼쪽에서 접근하는 차량을 보지 못했기에 사고임을 예측하지 못했고, 순식간에 사고 현장에서 사라진 차량을 전혀 보지 못했을 뿐만 아니라 청구인의 차량에서도 충격과 파손 등 이상이 없었기에 그냥 진행한 것이었다.
(이하 중략)

4. 판단

가. 징계 사유의 인정 여부

청구인은 사고 후 즉시 후속 조치를 하지 못한 사실을 인정하나 고의가 아니었다고 주장한다. 살피건대, B지방법원은 '야간이고 황색 점멸 신호기가 작동되고 있었으므로 자동차의 운전 업무에 종사하는 사람으로서는 사고를 미연에 방지하여야 할 업무상 주의 의무가 있음에도 불구하고 피고인은 전방 주시를 게을리한 채 과실로 그대로 진행하여 피고인의 진행 방향 좌측에서 우측으로 교차로를 통행하던 피해자가 운전하는 승용차 우측 뒤 범퍼 부분을 피고인의 승용차 우측 앞 범퍼 부분으로 충격하여 피해자에게 약 2주간의 치료가 필요한 상해를 입게 함과 동시에 승용차 수리비 300만 원이 들도록 손괴하고도 즉시 정차하여 피해자 구호 등의 필요한 조치를 취하지 않고 도주하였다.'라고 판시하고 있고 청구인의 도주에 고의를 인정하여 청구인에게 벌금 700만 원을 선고하였으며, B지방검찰청의 수사에서도 사고 당시 인지하지 못하였다는 청구인의 주장이 인정되지 않아 청구인이 특정범죄 가중처벌 등에 관한 법률 및 도로교통법을 위반한 사실이 확인되는바, 높은 도덕성이 요구되는 대학 교수로서 교통사고를 일으킨 후 적절한 사고 후 조치를 취하지 않은 청구인의 징계 사유가 인정된다.

나. 징계 양정의 적정 여부

1) 징계권자가 공무원인 피징계자에게 징계 사유가 있어서 징계 처분을 하는 경우 어떠한 처분을 할 것인가는 징계권자의 재량에 맡겨진 것이므로 그 징계 처분이 위법하다고 하기 위해서는 징계권자가 재량권의 행사로서 한 징계 처분이 사회 통념상 현저하게 타당성을 잃어 징계권자에게 맡겨진 재량권을 남용한 것이라고 인정되는 경우에 한한다(대법원 2006. 12. 21. 선고 2006두16274 판결 참조)고 할 것이다.

2) 이상에서 살펴본 바와 같이 청구인에 대한 징계 사유가 인정되고, 청구인이 피해자에게 상해를 입히고도 즉시 구호 조치를 않고 현장을 이탈한 점이 인정되어 B지방법원에서 청구인에게 벌금 700만 원을 선고 한 점, 교육공무원 징계 양정 등에 관한 규칙의 징계기준에 따르면 품위 유지의 의무 위반 중 비위 정도가 약하고 경과실인 경우 최소한 견책이 예정되어 있고, 피청구인이 청구인의 근무 태도와 징계 전력 등이 없음을 고려하여 가장 낮은 처분인 견책을 처분한 점 등을 고려하였을 때 이 사건 처분이 사회 통념상 현저하게 재량권을 일탈·남용한 것으로 보기 어렵다 할 것이다.

5. 결론

이상에서 살펴본 바와 같이, 청구인에 대한 징계 사유가 인정되고 징계 양정도 과중하지 않다고 판단되므로 주문과 같이 결정한다.

※ 본 사안은 교원소청심사위원회 2016년도 결정문집 Ⅰ. 징계 처분 결정 연번 9번 등을 바탕으로 재구성한 사안입니다.

▣ 사안의 해설

본 사안에서는 청구인이 운전 중에 다른 차량을 충격하고 그대로 도주하였다는 사유로 징계 처분을 받았으며, 청구인은 도주의 고의 부분을 부인하고 있는 것으로 보입니다. 한편, 관련 형사판결은 1심에서 유죄가 선고되었으나, 형이 확정되지 아니하였고 이 사건 심사 당시 항소심이 진행 중인 것으로 보입니다.

아래에서는 미확정 형사 유죄 판결문을 이 사건 징계 원인 사실을 인정하는 증거로 사용할 수 있는지 여부에 대해 상세히 살펴보도록 하겠습니다.

◉ 쟁점: 미확정 형사판결문을 증거로 하여 징계 사유를 인정할 수 있는지 여부

판례에서는 '판결서 중에서 한 사실판단을 그 사실을 증명하기 위하여 이용하는 것을 불허하는 것이 아니어서 이를 이용하는 경우에는 판결서도 그 한도 내에서는 보고문서라 할 것이고, 판결이 확정되지 아니한 것이라고 하여 증거로 사용될 수 없다고는 할 수 없고 다만 그 신빙성이 문제될 수 있을 뿐이다.'고 판시(대법원 1995. 4. 28. 선고 94누11583 판결 참조)하고 있습니다.

이에 따르면 아직 확정되지 않은 형사판결문이라고 해도 징계 원인 사실을 인정하는 증거로 사용할 수 있으며, 통상의 경우에는 그 신빙성도 상당하다고 평가할 수 있습니다.

다만, 청구인이 징계의 원인이 되는 혐의 사실을 부인하고 있으며 관련 형사 사건에서 유무죄 다툼이 유의미하게 있는 경우에는, 청구인으로서는 소청심사 및 소송 단계에서 형사판결의 확정시까지 기일 연기 신청 등을 검토해 볼 수 있다고 할 것입니다.

❑ 관련 판례

⃝ 미확정 판결문을 증거로 활용할 수 있는지 여부

　－대법원 1995. 4. 28. 선고 94누11583 판결 등 참조

　판결서 중에서 한 사실판단을 그 사실을 증명하기 위하여 이용하는 것을 불허하는 것이 아니어서 이를 이용하는 경우에는 판결서도 그 한도 내에서는 보고문서라 할 것이고, 판결이 확정되지 아니한 것이라고 하여 증거로 사용될 수 없다고는 할 수 없고 다만 그 신빙성이 문제될 수 있을 뿐이다.

[4] 아동성추행 혐의 사건

주 문

청구인의 청구를 기각한다.

이 유

1. 사건 개요

청구인은 2012. 9. 1.부터 A초등학교에서 근무하던 중, '13세 미만 미성년자 강제추행'의 사유로 2014. 5. 1. B지방법원으로부터 벌금 1천만 원, 80시간 성폭력 치료 수강 처분을 받아 2014. 5. 16. 피청구인으로부터 해임 처분을 받았다.

2. 처분 사유

가. 2013. 11. 중순경 12:10경 A초등학교 현관에서 신발을 신고 있던 피해자 C(여, 11세)에게 다가가 양손으로 좌우측 허리 부위를 잡고 문지르는 등 행위를 하였다.

나. 2013. 11. 14. 체육 시간에 A초등학교 운동장 계단에 앉아 있다가 인사하던 피해자 D(여, 11세)를 뒤에서 겨드랑이 사이로 양손을 넣어 옆구리 부위를 만지는 등의 행위를 하였다.

다. 2013. 11. 21. 12:40경 A초등학교 보건실에서 피해자 C(여, 11세)를 뒤에서 겨드랑이 사이로 양손을 넣어 옆구리 부위를 만지는 등의 행위를 하였다.

3. 청구인 주장

청구인은 2014. 5. 2. 징계위원회 소속 장학사에게 2014. 5. 7. 징계위원회 개최에 대해 진술서는 지난번에 제출하였고, 이번에는 2014. 5. 2.자로 항소하고 있다는 사실을 통보하였다. 징계위원회는 사건의 종결이 아니라 2심으로 항소하여 계속 진행 중인 사안을 재판의 3심 제도를 무시하여 해임한 것으로 해임처분 취소 청구를 하는 것이다.

4. 판 단

가. 징계 절차상 하자 여부

공무원에게 징계 사유가 인정되는 이상 관계된 형사 사건이 아직 유죄로 인정되지 아니하였거나 수사기관에서 이를 수사 중에 있다 하여도 징계 처분은 할 수 있는 것으로(대법원 1984. 9. 11. 선고 84누110 판결 참조), 청구인의 주장은 이유없다 할 것이다.

나. 징계 사유의 인정 여부

1) ① 청구인이 2013. 11. 중순경 12:10경 A초등학교 현관에서 신발을 신고 있던 피해자 C(여, 11세)에게 다가가 양손으로 좌우측 허리 부위를 잡고 문지르는 사실, ② 2013. 11. 14. 체육 시간에 A초등학교 운동장 계단에 앉아 있다가 인사하던 피해자 D(여, 11세)를 뒤에서 겨드랑이 사이로 양손을 넣어 옆구리 부위를 만진 사실, ③ 2013. 11. 21. 12:40경 A초등학교 보건실에서 피해자 C(여, 11세)를 뒤에서 겨드랑이 사이로 양손을 넣어 옆구리 부위를 만지는 등 불필요한 신체적 접촉들을 한 행위는 양 당사자 간 다툼이 없다.

2) 피청구인과의 문답 과정에서도 징계 사유를 인정한 사실과 학생 진술서 등을 비추어 볼 때, 청구인이 피해자의 부모와 합의를 하였다고 하더라도 청구인의 행위를 정당화시킬 수 없다 할 것이고, 징계 사유는 인정된다 할 것이다.

다. 징계 양정의 적정 여부

앞에서 살펴본 바와 같이 고도의 도덕성과 사회적으로 모범이 되어야 할 교원으로서 미성년자에 대한 강제추행의 행위는 품위를 크게 손상한 것으로, 피청구인이 청구인에게 한 원처분은 재량권을 일탈·남용하였다고 보기 어렵다.

5. 결론

이상에서 살펴본 바와 같이 청구인의 미성년자 강제추행에 대한 해임 처분 취소 주장은 이유 없다 할 것이어서 주문과 같이 결정한다.

※ 본 사안은 교원소청심사위원회 2014년도 결정문집 Ⅰ. 징계 처분 결정 연번 12번 등을 바탕으로 재구성한 사안입니다.

▣ 사안의 해설

본 사안에서는 관련 형사 사건이 2심에서 진행 중이었음에도 징계위원회에서 징계 의결이 있었는데, 위와 같은 징계 의결이 적법한지가 쟁점이 되었습니다.

◉ 쟁점: 관련 형사 사건이 진행 중인데 징계 의결이 가능한지 여부

교원관계의 질서유지를 위하여 교원의 교육공무원 내지 사립학교법 위반행위에 대해 신분상 불이익을 부과하는 징계 처분은 아래와 같이 형사벌과 권력의 기초, 목적, 내용, 대상 등을 달리합니다.

	징계 처분	형사벌
권력의 기초	교원의 근무관계에서 사용자로서의 권한	국가통치권
목적	교원관계의 질서유지	일반법익의 보호
내용	주로 신분상 이익의 박탈	주로 신체적 자유 및 재산상 이익의 제한
대상	교육공무원 내지 사립학교법상의 의무위반	형사법상 반사회적 법익위반

위와 같이 징계 처분과 형사벌은 서로 다른 성질을 가지는 것으로, 징계 처분은 형사처벌에 수반하여 이루어지는 것이 아니며 별도로 진행할 수 있다고 보아야 할 것이고, 위 결정에서 인용한 대법원 판례(대법원 84누110)도 이와 같은 맥락으로 해석됩니다.

또한, 이에 더하여 대법원은 '징계혐의 사실의 인정은 형사재판의 유죄확정 여부와는 무관한 것이므로 형사재판 절차에서 유죄의 확정판결을 받기 전이라도 징계혐의 사실은 인정될 수 있는 것이며 그와 같은 징계혐의 사실인정은 무죄추정에 관한 헌법 제26조 제4항 또는 형사소송법 제275조의2 규정에 저촉된다고도 볼 수 없다(대법원 1986. 6. 10. 선고 85누407 판결 등 참조)'고 판시하고 있는바, 이를 종합적으로 고려하여 볼 때 이 사건 징계위원회에서 징계 의결은 적법하다고 할 것입니다.

[5] 명예훼손 혐의 사건

주 문

피청구인이 2016. 3. 14. 청구인에게 한 해임 처분을 취소한다.

이 유

1. 사건 경과

가. 청구인은 1984. 3. 1. 甲대학교에 신규 임용되었다.

나. 甲대학교 원로교수모임은 2014. 6. 9. 甲대학교 전 총장(A)의 비리 및 이사
   장(B) 퇴진, 동료교수 복직 등 관련 성명서를 발표하였다.

다. 피청구인은 2016. 1. 15. 교원인사위원회 심의, 2016. 1. 21. 甲대학교 총장
   의 제청, 2016. 2. 18. 이사회의 의결을 거쳐, 2016. 2. 19. 청구인에 대한
   징계 의결을 요구하였다.

라. 교원징계위원회는 2016. 3. 8. 청구인에 대한 해임 처분을 의결하였고, 피청
   구인은 2016. 3. 14. 청구인에게 해임 처분을 하였다.

2. 처분 사유

사실과 다르거나 불명확한 내용을 포함한 원로교수 성명서를 발표하고자 하는
목적에서 2014. 6. 2. 다수의 교수들에게 메일을 보내어 참여를 독려한 사실이
있으며, 이로 인해 정상적인 학교 운영을 방해하고 학내 질서를 문란하게 하
였음

3. 청구인 주장

피청구인이 사실이 아니라고 주장하고 있는 내용 등은 모두 사실이며 적어도 진실이라고 믿을 만한 상당한 이유가 있는 것이다. 또한, 청구인의 행위와 그동안의 공적, 피청구인의 학교 운영 실태 등을 고려할 때, 이 사건에서 청구인에 대한 해임 처분은 심히 과중하여 위법한 것이다.

4. 판단

가. 징계 사유 인정 여부

1) 이 사건에서 청구인에 대한 징계 사유는, 사실과 다른 내용을 포함한 2014. 6. 9.자 원로교수 성명서를 발표하고자 2014. 6. 2. 다수의 교수들에게 메일을 보내어 참여를 독려하였다는 것이다.

2) 대법원 판례에 의하면, 어떤 표현이 타인의 명예를 훼손한 것이라도 그 표현이 공공의 이익에 관한 사항으로서 그 목적이 오로지 공공의 이익을 위한 것일 때에는, 진실한 사실이거나 행위자가 그것을 진실이라고 믿을 만한 상당한 이유가 있는 경우 위법성이 없다고 할 것인바, 여기서 '그 목적이 오로지 공공의 이익을 위한 것일 때'라 함은 적시된 사실이 객관적으로 볼 때 공공의 이익에 관한 것으로서 행위자도 공공의 이익을 위하여 그 사실을 적시한 것을 의미하는데, 행위자의 주요한 목적이나 동기가 공공의 이익을 위한 것이라면 부수적으로 다른 사익적 목적이나 동기가 내포되어 있더라도 무방하고, 여기서 '진실한 사실'이라고 함은 그 내용 전체의 취지를 살펴볼 때 중요한 부분이 객관적 사실과 합치되는 사실이라는 의미로 세부에 있어 진실과 약간 차이가 나거나 다소 과장된 표현이 있어도 무방하다(대법원 2002. 1. 22. 선고 2000다37524 판결 참조).

3) 피청구인에 대한 2014. 1. 13.자 회계 부분 감사 처분 통보 및 관련 지방법원 판결에 따르면, 피청구인 측이 ① 수익용, 교육용 기본 재산 관리 부당, ② 회계 비리를 저지른 전 총장 의원면직 부당, ③ 이사장의 해외 출장비, 판공비 업무상 횡령 등 학교법인 운영을 파행적으로 한 사실을 알 수 있고, 그로 인해 피청구인의 이사장에 대해서는 임원 취임 승인 취소 및 고발, 전 총장에 대해서는 해임 요구 및 수사 의뢰 등의 조치가 취해진 사실을 알 수 있다.

4) 이상을 종합하면 위 2014. 6. 9.자 원로교수 성명서 발표 행위는 학교 법인 운영의 정상화라는 공익적 목적을 위해 진실이거나 최소한 진실이라고 믿을 만한 상당한 이유가 있는 내용을 발표한 경우에 해당하므로 그 위법성이 인정되지 않아 형사상 범죄를 구성하지 않음은 물론 징계 사유에도 해당할 수 없는 것인바, 위와 같은 성명서 발표를 위해 청구인이 다른 교수들에게 이메일을 보내 참여 의사를 물은 행위 역시 징계 사유에 해당하지 않는다.

5. 결론

이상에서 살펴본 바와 같이 청구인에 대한 징계 사유가 인정되지 아니하므로 주문과 같이 결정한다.

※ 본 사안은 교원소청심사위원회 2016년도 결정문집 Ⅰ. 징계 처분 결정 연번 6번 등을 바탕으로 재구성한 사안입니다.

▣ 사안의 해설

본 사안에서의 쟁점은 명예훼손의 징계 사유 인정 여부입니다. 명예훼손에 관한 형법상 법리를 적용하여 명예훼손죄 여부를 판단하고, 이를 기초로 징계 사유 인정 여부를 판단한 것으로 보입니다.

◉ 쟁점: 명예훼손 인정 여부

형법에서는 어떤 표현이 타인의 명예를 훼손한 것이라도, 공공성(해당 표현이 공공의 이익을 위한 것인지 여부)과 진실성(진실한 사실이거나, 청구인이 이를 진실이라고 믿을 만한 상당한 사유가 있는 것인지 여부)이라는 요건이 충족되면 위법성이 없다고 보아, 명예훼손죄로 처벌하지 아니합니다.

본 사안에서는 위 법리를 적용하여 청구인의 원로교수 성명서 발표행위는 학교 법인 운영의 정상화라는 공익적 목적을 위해 진실하거나, 최소한 진실이라고 믿을 만한 상당한 이유가 있는 내용을 발표한 경우에 해당하여 형사상 명예훼손죄로 처벌되지 아니할 사안이고, 이를 기초로 징계 사유에도 해당하지 않는 것으로 평가한 것으로 보입니다.

실제 명예훼손 여부가 쟁점이 되는 사안에서는 해당 발언의 구체적인 경위 및 배경 등 당시 상황에 대해 구체적으로 살펴보아, 형법상 명예훼손죄의 위법성 조각 사유의 요건인 공익성과 진실성이 인정되는지 여부를 확인할 필요가 있어 보입니다.

한편, 위 공익성과 진실성 관련 내용은 원칙적으로 진실한 사실에 의한 명예훼손에 적용되는바, 허위 사실에 의한 명예훼손 사안, 출판물에 의한 명예훼손 사안 등에는 본 사안과 결론을 달리 볼 가능성이 있다는 점을 유의할 필요가 있어 보입니다.

❏ 관계 법령

○ 형법
[시행 2018. 12. 18.] [법률 제15982호, 2018. 12. 18., 일부개정]

제307조(명예훼손)
① 공연히 사실을 적시하여 사람의 명예를 훼손한 자는 2년 이하의 징역이나 금고 또는 500만 원 이하의 벌금에 처한다.
② 공연히 허위의 사실을 적시하여 사람의 명예를 훼손한 자는 5년 이하의 징역, 10년 이하의 자격정지 또는 1천만 원 이하의 벌금에 처한다.

제310조(위법성의 조각)
제307조 제1항의 행위가 진실한 사실로서 오로지 공공의 이익에 관한 때에는 처벌하지 아니한다.

❑ 관련 판례

○ 형법상 명예훼손죄에서의 위법성 조각 사유

- 대법원 1988. 10. 11. 선고 85다카29 판결 및 대법원 2006. 5. 25. 선고 2005도2049 판결 등 참조

일반적으로 사실을 적시한 표현행위가 타인의 명예를 훼손하는 경우에도 그것이 공공의 이해에 관한 사항으로서 그 목적이 오로지 공공의 이익을 위한 것일 때에는 적시된 사실이 진실이라는 증명이 있거나 그 증명이 없더라도 행위자가 그것을 진실이라고 믿었고 또 그렇게 믿을 상당한 이유가 있으면 위법성이 없다고 할 것인바, 여기서 '그 목적이 오로지 공공의 이익을 위한 것일 때'라 함은 적시된 사실이 객관적으로 볼 때 공공의 이익에 관한 것으로서 행위자도 주관적으로 공공의 이익을 위하여 그 사실을 적시한 것이어야 하고, 적시된 사실이 공공의 이익에 관한 것인지 여부는 그 적시된 사실의 내용과 성질, 그 사실의 공표가 이루어진 상대방의 범위, 표현의 방법 등 그 표현 자체에 관한 제반 사정을 감안함과 동시에 그 표현에 의하여 훼손되거나 훼손될 수 있는 명예의 침해 정도 등을 비교·고려하여 결정하여야 한다.

[6] 뇌물 공여 혐의 사건

주 문

청구인의 청구를 기각한다.

이 유

1. 사건 경과

가. 청구인은 2013. 9. 1. A대학교 조교수로 임용되었다.

나. 감사원은 2015. 3. 2.부터 2015. 4. 21.까지 B부처에 대한 감사를 실시하여 청구인의 비위행위를 적발하였다.

다. C지방검찰청은 2015. 12. 28. 피청구인에게 청구인에 대한 '피의사건 처분 결과 통보' 공문을 송부하였다.

라. 피청구인은 2016. 1. 4. A대학교 총장으로부터 청구인에 대한 직위 해제 제청을 받고, 2016. 1. 8. 청구인의 직위를 해제하였다.

마. D지방법원은 2016. 5. 13. 청구인의 뇌물 공여 혐의에 대하여 벌금 400만 원 형의 선고를 유예하였고, E고등법원은 2016. 11. 11. 청구인에게 벌금 700만 원 형을 선고하여 그대로 확정되었다.

바. A대학교는 2017. 1. 16. 교원인사위원회를 개최하여 청구인에 대한 교원 징계 처분 제청안을 심의·의결하였고, 피청구인은 2017. 6. 5. 피청구인 교원 징계위원회에 청구인에 대한 중징계 의결을 요구하였다.

사. 피청구인 교원징계위원회는 2017. 6. 5.(1차), 2017. 6. 19.(2차) 회의를 개
   최하여 청구인에 대한 '해임'을 의결하였고, 피청구인은 2017. 7. 17. 청구
   인에 대한 해임 처분을 하였다.

2. 처분 사유

용역 과제 관련 뇌물 공여 사실로 A학원 교원징계위원회 운영규정 제4조(징계
의 사유) 제2호 위반. 피징계자는 감사원에서 B부처 직원(甲)에게 뇌물 공여(현
금 1,000만 원) 사실이 확인되어, 검찰 기소(2015. 12. 2.) 및 E고등법원에서 벌
금 700만 원 판결(2016. 11. 11.)이 확정되었다.

피징계자의 행위는 교원징계위원회 규정 제4조(징계의 사유) 제2호 '금품, 향응
수수, 공금의 횡령·유용 기타 직무상의 의무에 위반하거나 직무를 태만히 한
때'에 해당하는 것으로 판단되어 마땅히 징계하여야 할 것으로 사료되고, 교원
징계위원회 운영규정 징계 양정기준에 따라 1,000만 원 이상 금품 수수는 파면
대상이나, 피징계자의 공적(국무총리의 모범공무원 표창, B부장관의 표창) 등을
고려하여 교원징계위원회 위원 재적인원 과반수 찬성으로 주문과 같이 해임 처
분한다.

3. 청구인 주장

(이하 생략)

4. 판단

가. 징계 사유의 인정 여부

1) 피청구인이 제출한 감사원 감사보고서, D지방법원 판결문, E고등법원 판결
   문, 교원징계위원회 회의록 등 증거에 따르면, 청구인이 B부처 직원 甲에게
   1,000만 원의 뇌물을 공여하여 형법 제133조에 의거 뇌물 공여의 죄명으로
   불구속 구공판 처분을 받고, 항소심에서 벌금 700만 원을 선고받아 그대로
   확정된 사실에는 양 당사자 간 다툼이 없다.

2) 한편, 법원은 "행정소송에 있어서 형사판결이 그대로 확정된 이상 그 형사판
   결의 사실판단을 채용하기 어렵다고 볼 특별한 사정이 없는 한 이와 배치되

는 사실을 인정할 수 없다."라고 판시하고 있고(대법원 1999. 11. 26. 선고 98두10424 판결), 이와 같은 법리는 소청심사 단계에서도 적용된다. 청구인 또한 청구인에 대한 징계 사유를 인정하고 있고, 기록을 살펴보아도 법원의 판결과 달리 판단할 만한 특별한 사정은 발견되지 아니하므로 청구인에 대한 징계 사유는 정당하다.

3) 따라서 청구인의 위와 같은 행위는 피청구인 교원징계위원회 운영규정 제4조(징계의 사유) 및 사립학교법 제55조의 규정에 따라 준용되는 국가공무원법 제56조(성실 의무), 제61조(청렴의 의무), 제63조(품위 유지의 의무)를 위반한 것으로 징계 사유가 인정된다.

나. 징계 양정의 적정 여부

1) 사립학교 교원에게 징계 사유가 있어 징계 처분을 하는 경우 어떠한 처분을 할 것인가는 원칙적으로 징계권자의 재량에 맡겨져 있으므로 그 징계 처분이 위법하다고 하기 위해서는 징계권자가 재량권을 행사하여 한 징계 처분이 사회 통념상 현저하게 타당성을 잃어 징계권자에게 맡긴 재량권을 남용한 것이라고 인정되는 경우에 한한다(대법원 2008. 2. 1. 선고 2007두20997 판결 등 참조).

2) 위에서 살펴본 바와 같이 청구인의 징계 사유가 인정되고, ① 교원에게는 일반 직업인보다 높은 도덕성이 요구되며 교원의 비위행위는 본인은 물론 교원사회 전체에 대한 국민의 신뢰를 실추할 우려가 있다는 점에서 보다 엄격한 품위 유지 의무를 부담하는 점(대법원 2000. 6. 5. 선고 98두16613 판결 참조), ② 청구인은 고도의 윤리성과 도덕성이 요구되는 교원임에도 불구하고 직무와 관련된 공무원에게 부정한 금품을 공여하여 공적 영역에서의 직무 집행의 청렴성과 공정성 및 그에 대한 사회적 신뢰를 현저히 훼손한 점, ③ 공정하고 투명해야 할 국정 과제 연구와 관련하여 우리 사회에서 근절되어야 할 금품 비리에 청구인이 개입하여 국민적 불신을 초래하고 사회적 신뢰를 손상한 점, ④ 청구인이 선고받은 벌금 700만 원의 형이 결코 낮지 아니한 점 등을 종합적으로 고려할 때, 이 사건 처분이 사회 통념상 현저하게 타당성을 잃어 징계권자의 재량권을 일탈·남용하였다고 볼 수 없다.

5. 결론

이상에서 살펴본 바와 같이 청구인에 대한 징계 사유가 인정되고 징계 양정도 과중하지 않으므로, 이 사건 청구를 기각하기로 하여 주문과 같이 결정한다.

※ 본 사안은 교원소청심사위원회 2017년도 결정문집 I . 징계 처분 결정 연번 3번 등을 바탕으로 재구성한 사안입니다.

▣ 사안의 해설

본 사안에서는 청구인이 공무원 甲에게 1,000만 원의 뇌물을 공여하여 이 사건 징계 처분에 이르렀고, 동일한 사실관계로 형사 사건이 진행되어 항소심에서 벌금 700만 원이 선고되어 확정되었습니다.

동일한 사실관계에 대한 형사 사건이 확정되었을 때 징계 사건에 대한 소청심사와 행정소송에서는 어떠한 사실인정을 할 수 있는지를 아래에서 상세히 살펴보도록 하겠습니다.

◉ 쟁점: 확정된 형사판결이 있는 경우 징계 사건의 사실인정

본 사안에서 가장 핵심적인 법리는 '행정소송에 있어서 형사판결이 그대로 확정된 이상 그 형사판결의 사실판단을 채용하기 어렵다고 볼 특별한 사정이 없는 한 이와 배치되는 사실을 인정할 수 없다.'라는 내용이라고 할 것입니다.

이미 형사판결에서 확정 판결이 있다면, 위 법리에 따라 원칙적으로 형사판결 내용과 사실인정을 동일하게 해야 할 것이고, 예외적으로 달리 판단할 만한 특별한 사정이 있다면 사실인정을 달리할 수 있다고 할 것입니다.

이에 실제 사안의 적용에 있어서는, 확정된 형사판결이 있음에도 징계 사건에서 사실인정 부분에 대해 다투고 있다면, 사실인정을 달리할 만한 특별한 사정이 있느지를 살펴보는 것이 중요하다고 할 것입니다.

본 사안에서는 청구인이 甲에게 1,000만 원의 뇌물을 공여하였다는 내용의 형사판결이 확정되었고, 이를 달리 판단할 만한 특별한 사정이 없다고 보았습니다.

이에 형사판결과 동일하게 청구인이 A에게 1,000만 원의 뇌물을 공여한 사실을 인정을 하였고, 위 사실인정을 바탕으로 성실 의무, 청렴의 의무, 품위 유지의 의무 위반의 징계 사유가 있다고 보았습니다.

❑ 관련 판례

○ 확정된 형사판결이 있는 경우 징계 사건에서의 사실인정
　－대법원 1999. 11. 26. 선고 98두10424 판결 등 참조

행정소송에 있어서 형사판결이 그대로 확정된 이상 위 형사판결의 사실판단을 채용하기 어렵다고 볼 특별한 사정이 없는 한 이와 배치되는 사실을 인정할 수 없다.

[7] 업무상 횡령 혐의 사건

주 문

피청구인이 2014. 12. 19. 청구인에게 한 해임 처분을 정직 3월로 변경한다.

이 유

1. 사건 경과 및 처분 사유

가. 범인 도피 교사(징계 사유①) - 청구인은 처 A의 횡령사실을 은폐하기 위해 A가 대표이사로 있는 甲복지재단 산하의 乙어린이집의 원장 B와 공모하여 C와 D가 검찰 조사 시 허위 진술하도록 지시하여 A를 도피하게 하였다.

나. 업무상 횡령(징계 사유②) - 청구인은 2011. 7. 11.부터 2014. 4. 8.까지 총 25회에 걸쳐 甲복지재단의 공금 8,800만 원을 횡령하였다.

다. 겸직 허가 위반(징계 사유③) - 청구인은 소속 기관장의 사전 허가도 받지 않은 채 甲복지재단의 이사로 선임되어 2012. 1. 1.부터 2014. 1. 12.까지 이사직을 수행한 사실이 있다.

라. 청구인의 이와 같은 행위는 국가공무원법 제56조(성실의무) 및 제63조(품위유지의 의무)에 관한 규정에 위배되는 것으로, 국가공무원법 제78조 제1항의 규정에 의한 징계 사유에 해당되므로 교육공무원법 제51조 제1항의 규정에 의거 중징계 처분하였다.

2. 청구인 주장

가. 범인 도피 교사(징계 사유①)

청구인은 처인 A의 죄에 대하여 조금이라도 선처받고자 하는 마음에서 범행에 연루되게 되었지만 처음부터 허위진술을 공모하거나 의도하지 않았으며, 형법 제151조 제2항에 의하면 범인은닉의 경우 가족 간에는 처벌하지 않는 점을 참작해주시기 바란다.

나. 업무상 횡령(징계 사유②)

청구인은 그 돈이 언제 어떻게 입금되었는지 몰랐고, 4차례에 걸쳐 송금된 무통장 입금·송금 확인서에 기재된 필체도 청구인의 필체가 아니며, 송금한 은행도 청구인이 다니는 동선에 있지 않은 장소이고, 송금된 날짜에 청구인은 학교에서 근무 중이었고 법원에 증빙자료 제출을 통해 청구인의 억울함이 어느 정도 소명되었다고 재판을 통해서 최종 확인될 것으로 생각된다.

다. 겸직 허가 위반(징계 사유③)

소속 기관장의 사전 허가를 득하지 않고 甲복지재단의 이사로 선임된 점에 대하여는 청구인의 처가 대표이사의 직위에 있으면서 청구인을 형식상 이사로 등재하였고, 실제 이사로서 권한행사를 한 사실이 없으며, 청구인은 복지재단이 비영리법인이라서 소속기관장의 사전허가를 받아야 한다는 사실을 몰랐다.

라.

교육공무원으로서 품위를 떨어뜨린 점은 깊게 뉘우치고 반성하고 있으며, 지금까지 학교현장에서 솔선수범하여 성실히 근무하여 온 점 등의 정상을 참작하여 주시기 바란다.

3. 판단

가. 사실관계

1) 청구인은 1997. 3. 1. 丙고등학교 교사로 신규 임용되었다.

2) 피청구인은 2014. 12. 2. 청구인에 대한 징계 의결 요구하였고, 2014. 12.

16. 청구인에 대하여 해임 의결하였으며, 피청구인은 2014. 12. 19. 청구인에게 해임 처분하였다.

3) 丁지방법원은 2015. 1. 15. 청구인에 대하여 업무상 횡령혐의에 대해서는 무죄를 선고하였고 범인 도피 교사죄로 벌금 5백만 원을 선고하였다.

나. 징계 사유 인정 여부

1) 범인 도피 교사(징계 사유①)

가) 청구인의 처인 A는 2009. 1. 29.부터 2011. 3. 25.까지 총 7회에 걸쳐 합계 5천만 원을 횡령하였다. A는 이를 숨기기 위해 청구인, B와 공모하여 C와 D가 A 소유의 원룸에 거주한 사실이 없음에도 C로부터 A가 송금받은 돈은 원룸에 대한 보증금과 월세이며, 甲복지재단에서 매월 D에게 지급된 돈은 월급이라고 검찰 조사 시 허위 진술토록 하였다.

나) 같은 혐의로 기소된 B는 C와 D에게 허위 진술을 지시토록 한 사실을 시인하고, 구체적인 원룸 운영 등 잘 모르는 부분에 대해서는 청구인에게 자문을 구하였다고 진술하였다.

다) 이와 같은 사실을 종합해 볼 때 청구인은 A의 횡령 사실을 은폐하기 위해 구속 수감 중인 A로부터 구체적인 진술내용을 확인한 것을 C에게 전달하여 C와 D가 검찰 조사 시 허위 진술토록 하는 데 상당한 역할을 하였다고 판단되며, 이는 징계 사유로 인정된다.

2) 업무상 횡령(징계 사유②)

丁지방법원은 청구인이 A와 횡령행위를 공모한 것인지 여부를 의심할 만한 여러 정황이 있기는 하나, A가 임시 이사회 회의록을 소급 작성하고 차용증을 작성하는 과정에서 청구인이 직접 개입했다거나, 청구인이 실제로 의사 결정에 관여하거나 활동을 했다고 볼 만한 증거가 없는 점 등에 비추어 볼 때, 청구인이 A와 공모하였다고 단정할 수 없고 달리 이를 인정할 만한 근거가 없다고 판시하여 무죄를 선고하였으므로 징계 사유로 인정되지 않는다.

3) 겸직 허가 위반(징계 사유③)

청구인은 소속 기관장의 사전 허가도 받지 않고 甲복지재단의 이사로 선임되어 2012. 1. 1.부터 2014. 1. 12.까지 이사직을 수행한 사실이 있다. 이는 국가공무원법 제64조(영리업무 및 겸직 금지) 및 국가공무원복무규정 제26조(겸직허가)를 위반한 것으로 징계 사유로 인정된다.

다. 징계 양정의 적정 여부

위에서 살펴본 바와 같이, 청구인의 징계 사유 중 업무상 횡령 혐의는 법원에서 무죄를 선고하여 인정되지 않고, 범인 도피 교사 및 겸직 허가를 위반한 징계 사유가 인정되나, 청구인의 행위가 처인 A가 대표이사로 있는 복지재단의 형식상 이사로 등재되어 사건에 연루된 측면이 있고, 교사로서 품위를 떨어뜨린 점에 대해 청구인이 깊이 뉘우치고 반성하고 있는 점 등을 고려하여 볼 때, 이 사건 청구인에 대한 해임 처분은 다소 과중하여 부적정하다고 판단된다.

4. 결론

이상과 같이 청구인에 대한 징계 사유 3가지 중 범인 도피 교사 및 겸직 허가를 위반한 징계 사유는 인정되나 업무상 횡령 혐의는 인정되지 않아, 청구인에 대한 배제 징계인 해임 처분은 과중하다 할 것이어서 주문과 같이 결정한다.

※ 본 사안은 교원소청심사위원회 2015년도 결정문집 Ⅰ. 징계 처분 결정 연번 6번 등을 바탕으로 재구성한 사안입니다.

▣ 사안의 해설

본 사안에서는 징계 사유 인정 및 징계 양정의 적정성이 쟁점이 되었습니다. 특히, 징계 사유 중 업무상 횡령에 대해서는 동일한 사실관계에 대하여 관련 형사사건에서 무죄를 선고받은바, 무죄 판결을 받은 경우 징계 사건에서 징계 사유를 인정할 수 있는지 여부에 대해 다음에서 살펴보도록 하겠습니다.

◉ 쟁점: 동일한 사실관계에 대한 무죄의 형사판결이 있는 사안의 징계 사유 인정 여부

징계 처분에 대한 소청심사에 있어서 동일한 사실관계로 인한 형사판결이 확정된 이상 그 형사판결의 사실판단을 채용하기 어렵다고 볼 특별한 사정이 없는 한 이와 배치되는 사실을 인정할 수 없다는 취지의 법리에 비추어, 관련 형사 사건에서 무죄를 선고받고 판결이 확정되었다면, 징계 처분에 대한 소청심사에서도 특별한 사정이 없는 한 형사 사건과 배치되는 사실 인정을 하기 어렵다고 할 것입니다.

또한, 관련 형사판결이 1심에서 무죄가 선고되고 아직 확정되지 않은 채 항소심이 진행 중이라고 하더라도, 소청심사에서 징계 사유를 부정하는 유력한 증거로 활용할 수 있다고 할 것입니다.

본 사안에서는 위와 같은 법리를 바탕으로 업무상 횡령에 대해서는 관련 형사 사건에서 무죄를 선고받은 점을 반영하여 징계 사유로 인정하지 않은 것으로 보입니다.

실제 사안의 적용에 있어서는, 위와 같이 관련 형사 사건에서 무죄를 선고받으면 징계 사건에서도 형사 사건과 동일한 사실인정을 하여 이를 바탕으로 징계 사유로 인정하지 않는 경우가 많다고 할 것입니다. 다만, 형법상 구성요건과 징계법상 요건, 지도이념과 증명의 정도 등이 서로 다르기 때문에 사안에 따라서는 결론을 달리하는 경우도 있다는 점을 유의할 필요가 있습니다.

❏ **관련 판례**

◯ 형사재판에서 무죄를 선고받았으나 징계 사유 인정된 사안
 ─ 대법원 2018. 4. 12. 선고 2017두74702 판결 등 참조

민사책임과 형사책임은 지도이념과 증명책임, 증명의 정도 등에서 서로 다른 원

리가 적용되므로, 징계 사유인 성희롱 관련 형사재판에서 성희롱 행위가 있었다는 점을 합리적 의심을 배제할 정도로 확신하기 어렵다는 이유로 공소사실에 관하여 무죄가 선고되었다고 하여 그러한 사정만으로 행정소송에서 징계 사유의 존재를 부정할 것은 아니다.

[8] 금품 등 수수 혐의 사건

주 문

청구인의 청구를 기각한다.

이 유

1. 사건 경과

가. 청구인은 1991. 4. 3. 신규 임용되어 2005. 3. 2.부터 A고등학교 교사로 재직하였던 자이다.

나. 학부모 B가 2015. 9. 9. A고등학교에 청구인의 금품수수 사안을 신고하였고, A학원 감사팀은 2015. 10. 6.부터 10. 7.까지 청구인의 금품수수와 관련하여 A고등학교에 대한 특별감사를 실시하였다.

다. 피청구인은 2015. 10. 26. 교원인사위원회 심의, 2015. 10. 28. 학교장 제청, 2015. 12. 16. 이사회 의결을 거쳐 2015. 12. 16. 징계위원회에 청구인에 대한 중징계 의결을 요구하였으며, 2015. 10. 28. 청구인에게 직위해제를 통보하였다.

라. 징계위원회는 2015. 12. 29. 청구인에 대해 해임을 의결하였고, 피청구인은 2016. 1. 18. 청구인에게 해임을 통보하였다.

2. 처분 사유

청구인은 학부모 B로부터 2015. 3월, 5월, 7월 3회에 걸쳐 각 100만 원씩 현금 총 300만 원을 수수하고, 2015. 6월 60만 원 상당의 건강보조식품을 수수하여 총 360만 원의 금품을 수수한 사실이 있다.

이러한 청구인의 행위는 사회의 모범이 되어야 할 교사로서의 품위를 심각하게 손상하는 행위일 뿐 아니라, 학교법인의 위신을 손상하는 중대한 사안임을 확인한바 사립학교법 제61조 제1항 제1호, 제3호에 해당되어 해임을 의결한다.

3. 청구인 주장

가. 징계위원회 징계 의결의 하자

징계위원회에서 교장과 교사위원은 모두 정직 징계 처분 의견을 개진하였는데, 위원장이 일방적으로 해임 징계 처분 의견을 개진하여 표결도 없이 해임 결정을 한 것은 사립학교법 제66조의 징계 의결 절차를 위반한 것이다.

나. 징계 사유에 대하여

청구인은 2015년에 A고등학교 3학년 담임을 맡고 있었는데, 학부모 B로부터 3월, 5월, 7월 세 차례에 걸쳐 각 100만 원씩 모두 300만 원을 가져온 것과 건강보조식품(시가 60만 원 상당)을 받게 되었으나, 결코 학부모에게 적극적으로 금품을 요구한 것이 아니고, 학부모가 의례적으로 전달하는 것을 거절하지 못하고 수동적으로 수령한 것으로, 2015. 9. 7. 위 360만 원을 전액계좌로 반환하였다.

다. 재량권의 일탈·남용

청구인은 장기간 책임감과 성실함으로 학생을 지도해 왔음에도 불구하고, 이 사건 처분으로 인하여 삭감된 연금을 수령하게 되는 불이익을 받게 되었으며, 청구인에게 중징계 처분을 한 것은 재량권의 범위를 일탈·남용한 것이다.

4. 판단

가. 징계위원회 징계 의결의 하자

사립학교법 제66조(징계 의결) 제2항에 따르면 교원징계위원회의 징계 의결은 재적위원 3분의 2 이상의 출석과 재적위원 과반수의 찬성으로 의결하도록 규정하고 있고, 피청구인 징계위원회 회의록을 보면 청구인에 대해 위원 전원이 동의하여 해임으로 심의·의결하였음이 확인되는바, 이 부분 청구인의 주장은 이유 없다.

나. 징계 사유의 인정 여부

청구인이 학부모 B로부터 2015년 3월, 5월, 7월 세 차례에 걸쳐 각 100만 원씩 총 300만 원과 60만 원 상당의 건강보조식품을 받은 사실에 대해서는 양 당사자 간 다툼이 없다.

한편, 청구인은 학부모 B에게 적극적으로 금품을 요구한 것이 아니고 수수한 360만 원을 전액 반환하였다고 주장하나, 청구인이 학부모 B로부터 총 4차례에 걸쳐 반복적으로 금품을 수수한 점, 청구인이 수수액을 학부모 B에게 반환한 것도 학부모 B의 요구로 인한 것이었다는 점을 고려해 보면, 위 청구인의 주장은 이유 없고 징계 사유가 인정된다.

다. 징계 양정의 적정 여부

1) 징계권자가 공무원인 피징계자에게 징계 사유가 있어서 징계 처분을 하는 경우 어떠한 처분을 할 것인가는 징계권자의 재량에 맡겨진 것이므로 그 징계 처분이 위법하다고 하기 위해서는 징계권자가 재량권의 행사로서 한 징계 처분이 사회 통념상 현저하게 타당성을 잃어 징계권자에게 맡겨진 재량권을 남용한 것이라고 인정되는 경우에 한한다고 할 것이다(대법원 2006. 12. 21. 선고 2006두16274 판결 참조).

2) 위에서 살펴본 바와 같이 청구인의 징계 사유가 인정되며, 교육공무원 징계 양정 등에 관한 규칙에 따라 교육공무원이 청렴 의무를 위반한 경우에 비위의 정도가 심하고 중과실인 경우 해임 내지 강등 처분이 예정되어 있으며, E 교육청의 '2015년 불법 찬조금 및 촌지 근절 대책'에 따르면 불법 찬조금 적발 시 '원 스트라이크 아웃제'를 실시하고, 10만 원 이상 촌지를 받은 경우 파면·해임 조치하도록 되어 있는 점 등을 감안할 때, 피청구인이 청구인에게 한 원처분은 사회 통념상 현저하게 타당성을 잃어 징계권자에게 맡겨진 재량권을 남용한 것이라 할 수 없다.

5. 결론

이상에서 살펴본 바와 같이 청구인에 대한 징계 사유가 인정되고, 징계 양정 또한 재량권을 일탈·남용하지 않은 것으로 판단되므로, 이 사건 청구를 기각하기로 하여 주문과 같이 결정한다.

※ 본 사안은 교원소청심사위원회 2016년도 결정문집 청렴의무 위반 주요 사례 연번 3번 등
　을 바탕으로 재구성한 사안입니다.

▣ 사안의 해설

　사립학교법 제55조 제1항에 따르면 사립학교 교원의 복무에 관하여는 국·공립
학교의 교원에 관한 규정을 준용한다고 규정되어 있고, 국가공무원법 제61조에 따
르면 직무와 관련하여 직접적이든 간접적이든 사례·증여 또는 향응을 제공받을
수 없다고 규정되어 있습니다.

　본 사안에서는 청구인이 학부모 B에게 300만 원의 금원과 60만 원 상당의 물품
을 수수하였다는 사유로 징계 처분에 이르게 된바, 청렴의 의무 위반 사안에 대한
징계 양정기준에 대해 상세히 살펴보고자 합니다.

◉ 쟁점: 청렴의 의무 위반 사안에 대한 징계 양정기준

　징계 양정의 적정성을 살펴볼 수 있는 참조 기준으로는 교육공무원 징계 양정
등에 관한 규칙을 참조할 수 있습니다. 이는 징계위원회 단계에서 국·공립 교원에
대하여 적용되는 규칙이나 사립학교 교원에 대해서도 이를 참조하여 양정을 정할
수 있다고 할 것이며, 소청심사 단계에서도 위 기준이 양정의 적정성을 참조하는
자료로 유의미하게 활용될 수 있다고 할 것입니다.

　청렴의 의무 위반 사안에 대하여 공무원 징계령 시행 규칙을 준용하도록 되어
있는데 구체적인 기준 내용은 다음과 같습니다.

청렴의 의무 위반 징계기준(제2조 제1항 관련) 〈신설 2015. 12. 29.〉

비위의 유형 \ 금품·향응 등 재산상 이익	100만 원 미만		100만 원 이상
	수동	능동	
1. 위법·부당한 처분과 직접적인 관계없이 금품·향응 등 재산상 이익을 직무관련자 또는 직무관련공무원으로부터 받거나 직무관련공무원에게 제공한 경우	강등 - 감봉	해임 - 정직	파면 - 강등
2. 직무와 관련하여 금품·향응 등 재산상 이익을 받거나 제공하였으나, 그로 인하여 위법·부당한 처분을 하지 아니한 경우	해임 - 정직	파면 - 강등	파면 - 해임
3. 직무와 관련하여 금품·향응 등 재산상 이익을 받거나 제공하고, 그로 인하여 위법·부당한 처분을 한 경우	파면 - 강등	파면 - 해임	파면

※ 비고
  1. "금품·향응 등 재산상 이익"이란 「국가공무원법」 제78조의2 제1항 제1호에 따른 금전, 물품, 부동산, 향응 또는 그 밖에 「공무원 징계령」 제17조의2 제1항에서 정하는 재산상 이익(금전이 아닌 재산상 이득의 경우에는 금전으로 환산한 금액을 말한다)을 말한다.
  2. "직무관련자"와 "직무관련공무원"이란 「공무원 행동강령」 제2조 제1호에 따른 직무관련자와 같은 조 제2호에 따른 직무관련공무원을 말한다.

위 기준에 따르면 금품·향응 등을 수수하고 위법·부당한 처분에 이르렀는지 여부, 금품 또는 향응 등 재산상 취득 이익이 100만 원 이상인지 여부, 능동 또는 수동적으로 수수한 것인지 여부에 따라 징계 양정을 달리합니다.

실제 사례의 적용에 있어서는 위 기준 내 양정 요소가 징계 양정을 정함에 있어서 중요한 참조 자료가 될 것이나, 위 징계기준에 따라 일률적·기계적으로 징계 양정이 정해진다고 보기는 어렵다고 할 것이며, 금품 등 수수 경위, 장기간에 걸쳐 금품 등을 수수하였는지, 공여자와의 관계 등 제반사정, 뉘우치는 정도, 공적 등이 종합적으로 고려되어야 할 것입니다.

본 사안에서는 징계 양정의 적정성을 판단함에 있어 청구인의 수수 금액, 능동적으로 수수하였는지 여부, 반환 경위, 피청구인이 실시하고 있는 불법 찬조금 및 촌지 근절 대책 내용 등을 고려하여 양정이 적정하다고 판단한 것으로 보입니다.

[9] 징계부가금 사건

주　문

청구인의 청구를 기각한다.

1. 사건 경과

가. 청구인은 2013 3. 1.부터 甲중학교에서 근무하였다.

나. 국민권익위원회는 2015. 11. 16. 청구인의 乙교육청 공무원 행동강령 제15조(금품 등을 받는 행위의 제한) 위반 사실을 피청구인에게 통보하였다.

다. 피청구인은 2016. 5. 11. 징계위원회에 청구인에 대한 징계 의결을 요구하였고, 징계위원회는 2016. 6. 22. 청구인에게 정직 1월 및 징계부가금 3배 처분을 의결하였다.

라. 피청구인은 2016. 6. 30. 청구인에게 2016. 7. 7.자 정직 1월 및 징계부가금 3배 처분을 하였다.

2. 처분 사유

청구인은 2013. 3. 1.부터 현재까지 甲중학교 부장교사로 재직하면서 2013. 9. 13. 학부모 A에게 명절 선물 명목으로 선물세트 4개를 준비해 줄 것을 요구하였다. 이에 학부모 A는 2013. 9. 14. 시가 150만 원 상당의 선물세트 5개(개당 30만 원)를 코치 B에게 전달하였고, 청구인은 2013. 9. 14. 코치 B에게 선물세트 5개 중 본인에게 1개를 가져오고 나머지 4개는 감독 C, 코치 B, D, 식당 근무자가 나눠 가지라고 지시하였다.

청구인의 이러한 행위는 국가공무원법 제61조(청렴의 의무), 乙교육청 공무원 행동강령 제15조(금품 등을 받는 행위의 제한)를 위반한 것으로서 같은 법 제78조 제1항 제3호의 징계 사유 및 같은 법 제78조의2 제1항 제1호의 징계부가금 부과 의결 요구 대상에 해당되어 정직 1월 및 징계부가금 3배 처분에 처한다.

3. 청구인 주장

가. 청구인은 2013. 9. 학부모에게 금품을 요구한 사실이 없으며, 당시 축구 코치 B, C가 자신들이 준비한 명절 선물이라며 선물세트 1개를 주어 이를 받았으나, 명절이 지난 직후 참치 선물세트를 구입해 코치진에게 답례를 하였고 청구인의 사비로 코치진에게 식사를 대접하기도 하였다. 2년이 지나서 제보한 것은 부당한 압력을 행사하기 위해 허위 사실을 지어낸 것으로 보인다.

나. 다른 사건들의 징계 양정과 비교하여 청구인에 대한 정직 1월 및 징계부가금 3배 처분은 너무 과중하므로 재량권 일탈·남용의 위법이 있다.

4. 판단

가. 징계 사유의 인정 여부

이 사건 기록을 모두 종합하여 인정할 수 있는 다음과 같은 사정들에 비추어 보면 이 사건 징계 사유를 충분히 인정할 수 있다.

청구인도 선물세트 1개를 받았다는 사실은 인정하고 있고, 다만 자신이 학부모에게 명절 선물을 요구한 사실은 없고 선물세트는 코치가 마련하여 준 것으로 생각하여 명절이 지난 뒤 참치선물세트로 답례를 하였다고 주장하고 있으나, ① 피청구인이 제출한 乙교육청 감사 자료 문답서에 따르면, 청구인은 학부모에게 명절 선물을 요구한 사실이 있는지를 묻는 질문에 대하여 "당시 학부모이자 운영위원인 D가 저에게 코치들이 고생을 하고 있고 명절도 다가오니 선물을 하는 게 어떻겠느냐고 하였고 그에 대한 답변으로 과일 정도 하면 어떻겠느냐고 자연스럽게 대화를 나눈 사실이 있다."라고 답변한 사실이 있는바 이러한 대화가 이루어진 맥락 및 취지 등에 비추어 볼 때 통념상 청구인이 학부모에게 선물을 요구한 것으로 볼 수 있는 점, ② 청구인이 학부모에게 선물을 요구하여 수수한 사실이 있는 이상, 추후 그에 대한 대가를 지불한 사실은 비위 행위의 성립에 영향을 주지 않는 점 등의 사정을 종합하면, 청구인의 주장은 이유 없다.

나. 징계 양정의 적정 여부

1) 징계권자가 공무원인 피징계자에게 징계 사유가 있어서 징계 처분을 하는 경우, 어떠한 처분을 할 것인가는 징계권자의 재량에 맡겨진 것이므로 그 징계 처분이 위법하다고 하기 위해서는 징계권자가 재량권의 행사로서 한 징계 처분이 사회 통념상 현저하게 타당성을 잃어 징계권자에게 맡겨진 재량권을 남용한 것이라고 인정되는 경우에 한한다. 특히 금품 수수의 경우 금품의 수수 액수, 수수 경위, 수수 시기, 수수 이후 직무에 영향을 미쳤는지 여부 등이 징계 양정에 반영되어야 한다(대법원 2006. 12. 21. 선고 2006두16274 판결 참조).

2) ① 청구인에 대한 징계 사유가 인정되는 점, ② 교육공무원 징계 양정등에 관한 규칙에 따르면 '청렴의 의무' 위반과 관련하여 비위의 정도가 약하고 중과실이거나 비위의 정도가 심하고 경과실인 경우 '해임 – 강등 – 정직'의 징계 양정이 예정되어 있는바, 학생들의 진로에 직접 영향력을 행사할 수 있는 부장 보직에 있는 청구인의 지위와 그 수수 경위 등에 비추어 볼 때 청구인의 비위는 그 정도가 약하다고 보기 어려운 점, ③ 교직 사회에서의 금품 수수 비위는 그 비난 가능성이 높고 해당 비위를 엄단할 공익상의 필요가 상당한 점, ④ 교육공무원 징계 양정 등에 관한 규칙 제4조 제2항 제1호에 따르면 금품 수수 비위는 감경 대상에서 제외되는 점 등을 종합하면, 이 사건 처분을 사회 통념상 현저하게 부당하여 징계재량권을 일탈·남용한 것으로 볼 수 없다.

다. 징계부가금 3배 처분의 적정 여부

1) 국가공무원법 제78조의2 제1항에 따르면 금품 및 향응 수수의 경우 징계부가금을 부과하도록 규정되어 있고, 공무원 징계령 시행규칙 제2조 제1항에 따르면 혐의자의 비위의 유형, 비위의 정도 및 과실의 경중과 평소의 행실, 근무 성적, 공적, 뉘우치는 정도 또는 그 밖의 정상 등을 참작하여 별표 1의 3의 징계부가금 부과기준에 따라 부과하도록 규정되어 있다.

2) 위 규정에 의할 때, 비위의 정도가 심하고 경과실이거나 비위의 정도가 약하고 중과실인 경우 금품 및 향응 수수액의 2~3배에 해당하는 징계부가금이

예정되어 있는바, 청구인의 비위 및 과실의 정도, 기타 제반 정상 등에 비추어 볼 때 이 사건 징계부가금 3배 부가 처분은 적정하다.

5. 결론

이상에서 살펴본 바와 같이, 청구인에 대한 징계 사유가 인정되고 징계 양정 및 징계부가금 처분도 모두 적정하므로 주문과 같이 결정한다.

※ 본 사안은 교원소청심사위원회 2016년도 결정문집 청렴의무 위반 주요 사례 연번 6번 등을 바탕으로 재구성한 사안입니다.

▣ 사안의 해설

본 사안에서는 징계 사유 인정 여부, 징계 양정 및 징계부가금 양정의 적정성 여부 등이 쟁점이 된 것으로 보입니다. 위 쟁점 중에서 징계부가금과 관련하여 징계부가금 부과 대상과 징계부가금 양정기준에 대해 아래에서 상세히 살펴보고자 합니다.

◉ 쟁점: 징계부가금 대상

국·공립 교원의 경우, 금품 관련 비위행위에 대한 제재의 실효성을 높이기 위한 목적으로 2010. 3. 22.자 국가공무원법 개정법률 제79조의2에 근거하여 징계부가금 제도가 신설되었습니다. 다만, 사립학교 교원에 대해서는 징계부가금에 대한 규정이 없기 때문에 징계부가금을 부가할 수 없다고 봄이 상당합니다.

실제 사례의 적용에 있어서는 국가공무원법의 개정에 따라 징계부가금의 대상이 늘어나고 있는 추세라는 점을 주의할 필요가 있습니다. 이에 동일한 징계 원인 행위라고 하더라도 시기에 따라서 징계부가금 대상이 되는지 여부가 달라질 수 있습니다.

2019. 4. 17.자 시행 국가공무원 제78조의2 및 공무원징계령 제17조의2 등에

따르면 징계부가금 대상이 되는 징계 원인 행위는 아래와 같습니다.

---

① 금전, 물품, 부동산을 취득하거나 제공한 경우
② 유가증권, 숙박권, 회원권, 입장권, 할인권, 초대권, 관람권, 부동산 등의 사용권 등 일체의 재산상 이익을 취득하거나 제공한 경우
③ 골프 등의 접대 또는 교통·숙박 등의 편의 제공을 취득하거나 제공한 경우
④ 채무면제, 취업제공, 이권(利權)부여 등 유형·무형의 경제적 이익을 취득하거나 제공한 경우
⑤ 다음 해당하는 것을 횡령(橫領), 배임(背任), 절도, 사기 또는 유용(流用)한 경우
　　㉠ 「국가재정법」에 따른 예산 및 기금
　　㉡ 「지방재정법」에 따른 예산 및 「지방자치단체 기금관리기본법」에 따른 기금
　　㉢ 「국고금 관리법」 제2조 제1호에 따른 국고금
　　㉣ 「보조금 관리에 관한 법률」 제2조 제1호에 따른 보조금
　　㉤ 「국유재산법」 제2조 제1호에 따른 국유재산 및 「물품관리법」 제2조 제1항에 따른 물품
　　㉥ 「공유재산 및 물품 관리법」 제2조 제1호 및 제2호에 따른 공유재산 및 물품

본 사안에서의 징계 사유는 금품 수수였으며, 징계 사유가 인정된다는 전제하에 금전, 물품, 부동산을 취득한 경우라고 보아 징계부가금 대상이라고 판단한 것으로 보입니다.

◉ 쟁점: 징계부가금 양정기준

국가공무원법 제78조의2에서는 징계 원인행위로 취득하거나 제공한 금전 또는 재산상 이득의 5배 내의 징계부가금 부과 의결을 징계위원회에 요구하여야 한다고 규정하고 있으며, 공무원 징계령 시행규칙 제2조에는 구체적인 징계부가금 양정에 대해 다음과 같이 기재하고 있습니다.

징계부가금 부과기준(제2조 제1항 관련) 〈개정 2015. 12. 29.〉

비위의 정도 및 과실 여부 / 비위의 유형	비위의 정도가 심하고 고의가 있는 경우	비위의 정도가 심하고 중과실이거나, 비위의 정도가 약하고 고의가 있는 경우	비위의 정도가 심하고 경과실이거나, 비위의 정도가 약하고 중과실인 경우	비위의 정도가 약하고 경과실인 경우
1. 「국가공무원법」 제78조의2 제1항 제1호의 행위	금품비위 금액등의 4~5배	금품비위 금액등의 3~4배	금품비위 금액등의 2~3배	금품비위 금액등의 1~2배
2. 「국가공무원법」 제78조의2 제1항 제2호의 행위	금품비위 금액등의 3~5배	금품비위 금액등의 2~3배	금품비위 금액등의 2배	금품비위 금액등의 1배

※ 비고
  1. "금품비위금액등"이란 「국가공무원법」 제78조의2 제1항 각 호의 어느 하나에 해당하는 행위로 취득하거나 제공한 금전 또는 재산상 이득(금전이 아닌 재산상 이득의 경우에는 금전으로 환산한 금액을 말한다)을 말한다.
  2. 징계부가금 배수는 정수(整數)를 기준으로 한다. 다만, 징계부가금 감면 의결의 경우에는 정수로 하지 아니할 수 있다.

실제 사례의 적용에 있어서는, 위 기준이 징계부가금 양정을 정함에 있어서 중요한 참조 자료가 될 것이나, 위 징계부가금 기준에 따라 일률적·기계적으로 양정이 정해진다고 보기는 어렵다고 할 것입니다.

위 부과기준의 요소뿐만 아니라 그 밖의 기타 양정 요소 등이 종합적으로 고려되어 징계부가금 양정이 정해진다고 봄이 상당하며, 관련 형사 사건에서 몰수나 추징을 당하였거나, 변상책임을 다한 경우 등과 같은 경우에는 이에 대한 고려가 이루어져야 할 것으로 보입니다.

징계부가금도 역시 징계와 마찬가지로 소청심사나 소송 단계에서 이를 다툴 수 있으며, 소청심사 단계에서 이를 다툰다고 하여 청구인에게 불이익한 방향으로 징계부가금이 늘어나지는 않습니다.

한편, 징계부가금 제도는 형사 처벌이 되지 않는 소액 금품비리의 경우에 징계만으로는 적절한 제재가 될 수 없어 징계의 실효성을 확보하기 위하여 도입한 점을 고려할 필요가 있습니다.

이에 실제 사안의 적용에 있어서는, 징계 원인행위로 인한 취득액이 다액인 경우, 징계 원인행위로 배제징계에 이르렀고 관련 형사 사건에서 처벌을 받은 경우 등의 사안에서는 징계부가금의 양정을 정함에 있어서 보다 신중을 기해야 할 것으로 보입니다.

본 사안에서는, 징계부가금 적정성과 관련하여 비위의 정도가 심하고 경과실이거나 비위의 정도가 약하고 중과실인 경우에는 2배 내지 3배의 징계부가금이 예정되어 있는 점, 청구인의 비위의 유형 및 정도, 기타 제반 정상 등을 고려하여 이 사건 징계부가금 3배의 부가 처분은 적정하다고 판단하였습니다.

❏ 관계 법령

○ 국가공무원법
[시행 2019. 4. 17.] [법률 제15857호, 2018. 10. 16., 일부개정]

제78조의2(징계부가금)

① 제78조에 따라 공무원의 징계 의결을 요구하는 경우 그 징계 사유가 다음 각 호의 어느 하나에 해당하는 경우에는 해당 징계 외에 다음 각 호의 행위로 취득하거나 제공한 금전 또는 재산상 이득(금전이 아닌 재산상 이득의 경우에는 금전으로 환산한 금액을 말한다)의 5배 내의 징계부가금 부과 의결을 징계위원회에 요구하여야 한다.

1. 금전, 물품, 부동산, 향응 또는 그 밖에 대통령령으로 정하는 재산상 이익을 취득하거나 제공한 경우

2. 다음 각 목에 해당하는 것을 횡령(橫領), 배임(背任), 절도, 사기 또는 유용(流用)한 경우

가. 「국가재정법」에 따른 예산 및 기금

나. 「지방재정법」에 따른 예산 및 「지방자치단체 기금관리기본법」에 따른 기금

다. 「국고금 관리법」 제2조 제1호에 따른 국고금

라. 「보조금 관리에 관한 법률」 제2조 제1호에 따른 보조금

마. 「국유재산법」 제2조 제1호에 따른 국유재산 및 「물품관리법」 제2조 제1항에 따른 물품

바. 「공유재산 및 물품 관리법」 제2조 제1호 및 제2호에 따른 공유재산 및 물품

사. 그 밖에 가목부터 바목까지에 준하는 것으로서 대통령령으로 정하는 것

② 징계위원회는 징계부가금 부과 의결을 하기 전에 징계부가금 부과 대상자가 제1항 각 호의 어느 하나에 해당하는 사유로 다른 법률에 따라 형사처벌을 받거나 변상책임 등을 이행한 경우(몰수나 추징을 당한 경우를 포함한다) 또는 다른 법령에 따른 환수나 가산징수 절차에 따라 환수금이나 가산징수금을 납부한 경우에는 대통령령으로 정하는 바에 따라 조정된 범위에서 징계부가금 부과를 의결하여야 한다.

③ 징계위원회는 징계부가금 부과 의결을 한 후에 징계부가금 부과 대상자가 형사처벌을 받거나 변상책임 등을 이행한 경우(몰수나 추징을 당한 경우를 포함한다) 또는 환수금이나 가산징수금을 납부한 경우에는 대통령령으로 정하는 바에 따라 이미 의결된 징계부가금의 감면 등의 조치를 하여야 한다.

④ 제1항에 따라 징계부가금 부과처분을 받은 사람이 납부기간 내에 그 부가금을 납부하지 아니한 때에는 처분권자(대통령이 처분권자인 경우에는 처분 제청권자)는 국세 체납처분의 예에 따라 징수할 수 있다. 다만, 체납액 징수가 사실상 곤란하다고 판단되는 경우에는 징수를 관할 세무서장에게 의뢰하여야 한다.

⑤ 처분권자(대통령이 처분권자인 경우에는 처분 제청권자)는 제4항 단서에 따라 관할 세무서장에게 징계부가금 징수를 의뢰한 후 체납일부터 5년이 지난 후에도 징수가 불가능하다고 인정될 때에는 관할 징계위원회에 징계부가금 감면 의결을 요청할 수 있다.

○ 공무원 징계령

[시행 2019. 4. 17.] [대통령령 제29697호, 2019. 4. 16., 일부개정]

제17조의2(징계부가금)

① 법 제78조의2 제1항 제1호에서 "대통령령으로 정하는 재산상 이익"이란 다음 각 호의 어느 하나에 해당하는 것을 말한다.

1. 유가증권, 숙박권, 회원권, 입장권, 할인권, 초대권, 관람권, 부동산 등의 사용권 등 일체의 재산상 이익

2. 골프 등의 접대 또는 교통·숙박 등의 편의 제공

3. 채무면제, 취업제공, 이권(利權)부여 등 유형·무형의 경제적 이익

② 징계위원회가 법 제78조의2 제1항에 따라 징계부가금 부과 의결을 요구받은 때에는 같은 항 각 호의 어느 하나에 해당하는 행위로 취득하거나 제공한 금전 또는 재산상 이득(금전이 아닌 재산상 이득의 경우에는 금전으로 환산한 금액을 말하며, 이하 "금품비위금액등"이라 한다)의 5배 내에서 징계부가금의 부과 의결을 할 수 있다.

③ 징계위원회에서 징계부가금 부과 의결을 하기 전에 징계등 혐의자가 법 제78조의2 제1항 각 호의 어느 하나에 해당하는 행위로 다른 법률에 따라 형사처벌을 받거나 변상책임 등을 이행(몰수나 추징을 당한 경우를 포함한다) 또는 다른 법령에 따른 환수나 가산징수 절차에 따라 환수금이나 가산징수금을 납부한 경우로서 같은 조 제2항에 따라 징계위원회가 징계부가금을 조정하여 의결할 때에는 벌금, 변상금, 몰수, 추징금, 환수금 또는 가산징수금에 해당하는 금액과 징계부가금의 합계액이 금품비위금액등의 5배를 초과해서는 아니 된다.

④ 징계 의결등의 요구권자는 다음 각 호의 어느 하나에 해당하는 사유가 발생한 날부터 30일 내에 징계위원회에 징계부가금 감면 의결을 요구하여야 하며, 동시에 별지 제3호의2서식의 징계부가금 감면 의결 요구서 사본을 징계등 혐의자에게 송부하여야 한다. 다만, 징계등 혐의자가 그 수령을 거부하는 경우에는 그러하지 아니하다.

1. 징계부가금 부과 의결을 받은 자가 법원의 판결(몰수·추징에 대한 판결을 포함한다)이 확정되거나 변상책임 등을 이행한 날 또는 환수금이나 가산징수금을

납부한 날부터 60일 내에 징계 의결등의 요구권자에게 징계부가금 감면 의결을 신청한 경우

2. 징계 의결등의 요구권자가 징계부가금 부과 의결을 받은 자에 대한 법원의 판결(몰수·추징에 대한 판결을 포함한다)이 확정되거나 변상책임 등이 이행된 것 또는 환수금이나 가산징수금 등이 납부된 것을 안 경우

⑤ 제4항에 따라 징계부가금 감면 의결이 요구된 경우 법 제78조의2 제3항에 따라 징계위원회는 벌금, 변상금, 몰수, 추징금, 환수금 또는 가산징수금에 해당하는 금액과 징계부가금의 합계액이 금품비위금액등의 5배를 초과하지 않는 범위에서 감면 의결하여야 한다. 이 경우 징계부가금 감면 의결의 기한에 관하여는 제9조 제1항을 준용한다.

⑥ 징계등 혐의자 또는 징계부가금 부과 의결을 받은 자가 벌금 외의 형(벌금형이 병과되는 경우를 포함한다)을 선고받아 제3항 또는 제5항을 적용하기 곤란한 경우에는 징계위원회는 형의 종류, 형량 및 실형, 집행유예 또는 선고유예 여부 등을 종합적으로 고려하여 징계부가금을 조정하여 의결하거나 감면 의결하여야 한다.

[10] 횡령 혐의 사건

주 문

청구인의 청구를 모두 기각한다.

이 유

1. 사건 경과

가. 청구인은 1997. 9. 1. A대학교 교수로 신규 임용되어 현재까지 근무 중이다.

나. 청구인은 2014. 10. 1., 2015. 10. 1. 2회에 걸쳐 해외연수 재학생 인솔 업무를 수행하면서 이에 소요되는 국외여비를 A대학교로부터 수령하였으나 여행경비를 납부하지 아니하고 해외연수 인솔자로 참여하였다.

다. B부처는 2016. 4. 1.부터 4. 13.까지 A대학교에 대한 종합감사를 실시하고, 2016. 6. 15. 청구인에 대한 중징계 처분을 피청구인에게 요구하였다.

라. 피청구인은 2016. 6. 24. 징계위원회에 청구인에 대한 징계 의결을 요구하였고, 징계위원회는 2016. 7. 12. 청구인에 대한 정직 3월 처분을 의결하였으며, 피청구인은 2016. 7. 15. 청구인에게 정직 3월 처분을 하였다.

2. 처분 사유

청구인은 2014년과 2015년 2회에 걸쳐 해외 연수 재학생 인솔 업무를 수행하면서 이에 소요되는 국외 여비를 A대학교로부터 2014. 10. 1. 및 2015. 10. 1. 2회에 걸쳐 각각 4백만 원과 3백만 원 등 총 7백만 원을 수령하고, 여행 업체에 납부해야 할 1인당 여행 경비 8백만 원을 납부하지 아니하는 등 국외 여비를 횡령했을 뿐만 아니라 여행업체로부터 향응을 수수한 혐의가 인정된다.

청구인의 이러한 행위는 국가공무원법 제61조(청렴의 의무), B부 공무원행동강령 제7조(예산의 목적외 사용금지) 및 제15조(금품 등을 받는 행위의 제한)에 위배되는 것으로 같은 법 제78조 제1항 및 제78조의2 제1항의 규정에 해당되어, 이에 정직 3월 처분을 하였다.

3. 청구인 주장

(이하 생략)

4. 판단

가. 징계 사유의 인정 여부

이 사건 기록을 모두 종합하여 인정할 수 있는 다음과 같은 사정들에 비추어 보면 이 부분 징계 사유는 인정된다.
(이하 중략)

나. 징계 양정의 적정 여부

1) 공무원인 피징계자에게 징계 사유가 있어서 징계 처분을 하는 경우 어떠한 처분을 할 것인가는 징계권자의 재량에 맡겨진 것이므로 그 징계 처분이 위법하다고 하기 위해서는 징계권자가 재량권의 행사로서 한 징계 처분이 사회 통념상 현저하게 타당성을 잃어 징계권자에게 맡겨진 재량권을 남용한 것이라고 인정되는 경우에 한한다. 그리고 공무원에 대한 징계 처분이 사회 통념상 현저하게 타당성을 잃었는지 여부는 구체적인 사례에 따라 직무의 특성, 징계의 원인이 된 비위사실의 내용과 성질, 징계에 의하여 달성하려고 하는 행정 목적, 징계 양정의 기준 등 여러 요소를 종합적으로 판단하여야 한다(대법원 2006. 12. 21. 선고 2006두16274 판결 참조).

2) 청구인에 대한 징계 사유가 인정되고, ① 교육공무원 징계 양정 등에 관한 규칙 별표에 따르면, 청렴 의무 위반시 비위의 정도가 심하고 경과실이거나, 비위의 정도가 약하고 중과실인 경우에는 정직 처분이 예정되어 있으며, 청

구인의 비위는 횡령 액수와 그 발생 경위 등을 고려할 때 그 정도가 결코 가볍다고 볼 수 없는 점, ② 대학에서 학생 지도와 연구를 수행하는 청구인에게는 높은 수준의 도덕성, 사명감, 성실성이 요구되는 점, ③ 교육공무원 징계 양정 등에 관한 규칙 제4조 제2항에 따르면 공금 횡령과 관련된 비위는 감경할 수 없는 점, ④ 교직 사회의 청렴성 제고를 위해 관련 비위를 엄단할 필요가 상당한 점 등을 종합하면, 청구인이 주장하는 정상에 관한 참작 사유를 고려하더라도 이 사건 처분이 청구인의 직무의 특성과 비위의 내용, 징계 양정의 기준, 징계의 목적 등에 비추어 볼 때 그 내용이 객관적으로 명백히 부당한 것으로서 사회 통념상 현저하게 타당성을 잃었다고 할 수 없다.

5. 결론

이상에서 살펴본 바와 같이, 이 사건 징계 사유가 인정되고 징계 양정도 과중하지 않으므로 주문과 같이 결정한다.

※ 본 사안은 교원소청심사위원회 2016년도 결정문집 청렴의무 위반 주요 사례 연번 7번 등을 바탕으로 재구성한 사안입니다.

▣ 사안의 해설

본 사안에서는 징계 사유 인정 여부, 징계 양정의 적정성이 주된 쟁점이 되었습니다. 징계 양정의 적정성을 판단하는데 있어 기재된 '교육공무원 징계 양정 등에 관한 규칙 제4조 제2항에 따르면 공금 횡령과 관련된 비위는 감경할 수 없는 점'이라는 기재를 중심으로 아래에서는 상훈 감경에 대해 상세히 다루어보고자 합니다.

◉ 쟁점: 상훈 감경

교육공무원 징계 양정 등에 관한 규칙 제4조 제1항에 따르면 징계위원회에서는 징계 의결이 요구된 사람에게 상훈이 있는 경우 상훈에 따른 징계 감경을 할 수 있습니다.

물론 상훈이 없다고 하여 다른 감경 요소가 있음에도 징계위원회에서 작량 감경을 할 수 없는 것은 아니며, 상훈이 있다고 하여 필요적으로 감경이 이루어지는 것은 아닙니다.

다만, 징계위원회의 심의 과정에 반드시 제출되어야 하는 공적 사항이 제시되지 않은 상태에서 결정한 징계 처분은 징계 양정이 결과적으로 적정한지 그렇지 않은지와 상관없이 법령이 정한 징계 절차를 지키지 않은 것으로서 위법하다는 취지의 판례(2012. 6. 28. 선고 2011두20505 판결)의 판시 내용에 비추어 보면, 상훈 감경이 임의적 감경이라 하더라도 징계위원회에서는 대상자의 상훈에 대해 충분히 검토하여야 할 것으로 보입니다.

상훈 감경의 대상이 되는 상훈은 ① 상훈법에 따른 훈장 또는 포장을 받은 공적, ② 정부표창규정에 따라 국무총리 이상의 표창을 받은 공적[교사의 경우에는 중앙행정기관의 장인 청장(차관급 상당 기관장 포함) 이상 또는 교육감 이상의 표창을 받은 공적], ③ 모범공무원규정에 따라 모범공무원으로 선발된 공적입니다.

다만, 위 상훈이 있다고 하더라도, 금품수수 비위, 성폭력 비위 등 일부 중한 비위에 대해서는 상훈 감경의 제한을 받습니다. 19. 3. 18.자로 시행 중인 교육공무원 징계 양정 등에 관한 규칙 제4조 제1항 단서에 따르면 상훈 감경 제한이 문제되는 비위의 유형은 아래와 같습니다.

① 「국가공무원법」 제83조의2 제1항에 따라 징계 의결 요구 시효가 5년인 징계 사유에 해당하는 비위
② 「공무원 징계령 시행규칙」 제2조 제2항에 따른 직무와 관련한 금품수수 비위
③ 시험문제를 유출하거나 학생의 성적을 조작하는 등 학생 성적과 관련한 비위 및 학교생활기록부 허위사실 기재 또는 부당 정정과 관련한 비위
④ 다음 각 목의 범죄 또는 행위로 징계의 대상이 된 경우
　　가. 「성폭력범죄의 처벌 등에 관한 특례법」 제2조에 따른 성폭력범죄 행위
　　나. 「아동·청소년의 성보호에 관한 법률」 제2조 제2호에 따른 아동·청소년 대상 성범죄 행위
　　다. 「성매매알선 등 행위의 처벌에 관한 법률」 제2조 제1항 제1호에 따른

성매매 행위
라. 「국가인권위원회법」 제2조 제3호 라목에 따른 성희롱 행위
④의2. 「도로교통법」 제44조 제1항에 따른 음주운전 또는 같은 조 제2항에 따른 음주측정에 대한 불응
⑤ 학생에게 상습적이고 심각한 신체적 폭력 행위를 하여 징계의 대상이 된 경우
⑥ 신규채용, 특별채용, 전직, 승진, 전보 등 인사와 관련된 비위
⑦ 「학교폭력예방 및 대책에 관한 법률」에 따른 학교폭력을 고의로 은폐하거나 대응하지 아니한 경우
⑧ 「국가인권위원회법」 제2조 제3호 라목에 따른 성희롱 행위 등 소속 기관 내의 성(性) 관련 비위를 고의로 은폐하거나 대응하지 아니한 경우
⑨ 「공직선거법」상 처벌 대상이 되는 행위로 징계의 대상이 된 경우
⑩ 「공직자윤리법」 제8조의2 제1항 또는 제22조에 따른 등록의무자에 대한 재산등록 및 주식의 매각·신탁과 관련한 의무 위반
⑪ 부작위 또는 직무태만

한편, 상훈 감경 제한의 비위 유형이 늘어나는 추세인바, 이와 관련하여 개정 사항을 유의할 필요가 있습니다.

본 사안에서는 징계 원인행위가 인정된다는 전제하에 비위의 유형을 공금 횡령 비위이라 보고, 이는 국가공무원법 제83조의2 제1항, 제78조의2 제1항에 따라 징계 의결 요구 시효가 5년인 징계 사유에 해당하여 상훈 감경 대상이 될 수 없다고 판단한 것으로 보입니다.

❑ 관계 법령

○ 교육공무원 징계 양정 등에 관한 규칙
[시행 2019. 3. 18.] [교육부령 제178호, 2019. 3. 18., 일부개정]

제4조(징계의 감경)
① 징계위원회는 징계 의결이 요구된 사람에게 다음 각 호의 어느 하나에 해당하는 공적이 있는 경우에는 징계를 감경할 수 있다. 다만, 교육공무원이 징계 처분

이나 이 규칙에 따른 경고를 받은 사실이 있는 경우에는 그 징계 처분이나 경고 처분 전의 공적은 감경대상 공적에서 제외한다.

1. 「상훈법」에 따른 훈장 또는 포장을 받은 공적

2. 「정부표창규정」에 따라 국무총리 이상의 표창을 받은 공적[교사의 경우에는 중앙행정기관의 장인 청장(차관급 상당 기관장을 포함한다) 이상 또는 교육감 이상의 표창을 받은 공적]

3. 「모범공무원규정」에 따라 모범공무원으로 선발된 공적

② 제1항에도 불구하고 다음 각 호의 어느 하나에 해당하는 경우에는 징계를 감경할 수 없다.

1. 「국가공무원법」 제83조의2 제1항 또는 「지방공무원법」 제73조의2 제1항에 따라 징계 의결 요구 시효가 5년인 징계 사유에 해당하는 비위로 징계의 대상이 된 경우

2. 삭제 <2019. 3. 18.>

3. 시험문제를 유출하거나 학생의 성적을 조작하는 등 학생 성적과 관련한 비위 및 학교생활기록부 허위사실 기재 또는 부당 정정(訂正) 등 학교생활기록부와 관련한 비위로 징계의 대상이 된 경우

4. 「교육공무원법」 제52조 각 호의 어느 하나에 해당하는 성(性) 관련 비위로 징계의 대상이 된 경우

4의2. 「도로교통법」 제44조 제1항에 따른 음주운전 또는 같은 조 제2항에 따른 음주측정에 대한 불응

5. 학생에게 신체적·정신적·정서적 폭력 행위를 하여 징계의 대상이 된 경우

6. 신규채용, 특별채용, 전직(轉職), 승진, 전보(轉補) 등 인사와 관련된 비위

7. 「학교폭력예방 및 대책에 관한 법률」에 따른 학교폭력을 고의로 은폐하거나 대응하지 아니한 경우

8. 소속 기관 내의 제4호에 따른 성 관련 비위를 고의로 은폐하거나 대응하지 않아 징계의 대상이 된 경우

8의2. 제4호에 따른 성 관련 비위의 피해자에게 2차 피해(피해자 신상정보의 유출, 피해자 권리구제의 방해, 피해자에 대한 폭행·폭언, 그 밖에 피해자의 의사에 반하는 일체의 불리한 처우를 말한다. 이하 같다)를 입혀 징계의 대상이 된 경우

9. 「공직선거법」상 처벌 대상이 되는 행위로 징계의 대상이 된 경우

10. 「공직자윤리법」제8조의2 제1항 또는 제22조에 따른 등록의무자에 대한 재산등록 및 주식의 매각·신탁과 관련한 의무 위반

11. 부작위 또는 직무태만

④ 제1항과 제3항의 경우에 징계의 감경기준에 관하여는 「공무원 징계령 시행규칙」 별표 3을 준용한다.

[별표 3] 〈개정 2009. 3. 30〉
징계의 감경기준

제2조 제1항 및 제3조에 따라 인정되는 징계	제4조에 따라 감경된 징계
파면 해임 강등 정직 감봉 견책	해임 강등 정직 감봉 견책 불문(경고)

❏ 관련 판례

○ 징계위원회 심의 과정에서 공적 사항의 검토
－ 대법원 2012. 6. 28. 선고 2011두20505 판결 참조

공무원징계령 제7조 제6항 제3호에 의하면, 공무원에 대한 징계 의결을 요구할 때는 징계 사유의 증명에 필요한 관계 자료뿐 아니라 '감경대상 공적 유무' 등이 기재된 확인서를 징계위원회에 함께 제출하여야 하고, 경찰공무원 징계 양정 등에 관한 규칙 제9조 제1항 제2호 및 [별표 10]에 의하면 경찰청장의 표창을 받은 공적은 징계 양정에서 감경할 수 있는 사유의 하나로 규정되어 있다. 위와 같은 관계 법령의 규정 및 기록에 비추어 보면, 징계위원회의 심의 과정에 반드시 제출되어야 하는 공적(功績) 사항이 제시되지 않은 상태에서 결정한 징계 처분은 징계 양정이 결과적으로 적정한지 그렇지 않은지와 상관없이 법령이 정한 징계 절차를 지키지 않은 것으로서 위법하다.

[11] 성희롱 혐의 사건

주 문

청구인의 청구를 기각한다.

이 유

1. 사건 경과

가. 청구인은 2016. 3. 1. 甲대학교에 교수로 신규 임용된 후 이 사건 처분 시까지 재직하였다.

나. A는 2016. 12. 26. 甲대학교 총장에게 이메일을 보내 청구인의 비위사실을 제보하였고, 甲대학교 성 고충 심사위원회는 2016. 12. 30. A에 대한, 2017. 1. 5. 청구인에 대한 조사를 실시하였다.

다. 甲대학교 총장은 2017. 2. 16. 교원인사위원회 심의를 거쳐 같은 날 피청구인에게 청구인에 대한 징계 제청을 하였다.

라. 피청구인은 2017. 2. 17. 이사회를 개최하여 청구인에 대한 징계 의결 요구를 결정하였고, 피청구인 교원징계위원회에 중징계 의결을 요구하였다.

바. 피청구인 교원징계위원회는 2017. 3. 27. 청구인에 대하여 해임을 의결하였으며, 피청구인은 2017. 4. 1. 청구인에게 해임 처분을 하였다.

2. 처분 사유

가. 제1징계사유

청구인은 2016. 6월 하순경 1학기가 끝나고 甲대학교의 乙동아리 창단을 축하할 겸 회식 자리를 가졌다. 청구인은 술집에서 옆에 앉아 있던 B의 손을 잡고 손등에 뽀뽀를 하고, 허리를 감싸 안았으며, 어깨동무를 하고 허벅지를 만지는 등의 신체 접촉을 하였고, 여름방학 중 집에 내려가 있는 B에게 "내가 시간 나면 보러 갈까?"라는 문자메시지를 보냈다.

나. 제2징계사유

청구인은 2016. 11. 23. 18:30경 산학협력관 123호로 이동하던 중 A에게 어깨동무를 하였고, 같은 날 18:40경부터 19:10경까지 산학협력관 123호에서 A의 왼쪽 가까이로 다가와 오른쪽 허벅지에 약 15초 동안 손을 올려놓았으며, 허벅지에 손을 올려놓은 시점을 전후로 모니터에 나와 있는 A의 증명사진을 보면서 "예쁘다"라는 말을 여러 차례 하였다. 이후 테이블에 마주보며 앉아 상담을 계속 진행하던 중 청구인은 A의 손을 포개어 잡았고, 계속하여 A에게 "너랑 나랑 잘 맞는 것 같다. 방학 때 뭐 하느냐", "앞으로 나를 잘 도와 달라", "오피스 와이프에 대해서 들어봤느냐. 아나운서 중에서도 이런 오피스 와이프 관계 때문에 불륜을 저지르게 된 커플들도 있다"라는 등의 말을 하였다.

청구인의 위와 같은 행위는 교육기본법 제14조(교원), 사립학교법 제55조(복무)의 규정에 의하여 준용하는 국가공무원법 제63조(품위 유지의 의무), 학교법인 甲학원 교원 복무규정 제5조(품위 유지의 의무)를 명백히 위반한 행위로, 양성평등기본법 제3조(정의) 및 甲대학교 성희롱 예방 및 처리에 관한 규정 제2조(정의)에 따른 성희롱(신체적, 언어적)에 해당되므로 청구인에게 해임 처분을 한다.

3. 청구인 주장

(이하 생략)

4. 판단

가. 징계 사유의 인정 여부

1) 제1징계사유 인정 여부

가) 2016. 6월 하순경 청구인이 乙 동아리 학생들과 1학기를 마치고 동아리 창단을 축하할 겸 1차 및 2차 회식 자리를 가진 사실, 2차 회식 자리는 룸 형식 술집에서 있었는데, 이 자리에 청구인, B, C, D가 동석한 사실, 2차 모임 장소에서 D는 먼저 자리에서 일어났고, B는 청구인과 나란히 앉아 있었으며 C는 맞은편에 앉아 있었던 사실, 당시 B가 술에 많이 취해서 간간히 청구인에게 몸을 기대었던 사실, 이후 청구인이 여름방학 정도에 고향에 내려가 있는 B에게 '시간 되면 B의 고향에 놀러가도 좋겠다.' 또는 '내가 시간 나면 보러 갈까'라는 취지의 문자를 보낸 사실에 대하여 당사자 간 다툼이 없다.

나) 청구인은 ① 제1징계사유의 피해자 B는 당시 상황에 대하여 전혀 기억이 나지 않아 신고하지 않았고, 청구인이 B에게 보낸 문자 내용이 다소 이상하여 주변 친구들에게 '내용이 이상하지 않느냐'고 물어본 것에 불과하며, ② C가 작성한 진술서는 작성자가 불명확할 뿐 아니라 그 내용도 신빙성이 낮아 보이고, ③ 청구인이 B에게 보낸 문자메시지는 인사치레에 불과한 것으로 보이며, ④ 당시 동석하였던 D 또한 청구인의 성희롱 행위가 없었거나, 있더라 하더라도 아주 경미하였을 것으로 보인다고 진술하고 있는 점 등을 통해 청구인에 대한 제1징계사유가 인정되지 않는다고 주장하고 있다.

다) 징계권자의 징계 요구에 대하여 징계 혐의자가 징계 사실을 부인하는 경우 그에 대한 입증 책임은 비록 엄격한 형사소송법의 증거 법칙이 적용되지 않는다고 하더라도 징계 처분이 징계 대상자에게 미치는 효력과 입증 책임의 일반 원칙 등을 고려할 때 징계 사실을 주장하는 징계권자가 부담한다.

라) 이 사건 기록을 모두 종합하여 보면, ① B는 제1징계사유 현장에서 발생한 일에 대하여 '술에 취해 기억이 잘 나지 않고, 오히려 술에 취해 본인이 먼저 행동한 것인지도 모르겠다는 취지로 진술하고 있으며, 술을 마시면 조금

관대해지는 스타일일 뿐 아니라 본인이 먼저 행동하였을 수도 있어 당시 상황에 대해서 크게 심각하게 생각하지 아니하였다'고 하고 있지만, 청구인이 보낸 문자에 대해서는 '이상하게 생각했다'는 취지로 진술하고 있는바, 이러한 B의 진술이 제1징계사유 당일 상황에 대해 정확하게 기억하지 못하는 상태에서 이루어진 것으로 보여 신빙성이 낮아 보이는 점, ② D의 진술 또한 '자신은 당시 현장에서 조금 일찍 나와 모든 상황을 알지는 못하고, 당시 현장에서 있었던 상황도 정확하게 기억이 나지 않는다'는 취지이고, E의 통화 또는 청구인 대리인과의 통화에서 일관되지 못한 진술을 하고 있어 그대로 믿기 어려워 보이는 점, ③ 그렇다면 청구인에 대한 징계 사유를 인정할 수 있는 증거는 C의 진술서라고 할 것인데, 본건 C의 진술서는 작성자 C가 이 사건 제2징계사유 피해자인 A의 사건이 공론화된 후 작성한 것이며, 제1징계사유 발생일로부터 6개월이 지난 후 작성하였음에도 불구하고 청구인의 행위에 대해 명확하게 기재하고 있어 그 내용을 그대로 믿기 어려워 보이는 점 등을 종합적으로 고려해 보면 청구인에 대한 제1징계사유 중 술집에서 B를 추행하였다는 사실을 입증하였다고 보기 어렵다.

마) 한편, 청구인이 B에게 보낸 문자메시지와 관련하여, 청구인이 보낸 문자 내용에 대해 B가 이상하게 생각하였고, 청구인과 B의 관계·청구인의 신분 등을 고려하여 볼 때 그 내용이 다소 부적절해 보일 여지가 있지만, 이러한 문자를 보냈다는 사실만으로 청구인에 대해 품위 유지 의무를 위반한 징계사유로 인정하기는 어렵다.

2) 제2징계사유 인정 여부

가) '추행'이란 객관적으로 피해자와 같은 처지에 있는 일반적·평균적인 사람으로 하여금 성적 수치심이나 혐오감을 일으키게 하고 선량한 성적 도덕관념에 반하는 행위로서 구체적인 피해자를 대상으로 하여 피해자의 성적 자유를 침해하는 것을 의미하는데, 이에 해당하는지 여부는 피해자의 의사, 성별, 연령, 행위자와 피해자의 관계, 그 행위에 이르게 된 경위, 피해자에 대하여 이루어진 구체적 행위 태양, 주위의 객관적 상황과 그 시대의 성적 도덕관념 등을 종합적으로 고려하여 판단하여야 한다(대법원 2010. 2. 25. 선고 2009도 13716 판결 등 참조).

나) 이 사건 기록을 모두 종합하여 보면, A는 2016. 12. 26. 甲대학교 총장에게 청구인의 비위사실을 제보한 때부터 이후 이루어진 수차례의 조사에서 일관되게 청구인의 비위 행위에 대해서 진술하고 있어 그 진술의 신빙성을 인정할 수 있고, 제2징계사유의 비위사실이 발생한 후 얼마 되지 않아 C에게 카카오톡 메시지를 보내 청구인의 비위 행위에 대해 이야기하여 청구인의 비위 행위를 심각하게 받아들이고 있었음이 인정되는 반면, 청구인은 수차례의 조사에서 자신에게 불리한 취지의 질문에 대하여는 '기억이 잘 나지 않는다'는 취지의 답변을 계속하지만, 그 외의 질문에 대하여는 당시 상황에 대하여 비교적 상세하게 설명하고 있어, 본인에게 불리한 상황에 대하여 '기억이 잘 나지 않는다'는 청구인의 말을 믿기 어렵다.

다) 따라서 청구인에 대한 제2징계사유 기재 행위가 인정된다 할 것이고, 이에 대하여 청구인과 A의 관계, 그 행위에 이르게 된 경위, 청구인의 행위 태양, 당시 A가 느꼈던 감정, 청구인이 대학교수로서 지켜야 할 도덕관념 등을 종합적으로 고려할 때 교원으로서의 품위를 크게 손상하였음이 상당하다. 따라서 제2징계사유 기재 청구인의 행위는 교육기본법 제14조(교원), 사립학교법 제55조(복무)의 규정에 의하여 준용하는 국가공무원법 제63조(품위 유지의 의무)를 위반한 징계 사유에 해당한다.

나. 징계 양정의 적정 여부

1) 사립학교 교원에게 징계 사유가 있어 징계 처분을 하는 경우 어떠한 처분을 할 것인가는 원칙적으로 징계권자의 재량에 맡겨져 있는 것이므로 그 징계 처분이 위법하다고 하기 위하여서는 징계권자가 재량권을 행사하여 한 징계 처분이 사회 통념상 현저하게 타당성을 잃어 징계권자에게 맡겨진 재량권을 남용한 것이라고 인정되는 경우에 한하고, 그 징계 처분이 사회 통념상 현저하게 타당성을 잃은 처분이라고 하려면 구체적인 사례에 따라 직무의 특성, 징계의 사유가 된 비위사실의 내용과 성질 및 징계에 의하여 달하려는 목적과 그에 수반되는 제반 사정을 참작하여 객관적으로 명백히 부당하다고 인정되는 경우라야 한다(대법원 1999. 8. 20. 선고 99두2611 판결, 2000. 6. 9. 선고 98두16613 판결 등 참조).

2) 해임은 교원으로서의 신분을 박탈하는 것으로 중한 징계 처분이기는 하나,

① 교원은 학생의 교육을 전담하는 업무의 특성상 학생들에게 모범적인 품행과 성품을 보여야 하는 지위에 있는 자로, 한 교원에게 사소한 비위가 있으면 본인은 물론 교원 사회 전체에 대한 국민의 신뢰를 실추할 우려가 있으므로, 모든 언동에 있어서 일반 직업인보다 엄격한 품위 유지 의무를 부담하고 있는 점, ② 특히 교원의 학생에 대한 성 비위는 학생들의 성적 정체성 등에 미칠 수 있는 부정적인 영향을 고려할 때 그 자체로 비난 가능성이 높고 그에 대한 엄중한 처벌이 불가피한 점, ③ 교육공무원 징계 양정 등에 관한 규칙도 이러한 점을 고려하여 '성폭력'의 경우 '비위의 정도가 심하고 중과실인 경우 또는 비위의 정도가 약하고 고의가 있는 경우' 가장 낮은 징계 수위를 해임으로 예정하고 있는 점 등을 종합적으로 고려해 볼 때 이 사건 처분이 청구인의 직무의 특성과 비위의 내용, 징계 양정의 기준, 징계의 목적 등에 비추어 그 내용이 객관적으로 명백히 부당한 것으로서 사회 통념상 현저하게 타당성을 잃었다고 할 수 없다.

5. 결론

이상에서 살펴본 바와 같이 청구인에 대한 제2징계사유가 인정되고, 인정되는 징계 사유로도 징계 양정이 과중하지 않으므로, 이 사건 청구를 기각하기로 하여 주문과 같이 결정한다.

※ 본 사안은 교원소청심사위원회 2017년도 결정문집 Ⅰ. 징계 처분 결정 연번 5번 등을 바탕으로 재구성한 사안입니다.

▣ 사안의 해설

본 사안에서는 제1징계사유와 관련하여 입증 책임의 문제, 제2징계사유와 관련하여 징계 사유 존부(추행인지 여부, 진술의 신빙성 등), 징계 양정의 적정성이 주요 쟁점이 된 것으로 보입니다. 위 쟁점 중 제1징계사유 존부와 관련하여 입증책임의 문제를 상세히 살펴보고자 합니다.

● 쟁점: 입증책임

통상 문제되는 비위의 유형이 성비위인 경우에는, 동일한 사실관계에 대한 형사 사건이 진행되었거나 진행되고 있을 개연성이 높다 할 것이고, 이에 징계 의결 단계나 징계에 따른 소청심사 단계에서는, 선행하여 진행되었던 형사 사건의 공소장 기재 내용이나 판결문 기재 내용 등을 바탕으로 사실관계를 확정하는 경우가 다수 있다고 할 것입니다.

다만, 본 사안의 경우에는 동일한 사실관계에 대한 형사 사건이 진행되지 않았던 것으로 보이며, 이에 수사기관 또는 법원의 판단이 없는 상태에서 징계 사유 존재 여부에 대한 판단이 이루어진 것으로 보입니다.

특히, 제1징계사유 인정 여부와 관련하여 징계 사유에 해당하는 행위가 있었음을 누가 입증해야 하는가라는 입증 책임이 문제되었습니다.

징계권자의 징계 요구에 대하여 징계 대상자가 징계 사유가 되는 징계 원인 사실을 부인하는 경우에는, 그에 대한 입증책임은 비록 엄격한 형사소송법의 증거 법칙이 적용되지 않는다고 하더라도, 징계 처분이 징계 대상자에게 미치는 효력과 입증책임의 일반 원칙 등을 고려할 때 징계 사실을 주장하는 징계권자, 즉 피청구인이 입증책임을 부담한다고 봄이 상당하다 할 것입니다.

본 사안에서는 위 법리에 따라 제1징계사유는 피청구인에서 제출한 증거만으로는 청구인에 대한 징계 원인 사실을 입증하기에 부족하다고 보았으며, 제2징계사유에 대해서는 청구인에 대한 징계 원인 사실을 피청구인이 충분히 입증하였다고 판단한 것으로 보입니다.

실제 사안의 적용에 있어서 입증책임과 관련하여 유의할 점으로는, 통상 청구인이 국·공립교원인 경우에는 청구인의 소청심사 청구가 인용되면 피청구인은 이에 대한 불복으로 행정소송을 제기할 수 없다는 점입니다(사립학교의 경우 소청심사 결과에 대한 불복으로 소송을 제기할 수 있으며, 별도의 법률에 의해 설치된 국립 학교 등의 경우에는 이론의 여지가 있는 것으로 보입니다).

이에 피청구인은 소청심사 단계에서 징계 원인행위가 있었음을 입증할 만한 증거자료가 적시에 제출되었는지 여부 등을 보다 면밀하게 검토하여야 할 것으로 보입니다.

[12] 강제추행 혐의 사건

주 문

청구인의 청구를 기각한다.

이 유

1. 사건 경과

가. 청구인은 2008. 5. 1. 교사로 신규 임용되어 2014. 3. 1.부터 甲초등학교에서 근무하였다.

나. 丙지방검찰청은 2014. 12. 23. 청구인에 대해 성폭력 범죄의 처벌 등에 관한 특례법 위반(13세 미만 미성년자 강제추행)의 죄명으로 불구속 구공판 처분을 하였다.

다. 피청구인은 2015. 1. 1. 청구인에 대해 직위해제 처분을 하였다.

라. 丙지방법원은 2016. 12. 22. 청구인에 대해 징역 6년을 선고하였고, 청구인을 법정 구속하였다.

마. 피청구인은 2017. 2. 6. 교육공무원일반징계위원회에 청구인에 대한 징계의결(중징계)을 요구하였고, 교육공무원일반징계위원회는 2017. 3. 21. 청구인에 대해 파면을 의결하였으며, 피청구인은 2017. 4. 17. 청구인에게 파면 처분을 하였다.

바. 丁고등법원은 2017. 6. 22. 청구인의 항소를 기각하였고, 이에 청구인이 상

고하였지만 대법원 또한 2017. 9. 21. 청구인의 상고를 기각하였다.

2. 처분 사유

청구인은 甲초등학교 담임교사로 근무 중 2014. 4. 20. 교실에서 피해자 A(여, 11세)의 허리를 감싸며 배를 잡아당겨 의자에 앉힌 다음, 의자에서 일어난 피해자의 반바지 안으로 손을 집어넣어 피해자의 엉덩이와 팬티를 만지는 방법으로 피해자의 의사에 반하여 강제로 추행한 사실을 비롯하여 2014. 4월 중순경부터 2014. 6월 초순경까지 피해자 5명을 17회에 걸쳐 강제로 추행한 사실이 있다. 이로 인해 청구인은 2016. 12. 22. 丙지방법원으로부터 성폭력범죄의 처벌 등에 관한 특례법 위반으로 징역 6년형 판결 선고를 받았다.

청구인의 위와 같은 행위는 국가공무원법 제63조(품위 유지의 의무)를 위반하여 국가공무원법 제78조(징계 사유) 제1항에 규정된 징계 사유에 해당하므로 주문과 같이 청구인을 파면한다.

3. 청구인 주장

가. 처분 절차상 문제

청구인은 징계 혐의를 부인하면서 형사재판 중에 있으므로 재판의 확정 이후로 징계 절차를 연기하여 줄 것을 요청한 바 있지만 피청구인은 이를 거부하였고, 청구인이 구속 상태에서 실제로 징계 절차에 출석할 기회를 가지지 못하였다. 따라서 청구인에게 충분한 소명 기회를 부여하지 않고 징계 결정이 의결된 것이므로 위법한 처분이다.

한편, 청구인은 형사재판에서 재판부에 청구인의 징계 혐의 관련한 교육청과 학교의 조사 자료 일체를 요청하였으나, 피청구인은 관련 자료가 모두 비공개 자료라는 사유로 자료 제출을 거부하여 혐의에 대한 소명 및 반론 기회를 가지지 못했다.

나. 처분 사유의 존부에 대한 다툼

청구인은 징계 원인이 된 고소 학생들을 추행한 사실이 없다. 고소 학생들의 진술만으로는 징계 사유를 인정하기 어렵고, 오히려 서로 모순되거나 합리적으로 이해하기 어려운 진술들이 다수 있다는 것이 전문가들의 의견이다. 따라서 이와 같은 자료들을 충분히 검토한 후 징계 여부를 결정해 주기 바란다.

다. 징계 처분의 과중함

청구인은 임용된 이후 재직하는 학교에서 충실히 업무를 수행하여 왔다는 점은 청구인에 대한 여러 표창 등을 통하여 확인되었음에도, 피청구인은 청구인에 대하여 가장 중한 징계 처분을 하였는바, 피청구인의 처분은 지나치게 무거운 것이어서 부당하다고 판단되므로 청구인에 대한 징계 처분을 취소 또는 감경해 주기 바란다.

4. 판단

가. 징계 절차의 하자 유무

1) 청구인은 구속 상태에서 실제로 징계 절차에 출석할 기회를 가지지 못하였고, 따라서 피청구인이 청구인에게 충분한 소명 기회를 부여하지 않고 징계 결정이 의결된 것이므로 위법한 처분이라고 주장하고 있다.

2) 교육공무원 징계령 제8조 제5항은 '징계 혐의자가 해외체재·형사사건으로 인한 구속·여행 기타 사유로 징계의결요구서 접수일부터 50일 이내에 출석할 수 없는 때에는 서면에 의하여 진술하게 하여 징계 의결을 할 수 있다. 이 경우에 서면에 의하여 진술하지 아니할 때에는 그 진술 없이 징계 의결을 할 수 있다.'고 규정하고 있다.

3) 피청구인이 제출한 증거에 따르면 피청구인이 청구인에게 징계위원회 출석 통지를 한 사실, 청구인이 2017. 3. 16. 출석통지서 수령증에 서명한 사실, 2017. 3. 20. 서면으로 본인의 의견을 교육공무원일반징계위원회에 제출한 사실이 모두 인정된다. 따라서 청구인에게 충분한 소명 기회를 부여하지 않아 위법한 처분이라는 청구인의 주장은 이유 없다.

나. 징계 사유의 인정 여부

1) 피청구인이 제출한 성폭력 사안 접수 보고, 청구인에 대한 문답서, 피의자 신문조서, 공소장, 판결문 기재 등 제출된 증거에 따르면, 청구인의 비위사

실이 모두 인정된다.

2) 한편, 대법원은 "행정소송에 있어서 형사판결이 그대로 확정된 이상 그 형사 판결의 사실 판단을 채용하기 어렵다고 볼 특별한 사정이 없는 한 이와 배치 되는 사실을 인정할 수 없다."고 판시하고 있고(대법원 1999. 11. 26. 선고 98두10424 판결), 이와 같은 법리는 소청심사 단계에서도 적용된다. 기록을 살펴보아도 법원의 판결과 달리 판단할 만한 특별한 사정은 발견되지 아니 하므로, 청구인에 대한 징계 사유는 정당하다.

3) 따라서 청구인의 위와 같은 행위는 국가공무원법 제63조(품위 유지의 의무) 를 위반하여 국가공무원법 제78조(징계 사유) 제1항에 규정된 징계 사유에 해당한다.

다. 징계 양정의 적정 여부

1) 징계권자가 공무원인 피징계자에게 징계 사유가 있어서 징계 처분을 하는 경우 어떠한 처분을 할 것인가는 징계권자의 재량에 맡겨진 것이므로 그 징 계 처분이 위법하다고 하기 위해서는 징계권자가 재량권의 행사로서 한 징 계 처분이 사회 통념상 현저하게 타당성을 잃어 징계권자에게 맡겨진 재량 권을 남용한 것이라고 인정되는 경우에 한한다(대법원 2006. 12. 21. 선고 2006두16274 판결 참조).

2) 청구인은 파면은 교원의 신분을 박탈하는 무거운 처분으로 과중한 징계 양 정이라고 주장한다. 그러나 청구인에 대한 징계 사유가 인정되고, ① 교원은 항상 사표가 될 품성과 자질의 향상에 힘쓰고 학문의 연찬과 교육 원리의 탐구 및 학생 교육에 전심전력하여야 한다는 점에서 일반 직업인보다 높은 도덕성이 요구되고, 그 품위손상행위는 본인은 물론 교원 사회 전체에 대한 국민의 신뢰를 실추할 우려가 있다는 점에서 보다 엄격한 품위 유지 의무를 부담하고 있는 점(대법원 2000. 10. 13. 선고 98두8858 판결 참조), ② 교원 의 학생에 대한 성비위는 학생들의 건전한 성 정체성과 인격형성에 부정적 인 영향을 미칠 수 있고, 청구인이 자신이 담당하고 있는 반 학생들을 대상 으로 3개월에 걸쳐 5명의 학생을 17회 추행한 사실이 인정되므로, 그 자체 로 비난 가능성이 높고 그에 대한 엄중한 처벌이 불가피한 점, ③ 청구인은

청구인의 비위행위로 인하여 법원에서 징역 6년형을 선고받고 수감되었고, 청구인에 대한 위 형이 확정되는 경우 교육공무원법 제10조의4(결격사유), 제43조의2(당연퇴직)에서 정하고 있는 당연퇴직 사유에 해당하는 점, ④ 교육공무원 징계 양정 등에 관한 규칙 별표 징계기준에 따르면, '미성년자 또는 장애인에 대한 성폭력'의 경우 '비위의 정도가 심하고 고의가 있는 경우' 징계 수위가 '파면' 처분으로 예정되어 있을 정도로 징계기준이 엄격한 점, ⑤ 교육공무원 징계 양정 등에 관한 규칙 제4조 제2항 제4호에 따르면 성폭력 비위는 감경 대상에서 제외되는 점 등을 종합하면, 청구인이 주장하는 참작 사유를 고려하더라도 이 사건 처분이 청구인의 직무의 특성과 비위의 내용, 징계 양정의 기준, 징계의 목적 등에 비추어 볼 때 그 내용이 객관적으로 명백히 부당한 것으로써 사회 통념상 현저하게 타당성을 잃었다고 할 수 없다.

5. 결론

이상에서 살펴본 바와 같이 청구인에 대한 징계 사유가 인정되고 징계 양정 또한 재량권을 일탈·남용하지 않은 것으로 판단되므로 이 사건 청구를 기각하기로 하여 주문과 같이 결정한다.

※ 본 사안은 교원소청심사위원회 2017년도 결정문집 I. 징계 처분 결정 연번 6번 등을 바탕으로 재구성한 사안입니다.

▣ 사안의 해설

본 사안에서는 ① 청구인은 징계위원회에 출석할 기회를 가지지 못한 절차적 하자가 있는지 여부, ② 징계 원인 사실이 인정되지 않음에도 이를 인정한 실체적 하자가 있는지 여부, ③ 징계 양정의 적정성이 쟁점이 되었습니다.

아래에서는 ①과 관련하여 징계위원회 단계에서 청구인에게 출석통지 및 진술기회를 부여하여야 하는지 여부와 ③과 관련하여 성비위 사건에 대한 일반적인 징계 양정기준에 대해 상세히 살펴보고자 합니다.

◉ 쟁점: 징계위원회 출석통지 및 진술기회 부여

청구인에게 징계위원회의 출석통지 및 진술기회를 부여하는 것은 징계위원회 심의 단계에서 청구인의 방어권을 보장하는 핵심적인 절차라고 할 것입니다.

특히, 출석통지의 경우 징계혐의자(청구인)로 하여금 징계위원회가 언제 개최되는가를 알게 함과 동시에 자기에게 이익이 되는 사실을 진술하게 하거나 증거자료를 제출할 기회를 부여하기 위한 조치에서 나온 강행규정이라 할 것이므로 출석통지 없이 한 징계심의절차는 위법하다고 할 것입니다.

국·공립 교원을 기준으로 보면, 원칙적으로 출석 심사가 이루어져야 하며, 징계위원회 개최일 3일 전까지 출석통지서가 청구인에게 도달되도록 해야 합니다.

다만, 예외적으로 ① 청구인이 징계위원회에 출석하여 진술하기를 원하지 않을 때에는 진술권 포기서를 제출하게 하여 기록에 첨부하고 서면심사만으로 징계 의결을 할 수 있고, ② 2회 이상의 출석통지에도 불구하고 정당한 사유 없이 출석하지 않았을 때에는 그 사실을 기록에 남기고 서면심사로 징계 의결을 할 수 있으며, ③ 청구인이 해외체재·형사사건으로 인한 구속·여행, 그 밖의 사유로 징계의결요구서 접수일부터 50일 이내에 출석할 수 없을 때에는 서면 진술 기회를 부여하고 서면 진술하지 아니하면 그 진술 없이 징계 의결을 할 수 있습니다.

본 사안에서는 피청구인이 청구인에게 징계위원회 출석통지를 한 사실, 법정구속된 청구인이 출석통지서 수령증에 서명하고 서면으로 의견을 징계위원회에 제출한 사실을 인정하였고, 위 인정사실에 비추어 출석통지 및 진술기회 부여라는 절차를 거친 것으로 판단하였습니다.

한편, 사립 교원에 대한 징계위원회 절차는 국·공립 교원에 대한 징계위원회 절차와 비교하여 관계 법령에 따라 일부 내용의 차이가 있긴 하나, 청구인의 방어권 보장을 위해 출석통지 및 진술기회를 요한다는 핵심적인 점에서는 유사하다 할 것입니다(구체적인 내용은 연번 13번 사례를 참조할 수 있습니다).

❏ 관계 법령

○ 교육공무원 징계령

[시행 2019. 8. 6.] [대통령령 제30023호, 2019. 8. 6., 일부개정]

제8조(징계등 혐의자의 출석)

① 징계위원회는 징계등 혐의자의 출석을 명할 때에는 별지 제3호서식의 출석통지서로 하되, 징계위원회 개최일 3일 전까지 출석통지서가 징계등 혐의자에게 도달되도록 해야 한다. 이 경우 제2항에 따라 출석통지서를 징계등 혐의자의 소속 기관의 장에게 보내어 교부하게 한 경우를 제외하고는 출석통지서의 사본을 징계등 혐의자의 소속 기관의 장에게 보내야 하며, 소속 기관의 장은 징계등 혐의자를 출석시켜야 한다.

② 징계위원회는 징계등 혐의자의 주소를 알 수 없거나 그 밖의 사유로 제1항에 따른 출석통지서를 징계등 혐의자에게 직접 보내는 것이 곤란하다고 인정될 때에는 제1항의 출석통지서를 징계등 혐의자의 소속 기관의 장에게 보내어 교부하게 할 수 있다. 이 경우 출석통지서를 받은 기관의 장은 지체 없이 징계등 혐의자에게 이를 교부한 후 그 교부 상황을 관할 징계위원회에 통보해야 하며, 소속 기관의 장은 징계등 혐의자를 출석시켜야 한다.

③ 징계위원회는 징계등 혐의자가 징계위원회에 출석하여 진술하기를 원하지 않을 때에는 진술권포기서를 제출하게 하여 기록에 첨부하고 서면심사만으로 징계등 의결을 할 수 있다.

④ 징계등 혐의자가 2회 이상의 출석통지에도 불구하고 정당한 사유없이 출석하지 않았을 때에는 출석을 원하지 않는 것으로 보아 그 사실을 기록에 남기고 서면심사로 징계등 의결을 할 수 있다.

⑤ 징계등 혐의자가 해외체재·형사사건으로 인한 구속·여행, 그 밖의 사유로 징계 의결 또는 징계부가금 부과 의결요구서 접수일부터 50일 이내에 출석할 수 없을 때에는 서면으로 진술하게 하여 징계등 의결을 할 수 있다. 이 경우 서면으

로 진술하지 않을 때에는 그 진술 없이 징계등 의결을 할 수 있다.

⑥ 징계등 혐의자가 있는 곳이 분명하지 않을 때에는 관보 또는 공보를 통해 출석통지를 해야 한다. 이 경우 관보 또는 공보에 게재한 날부터 10일이 지나면 그 출석통지서가 송달된 것으로 본다.

⑦ 징계등 혐의자가 출석통지서의 수령을 거부한 경우에는 징계위원회에서의 진술권을 포기한 것으로 본다. 다만, 징계등 혐의자는 출석통지서의 수령을 거부한 경우에도 해당 징계위원회에 출석하여 진술할 수 있다.

⑧ 징계등 혐의자의 소속 기관의 장이 제2항 전단에 따라 출석통지서를 교부할 때 징계등 혐의자가 출석통지서의 수령을 거부하면 제2항 후단에 따라 출석통지서 교부 상황을 통보할 때에 수령을 거부한 사실을 증명하는 서류를 첨부해야 한다.

◉ 쟁점: 성비위 사안의 징계 양정기준

통상 교원에게는 일반 직업인보다 높은 도덕성이 요구되고 교원의 비위행위는 본인은 물론 교원 사회 전체에 대한 국민의 신뢰를 실추할 우려가 있다는 점에서 보다 엄격한 품위 유지 의무를 부담한다고 봅니다.

특히, 성비위의 경우에는 문제되는 징계 사유가 인정된다면, 교원 사회 전체에 대한 국민의 신뢰를 실추할 우려가 크다고 보아, 다른 유형의 비위에 비해 비위의 정도가 비교적 중하게 평가될 가능성이 높다고 할 것입니다.

징계 양정의 적정성을 살펴볼 수 있는 참조 기준으로는 교육공무원 징계 양정 등에 관한 규칙을 참조할 수 있습니다. 이는 징계위원회 단계에서 국·공립 교원에 대하여 적용되는 규칙이나 사립학교 교원에 대해서도 이를 참조하여 양정을 정할 수 있다고 할 것이며, 소청심사 단계에서도 위 기준이 양정의 적정성을 참조하는 자료로 유의미하게 활용될 수 있다고 할 것입니다.

아래의 양정기준에 따르면 성비위의 유형과 비위의 정도 및 과실에 따라 징계 기준을 정하고 있습니다. 실제 사안에서는 징계 원인이 되는 사실이 어떠한 유형의 성비위인지, 어느 정도로 중한 비위인지 등이 양정을 정하는 중요한 쟁점이 될 가능성이 높습니다.

징계기준(제2조 제1항 관련) 〈개정 2019. 3. 18.〉

비위의 정도 및 과실 / 비위의 유형	비위의 정도가 심하고 고의가 있는 경우	비위의 정도가 심하고 중과실인 경우 또는 비위의 정도가 약하고 고의가 있는 경우	비위의 정도가 심하고 경과실인 경우 또는 비위의 정도가 약하고 중과실인 경우	비위의 정도가 약하고 경과실인 경우
7. 품위유지의무 위반				
가. 성희롱	파면	파면 - 해임	강등-정직	감봉-견책
나. 미성년자 또는 장애인에 대한 성희롱	파면	파면 - 해임	해임 - 강등	강등 - 정직
다. 성매매	파면	해임	강등 - 정직	감봉 - 견책
라. 미성년자 또는 장애인에 대한 성매매	파면	파면	파면 - 해임	해임
마. 성폭력	파면	파면	파면 - 해임	해임
바. 미성년자 또는 장애인에 대한 성폭력	파면	파면	파면	파면 - 해임
사. 공연음란 행위	파면	파면 - 해임	강등 - 정직	감봉 - 견책
아. 미성년자 또는 장애인에 대한 공연음란 행위	파면	파면 - 해임	해임 - 강등	강등 - 정직
자. 카메라 등을 이용한 불법촬영 또는 불법촬영물 유포	파면	해임	해임 - 강등 - 정직	감봉 - 견책
차. 「교육공무원법」 제52조 각 호의 어느 하나에 해당하는 성 관련 비위의 피해자에게 2차 피해를 입힌 경우	파면	해임	해임 - 강등 - 정직	감봉 - 견책
카. 「교육공무원법」 제52조 각 호의 어느 하나에 해당하는 성 관련 비위를 신고한 사람에게 피해(신	파면	해임	해임 - 강등 - 정직	감봉 - 견책

고자 신상정보의 유출, 신고자에 대한 폭행·폭언, 그 밖에 신고자의 의사에 반하는 일체의 불리한 처우를 말한다)를 입힌 경우				
타. 가목부터 카목까지에서 규정한 사항 외의 성 관련 비위	파면	해임	해임 - 강등 - 정직	감봉 - 견책

※ 비고

6의2. 제7호 가목 및 나목에서 "성희롱"이란 「국가인권위원회법」 제2조 제3호 라목에 따른 성희롱을 말한다.

다만, 위 징계기준이 절대적으로 적용된다고는 보기 어려우며, 위 징계기준 내양정 요소에 더하여 평소 행실, 뉘우치는 정도, 피해의 정도, 피해자의 감정, 비위 행위에 따른 사회적 파장 등과 같은 정상 사유가 종합적으로 고려되어 징계 양정이 정해진다고 보아야 할 것입니다.

본 사안에서는 징계 원인 사실이 인정된다는 전제하에, 교육공무원 징계 양정 등에 관한 기준에서는 미성년자에 대한 성폭력의 경우 비위의 정도가 심하고 고의가 있는 경우에는 징계 수위가 파면처분으로 예정되어 있는 점, 3개월에 걸쳐 5명의 학생을 17회 추행하여 학생들의 건전한 성 정체성과 인격형성에 부정적 영향을 준 점 등에 근거하여 파면이라는 징계 양정이 과다하지 않다고 보았습니다.

[13] 절도 혐의 사건

주 문

청구인의 청구를 기각한다.

이 유

1. 사건 경과

가. 청구인은 2005. 3. 1. A대학교 교수로 임용되었다.

나. 청구인은 2014. 6. 9. 16:50경 B은행 현금자동화 코너 CD기에서 피해자 甲이 인출하여 놓은 현금 20만 원을 취거하였고, C지방검찰청은 2016. 5. 17. 청구인의 절도 혐의에 대하여 기소유예 처분을 하였다.

다. 피청구인은 2016. 7. 4. 징계위원회에 청구인에 대한 징계 의결을 요구하였고, 징계위원회는 2016. 7. 14. 청구인에 대한 감봉 3월 처분을 의결하였으며, 피청구인은 2016. 8. 1.자로 청구인에게 감봉 3월 처분을 하였다.

2. 처분 사유

2014. 6. 9. B은행 현금자동화 코너에서 타인이 인출하여 놓고 간 현금 20만 원 취거하여 C지방검찰청의 처분 결과: 절도죄 기소유예(2016. 5. 17.) 받았으며, 교직원징계에 관한 규정 제19조 제1항에 따라 교육공무원 징계 양정 등에 관한 규칙 제2조 별표 징계기준(7호 품위 유지 의무 위반)에 의거함.

3. 청구인 주장

가. 징계위원회 개최를 앞두고 촉박하게 통보가 이루어지는 바람에 소명자료를 준비하기에 시간이 부족했고, 문답서 형식의 사전 조사가 없었으며, 징계위 원들이 청구인에 대한 심문 없이 감봉 3월 처분을 결정하였다.

나. 청구인은 절취할 목적으로 현금을 가져간 것이 아니고 돌려주려고 보관하다 가 시기를 놓친 것일 뿐이므로, 교직원으로서의 품위에 어긋나는 행위를 하 지는 않았다.

4. 판단

가. 징계 절차상 하자 인정 여부

1) 이 사건에서 청구인은 ① 징계위원회 개최를 앞두고 촉박하게 출석통보가 이루어지는 바람에 소명자료를 준비하기에 시간이 부족했고, ② 문답서 형 식의 사전 조사가 없어 충분한 소명이 이루어지지 못하였으며, ③ 징계위원 들이 청구인에 대한 심문 없이 감봉 3월 처분을 결정하여 징계 절차상 하자 가 있다는 취지로 주장한다.

2) 살피건대, ① 이 사건 기록을 살펴보면, 징계위원회는 2016. 7. 14.에 개최되 고 청구인에 대한 출석통지는 2016. 7. 5.에 이루어졌으므로(청구인 2016. 7. 6. 수령), 청구인이 소명자료를 준비할 시간이 부족하였다고 보기 어렵고, ② 사립학교법 제65조 제1항은 "교원징계위원회는 징계 사건을 심리함에 있 어서 진상을 조사하여야 하며, 징계 의결을 행하기 전에 본인의 진술을 들어 야 한다."라고 규정하고 있는바, 징계 절차에서 문답서 형식의 조사를 반드 시 거쳐야 하는 것은 아니며, ③ 2016. 7. 14.자 징계위원회 회의록을 보면 청구인에 대한 심문(질의응답)을 진행한 사실을 알 수 있는바, 이 사건 징계 절차에 하자가 있다는 청구인의 주장은 모두 이유 없다.

나. 징계 사유의 인정 여부

1) 이 사건 기록을 종합하여 보면 ① 청구인은 2014. 6. 9. 16:50경 B은행 현금 자동화 코너 CD기에서 피해자 甲이 인출하여 놓은 현금 20만 원을 취거한

사실, ② 청구인은 2016. 4. 28. D경찰서에서 절도 용의자로 조사를 받은 사실, ③ C지방검찰청은 2016. 5. 17. 청구인의 절도죄에 관해 기소유예 처분을 한 사실이 인정된다. 청구인의 위와 같은 행위는 사립학교법 제55조 제1항에 의해 준용되는 국가공무원법 제63조(품위 유지의 의무)를 위반한 징계 사유로 인정된다.

2) 한편 청구인은 위 사실관계를 인정하지만 절도죄의 고의가 없어 품위 유지 의무 위반에 해당되지 않는다고 주장하나, 검찰이 청구인에게 '혐의없음'이 아닌 '기소유예' 처분을 한 것은 범죄는 성립하나 초범이라는 점, 피해자와의 합의한 점, 피해 액수가 경미한 점 등을 고려한 것일 뿐, 절도죄의 고의가 없었다는 것을 인정하는 것은 아니므로 청구인의 주장은 이유 없다.

다. 징계 양정의 적정 여부

1) 사립학교 교원에게 징계 사유가 있어 징계 처분을 하는 경우 어떠한 처분을 할 것인가는 원칙적으로 징계권자의 재량에 맡겨져 있는 것이므로 그 징계 처분이 위법하다고 하기 위하여서는 징계권자가 재량권을 행사하여 한 징계 처분이 사회 통념상 현저하게 타당성을 잃어 징계권자에게 맡겨진 재량권을 남용한 것이라고 인정되는 경우에 한한다(대법원 2000. 10. 13. 선고 98두8858 판결 참조).

2) ① 청구인에 대한 징계 사유가 인정되는 점, ② 교원에게는 일반 직업인보다 더 높은 도덕성이 요구되고 교원의 품위손상행위는 본인은 물론 교원 사회 전체에 대한 국민의 신뢰를 실추시킬 우려가 있다는 점에서 보다 엄격한 품위 유지 의무를 부담하는 점(대법원 2000. 6. 5. 선고 98두16613 판결 참조), ③ 징계위원회에서도 "비위 정도는 약하나 고의가 있는 경우"에 해당하여 중징계를 하여야 한다는 의견도 있었으나 경징계를 요구한 교원인사위원회의 결정을 받아들여 "비위 정도가 약하고 중과실인 경우"로 판단한 점, ④ 교육공무원 징계 양정 등에 관한 규칙 [별표] 징계기준에 의하면 품위 유지의 의무 위반의 징계 사유는 비위의 정도가 약하고 중과실인 경우 감봉 처분이 예정되어 있는 점 등을 종합적으로 고려할 때 이 사건 감봉 3월 처분이 청구인의 직무의 특성과 비위의 내용, 징계 양정의 기준, 징계의 목적 등에 비추어 그 내용이 객관적으로 명백히 부당한 것으로서 사회 통념상 현저하

게 타당성을 잃었다고 할 수 없다.

5. 결론

이상에서 살펴본 바와 같이 이 사건 징계 사유가 인정되고 징계 양정도 과중하지 않으므로 주문과 같이 결정한다.

※ 본 사안은 교원소청심사위원회 2016년도 결정문집 Ⅰ. 징계 처분 결정 연번 10번 등을 바탕으로 재구성한 사안입니다.

▣ 사안의 해설

사립학교법에서 품위 유지에 대해 직무의 내외를 불문하고 그 품위가 손상하는 행위를 하여서는 아니 된다고 규정하고 있습니다. 이에 본 사안과 같은 절도와 같이 비위사실이 직접적으로 직무와 관련되어 있지 않다고 하더라도 징계 사유에 해당할 수 있습니다(연번 1번 사례와 연번 2번 사례를 구체적으로 참조할 수 있습니다). 아래에서는 본 사안에서 징계위원회 심의 절차상 위법이 존재하는지 여부를 중심으로 살펴보도록 하겠습니다.

◉ 쟁점: 사립학교 징계위원회 심의 절차와 구체적 방법

사립학교법 제64조의2 및 제65조에 따르면, 징계위원회 심의 절차에 대하여 ① 징계의결요구권자는 징계위원회 이전에 징계대상자(청구인)가 징계 혐의 사실에 대해 인지하고 이에 대해 징계위원회에서 소명할 수 있도록 징계의결요구서를 송부하여야 하고, ② 징계위원회는 2회 이상의 서면으로 소환하여도 이에 불응하는 등의 특별한 사정이 없는 한 징계대상자(청구인) 본인의 진술권을 보장하는 것이 필요하다고 규정하고 있습니다. 다만, 징계위원회에서 사건을 심의하는 구체적인 조사 방법에 대해서는 특별히 규정하고 있지 않습니다.

이를 종합하여 볼 때, 징계위원회에서는 징계대상자인 청구인의 방어권 보장을 위하여 징계의결요구서를 송부하고 진술권을 보장하여야 하나, 사건을 심의하는 과정에서 어떠한 조사 방법을 선택할지에 대해서는 재량이 있다 할 것이고, 반드시 문답서 형식의 조사를 실시하여야 한다고 보기는 어렵다고 할 것입니다.

❏ **관계 법령**

○ **사립학교법**

　　[시행 2019. 3. 19.] [법률 제15954호, 2018. 12. 18., 일부개정]

제64조의2(징계의결요구사유의 통지)

　징계의결요구권자가 제64조의 규정에 의하여 징계 의결을 요구할 때에는 징계 의결 요구와 동시에 징계대상자에게 징계 사유를 기재한 설명서를 송부하여야 한다.

제65조(진상조사 및 의견의 개진)

　① 교원징계위원회는 징계 사건을 심리함에 있어서 진상을 조사하여야 하며, 징계 의결을 행하기 전에 본인의 진술을 들어야 한다. 다만, 2회 이상 서면으로 소환하여도 불응한 때에는 예외로 한다.

　② 교원징계위원회는 필요하다고 인정하는 경우에는 관계인 또는 관계 전문가를 출석하게 하여 의견을 들을 수 있다.

[14] 학교폭력 신고 의무 위반 혐의 사건

주 문

청구인의 청구를 기각한다.

이 유

1. 처분사유

가. 학교폭력예방 및 대책에 관한 법률 제20조 제1항에 '학교폭력 현장을 보거나 그 사실을 알게 된 자는 학교 등 관계 기관에 이를 즉시 신고하여야 한다'고 되어 있고, A교육청의 「2015. 학교폭력 사안 처리 길라잡이」에서 학교폭력 사안 발생 시 그 사실을 알게 된 자는 사소한 폭력이라도 학교폭력 전담기구에 비치된 학교폭력 신고 접수 대장에 반드시 기록하여야 한다고 되어 있다.

나. 청구인은 2015. 5. 22. 13:30경 생활관에서 甲학생과 乙 학생간 싸움으로 피해학생(乙학생)이 전치 3주의 코뼈 골절과 눈꺼풀 및 눈 주위에 상처를 입은 폭행 사건을 B부 전임코치로부터 연락받아 알았음에도, 즉시 학교폭력전담기구에 신고하여 학교폭력 사안 처리 절차에 따라 처리하지 않고, 관련 학생 학부모들에게 연락해 합의를 종용하는 등 자체적으로 해결하려고 한 사실이 있다.

다. 이는 학교폭력 사안 인지 시에 학교폭력전담기구에 즉시 신고하여야 하는 의무를 위반한 것이며, 학생을 보호·감독해야 하는 교원으로서 마땅히 수행하여야 하는 직무를 태만히 한 것이다. 또한 학교폭력 은폐행위가 언론에 보도되고 민원이 제기되어 사회적 물의를 야기함으로써 학교의 위신을 손상시켰다.

라. 청구인의 이러한 행위는 학교폭력예방 및 대책에 관한 법률 제20조 제1항, 국가공무원법 제56조(성실 의무) 및 동법 제63조(품위 유지의 의무)의 규정을 위반하여 동법 제78조 제1항 제2호 및 제3호의 징계 사유에 해당된다.

2. 청구인 주장

청구인은 2015. 5. 25. 가해학생 학부모와 피해학생 학부모를 만나기 직전에 이 사건의 경위를 비로소 알게 된 점, 피해학생의 학부모가 이 사건이 더 이상 확대되는 것을 바라지 않았다는 점, 가해 및 피해 학생의 학부모들이 합의에 이르지 못하였을 때 학교폭력전담기구에 신고를 하더라도 곧바로 신고를 하였을 때와 결과가 달라지지 않았을 것이라는 점, 학교폭력전담기구에 신고할 경우 필연적으로 가해학생이 처벌을 받게 될 것이고 이는 한창 자라나는 어린 학생에게 큰 상처가 될 수 있다는 점, 청구인은 가해학생이 소속된 C부 감독으로서 가해학생이 받을 상처 등에 대하여 누구보다 잘 알고 있는 점, 청구인이 어떤 사익을 목적으로 신고를 하지 않은 것이 아니고 오로지 학생들의 장래를 위한 것이라는 신념에서 비롯된 행위인 점, 학교폭력예방 및 대책에 관한 법률의 입법 취지가 학생의 인권을 보호하고 나아가 학생을 건전한 사회 구성원으로 육성함을 목적으로 하는 것인 점 등의 사정을 종합하면 피청구인의 청구인에 대한 이 사건 견책 처분은 재량권을 남용하였거나 일탈한 위법한 처분이 분명하다.

3. 판단

가. 사실관계

1) 청구인은 2000. 3. 1. 교육공무원으로 임용되었고, 현재 D고등학교에 재직하며 C부 감독 업무를 담당하고 있다.

2) 2015. 5. 22. 생활관에서 甲학생과 乙학생이 싸워 乙학생이 부상당하는 학교폭력 사안이 발생하였다.

3) D고등학교의 학교폭력 사안 은폐 관련 내용이 언론(E일보)에 보도되었고, 피청구인은 2015. 6. 29.부터 7. 7.까지 학교폭력 은폐 관련 특별 감사를 실시하였다.

4) 피청구인은 2015. 7. 30. 청구인에 대하여 징계 의결을 요구하였고, A교육청 일반징계위원회는 2015. 8. 10. 견책으로 의결하였으며, 피청구인은 2015. 8. 14. 청구인에게 견책 처분을 하였다.

나. 징계 사유의 인정 여부

학교폭력예방 및 대책에 관한 법률 제20조 제1항 및 A교육청「2015. 학교폭력 사안 처리 길라잡이」등 관련 규정에 따르면, 학교폭력 현장을 보거나 그 사실을 알게 된 자는 학교 등 관계 기관에 이를 즉시 신고하여야 한다. 청구인이 폭력 사건 발생 2~3일 후에 B부 코치로부터 폭력 사건에 대한 이야기를 듣고 학교폭력 사건이 발생하였음을 인지한 후에도 학교폭력전담기구에 폭력 사건을 신고하지 않은 것은 사실로 확인된다.

이에 대해 청구인은 학교폭력전담기구에 이 사건을 신고하지 않은 것은 피해학생의 학부모가 사건이 확대되는 것을 바라지 않았고, 학교폭력전담기구에 신고할 경우 가해학생이 처벌을 받게 되는 점 등을 고려하였기 때문이라고 주장하나, 이는 청구인이 학교폭력 사안이 발생하면 가해 학생보다는 피해학생 보호를 최우선적으로 해야 한다는 학교폭력예방 및 대책에 관한 법률의 입법 취지를 이해하지 못하고 처리 절차를 무시한 것으로 청구인의 주장은 이유 없다 할 것인바, 이 사건 청구인에 대한 징계 사유가 인정된다.

다. 징계 양정의 적정 여부

피징계자에게 징계 사유가 있어서 징계 처분을 하는 경우 어떠한 처분을 할 것인가는 징계권자의 재량에 맡겨진 것이므로, 그 징계 처분이 위법하다고 하기 위해서는 징계권자가 재량권의 행사로서 한 징계 처분이 사회 통념상 현저하게 타당성을 잃어 징계권자에게 맡겨진 재량권을 남용한 것이라고 인정되는 경우에 한한다(대법원 2006. 12. 21. 선고 2006두16274 판결 참조)고 할 것이다.

학교폭력예방 및 대책에 관한 법률에 따라 학교폭력 사안을 인지할 경우 학교폭력전담기구에 즉시 신고하여야 함에도, 청구인이 이를 이행하지 않아 학교폭력 은폐행위가 언론에 보도되고 민원이 제기되어 사회적 물의를 야기하였는바, 피청구인이 청구인에게 한 '견책' 처분이 사회 통념상 현저하게 타당성을 잃은 과중한 징계 처분에 해당한다고 보기 어렵다.

4. 결론

이상과 같이 청구인이 학교폭력 사안을 인지하고도 학교폭력전담기구에 즉시 신고하여야 하는 의무를 이행하지 않은 징계 사유가 인정되며, 이 사건 청구인에 대한 '견책' 처분은 재량권을 일탈·남용하였다고 볼 수 없다 할 것이어서 주문과 같이 결정한다.

※ 본 사안은 교원소청심사위원회 2015년도 결정문집 Ⅰ. 징계 처분 결정 연번 8번 등을 바탕으로 재구성한 사안입니다.

▣ 사안의 해설

본 사안에서는 교원이 학교폭력예방 및 대책에 관한 법률에 따른 신고 의무를 성실하게 수행하지 아니하였다고 보아 징계 사유가 인정된다고 판시하였으며, 견책이라는 징계 양정도 적정하다고 보았습니다.

최근 학교폭력과 관련하여 초기 대응 중요성과 신고 의무의 수행을 강조하고 있다는 점에서 주목할 만한 사례라고 할 것이며, 각 시·도교육청에서 발행하는 학교폭력 사안처리 또는 가이드북 등을 통해 학교폭력의 유형, 학교폭력 사안 처리 시 유의사항 등에 대해 종합적으로 숙지할 필요가 있어 보입니다.

실제사안의 적용에 있어서는, 신고 의무 위반 시 징계 양정의 적정성이 쟁점이 되는 경우가 많을 것으로 보이며 이에 대해 아래에서 상세히 살펴보겠습니다.

◉ 쟁점: 학교폭력 신고 의무 위반 사안에 대한 징계 양정기준

징계 양정의 적정성을 살펴볼 수 있는 참조기준으로는 교육공무원 징계 양정 등에 관한 규칙을 참조할 수 있습니다. 이는 징계위원회 단계에서 국·공립 교원에 대하여 적용되는 규칙이나 사립 교원에 대해서도 이를 참조하여 양정을 정할 수 있다고 할 것이며, 소청심사 단계에서도 위 기준이 양정의 적정성을 참조하는 자료로 유의미하게 활용될 수 있다고 할 것입니다.

교육공무원 징계 양정 등에 관한 규칙에 따르면, 학교폭력예방 및 대책에 관한 법률에 따른 학교폭력을 고의적으로 은폐하거나 대응하지 아니한 경우에 대해서 성실의무 위반의 한 유형으로 별도의 징계 양정기준을 두고 있습니다.

징계기준(제2조 제1항 관련) 〈개정 2019. 3. 18.〉

비위의 정도 및 과실 비위의 유형	비위의 정도가 심하고 고의가 있는 경우	비위의 정도가 심하고 중과실인 경우 또는 비위의 정도가 약하고 고의가 있는 경우	비위의 정도가 심하고 경과실인 경우 또는 비위의 정도가 약하고 중과실인 경우	비위의 정도가 약하고 경과실인 경우
1. 성실의무 위반				
바. 「학교폭력예방 및 대책에 관한 법률」에 따른 학교폭력을 고의적으로 은폐하거나 대응하지 아니한 경우	파면	해임	해임 - 강등 - 정직	감봉 - 견책

위 기준 내에서는 구체적인 양정 요소로 비위의 정도 및 과실을 규정하고 있으나, 학교폭력 신고를 하지 않은 경위, 학교폭력의 정도, 신고 누락으로 인한 결과 등의 요소를 종합적으로 참작하여 징계의 양정이 결정된다고 봄이 상당하다 할 것입니다.

본 사안에서는 학교폭력 은폐행위가 언론에 보도되고 민원이 제기되어 사회적 물의를 야기한 점 등을 근거로 피청구인이 한 견책의 징계 처분이 과중하지 않다고 판단하였습니다.

❑ 관계 법령

○ 학교폭력예방 및 대책에 관한 법률

[시행 2017. 11. 28.] [법률 제15044호, 2017. 11. 28., 일부개정]

제2조(정의)

이 법에서 사용하는 용어의 정의는 다음 각 호와 같다.

1. '학교폭력'이란 학교 내외에서 학생을 대상으로 발생한 상해, 폭행, 감금, 협박, 약취·유인, 명예훼손·모욕, 공갈, 강요·강제적인 심부름 및 성폭력, 따돌림, 사이버 따돌림, 정보통신망을 이용한 음란·폭력 정보 등에 의하여 신체·정신 또는 재산상의 피해를 수반하는 행위를 말한다.

제20조(학교폭력의 신고 의무)

① 학교폭력 현장을 보거나 그 사실을 알게 된 자는 학교 등 관계 기관에 이를 즉시 신고하여야 한다.

② 제1항에 따라 신고를 받은 기관은 이를 가해학생 및 피해학생의 보호자와 소속 학교의 장에게 통보하여야 한다.

③ 제2항에 따라 통보받은 소속 학교의 장은 이를 자치위원회에 지체 없이 통보하여야 한다.

④ 누구라도 학교폭력의 예비·음모 등을 알게 된 자는 이를 학교의 장 또는 자치위원회에 고발할 수 있다. 다만, 교원이 이를 알게 되었을 경우에는 학교의 장에게 보고하고 해당 학부모에게 알려야 한다.

⑤ 누구든지 제1항부터 제4항까지에 따라 학교폭력을 신고한 사람에게 그 신고 행위를 이유로 불이익을 주어서는 아니 된다.

[15] 학생체벌 혐의 사건

주 문

청구인의 청구를 기각한다.

이 유

1. 사건 경과

가. 청구인은 1995. 9. 1. 교사로 신규 임용된 후, 2014. 3. 1. A초등학교에서 근무하였다.

나. 아동보호전문기관 상담사는 2016. 11. 23. 피청구인에게 청구인에 대한 민원을 제기하였다.

다. B지방검찰청은 2017. 2. 28. 청구인에 대해 아동복지법위반으로 송치하였고, C교육청은 2017. 3. 24. 피청구인에게 청구인에 대한 아동복지법위반 혐의를 통보하였다.

라. 피청구인은 2017. 4. 7. 교육지원청 교육공무원 일반징계위원회에 청구인에 대한 징계 의결을 요구하였고, 위 일반징계위원회는 2017. 4. 11. 청구인에 대한 감봉 1월 처분을 의결하였다.

마. 피청구인은 2017. 4. 17. 청구인에게 감봉 1월 처분을 하였다.

2. 처분 사유

청구인은 2016. 11. 23. 피해자가 친구들의 휴대폰을 감춘 사실에 대해 훈계하였다. 이 과정에서 청구인은 피해자의 머리를 10회 정도 때리고, 드럼 스틱으로 머리를 3회 정도 때렸으며, 손바닥으로 좌측 뺨을 5회 정도 때리고, 칠판지우개로 뒤통수를 1회 때리는 등 비밀전학을 온 지 1주일 밖에 안 되는 피해자의 얼굴에 손바닥 자국이 나는 신체 손상을 주어 신체의 건강 및 발달을 해치는 신체적 학대행위를 하였다.

위와 같은 청구인의 행위는 아동복지법 제17조(금지 행위), 국가공무원법 제56조(성실 의무) 및 제63조(품위 유지 의무)를 위반한 것으로 이는 국가공무원법 제78조(징계 사유)에 해당되어 감봉 1월을 처분한다.

3. 청구인 주장

청구인은 피해자의 잘못된 행동을 교정하기 위하여 빈 교실에서 둘만 있을 때 체벌을 하였으며, 위 체벌행위는 심각한 신체적 폭력행위로 볼 수 없으므로 감봉 1월 처분을 받은 것은 과하다.

또한, 청구인의 행위는 교육공무원 징계 양정 등에 관한 규칙 제4조 제2항 제5호에 따른 표창 감경 제외 대상이 아니므로, 공적을 인정해 감경해야 한다.

4. 판단

가. 징계 사유의 인정 여부

1) 아동복지법 제17조에 따르면 아동의 신체에 손상을 주거나 신체의 건강 및 발달을 해치는 신체적 학대행위를 하여서는 아니 된다고 규정하고 있고, 초·중등교육법 시행령 제31조 제8항은 학생 지도를 할 때에는 '학칙으로 정하는 바에 따라 훈육·훈계 등의 방법으로 하되, 도구, 신체 등을 이용하여 학생의 신체에 고통을 가하는 방법을 사용해서는 아니 된다'라고 규정하고 있다.

2) 피청구인이 제출한 자료에 의하면, 청구인은 2016. 11. 23. 피해자가 친구들의 휴대폰을 감춘 사실에 대해 훈계한다는 이유로 ① 손바닥으로 청구인의

머리를 10회 정도 때리고, ② 드럼 스틱으로 머리를 3회 정도 때리고, ③ 손바닥으로 좌측 뺨을 5회 정도 때리고, ④ 칠판지우개로 뒤통수를 1회 때린 사실이 확인된다.

3) 또한, 아동보호전문기관 상담사는 2016. 11. 23. "피해자가 아파 병원에 갔는데 의사 진찰 시 피해자의 얼굴에 손바닥 자국이 있어 신고하게 되었다"고 진술하고 있다.

4) 살피건대, 청구인은 학생을 지도하는 교사로서 피해자의 머리, 뺨 등을 수차례 때려 얼굴에 손바닥 자국이 나게 하는 등의 학대행위는 훈계의 방법과 정도에서 신체의 건강 및 발달을 해치는 신체적 학대행위를 한 것으로 아동복지법 제17조 및 초·중등교육법 시행령 제31조 제8항을 위반한 징계 사유로 인정된다.

나. 징계 양정의 적정 여부

1) 징계권자가 공무원인 피징계자에게 징계 사유가 있어서 징계 처분을 하는 경우 어떠한 처분을 할 것인가는 징계권자의 재량에 맡겨진 것이므로 그 징계 처분이 위법하다고 하기 위해서는 징계권자가 재량권의 행사로서 한 징계 처분이 사회 통념상 현저하게 타당성을 잃어 징계권자에게 맡겨진 재량권을 남용한 것이라고 인정되는 경우에 한한다(대법원 2006. 12. 21. 선고 2006두16274 판결 참조).

2) 위에서 살펴본 바와 같이, 청구인에 대한 징계 사유가 인정되고, ① 학생을 지도하는 방법으로 학칙 등이 정하는 훈육, 훈계의 방법을 시도하지 않은 점, ② 이 사건으로 피해자의 충격이 컸을 것으로 보이는 점, ③ 교육적 목적의 징계권 행사 내지 교수권의 범위를 벗어나는 행위에 해당하는 점, ④ 청구인의 체벌행위는 피청구인이 징계 감경에서 제외하고 비위의 정도가 심하고 경과실인 경우로 감봉 1월 처분된 점 등을 고려해 볼 때, 이 사건 감봉 1월 처분이 사회 통념상 재량권을 현저하게 일탈하거나 남용한 것으로 볼 수 없다.

5. 결론

이상에서 살펴본 바와 같이, 청구인에 대한 징계 사유가 인정되고 징계 양정도 과중하지 않으므로 주문과 같이 결정한다.

※ 본 사안은 교원소청심사위원회 2017년도 결정문집 I. 징계 처분 결정 연번 11번 등을 바 탕으로 재구성한 사안입니다.

▣ 사안의 해설

초·중등교육법 제18조 및 같은 법 시행령 제31조 등 관계 법령을 종합하여 보면, 교원은 교육상 필요한 경우 법령이나 학칙으로 정하는 바에 따라 학생을 징계 하거나 그 밖의 방법으로 지도할 수 있습니다. 다만, 훈육·훈계 등의 방법으로 지 도하여야 하며, 도구, 신체 등을 이용하여 학생의 신체에 고통을 가하는 방법을 사 용해서는 아니 됩니다.

이를 종합하여 보면, 교사가 학생을 지도하는 수단으로 학생의 신체에 고통을 가하는 유형력을 행사하는 것은 법률상으로 정당화되기 어렵다고 할 것이며, 아래 에서는 학생체벌 사안의 일반적인 징계 양정기준에 대해 상세히 살펴보고자 합 니다.

◉ 쟁점: 학생체벌 사안의 징계 양정기준

징계 양정의 적정성을 살펴볼 수 있는 참조 기준으로는 교육공무원 징계 양정 등에 관한 규칙을 참조할 수 있습니다. 이는 징계위원회 단계에서 국·공립 교원에 대하여 적용되는 규칙이나 사립 교원에 대해서도 이를 참조하여 양정을 정할 수 있다고 할 것이며, 소청심사 단계에서도 위 기준이 양정의 적정성을 참조하는 자 료로 유의미하게 활용될 수 있다고 할 것입니다.

교육공무원징계 양정 등에 관한 규칙에서는 품위 유지 의무 위반의 한 유형으로 학생에 대한 신체적·정신적·정서적 폭력 행위에 대한 징계기준을 두고 있습니다.

※ 징계기준(제2조 제1항 관련) 〈개정 2019. 3. 18.〉

비위의 정도 및 과실 비위의 유형	비위의 정도가 심하고 고의가 있는 경우	비위의 정도가 심하고 중과실인 경우 또는 비위의 정도가 약하고 고의가 있는 경우	비위의 정도가 심하고 경과실인 경우 또는 비위의 정도가 약하고 중과실인 경우	비위의 정도가 약하고 경과실인 경우
7. 품위 유지 의무 위반				
파. 학생에 대한 신체적·정신적·정서적 폭력 행위	파면 - 해임	해임 - 강등	강등 - 정직	감봉 - 견책

위 기준 내에서는 구체적인 양정 요소로 비위의 정도 및 과실을 규정하고 있으나, 이에 더하여 동일한 사실관계를 원인으로 하여 아동복지법 위반 혐의 사건 등이 진행되었다면 검찰 처분이나 법원 판결의 내용, 사건에 이르게 된 경위, 청구인의 뉘우치는 정도, 피해자의 감정 등의 요소가 종합적으로 참작되어 징계 양정이 결정된다고 봄이 상당하다 할 것입니다.

본 사안에서는, 학생을 지도하는 방법으로 학칙 등이 정하는 훈육, 훈계의 방법을 시도하지 않은 점, 피해자의 충격이 상당하였을 것으로 보이는 점, 위 기준에 비추어 볼 때 청구인의 체벌 행위가 비위의 정도가 심하고 경과실인 경우에 해당하는 점 등을 근거로 감봉 1월이라는 징계 양정이 적정하다고 판단하였습니다.

❑ 관계 법령

○ 초·중등교육법

[시행 2017. 6. 22.] [법률 제14603호, 2017. 3. 21., 일부개정]

제18조(학생의 징계)

① 학교의 장은 교육상 필요한 경우에는 법령과 학칙으로 정하는 바에 따라 학

생을 징계하거나 그 밖의 방법으로 지도할 수 있다. 다만, 의무교육을 받고 있는 학생은 퇴학시킬 수 없다.

② 학교의 장은 학생을 징계하려면 그 학생이나 보호자에게 의견을 진술할 기회를 주는 등 적정한 절차를 거쳐야 한다.

○ 초·중등교육법 시행령

[시행 2019. 1. 1.] [대통령령 제29421호, 2018. 12. 24., 타법개정]

제31조(학생의 징계 등)

① 법 제18조 제1항 본문의 규정에 의하여 학교의 장은 교육상 필요하다고 인정할 때에는 학생에 대하여 다음 각 호의 어느 하나에 해당하는 징계를 할 수 있다.

1. 학교 내의 봉사

2. 사회봉사

3. 특별교육이수

4. 1회 10일 이내, 연간 30일 이내의 출석정지

5. 퇴학처분

② 학교의 장은 제1항의 규정에 의한 징계를 할 때에는 학생의 인격이 존중되는 교육적인 방법으로 하여야 하며, 그 사유의 경중에 따라 징계의 종류를 단계별로 적용하여 학생에게 개전의 기회를 주어야 한다.

⑧ 학교의 장은 법 제18조 제1항 본문에 따라 지도를 할 때에는 학칙으로 정하는 바에 따라 훈육·훈계 등의 방법으로 하되, 도구, 신체 등을 이용하여 학생의 신체에 고통을 가하는 방법을 사용해서는 아니 된다.

[16] 시험문제 유출 혐의 사건

주 문

청구인의 청구를 기각한다.

이 유

1. 사건 경과

가. 청구인은 2005. 3. 1. 甲고등학교 乙과목 교사로 임용되었다.

나. 청구인은 2013. 6월 하순경과 2013. 9월 중순경 동료 교사 A의 부탁을 받고, 2013년도 3학년 1학기 기말고사 乙과목 시험문제와 2013년도 3학년 2학기 중간고사 乙과목 시험문제를 두 차례 A 교사에게 교부하였다.

다. 甲고등학교 교장은 2015. 5. 28. 甲학원 이사장에게 청구인에 대한 징계 제청을 요구하였고, 이사장은 2015. 6. 10. 교원징계위원회에 청구인에 대한 중징계 의결 요구를 하였다.

라. 교원징계위원회는 2015. 8. 21. 청구인에게 진술기회를 부여하였고, 2015. 8. 31. 해임으로 징계 의결을 하였으며, 이사장은 2015. 10. 21. 청구인에게 해임 처분을 통보하였다.

2. 처분 사유

징계혐의자는 2013. 6. 하순경과 2013. 9. 중순경 교사 A의 부탁을 받고, 두 차례에 걸쳐 정답이 표시된 3학년 1학기 기말고사 乙과목 시험문제지와 3학년 2

학기 중간고사 乙과목 시험문제지를 甲고등학교 교무실에서 동료 교사 A에게 건넴으로써 甲고등학교 학업성적관리위원회의 공정한 시험 평가 및 관리 업무를 방해하였다.

이를 통해 사립학교법 제55조(복무), 국가공무원법 제56조(성실 의무), 제59조(친절·공정의 의무), 제60조(비밀 엄수의 의무), 제63조(품위 유지의 의무)를 위반하였으므로 사립학교법 제61조의 징계 사유에 해당되며, 비위의 정도가 심하고 고의가 있는 경우이므로 교육공무원 징계 양정 등에 관한 규칙 제2조의 별표 규정을 참작하여 해임에 처한다.

3. 청구인 주장

(이하 생략)

4. 판단

가. 징계 사유의 인정 여부

1) 사립학교법 제64조의2(징계 의결요구사유의 통지)는 "징계의결요구권자가 제64조의 규정에 의하여 징계 의결을 요구할 때에는 징계 의결요구와 동시에 징계대상자에게 징계 사유를 기재한 설명서를 송부하여야 한다."라고 규정하고 있고, 대법원은 "징계위원회는 어디까지나 징계의결요구권자에 의하여 징계 의결이 요구된 징계 사유를 근본적으로 수정하거나 징계 의결 이후에 발생한 사정 등 그 밖의 징계 사유를 추가하여 징계 의결을 할 수는 없다고 해석하여야 한다(대법원 1984. 9. 25. 선고 84누299 판결 참조)."라고 판시하고 있다.

2) 징계 의결이 요구된 징계 사유에 대해서만 징계위원회에서 심의토록 함은 징계대상자에게 징계 사유를 기재한 설명서를 교원징계위원회 개최 전에 송부하여 징계대상자가 미리 자신의 혐의 사실을 알게 한 후, 교원징계위원회에 참석하여 충분한 자기방어의 기회를 갖도록 하고자 하는 데 그 뜻이 있다 할 것이므로, 피청구인은 먼저 징계대상자가 언제, 어떻게, 어떠한 행위로 징계 사유에 해당되는지 등에 대해 충분히 조사하여 구체화함으로써 쟁점 사항을 명확히 하고 징계의결요구서에 그 해당 징계 사유를 구체적으로 기술하여 징계혐의자에게 송부함으로써 교원징계위원회에서 징계혐의자가

자신을 방어할 수 있도록 하여야 할 것이다(대법원 1993. 6. 25. 선고 92누 17426 판결 참조).

3) 피청구인은 징계의결서에서 청구인에 대한 징계 사유로 ① 2013. 6. 하순경 3학년 1학기 기말고사 乙과목 시험문제지를 A에게 유출하였다는 사실, ② 2013. 9. 중순경 3학년 2학기 중간고사 乙과목 시험문제지를 A에게 유출하였다는 사실을 적시하고 있다. 그러나 징계의결요구서에서는 징계 의결 요구 사유에 관하여, 2013. 6. 하순경 3학년 1학기 기말고사 乙과목 시험문제지를 A에게 유출하였다는 사실만을 징계 사유로 삼고 있어 상기 ②의 징계 사유는 징계의결서 작성 단계에서 추가된 징계 사유임이 인정된다.

4) 그렇다면 청구인에 대한 징계 사유 중 2013. 6. 하순경 3학년 1학기 기말고사 乙과목 시험문제지를 유출하였다는 사실만을 이 사건 징계 사유로 인정할 수 있다.

다. 징계 양정의 적정 여부

1) 청구인은 청구인이 이 사건 행위에 이르게 된 동기와 경위, 이 사건 행위로 인한 피해가 경미한 점, 청구인의 진지한 반성의 자세, 평소 청구인의 소행과 근무 성적, 징계 전력 등을 고려할 때 이 사건 해임 처분은 재량권의 한계를 벗어난 처분으로서 위법하다고 주장한다.

2) 앞서 살핀 바와 같이 2013. 9.경의 시험문제 유출은 징계의결요구서에서 누락되어 이 사건의 징계 사유로 삼을 수 없다. 그러나 교육공무원 징계 양정 등에 관한 규칙이 시험문제 유출의 경우 비위의 정도가 심하고 고의·중과실인 경우 해임에 처할 수 있도록 규정하고 있음에 비추어 볼 때, 청구인의 시험문제 유출행위의 비위 정도가 경하다 할 수 없고 고의성도 인정된다는 점, 교원은 일반 직업인보다 높은 도덕성이 요구되고 엄격한 품위 유지 의무를 부담한다는 점(대법원 2000. 10. 13. 선고 98두8858 판결 참조), 청구인의 시험문제 유출행위가 1회에 그치지 않고 반복적으로 이루어졌다는 점, 시험문제 유출 당시 해당 시험문제의 유출로 인하여 사회적인 폐해가 발생하리라는 사정을 충분히 인식할 수 있었다는 점, 대입 수시 전형의 강화로 시험문제 유출에 대한 가벌성이 높아졌다는 점 등을 종합적으로 고려할 때, 이

사건 해임 처분이 징계 재량권을 현저히 일탈·남용한 것이라 보기 어렵다.

라. 그렇다면, 이 사건 청구인에 대한 징계 사유가 일부 인정되지 않으나 2013. 6.경의 시험문제 유출이라는 비위행위만으로도 해임 처분이 과중하지 않다 할 것이다.

5. 결론

청구인에 대한 징계 사유 중 일부는 징계 의결이 요구되지 않은 사유로서 징계 사유로 삼을 수 없으나, 남은 징계 사유만으로도 해임 처분이 과중하다 할 수 없으므로 이를 기각하기로 하여 주문과 같이 결정한다.

※ 본 사안은 교원소청심사위원회 2016년도 결정문집 ㅣ. 징계 처분 결정 연번 1번 등을 바탕으로 재구성한 사안입니다.

▣ 사안의 해설

본 사안에서 사립학교 교원인 청구인은 해임 처분을 받았으며, 이는 2013. 6.경 정답이 표기된 기말고사 문제지를 동료 교사 A에게 유출한 사실(이하 '제1징계사유'라고 합니다), 2013. 9.경 정답이 표기된 중간고사 문제지를 교사 A에게 유출한 사실(이하 '제2징계사유'라고 합니다)에 근거하였습니다.

아래에서는 ① 교원징계위원회에서 징계의결요구서에 기재되어 있지 않은 사실을 심의할 수 있는지 여부, ② 시험문제 유출 사안의 일반적인 징계 양정기준에 대해 살펴보겠습니다.

◉ 쟁점: 교원징계위원회에서 징계의결요구서에 기재되어 있지 않은 사실을 심의할 수 있는지 여부

사립학교법 제64조의2 등을 종합하여 보면, 징계의결요구권자는 교원징계위원회에 징계 의결 요구를 하면서, 동시에 징계대상자(청구인)에게 징계사유요구서를 송부하여야 할 것입니다.

이는 징계대상자(청구인)가 교원징계위원회 개최 이전에 미리 자신의 혐의 사실을 알게 한 후 교원징계위원회에 참석하여 충분한 자기방어의 기회를 갖도록 하는 데 목적이 있다 할 것입니다.

이와 유사한 맥락에서, 판례(대법원 1984. 9. 25. 선고 84누299 판결 참조)에서도 징계대상자(청구인)의 방어권 보장을 위해 징계위원회는 징계의결요구권자에 의하여 징계 의결이 요구된 징계 사유를 근본적으로 수정하거나 징계 의결 이후에 발생한 사정 등 그 밖에 징계 사유를 추가하여 징계 의결을 할 수 없다고 판시하고 있습니다.

본 사안에서는 징계의결요구서에 제1징계사유만이 기재되어 있었으나, 교원징계위원회에서는 제1징계사유뿐만 아니라 징계의결요구서에 기재되지 않은 제2징계사유에 대한 심의하였습니다.

이에 대해 제2징계사유는 징계의결요구서에 기재되어 있지 않은 내용으로, 이에 대해서는 청구인에게 충분한 방어권이 보장되지 아니하여 교원징계위원회의 심의 대상이 될 수 없어 징계 사유로 삼을 수 없다고 판단하였습니다.

❏ 관계 법령

○ 사립학교법
[시행 2019. 3. 18.] [교육부령 제178호, 2019. 3. 18., 일부개정]

제64조(징계 의결의 요구)

사립학교의 교원의 임용권자는 그 소속교원 중에 제61조 제1항의 징계 사유에 해당하는 자가 있을 때에는 미리 충분한 조사를 한 후 당해 징계 사건을 관할하는 교원징계위원회에 그 징계 의결을 요구하여야 한다.

제64조의2(징계 의결요구사유의 통지)

징계의결요구권자가 제64조의 규정에 의하여 징계 의결을 요구할 때에는 징계 의결 요구와 동시에 징계대상자에게 징계 사유를 기재한 설명서를 송부하여야 한다.

☐ 관련 판례

❍ 징계의결요구서 송부를 통한 징계위원회에서의 징계대상자(청구인) 방어권 보장
– 대법원 1993. 6. 25. 선고 92누17426 판결 등 참조

징계의결요구권자는 징계위원회에 징계 의결을 요구함과 동시에 징계 사유와 요구하는 징계 종류 등을 기재한 징계의결요구서 사본을 징계혐의자에게 송부하도록 되어 있는바, 이 규정의 취지는 징계혐의자로 하여금 어떠한 사유로 징계에 회부되었는가를 사전에 알게 함으로써 징계위원회에서 그에 대한 방어 준비를 하게 하려는 것으로 징계위원회에 출석하여 진술할 수 있는 권리와 함께 징계혐의자의 방어권 보장을 위한 주요 규정으로서 강행규정이므로 징계의결요구서 사본의 송부 없이 진행된 징계 절차는 징계혐의자의 방어권 준비 및 행사에 지장이 없었다거나 징계혐의자가 이의 없이 징계위원회에 출석하여 변명하였다는 등의 특단의 사정이 인정되지 않는 이상 위법하다.

❍ 징계위원회의 심의 범위
– 대법원 1984. 9. 25. 선고 84누299 판결 등 참조

국가공무원의 징계는 일정한 징계 사유가 있을 때에 징계의결요구권자가 먼저 징계 사유를 들어 징계위원회에 징계 의결 요구를 하고 징계위원회는 소정의 기간 내에 소정의 절차를 거쳐 징계 의결을 하는데 그 절차에 있어서는 징계 사유에 해당하는 사실에 관한 심문을 행하고 그 징계 사유에 대하여 징계혐의자가 방어권을 충분히 행사할 수 있도록 하며 징계의결서에도 그 이유란에 징계의 원인된 사실을 명시하도록 규정하고 있는 것이므로 이와 같은 징계의결요구권자에 의하여 징계 의결 요구된 징계 사유에 대하여 심문이 진행되며 그 과정에서 징계혐의자의 방어

권을 충분히 보장하고 있는 위 규정들의 취지에 비추어 보아 징계위원회는 어디까지나 징계의결요구권자에 의하여 징계 의결이 요구된 징계 사유를 심리대상으로 하여 그에 대하여만 심리, 판단하여야 하고 징계 의결이 요구된 징계 사유를 근본적으로 수정하거나 징계 의결 이후에 발생한 사정 등 그 밖의 징계 사유를 추가하여 징계 의결을 할 수는 없다고 해석하여야 할 것이다.

◉ 쟁점: 시험문제 유출 사안의 징계 양정

징계 양정의 적정성을 살펴볼 수 있는 참조 기준으로는 교육공무원 징계 양정 등에 관한 규칙을 참조할 수 있습니다. 이는 징계위원회 단계에서 국·공립 교원에 대하여 적용되는 규칙이나 사립 교원에 대해서도 이를 참조하여 양정을 정할 수 있다고 할 것이며, 소청심사 단계에서도 위 기준이 양정의 적정성을 참조하는 자료로 유의미하게 활용될 수 있다고 할 것입니다.

교육공무원징계 양정 등에 관한 규칙에서는 성실의무 위반의 한 유형으로 시험문제를 유출한 사안에 대한 징계기준을 두고 있습니다.

※ 징계기준(제2조 제1항 관련) 〈개정 2019. 3. 18.〉

비위의 정도 및 과실 비위의 유형	비위의 정도가 심하고 고의가 있는 경우	비위의 정도가 심하고 중과실인 경우 또는 비위의 정도가 약하고 고의가 있는 경우	비위의 정도가 심하고 경과실인 경우 또는 비위의 정도가 약하고 중과실인 경우	비위의 정도가 약하고 경과실인 경우
1. 성실의무 위반 라. 시험문제를 유출하거나 학생의 성적을 조작하는 등 학생 성적과 관련한 비위 및 학교생활기록부 허위사실 기재 또는 부당 정정 등 학교생활기록부와 관련한 비위	파면	해임	해임 - 강등 - 정직	감봉 - 견책

위 기준에서는 비위의 정도 및 과실에 대해 요소로 삼고 있으며, 이에 더하여 동일한 사실관계를 원인으로 관련 형사 사건이 진행되었다면 검찰 처분이나 법원 판결의 내용, 시험문제 유출로 인한 공정성 및 신뢰성의 훼손 정도, 비위가 장기간 반복적으로 행하였는지 여부, 청구인이 뉘우치는 정도, 청구인의 평소 행실, 근무 성적, 공적, 기타 정상 요소 등이 종합적으로 참작되어 양정이 결정된다고 봄이 상당하다 할 것입니다.

본 사안에서는 일부 징계 사유가 인정되지 않는다고 하더라도 반복적으로 시험 문제 유출행위가 이루어진 점, 대입 수시 전형의 강화로 시험문제 유출에 대한 가 벌성이 높아졌다는 점 등을 근거로 이 사건 해임 처분은 재량권을 일탈·남용하지 않았다고 판단하였습니다.

[17] 채용비리 혐의 사건

주 문

청구인의 청구를 모두 기각한다.

이 유

1. 처분 사유

청구인은 2012. 11. 8. 甲고등학교 2013학년도 중등교사 채용 경쟁 시험에서 청구인의 아버지인 A를 통하여 甲고등학교 교감에게 정교사로 채용되도록 도와달라는 부정 청탁 후, 그 대가로 2012. 11. 9. 현금 3,500만 원 및 2012. 12.부터 2013. 1.사이 동양화 2점을 공여한 사실로 벌금 500만 원의 형이 선고되어 학교의 명예를 실추시켰다.

2. 청구인 주장

가. 징계처분결정서에 교원징계위원회 구성과 징계 심의 및 의결 내용이 언급되어 있지 않아 사립학교법상 적정한 절차를 거쳤는지 알 수 없다.

나. 청구인은 A가 교감에게 돈을 주려 하는 것을 알지 못했고, 단지 심부름을 한 것으로, 그 비위 정도가 심하지 않고 고의가 있는 것도 아니며, 판결받을 당시는 자신이 돈을 준 것으로 인정되었다는 사실을 알지 못하였으나, 징계 관련 통보를 받고 판결문과 공소장을 꼼꼼히 읽어 본 결과, 사실관계가 달라 법원에 재심을 청구하였다.

다. 재직 중 비위행위가 아니고, 교감에게 어떠한 도움도 받은 적 없이 청구인이 기간제 교사로 甲고등학교에 채용된 이후 신규 채용에 대비하여 준비해 왔고 종합 평가에서 1위를 하여 정교사로 채용되었을 뿐이다.

3. 판단

가. 사실관계

1) 청구인은 A가 2012. 11. 8. 교감에게 준 현금 3,500만 원이 든 가방을 전달하였고, 2012. 12.부터 2013. 1.사이에 시가를 알 수 없는 동양화 2점을 교감에게 공여하였다.

2) 청구인은 위 사실로 2014. 6. 12. 기소되어 2014. 10. 31. 丙지방법원으로부터 500만 원의 벌금형을 받았으나, 청구인이 항소하지 않아 위 판결이 확정되었으며, 청구인은 2015. 1. 26. 丙지방법원에 재심청구 소장을 접수하였다.

나. 징계 절차상 하자 여부

청구인이 주장하는 징계처분결정서에 징계위원회 구성·징계 심의 및 의결 내용 등이 언급되어야 한다고 볼 수 없고, 피청구인의 징계의결요구서 및 이사회 회의록 등에 의하면 이 사건 처분이 징계 절차를 정당하게 거쳤음이 확인되어 청구인의 주장은 이유 없다.

다. 징계 사유 인정 여부

가) 피의자신문조서, 증인신문조서, 진술서 등에 의하면, A와 청구인이 교감에게 현금과 동양화 등을 공여한 위 징계 사실을 구체적이고 일관되게 진술한 것이 확인되고, 丙지방법원은 "피고인(청구인)은 甲고등학교의 기간제 교사로서 정교사 채용 경쟁 시험에 응시하는 과정에 정교사로 채용되도록 도와 달라는 부정한 청탁과 함께, 해당 학교의 인사행정업무를 총괄하는 교감에게 3,500만 원에 달하는 적지 않은 금품을 제공하였다"고 설시하면서 청구인의 비위를 인정하여 벌금 500만 원을 선고하였는바, 청구인에 대한 징계 사유는 인정된다.

나) 또한, 청구인은 재직 중 비위행위가 아니라고 주장하나, 사립학교 교원이 그 임용과 관련된 비위행위에 의하여 사립학교 교원으로 임용되었다면 그

신분을 취득하기까지의 일련의 행위가 사립학교법상의 징계 사유에 해당한다 할 것이바(대법원 1996. 3. 8. 선고 95누18536 판결 참조), 청구인의 주장은 이유 없다.

라. 징계 양정 적정 여부

청구인이 교사 신규 채용과 관련한 금품을 공여한 행위로 인하여 법원으로부터 500만 원의 벌금형을 선고받은 사실로 미루어 청구인의 징계 사유가 인정되고, 인사와 관련한 비위는 올바른 교직문화를 만들기 위해서 반드시 근절되어야 할 범죄 행위임을 고려하면 이 사건 파면처분이 과중하다고 볼 수 없다.

4. 결론

이상에서 살펴본 바와 같이, 징계 사유가 인정되고, 청구인의 비위행위로 인한 징계 양정 또한 과중하다고 볼 수 없어 주문과 같이 결정한다.

※ 본 사안은 교원소청심사위원회 2015년도 결정문집 Ⅰ. 징계 처분 결정 연번 1번 등을 바탕으로 재구성한 사안입니다.

■ 사안의 해설

본 사안에서는 징계 사유 존부 및 징계 양정의 적정성이 쟁점이 되었습니다. 징계 사유 존부와 관련하여 청구인이 임용 이전에 한 행위에 대해서 징계 사유로 삼을 수 있는지에 대해 상세히 살펴보고자 합니다.

◉ 쟁점: 임용 이전에 한 행위에 대해 재직 중에 징계 사유로 삼을 수 있는지 여부

판례의 판시 사항(대법원 1996. 3. 8. 선고 95누18536 판결 참조)에 따르면, 임용 이전에 한 행위는 원칙적으로 재직 중의 징계 사유로 삼을 수 없다 할 것이나, 임용과 관련된 비위행위와 같이 비록 임용 전의 행위라 하더라도 이로 인하여 임용 후의 품위를 손상하게 된 경우에는 징계 사유로 삼을 수 있다고 할 것입니다.

　본 사안에서는 위 법리에 따라 청구인이 정교사로 임용되기 위하여 임용 전에 해당 학교 교감에게 금품을 제공한 사실이 인정된다고 보았고, 이는 임용 전의 행위라도 임용 후의 품위를 손상하는 경우에 해당한다고 판단하여 이 사건 징계 사유로 인정하였습니다.

　실제 사안의 적용에 있어서는, 해당 비위행위와 임용과의 관계, 해당 비위행위가 임용 후의 교원의 품위를 손상하였는지 등을 구체적으로 살펴볼 필요가 있어 보입니다.

　한편, 임용 이전에 한 행위를 징계 사유로 할 때에는 징계 시효의 기산점이 교원으로 임용된 때로부터 기산된다고 보고 있는바, 실제 사안에서는 징계 시효의 기산점에 대해서도 면밀한 검토가 필요할 것으로 보입니다.

❑ 관련 판례

○ 교원 임용 전 행위가 징계 사유가 될 수 있는지 여부
　－대법원 1996. 3. 8. 선고 95누18536 판결 등 참조

　사립학교 교원이 그 임용 이전에 한 행위는 원칙적으로 재직중의 징계 사유로 삼을 수 없다 할 것이나, 사립학교 교원 임용과 관련된 비위행위와 같이 비록 임용 전의 행위라 하더라도 이로 인하여 임용 후의 교원으로서의 품위를 손상하게 된 경우에는 사립학교법 제61조 제1항 제3호 소정의 징계 사유로 삼을 수 있다. 사립학교 교원이 그 임용과 관련된 비위행위에 의하여 사립학교 교원으로 임용되었다면 그 신분을 취득하기까지의 일련의 행위가 사립학교법상의 징계 사유에 해당하므로, 사립학교법 제66조의2 제1항에서 정하는 징계 시효의 기산점도 임용 전의 비위행위시가 아니라 교원으로 임용된 때로부터 기산하여야 한다.

[18] 교육정신 훼손 혐의 사건

주 문

피청구인이 2017. 2. 9. 청구인에게 한 감봉 3월 처분을 취소한다.

이 유

1. 사건 경과

가. 청구인은 2000. 3. 1. A대학교에 교수로 임용되어 현재 재직 중이다.

나. 피청구인은 2016. 11. 21.부터 11. 23.까지 A대학교에 대해 자체 중간 감사를 실시하였다.

다. A대학교는 2017. 1. 17. 교원인사위원회 심의 결과에 따라 피청구인에게 청구인의 징계를 제청하였다.

라. 피청구인은 2017. 1. 20. 청구인에 대한 징계 의결을 요구하였고, 피청구인 징계위원회는 2017. 2. 3. 청구인에 대한 '감봉 3월'을 의결하였으며, 피청구인은 2017. 2. 9. 청구인에 대해 '감봉 3월' 처분을 하였다.

2. 처분 사유

청구인은 A대학교 감사에서 다수의 징계 사유가 적발되었다. 청구인의 행동은 본 학원 설립자의 숭고한 교육정신을 훼손하였으며, 교육자로서 도덕적 양심에 어긋나는 행동이므로 경징계인 '감봉 3월' 처분을 하였다.

3. 청구인 주장

(이하 생략)

4. 판단

가. 징계위원 구성의 하자

1) 사립학교법 제62조 제4항은 교원징계위원회에 같은 조 제3항 제2호 각 목에 해당하는 외부위원을 최소 1명 이상 포함하여 구성하도록 규정하고 있고, 피청구인은 아래와 같이 내부위원 5인으로만 징계위원회를 구성한 사실을 확인할 수 있다.

번호	성명	소속	구분
1	김 ○ ○	학교법인 ○○학원 이사	내부위원
2	이 ○ ○	학교법인 ○○학원 이사	내부위원
3	정 ○ ○	○○대학교 교수	내부위원
4	하 ○ ○	○○대학교 교수	내부위원
5	박 ○ ○	○○대학교 교수	내부위원

2) 그렇다면 이 사건 처분을 한 교원징계위원회는 사립학교법 제62조 제4항을 위반한 구성의 하자가 인정되고, 위법하게 구성된 교원징계위원회의 의결 내용 역시 위법하므로 이 사건 처분의 위법성을 인정할 수 있다.

나. 절차상 하자의 존부

1) 사립학교법은 임용권자가 교원에게 징계 처분을 할 때, 징계 처분의 사유서를 적은 결정서를 해당 교원에게 교부하도록 하고 있고, 사립학교법 시행령은 징계의결서의 이유에는 징계의 원인이 된 사실, 증거의 판단과 적용 법령을 명시하도록 규정하고 있다.

한편, 법원은 "사립학교법 제66조 제1항에서는 교원징계위원회에서 징계를 의결한 때에는 주문과 이유를 기재한 징계의결서를 작성하여야 한다고 규정하고 있고, 같은 법 시행령 제26조에서는 위 징계의결서의 이유에는 징계의 원인이 된 사실, 증거의 판단과 적용 법령을 명시하여야 한다고 규정하고 있는바, 위와 같이 징계의결서의 이유에 증거의 판단과 적용 법령을 명시하도록 한 취지는 피징계자로 하여금 어떠한 근거에서 징계가 이루어졌는지를 알 수 있도록 하여 줌으로써 징계의 공정을 기하고 그로 하여금 불복할 수 있는 쟁점을 밝혀 주고자 하는데 있는 것으로 보이는 점에 비추어 그 설시의 정도는 그러한 목적을 달성할 수 있는 범위 내에서 징계 사유로 된 사실관계와 이에 해당하는 의무 위반의 사유가 무엇인지를 인식할 수 있을 정도로 적시하면 족하다(대법원 1993. 9. 10. 선고 93누5741 판결 참조)."라고 하여, 징계의결서에 징계 사유의 사실관계와 의무 위반의 사유가 무엇인지 인식할 수 있을 정도로 적시되어야 한다는 취지로 판시하고 있다.

2) 이 사건 징계의결서를 확인하면, 청구인에게 '다수의 징계 사유가 발생하였고' 해당 행위는 '설립자의 숭고한 교육정신을 훼손하였으며, 교육자로서 도덕적 양심에 어긋나는 행동'이므로 감봉 3월 처분을 한다고 설시하고 있다.

그러나 해당 내용만으로는 청구인에게 문제된 징계 사유가 무엇인지, 해당 행위가 관련법상 어떠한 의무 위반에 해당하는지에 대해 전혀 인식할 수 없어 쟁송 단계의 청구인 방어권을 현저하게 침해하였음이 인정된다.

비록 징계의결요구서에는 청구인에 대한 징계 의결 요구 사유가 개략적으로나마 적시되어 있으나, 징계의결요구서의 징계 사유 역시 일부 특정이 미흡한 점, 징계 의결 요구된 내용 중 징계위원회가 받아들인 내용이 어디까지인지의 구분이 명확하지 않다는 점을 고려할 때, 징계의결요구서의 징계 사유 특정이 징계의결서 작성의 하자를 보완한다고 인정하기도 어렵다.

다. 소결

위에서 살펴본 바와 같이, 이 사건은 징계위원회 구성의 하자와 징계의결서 작성의 절차상 하자가 인정되며, 징계의결서만으로는 이 사건 징계 사유가 명확하지 않으므로 징계 사유의 실체상 하자에 관해서는 나아가 살피지 아니한다.

5. 결론

피청구인이 2017. 2. 9. 청구인에게 한 감봉 3월 처분은 징계위원회 구성의 하자 및 징계의결서에 징계 사유가 특정되지 않은 절차상 하자가 인정되므로 이를 취소하기로 하여 주문과 같이 결정한다.

※ 본 사안은 교원소청심사위원회 2017년도 결정문집 Ⅳ. 절차하자 처분 결정 연번 1번 등을 바탕으로 재구성한 사안입니다.

▣ 사안의 해설

본 사안에서는 ① 사립학교 교원징계위원회 외부위원 구성과 ② 징계의결서의 구체성이 쟁점이 되었으며 아래에서 상세하게 살펴보도록 하겠습니다.

◉ 쟁점: 사립학교 교원징계위원회 외부위원 구성

사립학교 교원의 징계 사건 등을 심의·의결하기 위하여 그 임용권자의 구분에 따라 교원징계위원회를 설치합니다(다만, 사립유치원 교원의 징계 사건은 교육공무원법에 따라 설치되는 교육공무원징계위원회에서 심의·의결합니다).

교원징계위원회는 5명 이상 9명 이하의 위원으로 구성하는데, 위원은 ① 해당 학교의 교원 또는 학교법인의 이사, ② 법관, 검사 또는 변호사로 5년 이상 근무한 경력이 있는 사람, ③ 대학에서 법학, 행정학 또는 교육학을 담당하는 조교수 이상으로 재직 중인 사람, ④ 공무원으로 20년 이상 근속하고 퇴직한 사람, ⑤ 그 밖에 교육이나 교육행정에 대한 전문지식과 경험이 풍부하다고 인정되는 사람 중에서 해당 학교법인이나 사립학교경영자 또는 학교의 장(교원의 임용권이 학교의 장에게 위임된 경우에 한정)이 임명하거나 위촉합니다.

또한, 위 ②, ③, ④, ⑤에 따라 위촉된 위원(이하 '외부위원이라 합니다)을 최소 1명 이상 포함하여야 하며, 위 외부위원은 해당 학교법인 또는 사립학교경영자가 설치·경영하는 학교에 소속된 사람이 아니하여야 하고, 학교법인에 두는 교원징계위원회의 경우에는 해당 학교법인의 이사인 위원 수 즉, ①에 따라 임명된 위원이 전체 위원 수의 2분의 1을 초과하지 아니하여야 합니다.

본 사안에서는, 교원징계위원회의 위원을 모두 내부위원으로만 구성하여 위법하다고 판시하였습니다.

위 외부위원 위촉에 관한 규정이 사립학교 교원에 대한 징계 심의·의결의 공정성을 기하기 위한 취지에서 2016. 5. 29. 신설되어 2016. 8. 30.부터 시행되고 있는바, 향후 사립학교 교원에 대한 징계 사건의 실제 사안의 적용에 있어서는 징계위원회에서 외부위원이 포함되었는지에 대한 충분한 검토가 필요할 것으로 보입니다.

❏ 관련 규정

○ 사립학교법
[시행 2019. 3. 19.] [법률 제15954호, 2018. 12. 18., 일부개정]

제62조(교원징계위원회의 설치 및 구성 등)

① 사립학교의 교원의 징계 사건 및 제54조의3 제6항 단서에 따른 교원의 임명에 관한 사항을 심의·의결하기 위하여 그 임용권자의 구분에 따라 학교법인·사립학교경영자 및 해당 학교에 교원징계위원회를 둔다. 다만, 사립유치원 교원의 징계사건은 「교육공무원법」 제50조에 따라 설치되는 교육공무원징계위원회에서 심의·의결한다.

② 제1항에 따른 교원징계위원회는 5명 이상 9명 이하의 위원으로 구성한다.

③ 교원징계위원회의 위원은 다음 각 호의 사람 중에서 해당 학교법인이나 사립학교경영자 또는 학교의 장(제53조의2 제2항에 따라 교원의 임용권이 학교의 장에게 위임된 경우에 한정한다)이 임명하거나 위촉한다.

1. 해당 학교의 교원 또는 학교법인의 이사

2. 다음 각 목의 어느 하나에 해당하는 사람

가. 법관, 검사 또는 변호사로 5년 이상 근무한 경력이 있는 사람

나. 대학에서 법학, 행정학 또는 교육학을 담당하는 조교수 이상으로 재직 중인 사람

다. 공무원으로 20년 이상 근속하고 퇴직한 사람

라. 그 밖에 교육이나 교육행정에 대한 전문지식과 경험이 풍부하다고 인정되는 사람

④ 교원징계위원회는 다음 각 호에서 정한 기준에 따라 구성한다.

1. 제3항 제2호에 따라 위촉된 위원(이하 이 조 및 제62조의2에서 "외부위원"이라 한다)을 최소 1명 이상 포함할 것

2. 외부위원은 해당 학교법인 또는 사립학교경영자가 설치·경영하는 학교에 소속된 사람이 아닐 것

3. 학교법인에 두는 교원징계위원회의 경우에는 해당 학교법인의 이사인 위원 수가 전체 위원 수의 2분의 1을 초과하지 아니할 것

⑤ 교원징계위원회의 조직·권한 및 심의절차등에 관하여 필요한 사항은 대통령령으로 정한다.

◉ **쟁점: 징계의결서의 구체성**

사립학교법 제66조 제1항에서는 교원징계위원회에서 징계를 의결한 때에는 주문과 이유를 기재한 징계의결서를 작성하여야 한다고 규정하고 있으며, 같은법 시행령 제26조에서는 징계의결서의 이유에는 징계의 원인이 된 사실, 증거의 판단과 적용법령을 명시하여야 한다고 규정하고 있습니다.

위 규정을 종합하여 보면, 징계의결서에는 징계 의결의 결론인 주문과 이를 뒷받침하는 이유가 명시되어야 합니다. 특히, 이유 부분에 있어서는 결론에 이르게 된 주요 사실이 무엇인지, 이를 뒷받침하는 증거는 무엇인지, 이와 관련된 법령은 무엇인지를 적시하여, 징계의 공정을 기하고 청구인으로 하여금 불복할 수 있는 쟁점을 밝혀 주어야 할 것입니다.

본 사안에서는 징계의결서에 '다수의 징계 사유가 발생하였고', '설립자의 숭고한 교육정신을 훼손하였으며, 교육자로서 도덕적 양심에 어긋나는 행동'이라고 기재되어 있으나, 위 내용만으로는 청구인에게 문제된 징계 사유가 무엇인지, 해당 행위가 관련법상 어떠한 의무 위반에 해당하는지에 대해 명확하지 않다고 보아 위법하다고 판단하였습니다.

실제 사례의 적용에 있어서는, 징계의결서에 청구인의 방어권을 충분히 보장할 만한 구체적인 내용이 적시되었는지 등에 대해서 면밀한 검토가 필요할 것으로 보입니다.

❏ 관련 법령

○ 사립학교법
[시행 2019. 3. 19.] [법률 제15954호, 2018. 12. 18., 일부개정]

제66조(징계 의결)
① 교원징계위원회는 징계 사건을 심의한 결과 징계를 의결하였을 때에는 주문(主文)과 이유를 적은 징계의결서를 작성하여 임용권자에게 보내어 알려야 한다.
② 제1항의 징계 의결은 재적위원 3분의 2 이상의 출석과 재적위원 과반수의 찬성으로 하여야 한다.

○ 사립학교법 시행령
[시행 2019. 7. 2.] [대통령령 제29950호, 2019. 7. 2., 타법개정]

제26조(징계의결서의 작성요령)
법 제66조 제1항의 규정에 의한 징계의결서의 이유에는 징계의 원인이 된 사실, 증거의 판단과 적용법령을 명시하여야 한다.

[19] 표지갈이 혐의 사건 I

주 문

피청구인이 2016. 7. 4. 청구인에게 한 해임 처분을 취소한다.

이 유

1. 사건 경과

가. 청구인은 2012. 3. 1. A대학교 조교수로 신규 임용되었다.

나. B지방검찰청은 2015. 12. 14. 청구인에게 저작권법 위반으로 구약식(벌금 1천만 원) 처분을 하였고, 청구인은 정식재판을 청구하였다.

다. 피청구인 연구윤리위원회는 2016. 1. 20.부터 2016. 1. 27.까지 청구인의 저작권법 위반 사안에 대한 조사를 실시하였다.

라. 피청구인은 2016. 3. 23. 징계위원회에 청구인에 대한 징계 의결을 요구하였고, 징계위원회는 2016. 6. 16. 청구인에 대한 해임을 의결하였으며, 피청구인은 2016. 7. 4. 청구인에게 해임 처분을 하였다.

2. 처분 사유

C부처에서는 <표지갈이 관련 교원에 대한 엄중 조치 안내> 공문을 통해 엄중 조치하고 결과를 보고할 것을 요청하여 연구윤리위원회에서 자체 조사를 실시, 해당 자료와 피조사자의 상황 설명 등을 토대로 진실성 검증을 하였고, 청구인의 「A대학교 연구윤리위원회 규정」 제2조 제1항 제4호 위반 사실에 대하여 확

인하였다.

징계위원회에서는 당해 사건을 종합적으로 검토한 결과, 교육공무원 징계 양정
등에 관한 규칙 제2조 및 교직원 징계 양정 등에 관한 규칙 제2조, 제4조, 제5
조에 의거 중점 정화 대상 비위 유형(4. 부적격교원: 연구 부정행위 및 부정연
구비 수혜) 및 별표4의 연구 부정행위에 따른 징계 양정의 기준안(연구 부정행
위(논문) 1건의 배점 – 심각한 연구 부정행위(200점) – 징계 양정 점수 200점 이
상 400점 미만)을 참고하여 「교원징계위원회 규정」 제13조(징계 의결) 제1항에
의거 해임에 처한다.

3. 청구인 주장

청구인은 현재 검사의 약식명령에 대하여 정식 재판을 청구한 상태로 무죄를
받을 가능성이 존재하며, 아는 출판업자로부터 책에 이름을 올려달라는 부탁을
들어준 것에 대해 해임 처분은 너무 과중하다고 생각한다.

4. 판단

가. 적법한 이사회의 의결을 거쳤는지 여부

1) 학교법인 및 법인인 사립학교 경영자가 설치·경영하는 사립학교 교원의 임
   용을 당해 학교장의 제청으로 이사회의 의결을 거치도록 규정한 사립학교법
   제53조의2 제1항 제1호는 학교법인 및 법인인 사립학교 경영자의 교원 임용
   에 학교의 장 및 이사회가 관여하도록 함으로써 교원 임용의 적정성을 확보
   하려는 데 목적이 있다고 할 것이므로 위와 같은 절차를 거치지 않은 사립
   학교 교원의 임용은 그 하자가 객관적으로 명백하고 중대한 것이다(대법원
   2005. 12. 22. 선고 2005다44299 판결 등 참조).

2) 한편 이사회의 의결이 요구되는 시기와 관련하여, ① 사립학교법 제66조 및
   제66조의2에 따르면, 임용권자가 징계위원회로부터 징계의결서를 받았을 때
   는 관할청에 의한 재심의 요구를 받은 경우를 제외하고는 15일 이내에 그
   의결 내용에 따라 징계 처분을 하여야 하는바, 위와 같이 징계 의결에 따라
   기계적으로 이루어지는 징계 처분 자체에 대하여 이사회의 의결을 요구할
   아무런 실익이 없는 점, ② 징계 의결 요구 시 그 사유를 기재한 설명서를
   교부하기 때문에 징계 의결 요구 사항이 징계대상자의 방어권 행사의 대

상이 되고 교원징계위원회 역시 징계 의결이 요구된 징계 사유에 한하여 심리·판단할 수 있으므로 징계 절차가 개시되기 전 징계 의결 요구 단계에서 이사회가 함께 관여하도록 함이 상당한 점 등을 종합하여 보면, 임용권자가 징계 의결을 요구하기 전에 이에 관한 이사회의 심의·의결이 있어야 한다고 봄이 타당하다(서울고등법원 2013. 11. 21. 선고 2013누10986 판결 등 참조).

3) 이 사건 기록에 따르면 피청구인은 2016. 3. 23. 징계위원회에 징계 의결 요구를 하였고 징계위원회는 2016. 6. 16. 해임을 의결하였는바, 이 사건 징계 의결 요구는 이사회의 의결이 필요한 경우임이 상당한데도, 피청구인이 징계 의결 요구 전 이사회의 의결을 거쳤음을 인정할 증거가 없다. 이와 같이 징계 의결 요구 단계에서 적법한 이사회의 의결을 거치지 않은 이 사건 처분에는 사립학교법 제53조의2를 위반한 중대하고 명백한 절차상 하자가 존재하는 것으로 위법함을 면할 수 없다.

나. 적법한 처분 사유 설명서를 교부하였는지 여부

1) 국가공무원법 제75조는 "공무원에 대하여 징계 처분 등을 할 때나 강임·휴직·직위 해제 또는 면직 처분을 할 때에는 그 처분권자 또는 처분 제청권자는 처분 사유를 적은 설명서를 교부(交付)하여야 한다."고 규정하고 있고, 사립학교 관련 법령에는 국가공무원법 제75조와 같이 사립학교 교원에 대하여 징계 처분 등 불이익한 처분을 할 때에는 처분사유설명서를 교부하여야 한다는 명문의 규정은 없으나, 학교법인이 사립학교 교원에 대하여 징계 처분 등 불이익한 처분을 할 때에도 국·공립학교 교원에 대한 처분 시에 준하여 처분함과 동시에 그 법적 근거 및 처분 사유를 적어도 사실관계의 동일성을 식별할 수 있을 정도로 기재하여 서면으로 통보함으로써, 해당 교원에게 불이익한 처분의 사유를 정확히 알려 이에 불복이 있는 경우 그 권리를 구제받을 수 있는 기회를 부여하여 교원의 신분을 보장하는 한편 처분권자 스스로도 그 설명서를 작성하면서 그 사유가 과연 처분 사유에 해당하는가를 숙고할 수 있는 기회를 가짐으로써 자의적인 처분을 방지하고 처분의 공정성을 확보하여야 한다(서울행정법원 2014. 11. 27. 선고 2014구합2584 판결 참조).

2) 살피건대, 피청구인은 이 사건 처분을 하면서 구체적인 징계 처분 대상에 대

한 사실관계를 파악할 수 있는 처분 사유를 전혀 기재하지 않았는바, 이는 위 법령 및 판례의 취지에 비추어 중대하고 명백한 절차상 하자가 존재하는 것으로 위법함을 면할 수 없다.

5. 결론

이상에서 살펴본 바와 같이 이 사건 처분에 중대하고 명백한 하자가 존재하여 위법하므로 나아가 살피지 아니하고 주문과 같이 결정한다.

※ 본 사안은 교원소청심사위원회 2016년도 결정문집 Ⅳ. 절차하자 처분 결정 연번 4번 등을 바탕으로 재구성한 사안입니다.

▣ 사안의 해설

본 사안에서는 직권으로 중대하고 명백한 절차상 하자가 존재하여 위법하다고 보고, 이에 청구인의 실체적 하자 주장에 대해서는 더 나아가 판단하지 아니하였습니다.

구체적으로 ① 이 사건 징계 처분은 징계 의결 요구 시 이사회 의결이 필요한 사안임에도 이를 누락한 하자가 있으며, ② 이 사건 징계 처분 당시 청구인에게 처분사유설명서를 교부하지 아니한 하자가 있다고 판단한바, 아래에서 상세히 살펴보도록 하겠습니다.

◉ 쟁점: 징계 의결 요구 시 이사회 의결이 필요한지 여부

사립학교법은 교원에 대한 징계를 함에 있어서는 임명권자가 당해 교원징계위원회에 징계 의결을 요구하여 그 결과에 따라 징계를 하여야 한다고 규정하고 있을 뿐, 그 과정에서 학교법인 이사회의 심의·의결이 필요한지 여부에 관하여는 명시적으로 규정하고 있지 아니합니다.

다만, 사립학교법 제2조 제4호에 따르면 해임 및 파면은 교원의 임용에 속하는 것이고, 같은법 제53조의2 제1항에 따르면 교원 임용에 학교의 장 및 이사회가 관여하도록 함으로써 교원 임용의 적정성을 확보하려는 데 목적이 있다 할 것인바, 본 사안과 같은 사립학교 교원에 대한 해임 처분 사건에서 징계의 적정성을 확보하기 위해서는 이사회의 의결이 요구된다고 봄이 상당합니다.

한편, 이사회의 의결이 요구되는 시기는 임용권자가 교원징계위원회에 징계 의결을 요구하기 전이라고 봄이 상당한데, 징계 의결 이후에는 특별한 사정이 없는 한 징계위원회의 의결 내용에 따라 징계 처분을 하여야 한다는 점 등을 고려하여 볼 때 징계 의결 이후에는 이사회의 의결을 요구할 실익이 없기 때문입니다.

본 사안에서는, 피청구인은 2016. 3. 23. 징계위원회에 징계 의결 요구를 하였고 징계위원회는 2016. 6. 16. 해임을 의결하였는데, 이 사건 징계 의결 요구 전에 이사회의 의결이 필요한 사안임에도 이를 거쳤음을 인정할 증거가 없다고 보아 위법하다고 판단하였습니다.

❏ 관계 법령

○ 사립학교법
[시행 2019. 3. 19.] [법률 제15954호, 2018. 12. 18., 일부개정]

제2조(정의) 이 법에서 사용하는 용어의 뜻은 다음과 같다.
4. "임용"이란 신규채용, 승진, 전보(轉補), 겸임, 파견, 강임(降任), 휴직, 직위해제, 정직(停職), 복직, 면직, 해임 및 파면을 말한다.

제53조의2(학교의 장이 아닌 교원의 임용)
① 각급학교의 교원은 당해 학교법인 또는 사립학교경영자가 임용하되, 다음 각 호의 1에 의하여야 한다.
1. 학교법인 및 법인인 사립학교경영자가 설치·경영하는 사립학교의 교원의 임용은 당해 학교의 장의 제청으로 이사회의 의결을 거쳐야 한다.

2. 사인인 사립학교경영자가 설치·경영하는 사립학교의 교원의 임용은 당해 학교의 장의 제청에 의하여 행하여야 한다.

❏ 관련 판례

○ 파면·해임시 이사회 심의·의결 필요 여부
　　－ 대법원 2000. 10. 13. 선고 98두8858 판결 등 참조

사립대학 교원의 임면에 관한 사항은 학교법인 이사회의 심의·의결 사항인 것으로 규정되어 있지만, 파면·해임 등의 징계에 관하여는 임면권자인 학교법인이 당해 교원징계위원회에 징계 의결을 요구하여 그 결과에 따라 징계를 하여야 하는 것으로 규정되어 있을 뿐 그 징계 의결의 요구에 학교법인 이사회의 심의·의결이 필요한지 여부가 명시적으로 규정되어 있지 아니하나, 교원의 임면보고 사항 중에 해임보고를 포함시키는 한편, 당해 해임이 징계에 의한 것인 경우에는 그 해임보고서에 징계의결서 사본 외에 이사회 회의록 사본도 첨부하여야 하는 것으로 규정하고 있는 점과 학교법인이 징계 의결의 요구를 함에 있어 첨부하여야 할 서류에 징계의 종류와 양을 기재한 서류를 포함시키고 있는 점, 그리고 징계위원회는 학교법인의 이사가 그 위원의 2분의 1을 초과할 수 없는 것으로 규정함으로써 학교법인의 이사회와는 그 구성을 달리하도록 규정하고 있는 점 및 관련 법령의 규정에서 '임면' 또는 '임용'에는 징계로서 행하여지는 파면·해임도 포함되는 것으로 정의하고 있는 점 등에 비추어 보면, 사립학교법상 징계로서 행하여지는 파면·해임 역시 교원의 임면에 속하는 것으로서 그에 관한 징계 의결의 요구에는 이사회의 심의·의결이 필요한 것으로 풀이된다.

◉ 쟁점: 징계 처분 시 사립학교 교원에게 처분사유설명서를 교부하여야 하는지 여부

국가공무원법 제75조에서는 공무원에 대하여 징계 처분을 할 때에는 처분권자는 처분 사유를 적은 설명서를 교부하여야 한다고 규정하고 있으나, 사립학교법에

서는 처분사유설명서 교부에 대한 명문의 규정이 없습니다.

사립학교법 내 교원신분보장에 관한 제규정의 취지, 처분사유설명서 교부에 대해 국·공립학교 교원과 사립학교 교원을 달리할 특별한 사정이 없는 점 등을 종합적으로 고려해 볼 때, 징계 처분 시에는 사립학교 교원에게도 처분사유설명서가 교부되어야 할 것으로 보입니다.

또한, 처분사유설명서는 그 법적 근거를 기재하고, 처분 사유에 대해서 적어도 사실관계의 동일성을 식별할 수 있을 정도로 구체적으로 기재하여야 할 것이고, 이를 통해 해당 교원이 징계 처분의 사유를 정확히 인지하고 이에 대한 불복이 있는 경우 그 권리를 구제받을 수 있는 기회를 보장하여야 할 것입니다.

❏ 관계 법령

○ 국가공무원법
[시행 2019. 4. 17.] [법률 제15857호, 2018. 10. 16., 일부개정]

제75조(처분사유설명서의 교부)
① 공무원에 대하여 징계 처분등을 할 때나 강임·휴직·직위해제 또는 면직 처분을 할 때에는 그 처분권자 또는 처분제청권자는 처분 사유를 적은 설명서를 교부(交付)하여야 한다. 다만, 본인의 원(願)에 따른 강임·휴직 또는 면직 처분은 그러하지 아니하다.

[20] 표지갈이 혐의 사건 Ⅱ

주 문

피청구인이 2016. 4. 30. 청구인에게 한 해임 처분을 취소한다.

이 유

1. 사건 경과

가. 청구인은 1988. 3. 1. 신규 임용되어 이 사건 처분 시까지 재직하였다.

나. A지방검찰청은 청구인에 대한 저작권법위반 및 업무방해 혐의로 2015. 12. 14. B대학교 총장에게 공무원(사립학교 교원) 피의사건 처분결과 통보를 하였고, 2015. 12. 18. 공무원(사립학교 교원) 범죄수사 개시통보를 하였다.

다. C부처는 2016. 1. 12. 소위 '표지갈이' 사건의 해당 교수를 각 대학 윤리 규정 및 징계규정에 의하여 엄중 조치할 것을 통보하였다.

라. 피청구인 교원인사위원회는 2016. 1. 21. 청구인에 대한 징계를 심의하였고, B대학교 총장은 2016. 1. 25. 피청구인에게 청구인에 대한 중징계를 제청하였다.

마. 피청구인은 2016. 3. 10. 징계위원회에 징계 의결을 요구하였고, 피청구인 교원징계위원회는 2016. 4. 25. 청구인에 대해 파면을 의결하였다.

바. 피청구인 이사회는 2016. 4. 29. 청구인에 대해 해임으로 변경 의결하였고, 피청구인은 청구인에게 2016. 4. 30.자로 해임 처분하였다.

2. 처분 사유

저작권법 위반 및 업무방해죄로 기소되어 재판이 진행 중인 교원에 대해 연구 부정행위의 중요성을 고려하여 C부처의 중징계 처분요구를 받은바, 본 법인 교원 징계에 관한 규정 제6조 별표1의 제6호(청렴의무 위반)과 제7호(명예유지 의무 위반)의 '비위의 정도가 중하고, 고의가 있는 경우'로 '파면'에 해당하나, 학교의 장 이상의 표창을 받은 공적이 있어 본 법인 교직원 징계에 관한 규정 제6조 제3항에 따라 감경 대상으로 '해임' 처분함.

3. 청구인 주장

(이하 생략)

4. 판단

가. 절차적 하자 여부

1) 징계 의결 요구 시 이사회 의결 관련

가) 사립학교법 제53조의2 제1항에 의하면 교원의 임용은 '학교의 장의 제청으로 이사회 의결'을 거치도록 하고 있고, 징계 의결이 요구되는 것만으로도 직위 해제 등 교원의 신분에 중대한 변동이 발생할 수 있게 되므로 징계 의결의 요구 단계에서 이사회 의결을 거치도록 함으로써 부당한 징계 의결의 요구로부터 교원의 신분 및 지위를 보호할 필요성이 있는 점, 징계 의결 요구 시 그 사유를 기재한 설명서를 교부하기 때문에 징계 의결 요구 사항이 징계대상자의 방어권행사의 대상이 되고 교원징계위원회 역시 징계 의결이 요구된 징계 사유에 한하여 심리·판단할 수 있으므로 징계 절차가 개시되기 전 징계 의결 요구 단계에서 이사회가 함께 관여하도록 함이 상당한 점 등을 종합하여 보면, 임용권자가 징계 의결을 요구하기 전에 그에 관한 학교법인 이사회의 의결이 있어야 한다고 봄이 타당하다(서울고등법원 2013. 11. 21. 선고 2013누10986 판결 참조).

나) 이 사건 징계의결서 및 이사회 회의록 등 제반 증거 자료에 따르면 징계 의결 요구 시 이사회의 의결을 거치지 아니하고 이사장이 징계위원회에 징계 의결을 요구한바, 앞서 살펴본 법리에 비추어 볼 때 이는 사립학교

교원의 임용에 필요한 적법한 이사회 의결을 누락한 중대한 절차상 하자에 해당한다.

2) 징계위원회의 결정을 이사회에서 변경 처분한 하자

가) 사립학교법 제66조 제3항은 '임용권자가 징계의결서를 받았을 때에는 재심의를 요구받은 경우를 제외하고는 징계의결서를 받은 날부터 15일 이내에 그 의결 내용에 따라 징계 처분을 하여야 한다.'고 규정하고 있다. 그 취지는 징계위원회를 징계권자와는 별도의 기관으로 설치하여 독자적으로 교원의 징계를 심의, 의결하도록 하고 징계권자는 이에 기속되어 징계 처분을 하도록 하여 징계의 적정성과 공평성을 확보하여 교원의 신분을 보장하고자 하는 데 있다(대법원 1994. 4. 12. 선고 93누16277 판결 참조).

나) 피청구인이 제출한 징계위원회 회의록 및 이사회 회의록 등을 살펴보았을 때, 징계위원회는 2016. 4. 25. 청구인에 대한 파면을 의결하여 피청구인에게 통보하였으나, 2016. 4. 29. 개최된 이사회는 감경 기준을 적용하여 청구인에 대한 파면을 해임으로 변경 결정하였다. 징계권자는 징계위원회의 결정에 기속되어 그 의결 내용에 따라 징계 처분을 하여야 함에도 피청구인은 그 결정을 변경하여 청구인에게 처분한바, 이 또한 중대한 절차적 하자가 인정된다.

5. 결론

이상에서 살펴본 이 사건 처분은 징계 의결 요구 전 이사회 의결을 결여하였을 뿐만 아니라, 징계위원회의 결정을 이사회에서 임의로 변경한 중대한 절차상 하자가 있어 주문과 같이 결정한다.

───────────────

※ 본 사안은 교원소청심사위원회 2016년도 결정문집 IV. 절차하자 처분 결정 연번 2번 등을 바탕으로 재구성한 사안입니다.

▣ 사안의 해설

본 사안에서는 직권으로 중대하고 명백한 절차상 하자가 존재하여 위법하다고 보고, 이에 실체적 하자에 대해서는 더 나아가 판단하지 아니하였습니다.

구체적으로 ① 이 사건 징계 처분은 징계 의결 요구 시 이사회 의결이 필요한 사안임에도 이를 누락한 하자가 있다고 보았으며(연번 19번 사례에서 상세한 내용을 참조할 수 있습니다), ② 교원징계위원회 결정을 임용권자가 변경 처분한 하자가 있다고 판단하였습니다.

②와 관련하여 임용권자가 교원징계위원회 의결과 다른 징계 처분을 할 수 있는지 여부를 아래에서 상세히 살펴보도록 하겠습니다.

◉ 쟁점: 임용권자가 교원징계위원회 의결과 다른 징계 처분을 할 수 있는지 여부

본 사안에서는 교원징계위원회가 청구인에 대한 징계사건을 심의한 후 파면을 의결하여 임용권자인 피청구인에게 통보하였으나, 피청구인이 이를 감경하여 해임으로 변경하여 징계 처분을 하였습니다.

사립학교법 제62조에서는 교원징계위원회를 이사회와 별도의 기관으로 설치하여 독자적으로 징계 사건에 대해 심의하고 의결하도록 하고 있습니다. 이는 징계의 적정성과 공평성을 확보하여 교원의 신분을 보장하고자 하는데 목적을 두고 있다고 할 것입니다.

이에 더하여 같은 법 제66조에서는 임용권자가 징계의결서를 받았을 때에는 관할청의 재심의를 요구받은 경우를 제외하고는 징계의결서를 받은 날로부터 그 징계 내용에 따라 징계 처분을 하여야 한다고 규정하고 있다는 점 등을 고려하면, 교원징계위원회의 의결은 임용권자를 기속한다고 봄이 상당하고, 본 사안과 같이 임용권자가 교원징계위원회의 의결과 다른 징계 처분을 하는 것은 위법하다고 봄이 상당합니다.

❑ 관계 법령

❍ 사립학교법

[시행 2019. 3. 19.] [법률 제15954호, 2018. 12. 18., 일부개정]

제62조(교원징계위원회의 설치 및 구성 등)

① 사립학교의 교원의 징계사건 및 제54조의3 제6항 단서에 따른 교원의 임명에 관한 사항을 심의·의결하기 위하여 그 임용권자의 구분에 따라 학교법인·사립학교경영자 및 해당 학교에 교원징계위원회를 둔다. 다만, 사립유치원 교원의 징계사건은 「교육공무원법」 제50조에 따라 설치되는 교육공무원징계위원회에서 심의·의결한다.

제66조(징계 의결)

① 교원징계위원회는 징계 사건을 심의한 결과 징계를 의결하였을 때에는 주문(主文)과 이유를 적은 징계의결서를 작성하여 임용권자에게 보내어 알려야 한다.

② 제1항의 징계 의결은 재적위원 3분의 2 이상의 출석과 재적위원 과반수의 찬성으로 하여야 한다.

③ 임용권자가 제1항의 징계의결서를 받았을 때에는 제66조의2 제2항에 따라 재심의를 요구받은 경우를 제외하고는 징계의결서를 받은 날부터 15일 이내에 그 의결 내용에 따라 징계 처분을 하여야 한다. 이 경우 임용권자는 징계 처분의 사유를 적은 결정서를 해당 교원에게 교부하여야 한다.

제66조의2(징계 의결의 재심의 요구)

① 사립학교 교원의 임용권자는 제54조 제3항에 따라 징계를 요구받은 사항에 대하여 제66조 제1항에 따른 징계의결서를 받은 때에는 같은 조 제3항에 따라 징계 처분을 하기 전에 그 내용을 관할청에 통보하여야 한다.

② 관할청은 제1항에 따라 통보받은 징계 의결의 내용이 징계 사유에 비추어 가볍다고 인정되면 해당 교원의 임용권자에게 그 징계 처분을 하기 전에 교원징계위원회에 재심의(再審議)를 요구하도록 할 수 있다.

③ 임용권자가 관할청으로부터 제2항에 따라 재심의를 요구받은 경우에는 지체 없이 해당 교원징계위원회에 재심의를 요구하여야 하며, 해당 교원징계위원회가 재심의를 한 경우에는 그 결과를 관할청에 통보하여야 한다.

❏ 관련 판례

○ 징계위원회 의결과 다른 내용의 징계 처분이 가능한지 여부
  - 대법원 1994. 4. 12. 선고 93누16277 판결 등 참조

사립학교법 제61조 내지 제66조의 취지는 징계위원회를 징계권자와 별도의 기관으로 설치하여 독자적으로 교원의 징계를 심의, 의결하도록 하고 징계권자는 이에 기속되어 징계 처분을 하도록 함으로써 징계의 적정성과 공평성을 확보하여 교원의 신분을 보장하고자 하는 데 있는 것으로 보여지고, 또한 사립학교법 등 관련 법규의 어디에도 사립학교 교원에 대한 징계에 있어서 징계권자가 징계위원회의 의결내용에 불만이 있다 하여 그 재의결을 요구할 수 있다고 규정하고 있거나 교육공무원에 대한 징계 절차에서의 징계 의결 재심사청구에 관한 국가공무원법 등의 규정이 사립학교 교원에 대한 징계 절차에 준용된다고 규정하고 있지 않으며, 나아가 사립학교의 경우 상급 징계위원회가 없는 까닭에 상급 징계위원회에 재심사를 청구하는 국가공무원법 등 규정의 원리가 사립학교 교원에 대한 징계 절차에 있어서도 유추적용될 수는 없는 것이므로, 학교법인의 정관이나 교원인사규정 등에 특단의 규정이 없는 한 사립학교의 징계위원회에서 일단 어떠한 내용의 징계를 의결하고 징계권자에게 통보한 이상 징계위원회는 스스로 또는 징계권자의 요청으로 그 내용을 변경하는 재의결을 할 수는 없는 것으로 봄이 상당하다.

[21] 휴직 사건

주 문

청구인의 청구를 기각한다.

이 유

1. 사건 경과

가. 청구인은 1998. 3. 1. 신규 임용되어 A고등학교에서 현재까지 근무하고 있다.

나. 피청구인은 2016. 4. 8. 교육공무원일반징계위원회에 청구인에 대한 징계 의결을 요구하였고, 교육공무원일반징계위원회는 2016. 4. 28. 청구인에 대해 감봉 1월을 의결하였으며, 피청구인은 2016. 5. 13. 청구인에게 감봉 1월 처분을 하였다.

2. 처분 사유

청구인은 2013. 10. 14. 본인의 어머니가 "뇌출혈로 24시간 타인의 도움 없이 일상생활 및 거동이 불가능한 상태"라는 병원 진단서를 첨부하여 2013. 11. 1. 부터 2013. 12. 31.까지(60일) 간병 휴직을 허가받은 후 휴직 목적과 달리 2013. 11. 4.부터 2013. 12. 29.까지(49일) 저렴한 가격에 어머니를 모실 시설 이나 약재 등을 알아본다는 사유로 B국에 체류한 사실이 있다. 이러한 청구인 의 행위는 휴직을 목적에 맞지 않게 부적절하게 사용한 것이며, 국가공무원법 제56조(성실 의무) 및 교육공무원법 제44조 제1항 제9호를 위반한 것으로, 같 은 법 제78조 제1항 제2호의 징계 사유에 해당한다.

3. 청구인 주장

청구인의 모친은 2012. 11. 뇌출혈로 쓰러지신 후 현재까지 투병 중이신데, 병원들을 옮겨 다니다가 비용 부담이 여의치 않아 물가와 인건비가 싸다는 B국에서 재활 시설과 민간 약재 등을 알아보기 위해 간병 휴직을 신청하게 되었다. 간병 휴직은 아무런 보수를 지급받지 않기 때문에 더 저렴한 병원 시설 등을 알아보기 위해 돌아다닌 것이 문제가 된다거나 간병 휴직에 타인의 도움 없이 거동이 불편한 부모님 곁에 24시간 동반해야 한다는 제약 조건이 있을 것이라 생각하지 못하였다. 또한 청구인 스스로 간병 휴직 기간에 해외 출국한 사실을 통지하였기에 감사에서 적발된 것이지 만약 청구인이 간병 휴직 사용을 부당한 목적으로 신청했더라면 그리하지 않았을 것이다. 따라서 청구인이 간병 휴직에 대한 이해가 부족했음을 인정하고 반성하고 있는 사실을 고려할 때 이 처분은 지나치다.

4. 판단

가. 징계 사유의 인정 여부

1) 교육공무원법 제44조 제1항 제9호는 '사고 또는 질병 등으로 장기간 요양이 필요한 부모, 배우자, 자녀 또는 배우자의 부모를 간호하기 위하여 필요한 경우' 간병 휴직을 허가하도록 규정하고 있다.

2) 문답서 및 사유서 등 증거 자료에 비추어 볼 때, 청구인이 2013. 11. 1.부터 2013. 12. 31.까지 간병 휴직을 허가받고 2013. 11. 4.부터 2013. 12. 29.까지 49일간 B국에 체류한 사실이 인정된다.

3) 청구인은 모친의 병간호로 인한 경제적 비용 부담을 줄이고자 B국에서 저렴한 시설과 약재를 찾아보기 위해 간병 휴직을 신청하였다고 주장하나, 간병 휴직의 사유를 모친이 '뇌출혈로 24시간 타인의 도움 없이 일상생활 및 거동이 불가능한 상태'라고 하였음에도 요양병원의 종사자들에게 간병 대상자인 모친의 간병을 맡기고 휴직 기간 60일 중 49일을 혼자 B국에 체류하였다는 점, B국에서 현지인이나 한국인들과 같이 약재시장을 다녔다고 하나 모친에게 약재를 제공하지는 않았다고 한 점, 현재까지도 청구인의 모친이 B국이 아닌 국내 소재 요양원에 있는 점 등 확인되는 사실과 정황 등에 비추어 볼

때, 청구인이 간병 휴직 기간을 모친의 병간호를 목적으로 사용하였다고 볼 수 없는바 청구인이 간병 휴직을 부당하게 사용한 점이 징계 사유로 인정된다.

나. 징계 양정의 적정 여부

1) 징계권자가 공무원인 피징계자에게 징계 사유가 있어서 징계 처분을 하는 경우 어떠한 처분을 할 것인가는 징계권자의 재량에 맡겨진 것이므로 그 징계 처분이 위법하다고 하기 위해서는 징계권자가 재량권의 행사로서 한 징계 처분이 사회 통념상 현저하게 타당성을 잃어 징계권자에게 맡겨진 재량권을 남용한 것이라고 인정되는 경우에 한한다(대법원 2006. 12. 21. 선고 2006두16274 판결 참조)고 할 것이다.

2) 청구인에 대한 징계 사유가 인정되고, 교육공무원 징계 양정 등에 관한 규칙 별표의 징계기준에 따르면 '성실 의무 위반'에 대해 비위의 정도가 약하고 중과실인 경우 최소 감봉이 예정되어 있는 점 등을 종합해 볼 때, 이 사건 처분이 사회 통념상 현저하게 타당성을 잃어 징계권자의 재량권을 일탈·남용한 것으로 볼 수 없다.

5. 결론

이상에서 살펴본 바와 같이, 청구인에 대한 징계 사유가 인정되고 징계 양정도 과중하지 않다고 판단되므로 주문과 같이 결정한다.

※ 본 사안은 교원소청심사위원회 2016년도 결정문집 Ⅰ. 징계 처분 결정 연번 8번 등을 바탕으로 재구성한 사안입니다.

▣ 사안의 해설

본 사안에서 청구인은 모친 병간호를 목적으로 간병 휴직을 허가받았으나, 휴직 기간을 목적에 부합하지 않게 사용하였다는 사유로 징계에 이른바, 이에 대해 상세히 살펴보도록 하겠습니다.

◉ 쟁점: 휴직의 목적 외로 휴직 기간을 사용한 경우 징계 성립 여부 및 징계 양정

휴직 제도가 직무에 오랜 기간 종사하지 못하는 사유가 발생한 교원에게 신분을 보장하고, 휴직 사유가 종료하면 복직할 수 있도록 하는 수혜적인 제도라는 점을 고려하면 휴직 중인 교원이 휴직의 목적 달성에 현저히 위배되는 행위로 휴직 기간을 휴직의 목적 외로 사용하였다면 징계 사유가 될 수 있다고 할 것입니다.

한편, 징계의 양정을 정함에 있어서는 휴직의 목적 달성 가능성, 휴직의 목적 외 사용 기간, 고의성 유무, 휴직의 목적 외 행위가 사회 통념상 허용 가능한지 여부 등을 종합적으로 고려하여야 함이 상당하다 할 것입니다.

본 사안에서는 청구인이 교육공무원 제44조 제1항 제9호에 따라 모친의 병간호를 목적으로 60일 간병 휴직 허가를 받았으나, 요양병원의 종사자들에게 간병 대상자인 모친의 간병을 맡기고 휴직 기간 60일 중 49일을 혼자 B국에 체류하였다는 점, B국에서 현지인이나 한국인들과 같이 약재시장을 다녔다고 하나 모친에게 약재를 제공하지는 않았다고 한 점 등을 종합하여 볼 때 징계 사유가 인정되고 징계 양정도 과중하지 않다고 보았습니다.

❑ 휴직 쟁점 관련 참고 내용

○ 국·공립 교원 휴직 사유

교육공무원이 아래의 어느 하나에 해당하는 사유로 휴직을 원하면 임용권자는 휴직을 명할 수 있습니다. 다만, ①부터 ④까지 및 ⑪의 경우에는 본인의 의사와 관계없이 휴직을 명하여야 하고, ⑦ 및 ⑦의2의 경우에는 본인이 원하면 휴직을 명하여야 합니다.

① 신체상·정신상의 장애로 장기요양이 필요할 때

② 병역법에 따른 병역 복무를 위하여 징집되거나 소집된 경우

③ 천재지변이나 전시·사변 또는 그 밖의 사유로 생사(生死)나 소재(所在)를 알 수 없게 된 경우

④ 그 밖에 법률에 따른 의무를 수행하기 위하여 직무를 이탈하게 된 경우

⑤ 학위취득을 목적으로 해외유학을 하거나 외국에서 1년 이상 연구 또는 연수를 하게 된 경우

⑥ 국제기구, 외국기관, 국내외의 대학·연구기관, 다른 국가기관, 재외국민의 교육지원 등에 관한 법률 제2조 제2호의 재외교육기관 또는 민법 제32조에 따라 교육부장관 또는 특별시·광역시·도 및 특별자치도 교육감의 허가를 받은 비영리법인에 임시로 고용되는 경우(고등교육법에 따른 대학 교원에 해당하는 교육공무원의 휴직인 경우에는 상법에 따라 설립된 합명회사, 합자회사, 유한회사, 주식회사 등 영리목적으로 설립된 법인(외국회사 포함)으로서 국내에 소재하는 법인과 특별법에 따라 설립된 법인·단체·협회 등으로서 국내에 소재하는 기관도 포함)

⑦ 만 8세 이하 또는 초등학교 2학년 이하의 자녀를 양육하기 위하여 필요하거나 여성 교육공무원이 임신 또는 출산하게 된 경우

⑦의2. 만 19세 미만의 아동(⑦에 따른 육아휴직의 대상이 되는 아동은 제외)을 입양(入養)하는 경우

⑦의3. 불임·난임으로 인하여 장기간의 치료가 필요한 경우

⑧ 교육부장관 또는 교육감이 지정하는 연구기관이나 교육기관 등에서 연수하게 된 경우

⑨ 사고나 질병 등으로 장기간 요양이 필요한 조부모, 부모(배우자의 부모 포함), 배우자, 자녀 또는 손자녀를 간호하기 위하여 필요한 경우. 다만, 조부조부모를 간호하는 경우는 본인 외에는 조부모의 직계비속이 없는 경우(다른 직계비속이 있으나 질병, 고령(高齡), 장애 또는 미성년 등의 사유로 본인이 간호할 수밖에 없는 경우를 포함), 손자녀를 간호하는 경우는 본인 외에는 손자녀의 직계존속 및 형제자매가 없는 경우(다른 직계존속 또는 형제자매가 있으나 질병, 고령, 장애 또는 미성년 등의 사유로 본인이 간호할 수밖에 없는 경우를 포함)

⑩ 배우자가 국외 근무를 하게 되거나 제5호에 해당하게 된 경우

⑪ 교원의 노동조합 설립 및 운영 등에 관한 법률 제5조에 따라 노동조합 전임

자로 종사하게 된 경우

⑫ 공무원연금법 제25조에 따른 재직기간 10년 이상인 교원이 자기개발을 위하여 학습·연구 등을 하게 된 경우

○ 국·공립 교원 휴직 기간

휴직 사유	휴직 기간	연장 여부
1	1년 이내(공무상 부상 또는 질병으로 인한 경우 3년)	1년 범위 내 연장 가능
2	복무기간 끝날 때까지	
3	3월	
4	복무기간 끝날 때까지	
5	3년 이내	학위취득 하려는 경우 3년의 범위 내에서 연장 가능
6	고용기간	
7	자녀 1명에 대하여 3년 이내(분할휴직 가능)	
7-2	입양자녀 1명에 대하여 6개월 이내	
7-3	1년 이내(공무상 부상 또는 질병으로 인한 경우 3년)	1년 범위 내 연장 가능
8	3년	
9	1년(재직 기간 중 총 3년 초과할 수 없음)	
10	3년	3년의 범위에서 연장 가능하나 총 휴직기간이 배우자 국외 근무 등 기간 초과할 수 없음
11	전임자로 종사하는 기간	
12	1년(재직기간 중 1회에 한함)	

○ 사립학교 교원 휴직 사유

사립학교의 교원의 휴직 사유는 아래와 같습니다.

국·공립학교 교원의 휴직 사유와 관계 법령이 달라 일부 차이가 있으며, 휴직의 기간과 휴직자의 신분 및 처우 등에 관하여는 정관으로 정하도록 하고 있는바, 사립학교 교원의 경우 정관까지 살펴볼 필요가 있어 보입니다.

① 신체·정신상의 장애로 장기요양을 요할 때(불임·난임으로 인하여 장기간의 치료가 필요한 경우 포함)

② 병역법에 의한 병역의 복무를 위하여 징집 또는 소집된 때

③ 천재·지변 또는 전시·사변이나 기타의 사유로 인하여 생사 또는 소재가 불명하게 된 때

④ 기타 법률의 규정에 의한 의무를 수행하기 위하여 직무를 이탈하게 된 때

⑤ 학위취득을 목적으로 해외유학을 하거나 외국에서 1년 이상 연구 또는 연수하게 된 때

⑥ 국제기구, 외국기관, 국내외의 대학·연구기관, 국가기관, 재외교육기관(재외국민의 교육지원 등에 관한 법률 제2조 제2호의 재외교육기관) 또는 정관으로 정하는 민간단체에 임시로 고용될 때

⑦ 만 8세 이하 또는 초등학교 2학년 이하의 자녀를 양육하기 위하여 필요하거나 여성 교원이 임신 또는 출산하게 된 때

⑧ 만 19세 미만의 아동 청소년(⑦에 따른 육아휴직의 대상이 되는 아동 제외)을 입양하는 경우

⑨ 교육부장관이 지정하는 국내의 연구기관이나 교육기관 등에서 연수하게 된 때

⑩ 사고 또는 질병 등으로 장기간의 요양을 요하는 부모, 배우자, 자녀 또는 배우자의 부모의 간호를 위하여 필요한 때

⑪ 배우자가 국외근무를 하게 되거나 학위취득을 목적으로 해외유학을 하거나 외국에서 1년 이상 연구 또는 연수하게 된 때

⑫ 교원의 노동조합설립 및 운영 등에 관한 법률 제5조의 규정에 의하여 노동조합 전임자로 종사하게 된 때

⑬ 사립학교교직원 연금법 제31조에 따라 계산한 재직기간이 10년 이상인 교원이 자기개발을 위하여 학습·연구 등을 하게 된 때

⑭ 기타 정관이 정하는 사유가 있는 때 중 어느 하나에 해당하는 사유로 휴직을 원하는 경우에는 당해 교원의 임용권자는 휴직을 명할 수 있고, 휴직의 기간과 휴직자의 신분 및 처우 등에 관하여는 정관으로 정합니다.

다만, ①, ②, ③, ④, ⑫호의 경우에는 본인의 의사에 불구하고 휴직을 명하여야 합니다. 또한, ⑦, ⑧ 경우 본인이 원하는 경우 휴직을 명하여야 하며 이를 이유로 인사상 불리한 처우를 하여서는 아니 되며 근속기간에 산입하여야 합니다.

[22] 업무상 횡령 혐의 사건

주 문

피청구인이 2017. 4. 26. 청구인에게 한 감봉 1월 처분을 취소한다.

이 유

1. 사건 경과

가. 청구인은 1996. 3. 1. A고등학교 교사로 신규 임용되어 재직 중이다.

나. B검찰청은 2015. 9. 2. 청구인에 대해 업무상 횡령으로 기소유예 처분을 하였고, C교육청은 2016. 12. 28. A고등학교에 감사 결과를 통보하여 청구인에 대한 처분을 요구하였다.

다. 피청구인은 2017. 2. 16. 청구인에 대한 징계 의결을 요구하였고, 피청구인 징계위원회는 2017. 4. 24. 청구인에 대해 감봉 1월을 의결하였으며, 피청구인은 2017. 4. 26. 청구인에 대해 감봉 1월 처분을 하였다.

2. 처분 사유

청구인은 2007년부터 2013년까지 사격부 학생 훈련에 필요한 공기총과 화약총 실탄을 구입하는 과정에서 교비 회계에 편성된 예산과 사격부 학생 및 학부모가 납부한 금액으로 실탄 구입 비용을 지불하였다. 그러나 실탄 구입 후 환율 변동에 따라 발생되는 정산 차액을 교비 회계와 사격부 학생 및 학부모에게 반납하지 않는 방법으로 총 1,027,950원을 개인 계좌로 수령한 사실로 검찰로부터 기소유예 처분을 받았고, C교육청으로부터는 복무 감사를 받아 그 결과에

- 147 -

따라 처분이 요구되는 등 사립학교법 및 국가공무원법을 위반하여 사립 중등교원으로서 의무를 위반한 사실이 있다.

위와 같은 청구인의 행위는 사립학교법 제55조(복무)에 따라 준용되는 국가공무원법 제56조(성실 의무)를 위반한 것으로 엄중 문책하여야 하나, 청구인의 학생 학습 지도, 전국대회 입상 실적, 교육감 표창 등을 감안하여 감봉 1월로 의결한다.

3. 청구인 주장

(이하 생략)

4. 검토 의견

가. 징계 시효의 도과 여부

1) 이 사건 징계의결요구서를 살펴보면, "청구인은 2007년부터 2013년까지 사격부 학생 훈련에 필요한 공기총과 화약총 실탄을 구입하면서 그 비용을 교비 회계에 편성된 예산과 사격부 학생 및 학부모가 납부한 금액으로 실탄 구입 비용을 지불하였으나 실탄 구입 후 환율 변동에 따라 발생된 정산 차액을 교비 회계와 사격부 학생 및 학부모에게 반납하지 않는 방법으로 2008년부터 2010년까지 총 1,027,950원을 개인 계좌로 수령한 사실이 있다. 이후 D사격연맹이 청구인으로부터 2014. 3. 25. 위 금액을 환수하여 2014. 4. 4. A고등학교 계좌로 송금한 사실이 있다. 이로 인하여 청구인은 B검찰청으로부터 2015. 9. 2. 업무상 공금 횡령으로 기소유예 처분을 받은 사실이 있으며, 이와 같은 청구인의 행위는 사립학교법 제61조 제1항 제1호에 의거 경징계 의결을 요구한다."라고 기재되어 있다.

2) 징계 시효가 5년에 해당하는 비위는 당초 국가공무원법 제78조의2와 제83조의2에서 ① 금품 및 향응 수수, ② 공금의 횡령·유용으로 규정되어 있었으나, 국가공무원법이 2015. 5. 18. 법률 제13288호로 개정되면서 제78조의2 제1항 각 호, 즉 ① 금전, 물품, 부동산, 향응 또는 그 밖에 대통령령으로 정하는 재산상 이익을 취득하거나 제공한 경우와 ② 국가재정법에 따른 예산 및 기금 등을 횡령, 배임, 절도, 사기 또는 유용한 경우로 변경되었고, 신법 부칙 제6조와 제7조에 따르면 신법 시행일인 2015. 11. 19. 전 징계 사유가

발생한 경우에는 구법의 규정에 따르도록 규정하고 있다.

그렇다면 이 사건은 위 기록에 따를 때, 청구인이 D사격연맹으로부터 실탄 환불금을 청구인의 은행 계좌로 수령한 마지막 시점은 2010. 12. 8.이고, 금액은 483,700원이었음이 확인되므로 청구인의 비위행위에 대한 징계 시효를 판단함에 있어서는 구법이 적용되어야 한다.

3) 구법에 의하면 징계 시효가 5년에 해당하는 비위는 ① 금품 및 향응 수수, ② 공금의 횡령·유용으로 규정되어 있고, 청구인이 B검찰청으로부터 2015. 9. 2. 기소유예 처분을 받은 죄명은 '업무상 횡령'이며, 피청구인은 이를 근거로 하여 사립학교법 제61조 제1항 제1호에 따라 처분한 사실이 확인된다.

한편, 징계의결요구서에 기재된 청구인의 비위행위 기간은 '2007년~2013년'과 '2008년~2010년'이 혼용되어 있으나, C교육청의 복무 감사 결과 처분 요구서에 따르면, 2009. 2. 5. 76,300원, 2009. 11. 13. 467,950원, 2010. 12. 8. 483,700원 등 2009년~2010년 총 1,027,950원을 개인 계좌로 수령한 사실이 확인되고, 2010년부터 2013년까지의 기간에 대하여는 피청구인이 청구인의 비위행위에 대하여 그 사실관계를 특정하고 있지 못한 사실이 확인되므로 청구인의 마지막 비위행위는 2010. 12. 8.로 봄이 타당하다.

4) 따라서 2017. 2. 16. 징계 의결 요구가 이루어진 이 사건 처분은 청구인이 마지막으로 실탄 환불금을 수령한 2010. 12. 8.로부터 5년 이상이 경과되었으므로 징계 시효를 도과한 위법한 처분이다.

5. 결론

피청구인이 2017. 4. 26. 청구인에게 한 감봉 1월 처분은 징계 시효가 도과되어 위법하므로 이를 취소하기로 하여 주문과 같이 결정한다.

※ 본 사안은 교원소청심사위원회 2017년도 결정문집 Ⅳ. 절차하자 처분 결정 연번 3번 등을 바탕으로 재구성한 사안입니다.

▣ 사안의 해설

본 사안에서는 징계 시효 쟁점에 대해 상세히 살펴보고자 합니다.

◉ 쟁점: 징계 시효 도과 여부

사립학교법 등에서는 교원이 상당기간 불안정한 지위에 있게 하는 것을 방지하기 위하여 징계 사유가 발생한 날로부터 일정 기간이 경과하였을 때에는 징계의결 요구를 할 수 없다는 취지의 징계 시효를 규정하고 있습니다.

2019. 3. 19.자 시행 중인 사립학교법 제66조의4를 보면, 사립학교 교원의 임용권자는 징계 사유가 발생한 날부터 3년이 지난 경우에는 제64조에 따른 징계의결을 요구할 수 없다고 규정하고 있어, 일반적인 징계 사유는 3년의 징계 시효 적용을 받습니다.

한편, ① 징계 사유가 금품 및 향응을 수수한 경우, ② 공금을 횡령·유용한 경우에는 그 징계 사유가 발생한 날로부터 5년 이내에 징계 의결을 요구할 수 있다고 규정되어 있는바, 일부 중한 징계 사유에 대해서는 5년의 징계 시효 적용을 받습니다.

또한, 「교육공무원법」 제52조 각 호의 어느 하나에 해당하는 행위를 한 경우 즉, ① 성폭력범죄의 처벌 등에 관한 특례법 제2조에 따른 성폭력범죄 행위, ② 아동·청소년의 성보호에 관한 법률 제2조 제2호에 따른 아동·청소년대상 성범죄 행위, ③ 성매매알선 등 행위의 처벌에 관한 법률 제2조 제1항 제1호에 따른 성매매 행위, ④ 국가인권위원회법 제2조 제3호 라목에 따른 성희롱 행위의 경우에는 그 징계 사유가 발생한 날로부터 10년 이내에 징계 의결을 요구할 수 있다고 규정되어 있어 10년의 징계 시효 적용을 받습니다.

실제 사안의 적용에 있어서는, 문제되는 징계 사유가 어떠한 유형의 비위인지에 따라 징계 시효가 달라진다는 점, 징계 시효와 관련된 규정이 수차례 개정되었다는 점, 부칙 규정 등을 유의하여 살펴보아야 할 것으로 보입니다.

본 사안에서는, 문제되는 징계 사유가 업무상 횡령 혐의이고 당시 법률과 부칙 등을 종합하여 볼 때 5년의 징계 시효가 적용된다 할 것인데, 청구인이 마지막으로 실탄 환불금을 수령한 시점은 2010. 12. 8.이고 이 사건 처분의 징계 의결 요구는 2017. 2. 16.에 행하여진바, 5년의 기간이 경과하여 징계 시효가 도과되었다고 판단하였습니다.

☐ 관련 법률

○ 사립학교법
[시행 2019. 3. 19.] [법률 제15954호, 2018. 12. 18., 일부개정]

제66조의4(징계 사유의 시효)

① 사립학교 교원의 임용권자는 징계 사유가 발생한 날부터 3년이 지난 경우에는 제64조에 따른 징계 의결을 요구할 수 없다. 다만, 징계 사유가 제1호 또는 제2호에 해당하는 경우에는 그 징계 사유가 발생한 날부터 5년 이내에, 제3호에 해당하는 경우에는 그 징계 사유가 발생한 날부터 10년 이내에 징계 의결을 요구할 수 있다.

1. 금품 및 향응을 수수한 경우
2. 공금을 횡령·유용한 경우
3. 「교육공무원법」 제52조 각 호의 어느 하나에 해당하는 행위를 한 경우

○ 교육공무원법
[시행 2019. 4. 23.] [법률 제16332호, 2019. 4. 23., 일부개정]

제52조(징계 사유의 시효에 관한 특례)

교육공무원에 대한 징계 사유가 다음 각 호의 어느 하나에 해당하는 경우에는 「국가공무원법」 제83조의2 제1항에도 불구하고 징계 사유가 발생한 날부터 10년 이내에 징계 의결을 요구할 수 있다.

1. 「성폭력범죄의 처벌 등에 관한 특례법」 제2조에 따른 성폭력범죄 행위
2. 「아동·청소년의 성보호에 관한 법률」 제2조 제2호에 따른 아동·청소년대상 성범죄 행위
3. 「성매매알선 등 행위의 처벌에 관한 법률」 제2조 제1항 제1호에 따른 성매매 행위
4. 「국가인권위원회법」 제2조 제3호 라목에 따른 성희롱 행위

○ 국가공무원법

[시행 2019. 4. 17.] [법률 제15857호, 2018. 10. 16., 일부개정]

제83조의2(징계 및 징계부가금 부과 사유의 시효)

① 징계 의결등의 요구는 징계 등의 사유가 발생한 날부터 3년(제78조의2 제1항 각 호의 어느 하나에 해당하는 경우에는 5년)이 지나면 하지 못한다.

제78조의2(징계부가금)

① 제78조에 따라 공무원의 징계 의결을 요구하는 경우 그 징계 사유가 다음 각 호의 어느 하나에 해당하는 경우에는 해당 징계 외에 다음 각 호의 행위로 취득하거나 제공한 금전 또는 재산상 이득(금전이 아닌 재산상 이득의 경우에는 금전으로 환산한 금액을 말한다)의 5배 내의 징계부가금 부과 의결을 징계위원회에 요구하여야 한다.

1. 금전, 물품, 부동산, 향응 또는 그 밖에 대통령령으로 정하는 재산상 이익을 취득하거나 제공한 경우
2. 다음 각 목에 해당하는 것을 횡령(橫領), 배임(背任), 절도, 사기 또는 유용(流用)한 경우
가. 「국가재정법」에 따른 예산 및 기금
나. 「지방재정법」에 따른 예산 및 「지방자치단체 기금관리기본법」에 따른 기금
다. 「국고금 관리법」 제2조 제1호에 따른 국고금
라. 「보조금 관리에 관한 법률」 제2조 제1호에 따른 보조금
마. 「국유재산법」 제2조 제1호에 따른 국유재산 및 「물품관리법」 제2조 제1항에 따른 물품

바. 「공유재산 및 물품 관리법」 제2조 제1호 및 제2호에 따른 공유재산 및 물품

사. 그 밖에 가목부터 바목까지에 준하는 것으로서 대통령령으로 정하는 것

❑ 징계 시효 쟁점 관련 참고 내용

○ 관련 형사판결의 확정 시를 징계 시효 기산점으로 삼아 징계 의결을 할 수 있는지 여부

징계 시효 규정은 청구인에 대한 징계 사유가 발생하여 임용권자가 교원을 징계할 수 있었음에도 그 행사 여부를 확정하지 아니함으로써 청구인으로 하여금 상당 기간 불안정한 지위에 있게 하는 것을 방지하고자 하는데 그 목적이 있습니다.

위와 같은 목적을 고려할 때, 징계 시효의 기산점은 원칙적으로 비위행위의 종료시라고 봄이 상당하며, 비위행위로 인하여 형사판결이 확정된 시점을 기산점으로 보거나, 이를 새로운 비위행위라고 보기는 어렵다고 할 것입니다.

실제 사안의 적용에 있어서는, 비위행위의 존부에 대한 다툼이 있고 이에 청구인에 대한 징계 의결 요구를 관련 형사판결이 확정된 이후로 연기하여 징계 시효 문제가 발생하는 경우가 있는바, 징계 시효 규정을 고려하여 징계의결요구시를 검토하여야 할 것으로 보입니다.

○ 징계 시효가 도과된 비위 행위도 징계 양정을 정함에 있어서 참작할 수 있는지 여부

판례에서는 징계 양정의 판단을 함에 있어서는 청구인의 평소의 소행, 근무성적, 징계 처분 전력 이외에도 당해 징계 처분 사유 전후에 저지른 징계 사유로 되지 아니한 비위사실도 징계 양정에 있어서의 참고자료가 될 수 있다고(대법원 1998. 5. 22. 선고 98다2365 판결 등 참조) 판시하고 있는바, 징계 시효가 도과된 비위행위에 대해 징계 사유로는 삼을 수 없다 하더라도 징계 양정을 결정하는 참작 요소로 활용할 수 있다고 할 것입니다.

[23] 감사원 조사 종료 통보 사건

주 문

청구인의 청구를 기각한다.

이 유

1. 사건 경과

가. 청구인은 1983. 3. 5. 교사로 신규 임용되었고 교장으로 승진하여 A학교에 서 근무하고 있다.

나. 청구인은 2013. 8. 10. 23:15경 혈중알코올농도 0.089% 상태로 운전을 하다 가 경찰의 음주운전 단속에 적발되었고, B지방법원은 2013. 10. 24. 청구인 에 대해 도로교통법 위반(음주운전)으로 약식명령(벌금 150만 원)을 하였다.

다. 감사원은 2016. 3. 21. 피청구인에게 청구인의 음주운전 혐의에 대한 조사 개시를 통보하였고, 2016. 8. 31. 피청구인에게 청구인의 음주운전 혐의 사 실에 대한 조사종료 통보를 하였다.

라. 피청구인은 2016. 9. 9. 청구인에 대한 중징계 의결을 요구하였고, 징계위원 회는 2016. 9. 26. 정직 1월을 의결하였으며, 피청구인은 2016. 10. 4. 청구 인에게 정직 1월 처분을 하였다.

2. 처분 사유

청구인은 2013. 8. 10. 23:15경 혈중알코올농도 0.089%의 주취 상태에서 약

100m의 거리를 본인 소유의 승용차량을 운전하다 음주단속에 적발되어, C경찰서로부터 운전면허 100일 정지 처분을 받고, 2013. 10. 24. B법원으로부터 도로교통법 위반(음주운전)으로 벌금 150만 원의 판결받은 사실이 있으며, 위 음주운전 경찰 조사 과정에서 자신의 신분을 자영업에 종사한다고 허위 진술함으로써, 수사기관으로부터 공무원 범죄 처분 사실이 소속 기관에 통보되지 않아 2016. 9. 현재까지 신분상 불이익 처분을 받지 않았으며, 2014. 3. 1.자로 승진 임용된 사실이 있다.

3. 청구인 주장

청구인은 어떤 이유로도 법을 준수하고 타의 모범이 되어야 함에도 불구하고 음주운전뿐만 아니라, 순간적인 판단 부족으로 공무원 신분을 속인 점에 관하여 인정하고 깊이 반성하고 있다.

다만, 청구인의 음주운전은 2013. 8. 10.에 이루어졌고, 이 사건 징계 의결 요구는 2016. 9. 9.자이다. 이는 징계 사유가 발생한 2013. 8. 10.부터 3년이 지난 시점에 이루어졌으므로 청구인에 대한 징계는 부당하다.

4. 판단

가. 징계 사유의 인정 여부

1) 도로교통법 제44조 제1항은 "누구든지 술에 취한 상태에서 자동차를 운전하여서는 아니 된다."라고 규정하고 있고, 같은 법 제44조 제4항은 "운전이 금지되는 술에 취한 상태의 기준은 운전자의 혈중알코올농도가 0.05퍼센트 이상인 경우로 한다."라고 규정하고 있다.[1]

2) B법원은 "청구인은 2013. 8. 10. 23:15경 혈중알코올농도 0.089%의 주취 상태에서 ○○출장소 앞 도로상에서부터 ○○방향으로 약 100m의 거리를 본인 소유의 승용차량을 운전하였음"을 적시하였다.

3) 위의 혐의 사실에 대해서는 양 당사자 간 다툼이 없으나, 청구인은 징계 사유가 발생한 날로부터 3년이 지난 시점에 징계 의결 요구가 이루어졌으므로

---

1) 19. 6. 25.자로 시행 중인 도로교통법 제44조에 따르면 운전이 금지되는 술에 취한 상태의 기준은 운전자의 혈중알코올농도가 0.03퍼센트 이상인 경우로 합니다.

이 징계 사유는 부당하다는 취지로 주장한다.

4) 살피건대, 국가공무원법 제83조(감사원의 조사와의 관계 등) 제1항은 "감사원에서 조사 중인 사건에 대하여는 제3항에 따른 조사 개시 통보를 받은 날로부터 징계 의결의 요구나 그 밖의 징계 절차를 진행하지 못한다."라고 규정하고 있고, 같은 법 제83조의2(징계 및 징계부가금 부과 사유의 시효) 제2항은 "제83조 제1항 및 제2항에 따라 징계 절차를 진행하지 못하여 제1항의 기간이 지나거나 그 남은 기간이 1개월 미만인 경우에는 제1항의 기간은 제83조 제3항에 따른 조사나 수사의 종료 통보를 받은 날부터 1개월이 지난 날에 끝나는 것으로 본다."라고 규정하고 있다.

피청구인이 제출한 자료에 의하면, 청구인은 2013. 8. 10. 음주운전을 하였고, 감사원은 징계 시효 3년 이내인 2016. 3. 21. 피청구인에게 청구인의 음주운전에 대한 조사 개시 통보를 하였으며, 피청구인은 2016. 8. 31. 감사원으로부터 '음주운전 조사 종료 통보'를 받은 후 1개월 이내인 2016. 9. 9. 청구인에 대한 징계 의결 요구를 한 사실이 확인되는바, 피청구인은 징계 시효 이내에 징계 의결 요구를 하였으므로 이 부분 청구인의 주장은 이유 없다.

5) 따라서 청구인이 음주운전을 하여 품위 유지의 의무를 위반한 징계 사유가 인정된다.

나. 징계 양정의 적정 여부

1) 징계권자가 공무원인 피징계자에게 징계 사유가 있어서 징계 처분을 하는 경우 어떠한 처분을 할 것인가는 징계권자의 재량에 맡겨진 것이므로 그 징계 처분이 위법하다고 하기 위해서는 징계권자가 재량권의 행사로서 한 징계 처분이 사회 통념상 현저하게 타당성을 잃어 징계권자에게 맡겨진 재량권을 남용한 것이라고 인정되는 경우에 한한다(대법원 2006. 12. 21. 선고 2006두16274 판결 참조).

2) 청구인의 징계 사유가 인정되고, 경찰 조사 과정에서 공무원이라는 신분을 은폐한 사실이 있고, 이로 인해 2014. 3. 1.자 승진 심사에서 음주운전 사실이 반영되지 않은 점과 B법원으로부터 음주운전으로 벌금 150만 원 형을 선

고받은 점 등을 종합해 볼 때, 이 사건 처분이 사회 통념상 현저하게 타당성을 잃어 징계권자에게 맡겨진 재량권을 일탈·남용하였다고 볼 수 없다.

5. 결론

이상에서 살펴본 바와 같이 청구인의 징계 사유가 인정되고, 징계 양정에 있어 재량권을 일탈·남용한 위법한 처분이라 보기 어렵다고 판단되는바, 청구인의 청구를 기각하기로 하여 주문과 같이 결정한다.

※ 본 사안은 교원소청심사위원회 2016년도 결정문집 Ⅰ. 징계 처분 결정 연번 13번 등을 바탕으로 재구성한 사안입니다.

■ 사안의 해설

본 사안에서는 징계 시효 도과 여부가 문제되었으며, ① 청구인이 2013. 8. 10. 음주운전을 한 사실, ② 감사원은 2016. 3. 21. 피청구인에게 청구인의 음주운전에 대한 조사 개시 통보를 한 사실, ③ 피청구인은 2016. 8. 31. 음주운전 조사 종료 통보를 받은 후 2016. 9. 9. 청구인에 대한 징계 의결 요구를 한 사실을 인정하였는데, 위 인정사실로 징계 시효 도과를 인정할 수 있는지가 쟁점이 되었습니다.

◉ 쟁점: 감사원 조사 종료 통보 사안에 대한 징계 시효

국가공무원법 제83조 제1항에 따르면 감사원에서 조사 중인 사건에 대하여는 조사 개시 통보를 받은 날로부터는 징계 의결의 요구나 그 밖의 징계 절차를 진행하지 못하도록 규정하고 있고, 같은 법 제83조의2 제2항에서는 위 절차에 따라 징계 절차를 진행하지 못하여 시효가 도과하였거나, 시효의 남은 기간이 1개월 미만인 경우에는 조사의 종료 통보를 받은 날부터 1개월이 지난 날에 시효가 끝나는 것으로 본다고 규정하고 있습니다.

본 사안에서는 피청구인은 감사원에서의 조사 개시 통보 및 조사 종료 통보가 있었으며, 조사 종료 통보를 받은 날로부터 1개월 이내에 징계 의결 요구를 한 바 징계 시효가 도과되지 않았다고 판단하였습니다.

❏ 관련 규정

○ 국가공무원법

[시행 2019. 4. 17.] [법률 제15857호, 2018. 10. 16., 일부개정]

제83조(감사원의 조사와의 관계 등)

① 감사원에서 조사 중인 사건에 대하여는 제3항에 따른 조사 개시 통보를 받은 날부터 징계 의결의 요구나 그 밖의 징계 절차를 진행하지 못한다.

② 검찰·경찰, 그 밖의 수사기관에서 수사 중인 사건에 대하여는 제3항에 따른 수사 개시 통보를 받은 날부터 징계 의결의 요구나 그 밖의 징계 절차를 진행하지 아니할 수 있다.

③ 감사원과 검찰·경찰, 그 밖의 수사기관은 조사나 수사를 시작한 때와 이를 마친 때에는 10일 내에 소속 기관의 장에게 그 사실을 통보하여야 한다.

제83조의2(징계 및 징계부가금 부과 사유의 시효)

① 징계 의결등의 요구는 징계 등의 사유가 발생한 날부터 3년(제78조의2 제1항 각 호의 어느 하나에 해당하는 경우에는 5년)이 지나면 하지 못한다.

② 제83조 제1항 및 제2항에 따라 징계 절차를 진행하지 못하여 제1항의 기간이 지나거나 그 남은 기간이 1개월 미만인 경우에는 제1항의 기간은 제83조 제3항에 따른 조사나 수사의 종료 통보를 받은 날부터 1개월이 지난 날에 끝나는 것으로 본다.

③ 징계위원회의 구성·징계 의결등, 그 밖에 절차상의 흠이나 징계 양정 및 징계부가금의 과다(過多)를 이유로 소청심사위원회 또는 법원에서 징계 처분등의 무효 또는 취소의 결정이나 판결을 한 경우에는 제1항의 기간이 지나거나 그 남은 기간이 3개월 미만인 경우에도 그 결정 또는 판결이 확정된 날부터 3개월 이내에는 다시 징계 의결등을 요구할 수 있다.

○ **사립학교법**

 [시행 2019. 3. 19.] [법률 제15954호, 2018. 12. 18., 일부개정]

제66조의3(감사원 조사와의 관계 등)

 ① 감사원, 검찰·경찰, 그 밖의 수사기관은 사립학교 교원에 대한 조사나 수사를 시작한 때와 이를 마친 때에는 10일 이내에 해당 교원의 임용권자에게 그 사실을 통보하여야 한다.

 ② 감사원에서 조사 중인 사건에 대하여는 제1항에 따른 조사 개시 통보를 받은 날부터 징계 의결의 요구나 그 밖의 징계 절차를 진행하지 못한다.

 ③ 검찰·경찰, 그 밖의 수사기관에서 수사 중인 사건에 대하여는 제1항에 따른 수사 개시 통보를 받은 날부터 징계 의결의 요구나 그 밖의 징계 절차를 진행하지 아니할 수 있다.

제66조의4(징계 사유의 시효)

 ② 제66조의3 제2항 또는 제3항에 따라 징계 절차를 진행하지 못하여 제1항의 기간이 지나거나 그 남은 기간이 1개월 미만인 경우에는 제1항의 기간은 제66조의3 제1항에 따른 조사나 수사의 종료 통보를 받은 날부터 1개월이 지난 날에 끝나는 것으로 본다.

02

교원 기타불이익 소청

[1] 직위해제 및 집행정지 사건

주 문

피청구인이 2016. 4. 22. 청구인에게 한 직위해제 처분을 취소하고, 효력정지 청구를 각하한다.

이 유

1. 사건 경과

가. 청구인은 2008. 3. 1. A대학교 교수로 임용되어 현재까지 재직 중이다.

나. B지방검찰청은 2016. 3. 10. 청구인에 대해 강제추행 및 무고 혐의로 불구 속구공판 처분을 하였다.

다. A대학교 총장은 2016. 4. 22. 청구인에게 직위해제 처분을 통보하였다.

2. 처분 사유

사립학교법 제58조2(직위해제) 제1항 제3호, 학교법인 A학원 정관 제44조(직위 해제 및 해임) 제1항에 의거, 강제추행 및 무고 혐의로 형사 사건으로 기소되어 유죄 판결을 받을 고도의 개연성이 있음.

3. 청구인 주장

(이하 생략)

4. 판단

가. 직위해제 처분의 적법 여부

1) 사립학교법 제58조의2 제1항에 따르면 사립학교 교원의 직위해제는 당해 교원의 임용권자가 하도록 하고 있고, 같은법 제53조의2는 교원의 임용권자를 당해 학교법인 또는 사립학교 경영자로 규정하고 있다.

　또한, 학교법인 A학원 정관 제39조의2 제1항은 '대학의 교원은 인사위원회의 심의를 거쳐 학교장의 제청으로 이사회의 의결을 거쳐 이사장이 임면한다.'고 규정하고 있으며, 정관에서 임용권을 총장에게 위임한 사실이 없으므로 이 사건 처분의 처분권자는 학교법인 A학원 이사장이 되어야 할 것이다.

2) 청구인에게 교부된 2016. 4. 22.자 '직위해제 발령 통보 및 직위해제 처분사유설명서 교부' 문서를 살펴보면 청구인에 대한 직위해제 처분이 교원의 임면권자가 아닌 A대학교 총장 명의로 이루어졌음을 확인할 수 있다.

3) 그렇다면 피청구인이 청구인에게 한 직위해제 처분은 사립학교법 제58조의2 제1항을 위반하여 이루어진 무권한자에 의한 처분이므로 위법하다.

나. 효력정지 청구의 적법 여부

1) 행정심판법 제30조 제2항은 '위원회는 처분, 처분의 집행 또는 절차의 속행 때문에 중대한 손해가 생기는 것을 예방할 필요성이 긴급하다고 인정할 때에는 직권으로 또는 당사자의 신청에 의하여 처분의 효력, 처분의 집행 또는 절차의 속행의 전부 또는 일부의 정지(이하 "집행정지"라 한다)를 결정할 수 있다. 다만, 처분의 효력정지는 처분의 집행 또는 절차의 속행을 정지함으로써 그 목적을 달성할 수 있을 때에는 허용되지 아니한다.'고 규정하고 있다.

2) 행정심판법은 교원소청심사위원회가 행정 처분에 대한 재결청의 지위에서 결정하는 경우에만 적용될 수 있고, 교원소청심사위원회가 사립학교 교원에 대해 행정처분청의 지위에서 결정하는 경우에는 적용되지 아니한다.

3) 청구인과 피청구인은 사법적 법률 관계에 기초하고 있고, 피청구인의 청구인에 대한 직위해제 처분은 사법적 법률행위로서의 성격을 갖는다. 행정 처분이 아닌 사법적 법률 관계에 대한 집행정지 신청과 관련하여 청구인에게 법률상 신청권이 인정되지 아니하는바, 이 사건 효력정지 청구는 부적법하다.

5. 결론

이상에서 살펴본 바와 같이 이 사건 처분은 무권한자에 의한 처분으로 위법하고, 청구인의 효력정지 청구는 부적법하므로 주문과 같이 결정한다.

※ 본 사안은 교원소청심사위원회 2016년도 결정문집 Ⅳ. 절차하자 결정 연번 1번 등을 바탕으로 재구성한 사안입니다.

▣ 사안의 해설

본 사안에서는 ① 대학총장 명의로 이루어진 이 사건 직위해제 처분이 적법한지 여부, ② 청구인이 교원소청심사위원회에 이 사건 직위해제의 집행정지를 구할수 있는지 여부가 쟁점이 되었습니다.

◉ 쟁점: 임용권자에 의한 직위해제 처분인지 여부

직위해제 거부 처분을 행하는 주체는 임용권자가 되어야 합니다. 따라서 청구인에 대한 임용권이 누구에게 있는지에 대한 판단이 선행되어야 할 것으로 보입니다.

사립학교법 제53조의2 제1항에서는 학교법인 및 법인인 사립학교경영자가 설치·경영하는 사립학교의 교원의 임용은 당해 학교의 장의 제청으로 이사회의 의결을 거쳐야 한다고 규정하고 있고, 제2항에 따라 대학교육기관의 교원의 임용권은 당해 학교법인의 정관이 정하는 바에 의하여 학교의 장에게 위임할 수 있습니다.

이를 종합하여 해석하면, 사립학교의 대학 교원에 대한 임용권은 원칙적으로 이사회에 있으며, 예외적으로 해당 학교법인에서 정관이 정하는 바에 따라 학교의 장에게 위임할 수 있다고 사료됩니다.

본 사안에서는 학교법인 정관에 임용권을 총장에게 위임한 사실이 없어 직위해제 처분을 행하는 주체가 이사회가 되어야 할 것임에도 불구하고, 대학총장 명의로 청구인에 대한 직위해체 처분을 행한바 무권한자에 의한 처분으로 위법하다고 판단하였습니다.

실제 사안에서는 직위해제 또는 징계 처분을 행하면서 무권한자에 의한 처분 문제가 빈번하게 발생하는 것으로 보입니다. 이에 해당 학교법인의 정관에 학교의 장에게 임용권이 위임되었는지 여부 등을 주의 깊게 살펴보아야 할 필요가 있다고 사료됩니다.

❏ 관계 법령

○ 사립학교법
[시행 2019. 3. 19.] [법률 제15954호, 2018. 12. 18., 일부개정]

제53조의2(학교의 장이 아닌 교원의 임용)
① 각급학교의 교원은 당해 학교법인 또는 사립학교경영자가 임용하되, 다음 각 호의 1에 의하여야 한다.
1. 학교법인 및 법인인 사립학교경영자가 설치·경영하는 사립학교의 교원의 임용은 당해 학교의 장의 제청으로 이사회의 의결을 거쳐야 한다.
2. 사인인 사립학교경영자가 설치·경영하는 사립학교의 교원의 임용은 당해 학교의 장의 제청에 의하여 행하여야 한다.
② 대학교육기관의 교원의 임용권은 당해 학교법인의 정관이 정하는 바에 의하여 학교의 장에게 위임할 수 있다.

◉ **쟁점: 사립학교 교원이 교원소청심사위원회에 집행정지 신청을 청구할 수 있는지 여부**

교원의 지위 향상 및 교육활동 보호를 위한 특별법과 교원 소청에 관한 규정 등에는 집행정지에 대해 별도의 규정을 마련하고 있지 않습니다.

한편, 행정심판법 제30조 제2항에서는 '위원회는 처분, 처분의 집행 또는 절차의 속행 때문에 중대한 손해가 생기는 것을 예방할 필요성이 긴급하다고 인정할 때에는 직권으로 또는 당사자의 신청에 의하여 처분의 효력, 처분의 집행 또는 절차의 속행의 전부 또는 일부의 정지를 결정할 수 있다.'라고 규정하고 있는바, 교원소청심사위원회가 원처분에 대한 재결청의 지위에서 결정하는 경우에는 일반법적인 성격을 가지는 행정심판법의 적용 여부를 검토할 수 있습니다.

다만, 사립학교 교원의 경우에는 직위해제가 청구인과 피청구인의 사법적 법률관계에 기초하고 있고, 교원소청심사위원회가 원처분에 대하여 재결청의 지위에서 결정하는 것이 아니기 때문에 행정심판법을 적용할 수 없다고 봄이 상당합니다.

따라서 사립학교 교원이 교원소청심사위원회에 직위해제의 집행정지를 신청하더라도 각하될 가능성이 높다고 할 것이고 다른 법률적 구제수단을 검토해 보아야 할 것으로 보입니다.

❑ **관계 법령**

○ **행정심판법**
[시행 2018. 11. 1.] [법률 제15025호, 2017. 10. 31., 일부개정]

제30조(집행정지)
② 위원회는 처분, 처분의 집행 또는 절차의 속행 때문에 중대한 손해가 생기는 것을 예방할 필요성이 긴급하다고 인정할 때에는 직권으로 또는 당사자의 신청에

의하여 처분의 효력, 처분의 집행 또는 절차의 속행의 전부 또는 일부의 정지(이하 "집행정지"라 한다)를 결정할 수 있다. 다만, 처분의 효력정지는 처분의 집행 또는 절차의 속행을 정지함으로써 그 목적을 달성할 수 있을 때에는 허용되지 아니한다.

[2] 전보 처분 사건

주 문

청구인의 청구를 기각한다.

이 유

1. 처분사유

청구인은 2015. 3. 1.자로 A대학교 부속 B중학교에서 A대학교 부속 C고등학교로 전보되었다.

2. 청구인 주장

가. 전보 처분에 관한 교원인사위원회 심의 미이행

전보 처분과 관련한 안건은 A대학교 부속 B중학교의 교원인사위원회에 상정된 바 없다.

나. 재량권 일탈·남용

1) 다른 학교로 전보 발령받게 되는 교원에게는 새로운 환경에 적응 및 교재 연구를 위한 사전 준비 기간은 반드시 확보되어야 하나, 피청구인은 새학기가 시작되기 불과 5일 전에 30년간 중학교에서만 D과목 수업을 담당해왔던 청구인에게 고등학교에서 수업을 하라는 전보 처분을 하였는바, 이러한 전보 처분은 그 자체로 위법하다.

2) 이 사건 전보 처분 당시 A대학교 부속 B중학교에서는 청구인에 대한 업무 분장까지 모두 마친 상태였고 A대학교 부속 B중학교의 D과목 교사 수를 감

축한 것도 아니었는바 청구인에 대하여 전보 처분을 하여야 할 업무상 필요성은 전혀 없었으며, 이는 30년간 중학교 D과목 수업 담당했던 청구인을 갑자기 고등학교 교사로 발령해야만 하는 업무상 필요성이 있는지를 고려할 때 더욱 그러하다.

3. 판단

가. 사실관계

1) 청구인은 2015. 2. 24. 피청구인으로부터 2015. 3. 1.자로 A대학교 부속 C고등학교로 전보 처분을 받았다.

2) 청구인은 2015. 3. 24. 교원소청심사위원회에 2015. 2. 24.자 전보 처분의 취소를 구하는 소청심사를 청구하였다.

나. 절차상 하자 유무

1) 사립학교법 제53조의3(교원인사위원회) 제1항은 각급 학교의 교원(학교의 장을 제외한다)의 임면 등 인사에 관한 중요 사항을 심의하기 위하여 당해 학교에 교원인사위원회를 둔다고 규정하고 있고, 같은 조 제2항은 교원인사위원회의 조직·기능과 운영에 관하여 필요한 사항은 학교법인의 경우에는 정관으로 정한다고 규정하고 있다.

2) 우선 사립학교 교원에 대한 전보 처분이 위 사립학교법 제53조의3(교원인사위원회)에서 규정한 임면에 해당하는지에 대하여 살펴보면, 여기에서 말하는 임면이란 임용과 면직을 의미하므로(대법원 2006. 1. 26. 선고 2005다62891 판결), 이 사건 전보 처분은 피청구인이 설치·경영하고 있는 A대학교 부속 B중학교에서 같은 학교법인 산하 A대학교 부속 C고등학교로 근무지를 옮긴 것으로 임면에 해당하지 않는다고 할 것이다.

3) 다음으로 위 사립학교법 제53조의3(교원인사위원회)에서 규정한 인사에 관한 중요 사항인지에 대하여 살펴보면, 사립학교법 제53조의3 제2항은 교원인사위원회의 조직·기능과 운영에 관하여 필요한 사항은 학교법인인 사립학교의 경우에는 정관으로 정한다고 규정하고 있고, 피청구인 정관 제52조

(인사위원회의 기능) 제3항은 인사위원회 심의사항으로 교원의 임면에 관한 사항, 교원의 보직에 관한 사항, 교원의 연수대상자 및 포상대상자 추천에 관한 사항, 공개 전형의 시행에 관한 사항, 기타 학교의 장이 필요하다고 인정하는 사항으로 규정하고 있으며, 같은 정관 제58조(운영세칙)는 인사위원회의 운영에 관하여 이 정관에 규정되지 아니한 사항은 당해 인사위원회의 의결을 거쳐 위원장이 이를 정한다고 규정하고 있고, 위 정관 규정에 따라 A대학교 부속 B중학교 인사위원회 규정 제2조(기능)는 위 정관 제52조(인사위원회의 기능)를 그대로 규정하고 있으며, 중등학교 교원 신규 임용 및 전보에 관한 규정 제4장 전보 내 제16조(중·고등학교간 전보)는 본인이 원하거나 학교 운영상 필요한 경우에는 고등학교 교사를 중학교에, 중학교 교사는 고등학교에 전보 배치할 수 있다고 규정하고 있다.

4) 위에서 보는 바와 같이 피청구인 정관은 인사위원회 심의사항으로 법인 내 학교 간 전보에 관하여는 규정하고 있지 아니하고, A대학교 부속 B중학교 인사위원회 규정 제2조에서도 위 정관과 동일하게 인사위원회의 기능에 대하여 규정하고 있으며, 중등학교 교원 신규 임용 및 전보에 관한 규정 제16조의 내용은 본인이 원하거나 학교 운영상 필요한 경우에는 법인 내 중·고등학교 간 전보할 수 있다고 규정하고 있을 뿐 인사위원회의 심의를 얻어야 하는 것으로 규정하고 있지 않으므로 정관 제58조(운영세칙)에서 위임한 사항으로 볼 수 없어 교원인사위원회의 사전 심의를 거치지 않아 절차상 하자가 있다는 청구인의 주장은 이유 없다고 하겠다.

다. 이 사건 전보 처분의 적법 여부

1) 교원에 대한 전보 처분 등이 권리 남용에 해당하는지의 여부는 전보 처분 등의 업무상의 필요성과 전보 등에 따른 교원의 생활상의 불이익을 비교·교량하여 결정되어야 할 것이고, 업무상의 필요에 의한 전보 등에 따른 생활상의 불이익이 교원이 통상 감수하여야 할 정도를 현저하게 벗어난 것이 아니라면 이는 정당한 인사권의 범위 내에 속하는 것으로서 권리 남용에 해당되지 않는다고 할 것이다(대법원 1999. 7. 22. 선고 97다 18165 판결 참조).

2) 피청구인이 제출한 자료에 의하면 C고등학교는 2014학년도 신입생부터 3학급이 증설되어 2016학년도에 학급수가 증설될 예정인 반면 A대학교 부속 B

중학교는 학생수 감소에 따라 2015학년도부터 학급수가 감축될 예정으로 전보의 필요성이 있었다고 보여진다.

3) 또한 청구인이 전보 발령받은 A대학교 부속 C고등학교는 청구인의 거주지에서 35㎞ 정도로 출퇴근 시 자가용을 이용할 경우 왕복 1시간 30분 정도 소요되는 것으로 추정되는바, 전보 처분으로 인해 청구인이 받아야 하는 불이익이 청구인이 감당할 수 있는 정도를 현저히 벗어났다고 판단하기 어렵다 할 것이어서 청구인의 주장은 이유 없다 할 것이다.

4) 결론적으로 이 사건 전보 처분은 정당한 인사권의 범위 내에 속하는 것으로서 피청구인이 인사재량권을 일탈·남용했다고 보기 어렵다.

4. 결론

이상에서 살펴본 바와 같이, 청구인에 대한 2015. 3. 1.자 전보 처분은 재량권을 일탈·남용한 것이라고 볼 수 없어 적법하므로, 주문과 같이 결정한다.

※ 본 사안은 교원소청심사위원회 2015년도 결정문집 Ⅲ. 기타 불이익 처분 결정 연번 2번 등을 바탕으로 재구성한 사안입니다.

▣ 사안의 해설

본 사안에서는 ① 이 사건 전보 처분이 교원인사위원회 심의를 거치지 않은 절차적 위법이 있는지, ② 이 사건 전보 처분이 재량권을 일탈·남용한 실체적 위법이 있는지가 주된 쟁점이 되었습니다.

◉ 쟁점: 전보 처분에 교원인사위원회 심의가 필요한지 여부

이 사건 전보 처분이 있었던 2015. 3. 1.에는 사립학교법 제53조의3에서 '교원의 임면 등 인사에 관한 중요 사항을 심의하기 위해 교원인사위원회를 둔다'고 규정하고 있었습니다.

위 규정에 근거하여 본 사안에서는 이 사건 전보가 ① 교원의 임면 등에 관한 사항인지, ② 인사에 관한 중요한 사항인지로 나누어 살펴보았습니다.

당시 사립학교법에서는 임면에 대한 특별한 정의 규정은 없었으며, 판례에 근거하여 임면이란 임용과 면직을 의미하는데, 이 사건 전보는 근무지를 옮긴 것으로 임면에는 해석하지 않는다고 판시하였습니다.

또한, 피청구인 정관에 인사위원회 심의사항으로 법인 내 학교 간 전보에 관하여 규정하고 있지 아니하고 있는 점 등에 근거하여 이 사건 전보는 인사에 관한 중요 사항이라고 보기 어렵다고 평가한 것으로 보입니다.

다만, 2016. 2. 3.자로 사립학교법이 개정되어 제53조의4에서 '교원의 임용 등 인사에 관한 중요 사항을 심의하기 위해 교원인사위원회를 둔다'고 규정하고 있고, 같은 법 제2조 제4호에서 임용의 정의 규정이 신설되면서 전보도 임용의 하나의 종류로 정의하고 있습니다.

따라서 향후 전보 처분에 있어서 교원인사위원회의 심의가 필요한지 여부는 구체적인 사실관계에 따라 본 사안과 달리 해석될 여지도 있어 보입니다.

☐ 관계 법률

조문	개정 전 사립학교법 [시행 2015.12.22.]	개정 후 사립학교법 [시행 2019. 3. 19.]
제2조(정의) 제4호	-	'임용' 이란 신규채용, 승진, 전보(轉補), 겸임, 파견, 강임(降任), 휴직, 직위해제, 정직(停職), 복직, 면직, 해임 및 파면을 말한다.
제53조의3(교원인사위원회) 제1항	각급학교의 교원(학교의 장 제외)의 임면 등 인사에 관한 중요사항을 심의하기 위하여 당해 학교에 교원인사위원회를 둔다.	각급학교의 교원(학교의 장 제외)의 임용 등 인사에 관한 중요사항을 심의하기 위하여 당해 학교에 교원인사위원회를 둔다.

◉ 쟁점: 전보 처분의 재량권 일탈·남용 판단 기준

교원에 대한 전보는 원칙적으로 인사권자의 권한에 속하므로 업무상 필요한 범위 내에서 인사권자는 상당한 재량을 가지며, 교원에 대한 전보가 법률 등에 위배되었다거나 권리남용에 해당되는 등의 특별한 사정이 없는 한 원칙적으로 유효하다고 보아야 할 것입니다.

통상 권리남용에 해당하는지가 문제되는데, 권리남용에 해당하는지 여부는 전보 처분이 업무상의 필요한지 여부와 교원의 생활상의 불이익 등을 비교·교량하여 결정된다고 평가할 수 있습니다.

본 사안에서는 A대학교 부속 C고등학교에 학급수가 증설될 예정인 반면, A대학교 부속 B중학교는 학생수 감소에 따라 학급수가 감축될 예정으로 전보의 필요성이 인정되고, 이 사건 전보 처분으로 인해 청구인이 받아야 하는 불이익이 청구인이 감당할 수 있는 정도를 현저히 벗어났다고 판단하기 어렵다고 보아 권리남용에 해당하지 아니한다고 판단한 것으로 보입니다.

실제 구체적인 사안의 적용에 있어서는 전보의 필요성, 전보로 인한 근무환경 또는 직무의 연속성 및 청구인의 일상생활 안정성 침해의 정도, 전보에 대한 피청구인측 제반 규정 등이 상세히 검토되어야 할 것으로 보입니다.

❏ 관련 판례

○ 전보 처분 재량권 일탈·남용 여부
　　－대법원 2007.10.11. 선고 2007두11566 판결 등 참조

근로자에 대한 전보나 전직은 원칙적으로 인사권자인 사용자의 권한에 속하므로 업무상 필요한 범위 내에서는 사용자는 상당한 재량을 가지며, 그것이 근로기준법에 위반되거나 권리남용에 해당되는 등의 특별한 사정이 없는 한 유효하고,

전보 처분 등이 권리남용에 해당하는지 여부는 전보 처분 등의 업무상의 필요성과 전보 등에 따른 근로자의 생활상의 불이익을 비교·교량하여 결정되어야 하고, 업무상의 필요에 의한 전보 등에 따른 생활상의 불이익이 근로자가 통상 감수하여야 할 정도를 현저하게 벗어난 것이 아니라면, 이는 정당한 인사권의 범위 내에 속하는 것으로서 권리남용에 해당하지 않는다.

○ 소속변경 처분의 재량권 일탈·남용 여부
－광주지법 2010.9.30. 선고 2010가합4068 판결 등 참조

교원에 대한 소속변경 조치가 정당한 인사권의 범위에 속하는지 또는 정당한 인사권의 행사 범위를 넘어 권리남용에 해당하는지 여부는 소속변경에 관한 업무상의 필요성과 합리성의 존부, 소속변경에 따른 교원의 신분 및 생활상의 불이익을 비교 형량하여 결정하여야 하고, 소속변경이 그 업무상 필요성이 없거나 또는 업무상 필요성이 인정되는 경우에도 다른 부당한 동기·목적을 가지고 소속변경이 이루어졌거나 소속변경에 따른 교원의 생활상의 불이익이 교원이 통상 감수하여야 할 정도를 현저하게 넘게 되거나 소속변경대상자의 선정에 합리성이 없다는 등의 사정이 있는 경우에는 정당한 인사권의 행사라 할 수 없어 권리남용에 해당하며, 그 판단에 있어 관련자들의 협의 등 신의칙상 요구되는 절차를 거쳤는지도 종합적으로 고려하여야 하되, 일반근로자의 경우보다 더 엄격하게 해석하여야 할 것이다.

[3] 직권면직 처분 사건

주 문

피청구인이 2016. 8. 31. 청구인에게 한 면직 처분을 취소한다.

이 유

1. 사건 경과

가. 청구인은 2012. 3. 1. A대학교 B학과 전임강사로 신규 임용된 후, 2012. 11. 15. 조교수로 임용되었다.

나. 피청구인은 2013. 5월 청구인이 소속된 B학과와 C학과를 통합하여 D학과를 신설하기로 하였고, 청구인으로부터 전공전환 신청을 받아 2014. 1. 13. 청구인의 소속을 D학과로 변경하였다.

다. 2014. 5. 28. 피청구인은 청구인이 소속된 D학과를 폐과하기로 결정하였다.

라. 피청구인은 2015. 1. 13. 학칙 개정안을 사전 공고하고, 2015. 2. 13. 대학평의원회 심의 및 2015. 2. 26. 교수회의 심의를 각 거쳐, 2015. 3. 1. D학과를 폐과(학칙 개정)하였다.

마. 청구인은 2015. 11. 24. 피청구인에게 'E학과'로의 전공전환 신청서를 제출하였다.

바. 2016. 1. 18. 및 2016. 1. 25. 피청구인은 교원전공전환 심사위원회를 개최하여 청구인의 전공전환에 대해 심의(전공전환 불가)하였다.

사. 피청구인은 2016. 7. 19. 교원인사위원회 심의, 2016. 7. 20. A대학교 총장
의 제청, 2016. 8. 19. 이사회의 의결을 거쳐, 2016. 8. 31.자로 청구인에 대
한 면직 처분을 하였다.

2. 처분 사유

전공전환 불가로 인한 사립학교법 제56조 및 학교법인 A학원 정관 제44조 적용
으로 2016. 8. 31.자로 면직됨을 통보한다.

3. 청구인 주장

(이하 생략)

4. 판단

가. 이 사건 면직 처분의 적법 여부

1) 헌법 제31조 제6항, 사립학교법 제56조 제1항, 교육공무원법 제43조 제2항,
   제53조 제3항, 제57조 제3항 및 교원의 지위 향상 및 교육활동 보호를 위한
   특별법 제6조 제1항, 국가공무원법 제70조 제1항 제3호, 제3항, 지방공무원
   법 제62조 제1항 제1호, 제3항 등에 의하면, 사립대학이 학급·학과를 폐지
   하고 그에 따라 폐직·과원이 되었음을 이유로 교원을 직권면직할 때에, 학
   교법인 산하의 다른 사립학교나 해당 학교의 다른 학과 등으로 교원을 전직
   발령 내지 전환 배치함으로써 면직을 회피하거나 면직대상자를 최소화할 여
   지가 있는 경우에는 국가공무원법 제70조 제3항, 지방공무원법 제62조 제3
   항의 규정을 유추하여 임용 형태·업무 실적·직무 수행 능력·징계 처분 사
   실 등을 고려한 면직 기준을 정하고 그 기준에 의한 심사 결과에 따라 면직
   여부를 결정하여야 하는 제한을 받는 것이고, 사립대학의 사정상 전직 발령
   내지 배치 전환 등에 의한 교원의 면직 회피 가능성이 전혀 없는 경우에 한
   하여 그와 같은 심사 절차를 거치지 않고 바로 직권면직할 수 있는 것이라
   고 보아야 한다(대법원 2011. 7. 14. 선고 2011두2217 판결, 대법원 2008.
   3. 13. 선고 2007다66071 판결 등 참조).

2) 위와 같이 교원을 직권면직함에 있어서는 교원의 신분 보장이라는 관점에서
   합리적이고 객관적인 근거에 따라 면직 여부를 결정하여야 하므로, 전직 발

령 내지 배치 전환 등에 의한 교원의 면직 회피 가능성도 당해 학교법인의 다른 학교 및 학과 설치 여부, 면직 대상 교원의 전환 대상 학교 및 학과 교원 자격 요건 충족 여부, 전환 대상 학과의 교과과정, 개설 과목, 강의 실태 및 면직 대상 교원의 학위, 전공, 실무 능력, 강의 경력 사이의 관련성 등 객관적인 사정을 고려하여 판단하여야 할 것이다.

3) 이 사건에서 청구인이 소속된 D학과가 폐과되자, 2015. 11. 24. 청구인은 E학과로의 전공전환 신청을 하면서 위 E학과 소속 교원의 동의서를 첨부하였는데, 2016. 1. 18. 자 및 2016. 1. 25.자 교원전공전환 심사위원회 회의록 등을 보면, 피청구인은 청구인이 전공전환 동의를 받기는 하였으나 청구인의 전공전환 계획은 학과가 필요로 하는 F전공을 충족시킬 수 없다는 사유로 청구인에 대해 전공전환 부적합으로 판단한 사실이 인정된다.

4) 살피건대, ① 청구인이 2015. 11월경 전공전환과 관련하여 E학과 소속 교원의 동의를 얻은 점에 비추어 볼 때, 이 사건 면직 처분 당시에 청구인에 대한 전직 발령 내지 배치 전환 등에 의한 교원의 면직 회피 가능성이 전혀 없다고 보기 어려운데도 불구하고, 피청구인은 국가공무원법 제70조 제3항의 규정을 유추하여 청구인의 임용 형태·업무 실적·직무 수행 능력·징계 처분 사실 등을 고려한 면직 기준을 정하고 그 기준에 의한 심사 결과에 따라 면직 여부를 결정하지 않고, 청구인이 소속된 D학과가 폐과됨에 따라 청구인의 전공전환 계획이 부적합하다는 이유만으로 바로 이 사건 면직 처분을 한 위법함이 있다.

② 즉 청구인을 E학과로 전공전환하는 것이 적합한지 여부에 대한 판단은 국가공무원법 제70조 제3항의 규정을 유추하여 청구인의 임용 형태·업무 실적·직무 수행 능력·징계 처분 사실 등을 고려한 면직 기준을 정하고 그 기준에 의한 심사 결과에 따라 결정되어야 하는 것인바, 교원전공전환 심사위원회에서 구체적인 면직 기준을 마련한 후, 그 기준에 따른 평가를 거치지 않은 채 청구인에 대한 전환 배치 가능성이 없다고 판단하는 것은 위 대법원 판례의 취지에 부합하지 않는다.

③ 뿐만 아니라, 학교법인 A학원 정관 및 A대학교 교원전공전환에 관한 규

정을 보면, 전공전환 대상 교원에 대해 2년의 전공전환 기회(1년 추가가능)를 부여하는 것으로 규정하고 있음에도 불구하고, 이 사건에서 피청구인은 B학과 폐과 이후 청구인에게 2년의 전공전환 기회 혹은 교육 기간을 부여하지도 않았다.

4) 결론적으로 이 사건 면직 처분은, 청구인에 대한 면직 회피 가능성 혹은 전환 배치 가능성이 전혀 없는 경우에 해당한다고 볼 수 없음에도 불구하고, 청구인의 임용 형태·업무 실적·직무 수행 능력·징계 처분 사실 등을 고려한 면직 기준을 정하고 그 기준에 의한 심사 결과에 따라 면직 여부를 결정하지 않아 위법하다.

5. 결론

이상에서 살펴본 바와 같이 이 사건 면직 처분은 위법하므로 주문과 같이 결정한다.

※ 본 사안은 교원소청심사위원회 2016년도 결정문집 III. 기타 불이익 처분 결정 연번 5번 등을 바탕으로 재구성한 사안입니다.

▣ 사안의 해설

본 사안에서는 피소청인은 소청인의 소속 학과를 폐지하고 그에 따라 폐직·과원이 되었음을 사유로 소청인에 대한 직권면직 처분을 하였습니다. 아래에서는 폐직·과원이 되었음을 사유로 직권면직 시 적법성 판단 기준에 대해 살펴보도록 하겠습니다.

◉ 쟁점: 폐직·과원의 사유로 직권면직 시 적법성 판단 기준

교육공무원과 사립학교법 등 제반 규정에 비추어 볼 때, 교육의 자주성과 특수성을 확보하기 위해 교원의 신분을 일반근로자 내지 공무원에 비하여 두텁게 보장하고 있습니다.

따라서 학급·학과를 폐지하고 그에 따라 폐직·과원이 되었음을 이유로 교원을 직권면직하는 데 있어서 면직의 회피 가능성이 엄격하게 적용 된다고 봄이 상당합니다.

구체적으로, 임용권자는 학교법인 산하의 다른 사립학교나 다른 학과 등으로 해당 교원을 전직 발령 내지 전환 배치함으로써 면직을 회피하거나, 면직대상자를 최소화할 여지가 있는 경우에는 임용 형태·업무 실적·직무 수행 능력·징계 처분 사실 등을 고려한 면직 기준을 정하고 그 기준에 의한 심사 결과에 따라 면직 여부를 결정하여야 하는 제한을 받는다고 할 것입니다.

예외적으로 전직 발령 내지 배치 전환 등에 의한 교원의 면직 회피 가능성이 전혀 없는 경우에 한하여 심사 절차를 거치지 않고 바로 직권면직할 수 있다고 볼 수 있을 것입니다.

본 사안에서는 청구인에 대한 면직 회피 가능성 또는 전환 배치 가능성이 전혀 없는 경우에 해당하지 않음에도 불구하고, 합리적인 면직 기준을 정하고 그 기준에 의한 심사 결과에 따라 면직 여부를 결정하지 않은 것으로 보았으며, 이를 근거로 이 사건 직권면직 처분이 위법하다고 판단하였습니다.

❑ 관련 규정

○ 사립학교법
[시행 2019. 3. 19.] [법률 제15954호, 2018. 12. 18., 일부개정]

제58조(면직의 사유)
① 사립학교의 교원이 다음 각호의 1에 해당할 때에는 당해 교원의 임용권자는 이를 면직시킬 수 있다.
1. 휴직 기간이 끝나거나 휴직 사유가 소멸된 후에도 직무에 복귀하지 아니하거나 직무를 감당할 수 없을 때

2. 근무성적이 극히 불량한 때

3. 정부를 파괴함을 목적으로 하는 단체에 가입하고 이를 방조한 때

4. 정치운동을 하거나 집단적으로 수업을 거부하거나 또는 어느 정당을 지지 또는 반대하기 위하여 학생을 지도·선동한 때

5. 인사기록에 있어서 부정한 채점·기재를 하거나 허위의 증명이나 진술을 한 때

6. 거짓이나 그 밖의 부정한 방법으로 임용된 때

② 제1항 제2호부터 제6호까지의 사유에 의하여 면직시키는 경우에는 제62조의 규정에 의한 교원징계위원회의 동의를 얻어야 한다.

제56조(의사에 반한 휴직·면직등의 금지)

① 사립학교 교원은 형의 선고·징계 처분 또는 이 법에 정하는 사유에 의하지 아니하고는 본인의 의사에 반하여 휴직 또는 면직등 불리한 처분을 받지 아니한다. 다만, 학급·학과의 개폐에 의하여 폐직이나 과원이 된 때에는 그러하지 아니하다.

○ 국가공무원법

[시행 2019. 4. 17.] [법률 제15857호, 2018. 10. 16., 일부개정]

제70조(직권면직)

① 임용권자는 공무원이 다음 각 호의 어느 하나에 해당하면 직권으로 면직시킬 수 있다. <개정 2008. 3. 28., 2012. 12. 11., 2016. 5. 29.>

1. 삭제 <1991. 5. 31.>

2. 삭제 <1991. 5. 31.>

3. 직제와 정원의 개폐 또는 예산의 감소 등에 따라 폐직(廢職) 또는 과원(過員)이 되었을 때

4. 휴직 기간이 끝나거나 휴직 사유가 소멸된 후에도 직무에 복귀하지 아니하거나 직무를 감당할 수 없을 때

5. 제73조의3 제3항에 따라 대기 명령을 받은 자가 그 기간에 능력 또는 근무성적의 향상을 기대하기 어렵다고 인정된 때

6. 전직시험에서 세 번 이상 불합격한 자로서 직무수행 능력이 부족하다고 인정된 때

7. 병역판정검사·입영 또는 소집의 명령을 받고 정당한 사유 없이 이를 기피하거나 군복무를 위하여 휴직 중에 있는 자가 군복무 중 군무(軍務)를 이탈하였을 때

8. 해당 직급·직위에서 직무를 수행하는데 필요한 자격증의 효력이 없어지거나 면허가 취소되어 담당 직무를 수행할 수 없게 된 때

9. 고위공무원단에 속하는 공무원이 제70조의2에 따른 적격심사 결과 부적격 결정을 받은 때

② 임용권자는 제1항 제3호부터 제8호까지의 규정에 따라 면직시킬 경우에는 미리 관할 징계위원회의 의견을 들어야 한다. 다만, 제1항 제5호에 따라 면직시킬 경우에는 징계위원회의 동의를 받아야 한다.

③ 임용권자나 임용제청권자는 제1항 제3호에 따라 소속 공무원을 면직시킬 때에는 임용 형태, 업무 실적, 직무수행 능력, 징계 처분 사실 등을 고려하여 면직 기준을 정하여야 한다.

④ 제3항에 따른 면직 기준을 정하거나 제1항 제3호에 따라 면직대상자를 결정할 때에는 임용권자 또는 임용제청권자(임용권자나 임용제청권자가 분명하지 아니하면 중앙인사관장기관의 장을 말한다)별로 심사위원회를 구성하여 그 심사위원회의 심의·의결을 거쳐야 한다.

⑤ 제4항에 따른 심사위원회의 위원장은 임용권자 또는 임용제청권자가 되며, 위원은 면직대상자보다 상위 계급자 또는 고위공무원단에 속하는 일반직공무원 중에서 위원장이 지명하는 5명 이상 7명 이하로 구성하되, 면직대상자의 상위 계급자 또는 고위공무원단에 속하는 일반직공무원을 우선하여 지명하여야 한다. 다만, 상위 계급자 또는 고위공무원단에 속하는 일반직공무원이 부족하면 4명 이내로 구성할 수 있다.

⑥ 제1항 제4호에 따른 직권면직일은 휴직 기간이 끝난 날 또는 휴직 사유가 소멸한 날로 한다.

[4] 임용 취소 사건

주 문

청구인의 청구를 기각한다.

이 유

1. 사건 개요

청구인은 2009. 3. 1. A중학교 교사로 신규 임용되어, 청구인의 부 B가 청구인에 대한 채용 청탁 대가로 전(前) 이사장 E에게 금원을 제공한 사실이 확인되었다. 이에 C교육청은 피청구인에게 청구인의 임용을 취소하라고 요구하였고, 피청구인은 2014. 8. 31. 청구인의 임용을 취소하였다. 이에 대하여 청구인은 2014. 9. 3. 이의 취소를 구하는 소청심사를 청구하였다.

2. 처분 사유

피청구인은 청구인의 채용 과정 문제로 C교육청에서 임용 취소 요구에 따라 2014. 8. 31.자로 청구인의 임용을 취소하였다.

3. 청구인 주장

가. 청구인은 임용 당시 청구인의 부 B가 학교발전기금을 낸 것을 몰랐고, 2012. 9월경에 알게 되었다. 현재 청구인의 부 B도 위 건과 관련하여 조사를 받고 있으며, 이에 대해 아무것도 몰랐던 청구인에 대한 임용 취소는 가혹하다고 판단된다.

나. 사립학교법 제53조2 제1항 제1호에 의하면 교원의 면직 등은 교원인사위원회를 거친 후 학교장의 제청으로 이사회를 거쳐야 결정이 나는 것으로 알고

있고, 회의 중 청구인을 불러 말할 수 있는 기회를 주어야 한다고 알고 있으나 그런 절차가 없었고, 이에 임용 취소 이유 및 아무 내용 없이 임용 취소를 통보한 것 등은 절차상의 위법이다.

4. 판단

가. 사실관계

1) 2008. 5.경 청구인의 부 B는 당시 교장 D에게 5천만 원을 주면서 청구인의 A중학교 영어교사 채용 청탁을 하였다.

2) 2009. 3. 1. 청구인은 A중학교 영어교사로 신규 채용되었다.

3) 2014. 4. 11. 학교법인 A학원 전 이사장 E가 교직원 채용 관련 배임 수재 유죄 확정 판결을 받았다.

4) C교육청은 2014. 6. 17.부터 7. 2.까지 학교법인 A학원 교직원 인사비리 사안에 대해 조사하였다.

5) C교육청은 청구인의 부 B를 경찰서에 형법상 배임증재죄로 고발 조치하여 경찰에서는 기소의견으로 검찰 송치하였고, 피청구인에게 청구인의 임용 취소를 요구하였다.

6) 피청구인은 2014. 8. 14. 이사회를 개최하여 2014. 8. 31.자로 청구인의 임용을 취소하였다.

나. 임용 취소 관련 절차상 위법 여부

청구인은 사립학교법 제53조 제1항 제1호에 의하면 교원의 면직 등은 교원인사위원회를 거친 후 학교장의 제청으로 이사회를 거쳐야 결정이 나는 것이고, 회의 중 청구인이 발언할 기회를 주어짐에도 이러한 절차 없이 임용 취소한 것은 절차상 위법하다고 주장하여 살피건대, 청구인의 임용 취소에 대한 피청구인의 이사회 의결은 2014. 8. 14.에 이루어졌는바, 임용 취소 전 절차에 대하여도 사립학교 교원의 임용을 위한 계약은 사립학교법 소정의 절차에 따라 이루어지는 것이지만 그 법적 성질은 사법상의 고용 계약에 다름 아닌 것으로 사립학교 교원의 임용 계약의 취소는 결국 사법상의 고용 계약의 취소에 불과하다고 할 것이고, 그 임용 계약의 취소가 징계 처분 또는 징계 처분적 성질을 가지는 것이어서 소정의 징계 절차를 거쳐야 하는 것이라고 볼 수 없으므로(대법원 1995. 1. 20. 선고 93다55425 판결 참조), 청구인의 주장은 이유 없다 할 것이다.

다. 임용 취소 처분의 적법 여부

1) 청구인은 임용 당시 청구인의 부가 학교발전기금을 낸 것을 몰랐음에도 청구인의 임용을 취소하는 것은 가혹하다고 주장하여 이를 살펴본다.

가) 민법 제103조에 의하면 반사회질서행위는 법률행위의 목적인 권리 의무의 내용이 선량한 풍속 및 기타 사회질서에 위반되는 경우 뿐 아니라, 그 내용 자체는 사회질서에 반하는 것이 아니라고 하여도 법률적으로 이를 강제하거나 그 법률행위가 사회질서에 반하는 조건 또는 금전적 대가와 결부됨으로써 반사회질서적 성격을 띠는 경우 및 표시되거나 상대방에게 알려진 법률행위의 동기가 반사회질서적인 경우를 포함한다(대법원 2002. 9. 10. 선고 2002다21509 판결)라고 판시하고 있다.

나) 사립학교 교원의 임용을 위한 계약은 사립학교법 소정의 절차에 따라 이루어지는 것이지만 그 법적 성질은 사법상의 고용계약으로서, 그에 관한 당사자들의 의사 표시에 무효 또는 취소 사유가 있으면 그 상대방은 이를 이유로 당연히 그 임용 계약의 무효 또는 취소를 주장하여 그에 따른 법률 효과의 발생을 부정하거나 소멸시킬 수 있다(대법원 1996. 7. 30. 선고 95다11689 판결 참조)고 할 것이다.

다) E에 대한 법원 판결문을 보면, 'E는 교장 D를 통하여 청구인의 부 B부터 묵시적으로 사회상규 또는 신의성실의 원칙에 반하는 청탁의 대가로 금원을 교부받았음을 충분히 인정할 수 있으며, E는 청구인이 A중학교 영어교사 공채 시험에 응시 이전에 이미 교장 D를 통하여 청구인의 아버지 B로부터 청구인의 영어교사 채용 부탁을 받았다고 봄이 상당하다고 인정하였다.

라) 이를 종합해 볼 때, 청구인의 임용 청탁을 위해 교부된 금원에 의해 이루어

진 이 사건 임용 계약은 사회질서에 반하는 조건 또는 금전적 대가의 결부로 반사회적 성격을 띠게 되어 무효라고 한 것이므로 피청구인이 청구인에게 한 임용 취소는 적법한 처분으로 보인다.

5. 결론

이상에서 살펴본 바와 같이 청구인의 교사 채용 과정에서 불법적으로 교부된 금원에 의해 이루어진 임용행위에 대한 피청구인의 임용 취소 처분은 적법하다 할 것이어서 주문과 같이 결정한다.

※ 본 사안은 교원소청심사위원회 2014년도 결정문집 Ⅲ. 기타 불이익 처분 결정 연번 2번 등을 바탕으로 재구성한 사안입니다.

▣ 사안의 해설

본 사안에서 피청구인은 청구인의 부가 금품을 제공하였다는 사유로 임용 계약을 취소하였는데 아래에서 상세히 살펴보고자 합니다.

◉ 쟁점: 임용지원자의 부(父)가 채용 청탁 대가로 금품을 제공하였다는 사유로 임용 계약의 취소가 가능한지 여부

사립학교 교원 임용을 위한 계약의 법적 성질은 본질적으로 당사자 쌍방의 의사의 합치에 의한 사법상의 고용계약이라 할 것입니다. 이에 임용 계약 체결에 관한 당사자들의 의사표시에 무효 또는 취소의 사유가 있으면, 계약의 상대방은 이를 이유로 임용 계약의 무효 또는 취소를 주장하여 그에 따른 법률효과의 발생을 부정하거나 소멸시킬 수 있습니다.

또한, 사립학교법 등 교원의 신규 채용 관련 제반 규정을 종합하여 보면, 고등학교 이하 교원의 신규 채용은 공개전형에 의하도록 하고 있으며, 부정행위를 한 자에 대하여 당해 시험을 정지·무효로 한다고 규정하고 있습니다.

따라서 임용 계약을 체결한 이후라도 사립학교 교원의 임용 과정에 중대한 부정행위가 있었다면, 임용 계약 당사자인 피청구인은 임용 계약의 무효임을 주장하며 그에 따른 법률효과를 소멸시킬 수 있다고 평가할 수 있습니다.

또한, 청구인이 아닌 자가 부정행위를 하였다고 하더라도, 대학 합격 취소 사안에서 응시자와 밀접한 관계가 있는 타인이 응시자를 위하여 부정행위를 한 경우일지라도 응시자가 타인의 부정행위로 인하여 경쟁시험에 의하여 공정하게 선발된 자로 평가될 수 없을 경우에는 그 응시자 역시 부정행위자에 포함된다고 보는 것이 상당하다고 판시(대법원 2006. 7. 13. 선고 2006다23817 판결 등 참조)한 사항 등에 비추어 볼 때, 구체적인 사실관계에 따라서는 타인에 의한 부정행위도 임용 취소 사유가 될 수 있다 할 것입니다.

실제 임용 취소가 문제되는 사안에서는, 임용 계약 무효 또는 취소 사유의 존부, 청구인과 피청구인의 귀책사유 유무와 정도, 신뢰보호원칙 위배 여부, 이익형량 등이 세부 쟁점이 될 수 있을 것으로 보이며, 이에 대한 면밀한 검토가 필요해 보입니다.

❏ 관련 판례

○ 사립학교 교원 임용 계약의 성질

－대법원 1994. 8. 26. 선고 94다15479 판결 등 참조

사립학교 교원의 임용을 위한 계약은 사립학교법 소정 절차에 의하여 이루어지는 것이지만 그 법적 성질은 사법상의 고용 계약에 다름 아닌 것으로 그 계약 체결에 관한 당사자들의 의사표시에 무효 또는 취소의 사유가 있으면 그 상대방은 이를 이유로 당연히 그 임용 계약의 무효·취소를 주장하여 그에 따른 법률효과의 발생을 부정하거나 소멸시킬 수 있다.

❍ **타인이 응시자를 위하여 부정행위를 한 경우 부정행위자가 되는지 여부**
 ─대법원 2006. 7. 13. 선고 2006다23817 판결 등 참조

응시자와 밀접한 관계가 있는 타인이 응시자를 위하여 부정행위를 한 경우일지라도 응시자가 타인의 부정행위로 인하여 경쟁시험에 의하여 공정하게 선발된 자로 평가될 수 없을 경우에는 그 응시자 역시 부정행위자에 포함된다고 보는 것이 상당하다.

[5] 업무 처리 부적정 사건

주 문

청구인의 청구를 각하한다.

이 유

1. 경고 사유

청구인은 A시 중학교 교육 과정 편성·운영 지침 및 학업성적관리시행지침에 따라 각 교과의 기초적 요소들을 체계적으로 지도해야 함에도 이를 준수하지 않았고, 관할 교육지원청에서 가정 영역과 기술 영역 시간을 조정하도록 조치하였으나 시간표 작성 운영 등이 어렵다는 이유로 이를 이행하지 않음

2. 청구인 주장

(이하 중략)

3. 판단

가. 사실관계

청구인은 2013. 3. 1.부터 B중학교에 근무하고 있으며, 피청구인은 2013. 12. 12. B중학교에 대한 특정 감사를 실시하였고, 2014. 1. 8. 청구인에게 경고 처분을 하였다.

나. 경고 처분이 소청심사 대상인지 여부

1) 교원지위향상을 위한 특별법 제7조 제1항에 "각급 학교 교원의 징계 처분과 그 밖에 그 의사에 반하는 불리한 처분에 대한 소청심사를 하기 위하여 교육

부에 교원소청심사위원회를 둔다."라고 규정되어 있고, 제9조 제1항에 "교원이 징계 처분과 그 밖에 의사에 반하는 불리한 처분에 대하여 불복할 때에는 그 처분이 있었던 것을 안 날부터 30일 이내에 심사위원회에 소청심사를 청구할 수 있다."라고 규정되어 있어, 위원회의 심사 대상은 '처분'의 존재를 전제로 한다 할 것이다.

2) 행정 처분은 행정청의 공법상 행위로서 특정 사항에 대하여 법규에 의한 권리의 설정 또는 의무의 부담을 명하거나, 기타 법률상 효과를 발생하게 하는 등 국민의 권리 의무에 직접 관계가 있는 행위를 가리키는 것이고, 상대방 또는 기타 관계자들의 법률상 지위에 직접적인 영향을 미치지 않는 행위는 행정 처분이 아니다(대법원 2007. 11. 15. 선고 2007두10198 판결 참조).

3) 이 사건 경고 처분은 공무원의 신분에 영향을 미치는 국가공무원법상의 징계의 종류에 해당하지 아니할 뿐만 아니라, 앞으로 근무에 충실하라는 내용의 권고행위 내지 지도행위로서 그 때문에 공무원으로서의 신분에 불이익을 초래하는 법률상의 효과가 발생하는 것도 아니라 할 것이므로 행정 처분이라고 보기 어렵다(대법원 1991. 11. 12. 선고 91누2700 판결 참조).

4) 따라서 피청구인이 한 경고에 대하여 처분성을 전제로 하여 그 취소를 구하는 청구인의 청구는 심사 대상에 해당하지 않는 부적법한 청구라 할 것이다.

4. 결론

이상에서 살펴본 바와 같이, 피청구인이 청구인에게 한 경고 처분은 심사 대상인 '징계 처분과 그 밖에 그 의사에 반하는 불리한 처분'에 해당되지 않는다 할 것이어서 주문과 같이 결정한다.

※ 본 사안은 교원소청심사위원회 2015년도 결정문집 Ⅳ. 각하 결정 연번 2번 등을 바탕으로 재구성한 사안입니다.

▣ 사안의 해설

본 사안에서는 경고에 대한 취소를 구하는 소청심사를 청구할 수 있는지가 쟁점이 되었습니다. 아래에서는 경고의 처분성을 중심으로 이에 대해 상세히 살펴보고자 합니다.

◉ 쟁점: 경고가 교원소청심사의 대상인지 여부

교원의 지위 향상 및 교육활동 보호를 위한 특별법 제7조 및 제9조에 따르면, 교원소청심사 대상은 '징계 처분'과 '그 밖에 그 의사에 반하는 불리한 처분'입니다.

징계는 파면·해임·정직·감봉·견책으로 구분되며, 경고는 징계의 종류가 아니기 때문에 '징계 처분'에 해당하지 않습니다.

따라서 경고가 '그 밖에 그 의사에 반하는 불리한 처분'에 해당하는지가 문제되는데 선행하여 '처분'임이 인정되어야 합니다.

법률상 '처분'은 행정청의 공법상 행위로서 특정 사항에 대하여 법규에 의한 권리의 설정 또는 의무의 부담을 명하거나, 기타 법률상 효과를 발생하게 하는 등 국민의 권리 의무에 직접 관계가 있는 행위를 가리키는 것을 의미합니다.

실제 교육 현장이나 행정 현장에서 처분이라고 지칭되고 있으나, 위와 같은 법률상 처분이 아닌 경우가 있어 주의를 필요로 합니다.

본 사안에서 문제되는 경고는 처분이라고 지칭되었으나, 경고로 인하여 교원으로서 신분에 불이익을 초래하는 객관적이고 구체적인 법률상 효과가 나타나지 않아 법률상 처분이라고는 보기 어렵고, 앞으로 근무에 충실히 하라는 취지의 권고행위 또는 지도행위에 지나지 않는다고 판단하였습니다.

다만, 모든 경고에 대하여 처분성이 없다고 단정하기는 어렵다고 할 것입니다. 실제 사안에 있어서는 경고가 단순히 권고행위 또는 지도행위를 넘어서 교원에게 신분상 불이익과 연계되어 있는 경우도 있을 수 있기 때문에 경고로 인하여 청구인이 어떠한 객관적이고 구체적인 신분상 불이익을 입었는지 등이 쟁점이 될 것으로 보입니다.

또한, 경고의 경우 징계 처분과 달리 각급 기관에서 자체적으로 규정하여 기관마다 효력이 다를 수 있는바, 피청구인의 제반규정을 중심으로 살펴보아야 할 것으로 보입니다.

한편, 경고뿐만 아니라 주의의 경우에도 이와 유사한 논리 구조를 가집니다. 주의 역시 피청구인의 제반규정을 중심으로 청구인이 주의로 인하여 어떠한 객관적이고 구체적인 신분상 불이익을 입는지 여부를 중심으로 살펴보면 될 것으로 보입니다.

❏ 관계 법령

○ 교원의 지위 향상 및 교육활동 보호를 위한 특별법
[시행 2019. 4. 23.] [법률 제16331호, 2019. 4. 23., 일부개정]

제7조(교원소청심사위원회의 설치)
① 각급학교 교원의 징계 처분과 그 밖에 그 의사에 반하는 불리한 처분(「교육공무원법」 제11조의4 제4항 및 「사립학교법」 제53조의2 제6항에 따른 교원에 대한 재임용 거부 처분을 포함한다. 이하 같다)에 대한 소청심사를 하기 위하여 교육부에 교원소청심사위원회를 둔다.

제9조(소청심사의 청구 등)
① 교원이 징계 처분과 그 밖에 그 의사에 반하는 불리한 처분에 대하여 불복할 때에는 그 처분이 있었던 것을 안 날부터 30일 이내에 심사위원회에 소청심사를 청구할 수 있다. 이 경우에 심사청구인은 변호사를 대리인으로 선임(選任)할 수 있다.

❑ 관련 판례

○ 경고의 처분성을 부정한 사안

－대법원 2004. 4. 23. 선고 2003두13687 판결 참조

이 사건 경고는 교육공무원의 신분에 영향을 미치는 교육공무원법령상의 징계의 종류에 해당하지 아니하고, 인사기록카드에 등재되지도 않으며, 정부포상업무지침에 정해진 포상추천 제외대상이나 교육공무원징계 양정등에관한규칙 제4조 제1항 단서에 정해진 징계감경사유 제외대상에 해당하지도 않을 뿐만 아니라, A시 교육청교육공무원평정업무처리요령에 따라 근무평정자가 경고를 이유로 경고를 받은 자에게 상위권 평점을 부여하지 않는다고 하더라도 그와 같은 사정은 경고 자체로부터 직접 발생되는 법률상 효과라기보다는 경고를 받은 원인이 된 비위사실이 인사평정 당시의 참작사유로 고려되는 사실상 또는 간접적인 효과에 불과한 것이어서 교육공무원으로서의 신분에 불이익을 초래하는 법률상의 효과를 발생시키는 것은 아니라 할 것이고, 항고소송의 대상이 되는 행정 처분에 해당하지 않는다고 할 것이다.

❑ 유사 쟁점

○ 불문경고에 대하여 취소를 구하는 소청심사를 청구할 수 있는지 여부

교원의 지위 향상 및 교육활동 보호를 위한 특별법 제7조 및 제9조에 따르면, 교원소청심사 대상은 '징계 처분'과 '그 밖에 그 의사에 반하는 불리한 처분'입니다.

징계는 파면·해임·정직·감봉·견책으로 구분되며, 불문경고는 징계의 종류가 아니기 때문에 '징계 처분'에 해당하지 않지 않습니다.

일반적으로 불문경고를 받게 되면 정부포상업무지침에 따라 인사기록카드에 등재되며 포상추천 대상에서 제외하는 등의 신분상 이익이 뒤따르게 되어 교원으로서의 신분에 불이익을 초래하는 처분이라고 할 것이고, 이에 '그 밖에 그 의사에

반하는 불리한 처분'에 해당되어 교원소청심사의 대상이라고 봄이 상당합니다.

  판례에서도, 불문경고가 법률상의 징계 처분은 아니지만 불문경고를 받지 아니하였다면 차후 다른 징계 처분이나 경고를 받게 될 경우 징계 감경 사유로 사용될 수 있었던 표창공적의 사용 가능성을 소멸시키는 효과와 1년 동안 인사기록카드에 등재됨으로써 그 동안은 표창대상자에서 제외시키는 효과 등이 있다는 이유로 항고소송의 대상이 되는 행정 처분에 해당하다고 판시한바(대법원 2002. 7. 26. 선고 2001두3532 판결 참조) 있습니다.

[6] 명예퇴직 거부 사건

주 문

청구인의 청구를 각하한다.

이 유

1. 사건 경과

가. 청구인은 1984. 11. 1.부터 1997. 2. 28.까지 사립학교 교원으로 근무하였고, 1997. 3. 1. A교육청 고등학교 교사로 임용되었다.

나. 청구인은 2015. 12. 15. 피청구인에게 명예퇴직수당 지급을 신청하였다.

다. 피청구인 교육공무원인사위원회는 2016. 1. 21. 청구인을 명예퇴직수당 지급대상자에서 제외하는 결정(명예퇴직 거부 결정)을 하고, 2016. 2. 1. 청구인에게 위 결과를 통지하였다.

2. 처분 사유

(처분서 부존재)

3. 청구인 주장

(이하 생략)

4. 판단

가. 이 사건 청구의 적법 여부

1) 이 사건에서 청구인은 본인이 명예퇴직 수당 지급 대상자에서 제외되는 결정을 통보받은 것, 즉 명예퇴직이 거부된 것에 대하여 다투며 소청심사를 청구하였다(청구인은 현재 교원 신분을 유지하고 있다).

2) 국민의 적극적 신청행위에 대하여 행정청이 그 신청에 따른 행위를 하지 않겠다고 거부한 행위가 항고소송의 대상이 되는 행정 처분에 해당하는 것이라고 하려면, 그 신청한 행위가 공권력의 행사 또는 이에 준하는 행정 작용이어야 하고, 그 거부행위가 신청인의 법률 관계에 어떤 변동을 일으키는 것이어야 하며, 그 국민에게 그 행위 발동을 요구할 법규상 또는 조리상의 신청권이 있어야 한다(대법원 2009. 9. 10. 선고 2007두20638 판결 참조).

3) 살피건대, 교육공무원법 등 관련 법령 어디에도 교원의 명예퇴직에 대한 신청권을 규정하고 있지 않고(교육공무원법 제36조 제1항은 "교육공무원으로 20년 이상 근속한 사람이 정년 전에 스스로 퇴직하는 경우에는 예산의 범위에서 명예퇴직 수당을 지급할 수 있다."라고 규정하고 있을 뿐이다), 이 사건에서 피청구인이 청구인으로부터 명예퇴직 수당 지급에 대한 신청서를 받았다고 가정하더라도 이는 법규정에 의해 인정되는 명예퇴직 수당 지급 신청권에 의한 것이 아닌 명예퇴직에 대한 사실상의 수요 내지는 희망을 조사한 것으로 보이는바, 교원에게 명예퇴직에 관한 법규상 혹은 조리상 신청권이 있다고 보기 어렵다.

4) 따라서 이 사건에서 청구인의 명예퇴직 거부행위(명예퇴직 수당 지급제외 행위)에 대한 취소 청구는 교원의 지위 향상 및 교육활동 보호를 위한 특별법 제9조에서 규정하는 소청심사 청구 대상에 대한 것이 아니므로, 이 사건 소청심사 청구는 부적법하다.

5. 결론

이상에서 살펴본 바와 같이 이 사건 청구는 나머지 점에 대하여 나아가 판단할 필요 없이 부적법하므로 주문과 같이 결정한다.

※ 본 사안은 교원소청심사위원회 2016년도 결정문집 Ⅴ. 각하 결정 연번 2번 등을 바탕으로 재구성한 사안입니다.

▣ 사안의 해설

본 사안에서는 피청구인이 청구인의 명예퇴직 신청을 거부하고, 청구인이 위 거부의 취소를 구하는 심사를 청구한 것을 전제로, 위 심사의 적법성 여부를 판단하였습니다.

◉ 쟁점: 명예퇴직 거부의 취소를 구하는 교원소청심사가 적법한지 여부

교원의 지위 향상 및 교육활동 보호를 위한 특별법 제7조 및 제9조에 따르면, 교원소청심사 청구의 대상은 '징계 처분'과 '그 밖에 그 의사에 반하는 불리한 처분'입니다.

한편, 판례는 거부한 행위가 항고 소송의 대상이 되는 행정 처분에 해당하는 것이라고 하려면, 그 신청한 행위가 공권력의 행사 또는 이에 준하는 행정 작용이어야 하고, 그 거부행위가 신청인의 법률 관계에 어떤 변동을 일으키는 것이어야 하며, 그 국민에게 그 행위 발동을 요구할 법규상 또는 조리상의 신청권이 있어야 한다고 판시하고 있고 있습니다(대법원 2009. 9. 10. 선고 2007두20638 판결 참조).

위 법률과 판례의 판시 내용을 종합하여 보면, 청구인이 피청구인에게 명예퇴직이라는 행위 발동을 요구할 법률상 또는 조리상 신청권이 있어야 소청심사의 대상이 되는 '그 밖에 그 의사에 반하는 불리한 처분'이라고 할 것입니다.

본 사안에서는 교육공무원법 제36조 제1항에서 '교육공무원으로 20년 이상 근속한 사람이 정년 전에 스스로 퇴직하는 경우에는 예산의 범위에서 명예퇴직 수당을 지급할 수 있다.'라고 규정하고 있을 뿐, 교육공무원법 등 관련 법령에서 교원의 명예퇴직에 대한 규정하고 있지 않은 점, 명예퇴직 수당 지급에 대한 신청서는 명예퇴직에 대한 사실상의 수요 내지는 희망을 조사한 것에 불과한 점을 근거로 하여, 청구인이 피청구인에게 명예퇴직을 요구할 법률상 또는 조리상 신청권이 없다고 보았고, 이에 교원소청심사의 대상이 되는 '그 밖에 그 의사에 반하는 불리한 처분'에 해당하지 않는다고 판단하였습니다.

❏ 관계 법령

○ 교원의 지위 향상 및 교육활동 보호를 위한 특별법
[시행 2019. 4. 23.] [법률 제16331호, 2019. 4. 23., 일부개정]

제7조(교원소청심사위원회의 설치)

① 각급학교 교원의 징계 처분과 그 밖에 그 의사에 반하는 불리한 처분(「교육공무원법」 제11조의4 제4항 및 「사립학교법」 제53조의2 제6항에 따른 교원에 대한 재임용 거부처분을 포함한다. 이하 같다)에 대한 소청심사를 하기 위하여 교육부에 교원소청심사위원회를 둔다.

제9조(소청심사의 청구 등)

① 교원이 징계 처분과 그 밖에 그 의사에 반하는 불리한 처분에 대하여 불복할 때에는 그 처분이 있었던 것을 안 날부터 30일 이내에 심사위원회에 소청심사를 청구할 수 있다. 이 경우에 심사청구인은 변호사를 대리인으로 선임(選任)할 수 있다.

○ 교육공무원법
[시행 2019. 6. 19] [법률 제15949호, 2018. 12. 18., 일부개정]

제36조(명예퇴직)

① 교육공무원으로 20년 이상 근속한 사람이 정년 전에 스스로 퇴직하는 경우에는 예산의 범위에서 명예퇴직 수당을 지급할 수 있다.

② 제1항에 따른 교육공무원 중 교장·원장이 임기가 끝나기 전에 스스로 퇴직하는 경우 그 정년은 제47조에 따른 연령으로 본다. <개정 2012. 3. 21.>

③ 제1항의 명예퇴직 수당의 지급대상 범위, 지급액 및 지급절차와 그 밖에 필요한 사항은 대통령령으로 정한다.

[7] 교장 중임 사건

주 문

청구인의 청구를 각하한다.

이 유

1. 처분 사유

(처분서 부존재)

2. 청구인 주장

(이하 생략)

3. 판단

가. 사건 경과

1) 청구인은 1988. 3. 1. A고등학교 교사로 신규 임용되어, 2011. 3. 1. B중학교 교장으로 승진하였다.

2) C교육감은 2015. 2. 2. 청구인을 교장 중임 임용 제청 대상자로 추천하였으나, 교육부장관은 2015. 2. 12. 청구인을 교장 중임 임용 제청에서 제외하였다.

3) 피청구인은 2015. 2. 13. 2015. 3. 1.자 교육공무원 인사발령 통지를 하였는데, 청구인은 중등 교장 중임 명단에 포함되지 않았다.

나. 소청심사 청구의 적법성 여부

1) 교원지위향상을 위한 특별법 제7조는 교원소청심사의 대상을 '각급 학교 교원의 징계와 그 밖에 그 의사에 반하는 불리한 처분'으로 규정하고 있고, 판례에 의하면 신청에 따른 거부행위가 행정 처분에 해당하려면 그 신청행위가 공권력의 행사 또는 이에 준하는 행정 작용이어야 하고, 그 거부 행위가 신청인의 법률 관계에 어떤 변동을 일으키는 것이어야 하며, 신청자에게 그 행위 발동을 요구할 법규상 또는 조리상의 신청권이 있어야 한다(대법원 2009. 9. 10. 선고 2007두20638 판결 참조).

2) 교육공무원임용령 제9조의5에 따르면, 교장으로 1차 임기를 마친 사람에 대해서는 특별한 결격 사유가 없으면 교장으로 다시 임용할 수 있고(제1항), 교장으로 그 임기를 마친 사람이 교사로 임용되기를 원하는 경우에는 특별한 결격 사유가 없으면 교사로 임용할 수 있으며(제2항), 제1항과 제2항에 따른 교장 및 교사의 임용에 필요한 사항은 교육부장관이 정한다(제3항)고 규정하고 있다.

또한, 교장·원장임기제실시업무처리지침(교육부훈령 제88호)은 1차 임기 만료 교장에 대한 중임 절차로, 인사위원회 심의, 교육감의 교장 임용 서류 제출, 교육부장관의 임용 제청과 대통령의 임면을 규정하고 있고, 특별한 결격 사유의 유무 심의사항으로 교장 직무를 수행할 수 있는 신체·정신적 건강 상태, 교장으로서의 학교 관리 능력상 결함의 유무, 기타 교장의 직무 수행이 곤란한 사유의 유무, 교원의 4대 주요 비위 관련 여부를 각 제시하고 있다.

3) 위 관련 규정을 종합하면, 교장으로서 1차 임기를 마친 자에 대하여 교장 중임을 할 것인지 여부는 원칙적으로 임면권자의 인사권 행사에 관한 것으로 청구인이 임면권자에게 교장 중임을 요구할 법률상 조리상 신청권을 갖는 것으로 볼 수 없다.

4) 따라서 교장 중임 거부의 취소를 구하는 청구인의 청구는 교원소청심사의 대상이 되는 처분이 존재하지 않아 부적법하다.

4. 결론

이 사건 교장 중임 거부의 취소를 구하는 청구인의 청구는 교원소청심사의 대상이 되는 처분에 해당하지 않아 부적법하므로 이를 각하하기로 하여 주문과 같이 결정한다.

───────────

※ 본 사안은 교원소청심사위원회 2015년도 결정문집 Ⅳ. 각하 결정 연번 4번 등을 바탕으로 재구성한 사안입니다.

▣ 사안의 해설

본 사안에서는 피청구인이 청구인의 교장 중임을 거부하였으며, 청구인이 이에 대한 취소를 구하는 소청심사를 청구하였다는 전제로, 위 소청심사의 적법성 여부를 판단하였습니다.

◉ 쟁점: 교장 중임 거부의 취소를 구하는 교원소청심사 청구가 적법한지 여부

교원의 지위 향상 및 교육활동 보호를 위한 특별법에 제7조 및 제9조에 따르면 교원소청심사 청구의 대상은 '징계 처분'과 '그 밖에 그 의사에 반하는 불리한 처분'입니다.

한편, 판례는 거부한 행위가 항고소송의 대상이 되는 행정 처분에 해당하는 것이라고 하려면, 그 신청한 행위가 공권력의 행사 또는 이에 준하는 행정 작용이어야 하고, 그 거부행위가 신청인의 법률 관계에 어떤 변동을 일으키는 것이어야 하며, 그 국민에게 그 행위 발동을 요구할 법규상 또는 조리상의 신청권이 있어야 한다고 판시하고 있고 있습니다(대법원 2009. 9. 10. 선고 2007두20638 판결 참조).

위 법률과 판례의 판시 내용을 종합하여 보면, 청구인이 피청구인에게 교장 중임이라는 행위 발동을 요구할 법률상 또는 조리상 신청권이 있어야 소청심사의 대상이 되는 '그 밖에 그 의사에 반하는 불리한 처분'이라고 할 것입니다.

본 사안에서는, 교장 중임은 원칙적으로 임명권자의 인사권 행사에 관한 것으로 관계 규정을 종합하여 볼 때 청구인이 임명권자에게 교장 중임을 요구할 법률상 또는 조리상 신청권을 갖는 것으로 볼 수 없다고 보았습니다. 이에 소청심사의 대상이 되는 '그 밖에 그 의사에 반하는 불리한 처분'에 해당하지 않는다고 판단하였습니다.

다만, 교장 중임의 경우 교육공무원임용령 등 관계 법령에 따르면 특별한 결격 사유가 없으면 교장으로 다시 임용할 수 있다고 규정하고 있으며, 교장·원장 임기제 실시 업무처리지침에서는 교장·원장의 직무를 수행할 수 있는 신체·정신상 건강 상태, 교장·원장으로서의 학교·유치원 관리능력상 결함의 유무, 교원의 4대 주요 비위(금품·향응수수, 상습폭행, 성폭행, 성적조작) 관련 여부, 기타 교장·원장의 직무수행이 곤란한 사유의 유무 등 결격 사유에 대하여 나열하고 있습니다.

위 규정들을 종합하여 해석할 때, 교장 초임과 달리 특별한 결격 사유가 없으면 피청구인에게 중임 여부에 관한 합리적이고 공정한 심사를 하여줄 것을 요구할 법규상 또는 조리상의 신청권을 갖는다고 보는 취지의 해석도 가능할 것으로 보여 향후 이에 대한 다툼의 여지가 있어 보입니다.

❏ 관계 법령

○ 교원의 지위 향상 및 교육활동 보호를 위한 특별법
[시행 2019. 4. 23.] [법률 제16331호, 2019. 4. 23., 일부개정]

제7조(교원소청심사위원회의 설치)
① 각급학교 교원의 징계 처분과 그 밖에 그 의사에 반하는 불리한 처분(「교육공무원법」 제11조의4 제4항 및 「사립학교법」 제53조의2 제6항에 따른 교원에 대한 재임용 거부 처분을 포함한다. 이하 같다)에 대한 소청심사를 하기 위하여 교

육부에 교원소청심사위원회를 둔다.

제9조(소청심사의 청구 등)

① 교원이 징계 처분과 그 밖에 그 의사에 반하는 불리한 처분에 대하여 불복할 때에는 그 처분이 있었던 것을 안 날부터 30일 이내에 심사위원회에 소청심사를 청구할 수 있다. 이 경우에 심사청구인은 변호사를 대리인으로 선임(選任)할 수 있다.

○ **교육공무원 임용령**

[시행 2019. 6. 19.] [대통령령 제29861호, 2019. 6. 18., 일부개정]

제9조의5(교장 등의 임용)

① 교장이나 원장으로 1차 임기를 마친 사람에 대해서는 법 제47조에 따른 정년까지 남은 기간이 4년 미만인 경우에도 특별한 결격 사유가 없으면 교장이나 원장으로 다시 임용할 수 있다.

② 교장이나 원장으로 그 임기를 마친 사람이 법 제29조의2 제5항에 따라 교사로 임용되기를 원하는 경우에는 특별한 결격사유가 없으면 교사로 임용할 수 있다.

③ 제1항과 제2항에 따른 교장·원장 및 교사의 임용에 필요한 사항은 교육부장관이 정한다.

○ **교장·원장임기제실시업무처리지침**

[시행 2014. 4. 25.] [교육부훈령 제88호, 2014. 4. 25., 일부개정]

3. 1차 임기만료 교장·원장에 대한 중임 절차 <개정 2012.12.28>

가. 인사위원회 심의(교육공무원 인사관리규정 제31조)

교육감은 1차 임기가 만료되는 교장·원장에 대하여 인사위원회에 중임 여부의 심의를 요청하고 인사위원회는 다음 사항에 관하여 개인별로 특별한 결격 사유의 유무를 심의하여 정함.

(1) 교장·원장 직무를 수행할 수 있는 신체·정신상 건강 상태

(2) 교장·원장으로서의 학교 또는 유치원 관리능력상 결함의 유무

(3) 기타 교장·원장의 직무수행이 곤란한 사유의 유무

(4) 교원의 4대 주요 비위(금품·향응수수, 상습폭행, 성폭행, 성적조작) 관련 여부

   ※ 4대 주요 비위로 인해 징계를 받은 자는 중임심사에서 제외함
   ※ 이상 (1), (2), (3) (4)에 대한 심의결과 부적격하다고 판정할 경우에는 이를 입증할 수 있
     는 명백하고 타당성 있는 근거가 제시되어야 함

[8] 승진임용 거부 사건

주 문

청구인들의 청구를 모두 각하한다.

이 유

1. 사건의 개요

청구인들은 A대학교 교원으로 근무하던 중, 승진 심사에 절차적 하자 등이 있음을 이유로 피청구인에게 2013. 10. 28. 승진 거부 처분을 받았다. 청구인들은 이에 대하여 부당하다며 2013. 11. 21. 이의 취소를 구하는 소청심사를 청구하였다.

2. 처분 사유

(이하 생략)

3. 청구인들 주장

(이하 생략)

4. 판단

가. 사실관계

1) A대학교 총장은 2013. 9. 12. 청구인들을 포함한 승진대상자 45명에 대한 심사를 승진심사위원회에 의뢰하였다.

2) 교원인사위원회에서는 2013. 9. 13. 승진대상자 45명 중 청구인들을 포함한

15명에 대한 승진 제청에 동의하였다.

3) 피청구인 이사회는 2013. 9. 23. 절차상의 하자를 이유로 청구인들에 대한 승진임용을 거부하였고, 승진심사위원회는 2013. 9. 27. 피청구인 이사회의 승진임용 부결에 대한 의견서를 A대학교 총장에게 제출하였다.

4) 교원인사위원회는 2013. 9. 27. 피청구인 이사회의 승진 부결에 대해 재검토 하였고, A대학교 총장은 같은 날 피청구인 이사회에 승진 부결에 대한 재검 토를 요청하였다.

5) 피청구인 이사회는 2013. 10. 28. 총장의 재검토 요청에 대해 다시 부결하였 고, 청구인들은 이에 대하여 2013. 11. 21. 소청심사를 청구하였다.

나. 승진임용 거부가 소청심사 대상이 되는지 여부

1) 판례에서는 '학교법인 정관 및 대학교 교원인사규정은 교수 승진임용의 자격 요건과 절차 등을 규정하고 있을 뿐, 교수 승진임용을 원하는 교원이 총장에 대하여 승진임용 제청 신청을 할 권리나 총장의 승진임용 제청 의무를 규정 하고 있지 않은 점, 이 사건 통보는 교원지위향상을 위한 특별법 제9조 제1 항의 처분에 해당하지 않는다고 봄이 상당하다(서울행정법원 2009. 6. 4. 선 고 2008구합19680 판결 등 참조)'고 판시하였다.

2) 청구인들에 대한 이 사건 승진 거부가 소청심사 대상이 되는 처분인지에 관 하여 살펴보면, 법인의 정관과 인사 관련 규정 등에 승진임용 기준을 충족한 교원을 반드시 승진임용할 의무를 지우는 근거가 없는 점, 청구인들은 조교 수 또는 부교수로 임용 기간이 보장되어 있어 승진임용이 되지 않는다 하더 라도 그 자체로 교원으로서의 지위 또는 신분에 아무런 변동이 없는 점 등을 고려하여 볼 때, 교원지위향상을 위한 특별법 제9조에서 규정하는 소청심사 의 대상이 아니라고 할 것이다.

5. 결론

이상에서 살펴본 바와 같이, 피청구인은 승진 요건을 갖춘 자에 대해 승진임용 을 하여야 할 의무를 지우는 근거 규정을 둔 바 없고, 청구인들이 승진임용이 되지 않더라도 교원의 지위에는 아무 변동이 없으므로, 청구인들의 청구는 심사 대상이 되지 않으므로 주문과 같이 결정한다.

※ 본 사안은 교원소청심사위원회 2014년도 결정문집 Ⅳ. 각하 결정 연번 5번 등을 바탕으로 재구성한 사안입니다.

▣ 사안의 해설

본 사안에서는 승진임용 거부에 대한 취소를 구하는 교원소청심사를 청구할 수 있는지 여부를 중점으로 살펴보도록 하겠습니다.

◉ 쟁점: 승진임용 거부의 취소를 구하는 교원소청심사가 적법한지 여부

교원의 지위 향상 및 교육활동 보호를 위한 특별법에 제7조 및 제9조에 따르면 교원소청심사 청구의 대상은 '징계 처분'과 '그 밖에 그 의사에 반하는 불리한 처분'입니다.

한편, 판례는 거부한 행위가 항고 소송의 대상이 되는 행정 처분에 해당하는 것이라고 하려면, 그 신청한 행위가 공권력의 행사 또는 이에 준하는 행정 작용이어야 하고, 그 거부행위가 신청인의 법률 관계에 어떤 변동을 일으키는 것이어야 하며, 그 국민에게 그 행위 발동을 요구할 법규상 또는 조리상의 신청권이 있어야 한다고 판시하고 있고 있습니다(대법원 2009. 9. 10. 선고 2007두20638 판결 참조).

위 법령과 판례의 판시 사항을 종합하면, 청구인이 피청구인에게 승진임용이라는 행위 발동을 요구할 법률상 또는 조리상 신청권이 있어야 소청심사의 대상이 되는 '그 밖에 그 의사에 반하는 불리한 처분'이라고 할 것입니다.

통상 교원이 승진임용 요건을 갖추었다고 하더라도 특별한 사정이 없는 한 교원의 승진임용 여부는 임용권자의 재량에 맡겨져 있으므로 승진임용을 희망하는 교원으로서는 임용 여부에 대한 피청구인의 응답을 신청할 법규상 또는 조리상 권리가 없다고 봄이 상당합니다.

다만, 예외적으로 특별한 사정이 있다면 달리 볼 수 있습니다. 구체적인 예시로는 법률이나 학교법인의 정관 또는 인사규정 등에 승진임용을 의무지우는 규정이 있다거나, 해당 교원이 해당 대학교의 인사규정 등이 정하고 있는 승진임용 절차를 거쳐 승진대상자로 내부적으로 결정되었다는 사유 등을 들 수 있을 것입니다. 이에 실제 사안의 적용에 있어서는 위와 같은 예외 사유들이 있는지 여부를 상세히 검토하여야 할 것으로 보입니다.

본 사안에서는 피청구인의 정관과 인사 관련 규정 등에 승진임용 기준을 충족한 교원을 반드시 승진임용할 의무를 부여하는 규정이 없는 점 등을 근거로 승진임용을 요구할 법률상 또는 조리상 신청권이 없다는 취지에서 교원소청심사의 대상이 되지 않는다고 보았습니다.

한편, 승진임용 취소는 본 사안에서의 승진임용 거부와는 다르게 보아야 하며, 승진임용 취소의 경우에는 이미 승진한 자의 지위를 박탈한다는 점에서 승진임용 거부와는 본질적으로 그 성질이 다르다고 볼 여지가 많은바 이에 대한 주의를 요한다고 할 것입니다.

❏ 관계 법령

○ 교원의 지위 향상 및 교육활동 보호를 위한 특별법
[시행 2019. 4. 23.] [법률 제16331호, 2019. 4. 23., 일부개정]

제7조(교원소청심사위원회의 설치)

① 각급학교 교원의 징계 처분과 그 밖에 그 의사에 반하는 불리한 처분(「교육공무원법」 제11조의4 제4항 및 「사립학교법」 제53조의2 제6항에 따른 교원에 대한 재임용 거부 처분을 포함한다. 이하 같다)에 대한 소청심사를 하기 위하여 교육부에 교원소청심사위원회를 둔다.

제9조(소청심사의 청구 등)

① 교원이 징계 처분과 그 밖에 그 의사에 반하는 불리한 처분에 대하여 불복할 때에는 그 처분이 있었던 것을 안 날부터 30일 이내에 심사위원회에 소청심사를 청구할 수 있다. 이 경우에 심사청구인은 변호사를 대리인으로 선임(選任)할 수 있다.

❑ 관련 판례

○ 사립대학 교원의 승진임용 거부 취소를 구할 법률상 또는 조리상 신청권을 부정한 사안

－대법원 1997. 12. 23. 선고 97다25477 판결 및 대법원 2003. 10. 23. 선고 2002두12489 판결 등 참조

사립학교 교원의 임용을 위한 계약의 법적 성질은 사법상의 고용계약이고, 부교수로 임용한 자를 동일한 대학에서 교수로 임용하는 행위는 부교수 임용행위에 기한 단순한 승진임용 발령행위가 아니라, 직명이 교수라는 교원에 임용하는 새로운 신분관계의 설정행위이다. 그런데 사립학교 대학교원에 대한 임용권자가 임용지원자를 대학 교원으로 임용할 것인지는 임용권자의 판단에 따른 자유재량에 속하는 것이어서, 임용지원자로서는 임용권자에게 자신의 임용을 요구할 권리가 없을 뿐 아니라, 임용에 관한 법률상 이익을 가진다고 볼 만한 특별한 사정이 없는 한, 임용 여부에 대한 응답을 신청할 법규상 또는 조리상 권리가 있다고도 할 수 없다.

○ 국·공립대학 교원의 승진임용 거부 취소를 구할 법률상 또는 조리상 신청권을 부정한 사안

－대법원 2003. 10. 23. 선고 2002두12489 판결 등 참조

국·공립대학 교원에 대한 임용권자가 임용지원자를 대학 교원으로 임용할 것인지 여부는 임용권자의 판단에 따른 자유재량에 속하는 것이어서, 임용지원자로서는 임용권자에게 자신의 임용을 요구할 권리가 없을 뿐 아니라, 임용에 관한 법률상 이익을 가진다고 볼 만한 특별한 사정이 없는 한, 임용 여부에 대한 응답을 신

청할 법규상 또는 조리상 권리가 있다고도 할 수 없다.

○ 대학 교원으로 임용해 줄 것을 신청할 조리상의 권리가 있다고 인정한 사안
— 대법원 2004. 6. 11. 선고 2001두7053 판결 등 참조

대학 스스로 교원의 임용규정이나 시행지침 등을 제정하여 그에 따라 교원을 신규 임용하여 온 경우, 임용지원자가 당해 대학의 교원임용규정 등에 정한 심사 단계중 중요한 대부분의 단계를 통과하여 다수의 임용지원자 중 유일한 면접심사 대상자로 선정되는 등으로 장차 나머지 일부의 심사 단계를 거쳐 대학 교원으로 임용될 것을 상당한 정도로 기대할 수 있는 지위에 이르렀다면, 그러한 임용지원자는 임용에 관한 법률상 이익을 가진 자로서 임용권자에 대하여 나머지 심사를 공정하게 진행하여 그 심사에서 통과되면 대학 교원으로 임용해 줄 것을 신청할 조리상의 권리가 있어 임용에 관한 법률상 이익을 가진다고 할 것이다.

[9] 당연퇴직 사건

주 문

청구인의 청구를 각하한다.

이 유

1. 사건의 개요

가. 청구인은 2003. 3. 1. A초등학교 교사로 신규 임용되었다.

나. 청구인은 학교법인 C학원 이사장과 공모하여 업무상 횡령하였다는 사유로 기소되어, 2013. 11. 15. D지방법원에서 벌금 500만 원을 선고 받고 항소하였으나 2014. 5. 12. E고등법원에서 항소가 기각되어 2014. 5. 19. 그 형이 확정되었다.

다. 피청구인은 2014. 5. 25. 청구인에게 국가공무원법 제69조 및 같은법 제33조 제6의2호의 규정에 의거하여 당연퇴직을 명한다는 내용의 발령 통지(이하 '이 사건 당연퇴직 발령 통지'라 한다)를 하였다.

2. 처분 사유

국가공무원법 제69조 및 동법 제33조 제6호의2의 규정에 의거 당연퇴직을 명한다(2014. 5. 25.자).

3. 청구인 주장

(이하 생략)

4. 판단

가. 이 사건 당연퇴직 발령 통지의 소청심사 대상 여부

1) 교원지위 향상을 위한 특별법 제9조 제1항에서는 "징계 처분과 그 밖에 그 의사에 반하는 불리한 처분"을 심사 대상으로 삼는다고 규정하고 있으므로 이 사건 당연퇴직 발령 통지의 처분성이 인정되는 경우에 한하여 소청심사 의 심사 대상으로 삼을 수 있다.

2) 국가공무원법 제69조에 의하면 공무원이 제33조 각호의 1에 해당할 때는 당연히 퇴직한다고 규정하고 있으므로, 국가공무원법상 당연퇴직은 결격 사유 가 있을 때 법률상 당연히 퇴직하는 것이지 공무원 관계를 소멸시키기 위한 별도의 행정 처분을 요하는 것이 아니며, 당연퇴직의 인사발령은 법률상 당연히 발생하는 퇴직 사유를 공적으로 확인하여 알려주는 이른바 관념의 통지에 불과하고 공무원의 신분을 상실시키는 새로운 형성적 행위가 아니므로 행정소송의 대상이 되는 독립한 행정 처분이라고 할 수 없다(대법원 1992. 1. 21. 선고 91누2687 판결, 1985. 7. 23. 선고 84누37 판결, 1995. 11. 14. 선고 95누2036 판결 참조). 이와 같은 법리는 국공립 교원뿐 아니라 사립학교 교원에 대한 당연퇴직 및 당연퇴직 발령 통지에 관하여도 마찬가지로 적용된다고 할 것이다.

3) 그렇다면 피청구인이 사립학교법 제57조, 교육공무원법 제10조의4, 국가공무원법 제33조의 규정에 따라, 청구인이 당연퇴직 사유에 해당한다고 보아 이 사건 당연퇴직 발령 통지를 한 것은 법률상 당연히 발생하는 퇴직 사유를 공적으로 확인하여 알려주는 일종의 관념의 통지에 불과하다고 할 것이어서 교원소청심사의 심사 대상에 해당하는 처분이라 할 수 없다.

4) 그렇다면, 청구인의 청구는 처분성이 인정되지 아니하는 이 사건 당연퇴직 발령 통지의 취소를 구하는 것이어서 부적법한 청구라 할 것이다.

5. 결론

이 사건 당연퇴직 발령 통지는 처분성이 인정되지 아니하므로 소청심사의 대상 으로 삼을 수 없어 주문과 같이 결정한다.

※ 본 사안은 교원소청심사위원회 2014년도 결정문집 Ⅳ. 각하 결정 연번 4번 등을 바탕으로 재구성한 사안입니다.

▣ 사안의 해설

본 사안에서는 당연퇴직 통지의 취소를 구하는 소청심사의 적법성 여부가 쟁점이 되었으며, 아래에서는 당연퇴직 통지의 처분성을 중심으로 이를 상세히 살펴보도록 하겠습니다.

◉ 쟁점: 당연퇴직 통지의 취소를 구하는 교원소청심사가 적법한지 여부

교원의 지위 향상 및 교육활동 보호를 위한 특별법 제7조 및 제9조에 따르면, 교원소청심사 청구의 대상은 '징계 처분'과 '그 밖에 그 의사에 반하는 불리한 처분'입니다.

당연퇴직은 사실상 배제 징계와 유사한 효과가 있으나 징계와 성질을 달리하는 바 '징계 처분'의 한 종류라고 할 수 없습니다.

또한, 판례의 판시 내용(1995. 11. 14. 선고 95누2036 판결 등 참조)에 따르면 당연퇴직의 통보는 법률상 당연히 발생하는 퇴직 사유를 공적으로 확인하여 알려주는 이른바 관념의 통지에 불과하며, 교원의 신분을 상실시키는 새로운 형성적 행위가 아니므로 독립한 행정 처분이라고 볼 수 없는바, '그 밖에 그 의사에 반하는 불리한 처분'이라고도 보기 어려워, 교원소청심사의 대상이 아니라고 봄이 상당합니다.

실제사안의 적용에 있어서는, 관련 형사 사건에서 당연퇴직에 해당하는 형을 선고받은 경우에 청구인에게 사실상 파면·해임과 같은 배제징계와 유사한 효과가 있으나, 배제징계 처분과 달리 당연퇴직은 교원소청심사의 대상이 아니라고 판단

받을 가능성이 높기에 이에 대한 주의를 요한다고 할 것입니다.

❑ 관계 법령

○ 교육공무원법
[시행 2019. 4. 23.] [법률 제16332호, 2019. 4. 23., 일부개정]

제43조의2(당연퇴직)

교육공무원이 제10조의4에 따른 결격사유에 해당하게 된 경우에는 당연히 퇴직한다. 다만, 「국가공무원법」 제33조 제5호는 「형법」 제129조부터 제132조까지 및 직무와 관련하여 「형법」 제355조 및 제356조에 규정된 죄를 범한 사람으로서 금고 이상의 형의 선고유예를 받은 경우만 해당한다.

○ 사립학교법
[시행 2019. 3. 19.] [법률 제15954호, 2018. 12. 18., 일부개정]

제57조(당연퇴직의 사유)

사립학교의 교원이 「교육공무원법」 제10조의4 각 호의 어느 하나에 해당하게 된 때에는 당연 퇴직된다. 다만, 「국가공무원법」 제33조 제5호는 「형법」 제129조부터 제132조까지 및 직무와 관련하여 「형법」 제355조 및 제356조에 규정된 죄를 범한 사람으로서 금고 이상의 형의 선고유예를 받은 경우만 해당하고, 「국가공무원법」 제33조 제6호의2를 적용할 때 "공무원"은 "교원"으로 본다.

❑ 당연퇴직 쟁점 관련 참고 내용

○ 당연퇴직 사유

2019. 10. 7. 기준으로 당연퇴직 사유는 아래와 같으며, 실제 사안의 적용에 있어서는 관련 법령의 개정을 유의하여야 할 것으로 보입니다.

① 피성년후견인 또는 피한정후견인

② 파산선고를 받고 복권되지 아니한 자

③ 금고 이상의 실형을 선고받고 그 집행이 종료되거나 집행을 받지 아니하기로 확정된 후 5년이 지나지 아니한 자

④ 금고 이상의 형을 선고받고 그 집행유예 기간이 끝난 날부터 2년이 지나지 아니한 자

⑤ 교원으로 재직기간 중 직무와 관련하여 형법상 횡령, 배임, 업무상 횡령, 업무상 배임의 죄를 범한 자로서 금고 이상의 형의 선고유예를 받은 경우에 그 선고유예 기간 중에 있는 자

⑥ 법원의 판결 또는 다른 법률에 따라 자격이 상실되거나 정지된 자

⑦ 교원으로 재직기간 중 직무와 관련하여 형법상 횡령, 배임, 업무상 횡령, 업무상 배임의 죄를 범한 자로서 300만 원 이상의 벌금형을 선고받고 그 형이 확정된 후 2년이 지나지 아니한 자

⑧ 성인에 대한 성폭력범죄의 처벌 등에 관한 특례법 제2조에 따른 성폭력범죄 행위로 파면·해임되거나 100만 원 이상의 벌금형이나 그 이상의 형 또는 치료감호를 선고받아 그 형 또는 치료감호가 확정된 사람(집행유예를 선고받은 후 그 집행유예기간이 경과한 사람을 포함)

⑨ 미성년자에 대한 성폭력범죄의 처벌 등에 관한 특례법 제2조에 따른 성폭력범죄 또는 아동·청소년의 성보호에 관한 법률 제2조 제2호에 따른 아동·청소년 대상 성범죄를 저질러 파면·해임되거나 형 또는 치료감호를 선고받아 그 형 또는 치료감호가 확정된 사람(집행유예를 선고받은 후 그 집행유예기간이 경과한 사람을 포함)

⑩ 징계로 파면 처분을 받은 때부터 5년이 지나지 아니한 자

⑪ 징계로 해임 처분을 받은 때부터 3년이 지나지 아니한 자

○ 징계 처분 이후 당연퇴직 통보하는 것이 이중처벌금지원칙에 반하는 것은 아닌지 여부

판례의 판시 사항(대법원 2005. 4. 15. 선고 2003두12639 판결 참조)을 종합하여 볼 때, 당연퇴직 사유 발생으로 인한 당연퇴직 통보와 징계 사유 발생으로 인

한 신분상 제재인 징계 처분은 그 성질을 달리하므로 징계 처분이 있은 후에 당연퇴직 통보가 있었다 하더라도 일사부재리 또는 이중처벌금지원칙을 위반한 것이라 할 수 없습니다.

[10] 급여 환수 사건

주 문

청구인의 청구를 각하한다.

이 유

1. 사건 경과

가. 청구인은 A고등학교에 근무하고 있는 자로 피청구인은 2016. 8. 24. 청구인에게 초임호봉 과다획정을 사유로 과다지급 급여액 5백만 원을 환수하는 급여환수 처분을 하였다.

나. 이에 대하여 청구인은 이 처분이 부당하다며 2016. 8. 24. 취소를 구하는 소청을 제기하였다.

2. 처분 사유

청구인은 2003. 3. 1. 임용 시 1호봉 높은 13호봉으로 발령되었으며, 2003. 3월부터 2016. 2월까지 정기 승급이 최소 1개월, 최대 6개월 빠르게 발령되어, 청구인에게 정당하게 지급하여야 할 급여보다 많은 급여가 지급되었다. 따라서 청구인으로부터 5백만 원을 회수하여 세입조치하도록 한다.

3. 청구인 주장

청구인이 호봉 정정을 받아들이지 않겠다는 것은 아니나, 과다 지급된 급여에 대한 국가의 금전채권 청구권은 국가재정법 제96조에 따라 그 소멸시효가 5년이므로, 신규 임용 당시까지 소급하여 과다 지급액 전액을 환수한 이 사건 처분은 부당하다.

4. 판단

가. 이 사건 소청심사 청구의 적법 여부

1) 교원의 지위 향상 및 교육활동 보호를 위한 특별법 제7조 제1항은 '각급 학교 교원의 징계 처분과 그 밖에 그 의사에 반하는 불리한 처분에 대한 소청심사를 하기 위하여 교육부에 교원소청심사위원회를 둔다.'고 규정하고 있고, 법원은 소청심사의 대상이 되는 '그 밖에 그 의사에 반하는 불리한 처분'이란 징계 처분에 준하거나 그와 유사한 성격의 불리한 처분으로 휴직, 강임, 면직 등과 같은 신분·인사상의 불이익에 한정된다고 봄이 상당하다고 판시한 바 있다(서울행정법원 2009. 9. 2. 선고 2009구합13764 판결 참조).

2) 청구인은 초임 호봉 획정에 오류가 있음을 이유로, 2016. 8. 24. 피청구인으로부터 2003년부터 과지급받은 급여 총액 5백만 원을 환수할 것임을 통지받았다. 그 후 청구인은 2016. 8. 24. 호봉 정정 처분자체에 대해서는 다투지 않으면서, 보수 환수 금액은 최근 5년간 과지급받은 금액으로 한정되어야 한다는 취지로 주장하며 이 사건 소청심사를 청구하였다.

3) 그렇다면 이 사건에서 소청심사 청구의 대상은 호봉 정정 처분이 아니라 2016. 8. 24. 있었던 급여 환수 처분이라고 할 것인데, 이는 교원의 신분·인사상 불이익한 처분에 대한 청구가 아니라, 교원의 보수액에 대한 다툼, 즉 2003년 이후 과지급된 급여 환수 채권의 존재 여부 및 그 액수 등에 대한 다툼으로 교원의 지위 향상 및 교육활동 보호를 위한 특별법 제7조에서 규정하는 소청심사의 대상에 해당하지 않는다.

5. 결론

청구인의 청구는 소청심사 청구의 대상 적격을 흠결한 부적법한 청구에 해당하므로 이를 각하하기로 하여 주문과 같이 결정한다.

※ 본 사안은 교원소청심사위원회 2016년도 결정문집 Ⅴ. 각하 결정 연번 3번 등을 바탕으로 재구성한 사안입니다.

▣ 사안의 해설

본 사안에서는 피청구인이 청구인에게 초임호봉 과다획정을 사유로 급여 환수 처분을 하였고, 이에 대해 청구인은 소멸시효가 완성되었음을 주장하며 위 급여 환수 처분이 부당하다는 취지로 소청심사를 청구한 것으로 보입니다.

아래에서는 급여 환수 처분의 취소를 구하는 소청심사를 청구할 수 있는지 여부를 상세히 살펴보도록 하겠습니다.

◉ 쟁점: 급여환수 처분의 취소를 구하는 교원소청심사를 청구할 수 있는지 여부

교원의 지위 향상 및 교육활동 보호를 위한 특별법 제7조 및 제9조에 따르면, 교원소청심사 청구의 대상은 '징계 처분'과 '그 밖에 그 의사에 반하는 불리한 처분'입니다.

하급심 판례에서는, '그 밖에 그 의사에 반하는 불리한 처분'이란 징계 처분에 준하거나 그와 유사한 성격의 불리한 처분으로 휴직, 강임, 면직 등과 같은 신분·인사상의 불이익에 한정된다고 봄이 상당하다고 판시한 바 있습니다(서울행정법원 2009. 9. 2. 선고 2009구합13764 판결 참조).

본 사안에서는, 이에 근거하여 '그 밖에 그 의사에 반하는 불리한 처분'의 범위를 원칙적으로 신분·인사상의 불이익에 한정하여 보고 있는 것으로 보입니다. 이에 환수 채권의 존부 등에 대해서는 소청심사의 대상으로 보지 않은바, 소청심사 이외의 다른 법률적 구제 수단을 모색해 보아야 할 것으로 보입니다.

한편, 호봉 문제와 관련하여 호봉 재획정 청구 등은 본 사안의 급여 환수 취소 청구와는 그 성격을 달리하여 심사 청구 가능 여부에 대해 다르게 해석될 여지가 있어 보이는 점을 유의할 필요가 있습니다.

❑ 관계 법령

○ 교원의 지위 향상 및 교육활동 보호를 위한 특별법

[시행 2019. 4. 23.] [법률 제16331호, 2019. 4. 23., 일부개정]

제7조(교원소청심사위원회의 설치)

① 각급학교 교원의 징계 처분과 그 밖에 그 의사에 반하는 불리한 처분(「교육공무원법」 제11조의4 제4항 및 「사립학교법」 제53조의2 제6항에 따른 교원에 대한 재임용 거부 처분을 포함한다. 이하 같다)에 대한 소청심사를 하기 위하여 교육부에 교원소청심사위원회를 둔다.

제9조(소청심사의 청구 등)

① 교원이 징계 처분과 그 밖에 그 의사에 반하는 불리한 처분에 대하여 불복할 때에는 그 처분이 있었던 것을 안 날부터 30일 이내에 심사위원회에 소청심사를 청구할 수 있다. 이 경우에 심사청구인은 변호사를 대리인으로 선임(選任)할 수 있다.

03

교원 재임용 거부 소청

[1] 재임용 거부 사건 Ⅰ

주 문

피청구인이 2017. 2. 1. 청구인에게 한 재임용 거부 처분을 취소한다.

이 유

1. 사건 경과

가. 청구인은 2015. 7. 8. A대학교 B학과 조교수로 임용되었으며, 임용 기간은 2015. 7. 8.부터 2016. 7. 7.까지였다.

나. A대학교 총장은 2016. 6. 7. 청구인에게 교수 임용 계약 기간 만료 통지 및 재임용 심의 신청 통지를 하였고, 청구인은 2016. 6. 17. A대학교 총장에게 재임용 심의 신청을 하였다.

다. A대학교 교원인사위원회는 2016. 7. 7. 청구인에 대한 재임용 심의를 위한 연구업적 평가 및 심사평정 심사를 하고, 재임용 불합격 평가를 하였다.

라. 청구인은 2016. 7. 18. A대학교 교원인사위원회에 참석하였다.

마. 피청구인 이사회는 2017. 1. 23. 청구인에 대한 재임용 거부 의결을 하였고, 피청구인은 2017. 2. 1. 청구인에게 재임용 거부 처분을 하였다.

2. 처분 사유

심사 결과 재임용 탈락

3. 청구인 주장

(이하 생략)

4. 판단

가. 절차상 하자 인정 여부

1) 재임용 심의 신청 통지 기간 준수 여부

가) 사립학교법 제53조의2 제4항은 "제3항의 규정에 의하여 임용된 교원의 임용권자는 당해 교원의 임용 기간이 만료되는 때에는 임용 기간 만료일 4월 전까지 임용 기간이 만료된다는 사실과 재임용 심의를 신청할 수 있음을 당해 교원에게 통지하여야 한다."라고 규정하고 있다.

나) 청구인의 임용 기간은 2015. 7. 8.부터 2016. 7. 7.까지였고, 피청구인이 제출한 교수 임용 계약 기간 만료에 관한 통지서를 보면, 피청구인은 2016. 6. 7. 청구인에게 임용 기간 만료 도래 및 재임용 심의 신청 통지를 한 사실이 인정되는바, 이는 사립학교법 제53조의2에서 재임용 기간 만료 4월 전까지 재임용 심의 신청에 관한 통지하도록 한 규정을 위반한 것이다.

2) 실질적 소명 기회 미부여

가) 사립학교법 제53조의2 제7항은 교원인사위원회의 재임용 여부 심의 과정에서 15일 이상의 기간을 정하여 당해 교원에게 지정된 기일에 교원인사위원회에 출석하여 의견을 진술하게 하거나 서면에 의한 의견 제출의 기회를 부여하도록 규정하고 있다. 나아가 임용권자는 재임용 심사를 받는 교원에게 재임용 심사에 관한 평가 결과와 각 평가 항목의 평점 및 평정의 사유 등을 구체적으로 제시 한 후 교원이 그에 대해 소명이 가능하도록 하여, 의견 진술의 기회가 형식적이 아닌 실질적으로 이루어지도록 하여야 한다(서울행정법원 2008. 11. 7. 선고 2008구합22129 판결 참조).

나) 피청구인이 제출한 교원인사위원회 회의록 및 교원인사위원회 참석확인서를 보면, 교원인사위원회는 2016. 7. 7. 청구인에 대한 재임용 심의를 위한 연구 업적 평가 및 심사 평정 심사를 하고 재임용 불합격 평가를 하였고, 청구인은 2016. 7. 18. 교원인사위원회에 참석하여 소명을 한 사실이 인정된다.

다) 2016. 7. 7. 교원인사위원회 심의 당일 청구인에게 소명을 요청하였다고 가정하더라도 15일 이상의 기간을 주었다면 2016. 7. 22. 이후에서야 청구인이 교원인사위원회에 출석하였어야 하는데, 청구인이 이보다 빠른 2016. 7. 18. 소명을 위하여 교원인사위원회에 출석한바 청구인에게 의견 진술에 필요한 충분한 기간을 부여하지 않았고, 재임용 심사에 관한 연구업적 및 심사 평정의 평가 결과, 각 평가 항목의 평점 및 평정의 사유 등을 구체적으로 제시한 증거가 전혀 존재하지 않으므로 청구인에게 재임용 각 평가요소에 대하여 구체적으로 반박하거나 소명할 수 없었음이 인정되어 의견진술의 기회가 실질적으로 이루진 것이라 볼 수 없다.

3) 재임용 거부 사유 제시 여부

가) 사립학교법 제53조의2 제6항은 당해 교원을 재임용하지 아니하기로 결정할 때에는 재임용하지 아니하겠다는 의사와 재임용 거부 사유를 명시하여 통지하여야 한다고 규정하고 있는바, 재임용 거부가 교원에게 불이익한 처분이라는 점에 비추어 보면, 재임용 거부 사유 통보에 관한 위 규정의 주된 취지는 본인에게 재임용 거부를 당하게 된 사유와 경위를 알리도록 하여 그에 대한 불복 기회를 보장하려는 데 있다고 할 것이므로, 당해 교원이 재임용 거부 당시의 전후 사정에 의하여 스스로에 대한 구체적인 재임용 거부 사유를 명확히 알고 있다고 볼 만한 특별한 사정이 없는 한, 그 사유는 적어도 재임용 거부를 당하게 된 해당 사실관계를 인식할 수 있을 정도로 구체적으로 특정하여 통지하여야 한다고 봄이 상당하다(서울행정법원 2011. 4. 11. 선고 2010구합46012 판결 참조).

나) 그런데 피청구인은 2017. 2. 1. 청구인에게 재임용 거부 처분 최종 통지를 하면서 "심사 결과 재임용 탈락"만 적시하였을 뿐 연구업적 및 심사 평정의 평가 결과, 각 평가 항목의 평점 및 평정의 사유 등을 전혀 적시하지 않아

청구인으로서는 구체적인 재임용 거부 사유를 전혀 확인할 수 없는바, 사립학교법 제53조의2 제6항에서 규정하고 있는 구체적인 재임용 거부 사유를 명시하지 않은 위법이 있다.

4) 재임용 결과 통지의 위법 여부

가) 사립학교법 제53조의2 제6항은 "제5항의 규정에 의한 재임용 심의를 신청받은 임용권자는 제53조의4의 규정에 의한 교원인사위원회의 재임용 심의를 거쳐 당해 교원에 대한 재임용 여부를 결정하고 그 사실을 임용 기간 만료일 2월 전까지 당해 교원에게 통지하여야 한다."라고 규정하고 있다.

나) 피청구인이 제출한 교원 재임용 결과 통보의 건을 보면, 피청구인은 2017. 2. 1. 청구인에게 재임용 거부 최종 통지를 한 사실이 인정되고, 이는 사립학교법 재임용 기간 만료 2월 전까지 재임용 여부 결과를 통지하도록 한 규정을 위반한 것이다.

5. 결론

피청구인이 2017. 2. 1. 청구인에게 한 재임용 거부 처분은 사립학교법 제53조의2를 위반한 중대한 절차의 하자가 인정되므로 이를 취소하기로 하여 주문과 같이 결정한다.

※ 본 사안은 교원소청심사위원회 2017년도 결정문집 II. 재임용 거부 처분 결정 연번 1번 등을 바탕으로 재구성한 사안입니다.

▣ 사안의 해설

사립학교법 제53조의2 제3항에 따르면 대학의 정관이 정하는 바에 따라 근무기간·급여·근무조건, 업적 및 성과약정 등 계약조건을 정하여 대학교원을 임용할 수 있다고 규정하고 있습니다.

위와 같이 기간을 정하여 임용된 교원의 경우, 과거에는 임용기간 만료되고 임용권자가 재임용을 거부하더라도, 해당 교원에게 위 재임용 거부의 취소를 구할 심사의 이익이 없다고 보았습니다.

헌법재판소 결정(헌법재판소 2003. 2. 27. 선고 2000헌바26 결정)이 있은 후, 사립학교법 및 교육공무원법에 재임용 심사 절차에 관한 규정이 신설되었고, 교원의 지위 향상 및 교육활동 보호를 위한 특별법 제7조에서는 재임용 거부 처분을 소청심사의 대상으로 규정하고 있어, 현재는 교원소청심사위원회에 재임용 거부의 취소를 구하는 소청심사를 청구할 수 있습니다.

본 사안에서는, 이 사건 재임용 거부 처분을 하면서 ① 재임용 신청 통지 기간 및 재임용 결과 통지 기간을 준수하였는지 여부, ② 재임용 심의 과정에서 실질적 소명 기회를 제공하였는지 여부, ③ 재임용 거부 처분 시 거부 사유를 제시하였는지 여부 등의 절차적 하자 여부가 쟁점이 되었습니다.

한편, 재임용 심사 과정에서 관계 법령상 요구하는 절차를 준수하지 아니한 절차적 하자가 있다 하여 바로 재임용 거부 결정의 효력이 부정되는 것은 아니나, 재임용 여부에 관하여 합리적인 기준에 의한 공정한 심사를 요구할 권리가 실질적으로 침해되었다고 평가될 정도에 이르면 그 재임용 거부 결정은 절차적 하자만으로도 효력이 부정될 수 있습니다(대법원 2010. 9. 30. 선고 2008다58794 판결 등 참조).

본 사안에서는, 재임용 심사 과정에서 거쳐야 할 절차를 준수하지 아니하고 그 절차 하자의 정도가 중대하여 위법하다고 보았으며, 아래에서 각 쟁점별 판단에 대해 상세히 살펴보겠습니다.

◉ 쟁점: 재임용 신청 통지 기간 및 재임용 결과 통지 기간을 준수하였는지 여부

사립학교법 제53조의2 제4항 및 제6항에 따르면, 임용권자는 교원의 임용 기간 만료일 4월 전까지 임용 기간이 만료된다는 사실과 재임용 심의를 신청할 수 있음을 당해 교원에게 통지하여야 하여야 합니다.

또한, 교원인사위원회의 재임용 심의를 거쳐 해당 교원에 대한 재임용 여부를 결정하고 그 사실을 임용 기간 만료일 2월 전까지 당해 교원에게 통지하여야 한다고 규정하고 있습니다.

위 규정들의 취지는 재임용 심의 대상자인 해당 교원의 임용 기간을 보장하면서, 해당 교원이 재임용에서 탈락할 경우에는 충분한 시간적 여유를 가지고 다음 직장을 찾을 수 있도록 교원을 보호하고자 하는 목적에 있다 할 것입니다.

본 사안에서는 임용권자가 임용 기간 만료 4월전에 재임용 심의 신청할 수 있음을 해당 교원에게 통지하지 아니하였고, 임용 기간 만료 2월 전까지 재임용 심의 결과를 해당 교원에게 통지하지 아니한바, 이에 대한 절차상 하자가 있다고 판단하였습니다.

◉ 쟁점: 재임용 심의 과정에서 실질적 소명 기회를 부여하였는지 여부

사립학교법 제53조의2 제6항 및 제7항에 따르면, 교원인사위원회 재임용 심의 과정에서 15일 이상의 기간을 정하여 당해 교원에게 지정된 기일에 교원인사위원회에 출석하여 의견을 진술하게 하거나 서면에 의한 의견 제출의 기회를 부여하도록 규정하고 있습니다.

위 의견 제출의 기회는 해당 교원에게 형식적이 아닌 실질적으로 부여되어야 한다는 점이 중요합니다. 임용권자는 재임용 심사를 받는 교원에게 재임용 심사에 관한 평가 결과, 각 평가 항목의 평점, 평정의 사유 등을 구체적으로 제시하여 해당 교원이 그에 대해 소명이 가능하도록 하여야 합니다.

본 사안에서는, 청구인이 교원인사위원회에 참석하여 소명한 사실은 인정되나, 피청구인이 청구인에게 각 평가 항목의 평점 및 평정의 사유 등에 대해 구체적으로 제시한 증거가 없고 의견 진술에 필요한 기간을 충분히 부여하지 않은 사실에 비추어 볼 때, 청구인에게 실질적인 의견 진술 기회를 부여하지 아니하였다고 보았습니다.

실제 사안의 적용에 있어서는, 교원인사위원회 심의 과정에서 교원에게 평가 결과와 각 평가 항목 및 평정의 사유 등을 구체적으로 제시하였는지 여부, 충분한 기간과 진술의 기회를 부여하였는지 여부 등이 세부 쟁점이 될 것으로 사료되며 이에 대한 면밀한 검토가 필요하다고 할 것입니다.

◉ 쟁점: 재임용 거부 처분 시 거부 사유 제시의 정도

사립학교법 제53조의2 제6항에 따르면, 임용권자가 당해 교원을 재임용하지 아니하기로 결정할 때에는 재임용을 하지 아니하겠다는 의사와 그 거부 사유를 명시하여 당해 교원에게 통지하여야 한다고 규정하고 있습니다. 이는 재임용 대상자인 당해 교원에게 재임용 거부를 당하게 된 사유와 경위를 알리도록 하여 재임용 거부에 대한 불복 기회를 보장하려는 데 있다고 할 것입니다.

위와 같은 취지를 고려하면, 피청구인은 청구인이 재임용 거부 당시의 전후 사정에 의하여 스스로 구체적인 재임용 거부 사유를 명확히 알고 있다고 볼 만한 특별한 사정이 없는 한, 청구인이 재임용 거부를 당하게 된 해당 사실관계를 인식할 수 있을 정도로 구체적으로 재임용 거부 사유를 특정하여 통지하여야 할 것입니다.

본 사안에서는, 피청구인이 청구인에게 재임용 거부 통지 처분을 하면서 결과만 적시하였을 뿐, 평가 항목의 평점 및 평정의 사유 등 재임용 거부 사유를 구체적으로 명시하지 않은 위법이 있다고 판단하였습니다.

❑ 관계 법령

○ 사립학교법

[시행 2019. 3. 19.] [법률 제15954호, 2018. 12. 18., 일부개정]

제53조의2(학교의 장이 아닌 교원의 임용)

③ 대학교육기관의 교원은 정관이 정하는 바에 따라 근무 기간·급여·근무 조건, 업적 및 성과 약정등 계약 조건을 정하여 임용할 수 있다. 이 경우 근무 기간에 관하여는 국·공립대학의 교원에게 적용되는 관련 규정을 준용한다. ④ 제3항의 규정에 의하여 임용된 교원의 임용권자는 당해 교원의 임용 기간이 만료되는 때에는 임용 기간 만료일 4월 전까지 임용 기간이 만료된다는 사실과 재임용 심의를 신청할 수 있음을 당해 교원에게 통지(문서에 의한 통지를 말한다. 이하 이 조에서 같다)하여야 한다.

⑤ 제4항의 규정에 의하여 통지를 받은 교원이 재임용을 받고자 하는 경우에는 통지를 받은 날부터 15일 이내에 재임용 심의를 임용권자에게 신청하여야 한다.

⑥ 제5항의 규정에 의한 재임용 심의를 신청받은 임용권자는 제53조의4의 규정에 의한 교원인사위원회의 재임용 심의를 거쳐 당해 교원에 대한 재임용 여부를 결정하고 그 사실을 임용 기간 만료일 2월 전까지 당해 교원에게 통지하여야 한다. 이 경우 당해 교원을 재임용하지 아니하기로 결정한 때에는 재임용하지 아니하겠다는 의사와 재임용 거부 사유를 명시하여 통지하여야 한다.

⑦ 교원인사위원회가 제6항의 규정에 의하여 당해 교원에 대한 재임용 여부를 심의함에 있어서는 다음 각 호의 사항에 관한 평가 등 객관적인 사유로서 학칙이 정하는 사유에 근거하여야 한다. 이 경우 심의 과정에서 15일 이상의 기간을 정하여 당해 교원에게 지정된 기일에 교원인사위원회에 출석하여 의견을 진술하거나 서면에 의한 의견제출의 기회를 주어야 한다.

1. 학생교육에 관한 사항
2. 학문연구에 관한 사항
3. 학생지도에 관한 사항
4. 「산업교육진흥 및 산학연협력촉진에 관한 법률」 제2조 제6호에 따른 산학연

협력에 관한 사항

⑧ 교원인사위원회는 교원의 재임용을 심의하는 경우 해당 교원의 평가 등에 제7항 각 호의 사항에 대한 실적과 성과가 「고등교육법」 제15조에 따른 해당 교원의 임무에 비추어 적정하게 반영될 수 있도록 필요한 조치를 취하여야 한다.

⑨ 재임용이 거부된 교원이 재임용 거부 처분에 대하여 불복하고자 하는 경우에는 그 처분이 있음을 안 날부터 30일 이내에 「교원의 지위 향상 및 교육활동 보호를 위한 특별법」 제7조에 따른 교원소청심사위원회에 심사를 청구할 수 있다.

○ 교육공무원법

[시행 2019. 6. 19.] [법률 제15949호, 2018. 12. 18., 일부개정]

제11조의4(계약제 임용 등)

① 대학의 교원은 대통령령으로 정하는 바에 따라 근무 기간, 급여, 근무 조건, 업적 및 성과 약정 등 계약 조건을 정하여 임용할 수 있다.

② 제1항에 따라 임용된 교원의 임용권자는 그 교원의 임용 기간이 끝나기 4개월 전까지 임용 기간이 끝난다는 사실과 재임용 심의를 신청할 수 있음을 그 교원에게 문서로 통지하여야 한다.

③ 제2항에 따라 통지를 받은 교원이 재임용을 받으려면 통지를 받은 날부터 15일 이내에 임용권자에게 재임용 심의를 신청하여야 한다.

④ 제3항에 따른 재임용 심의를 신청받은 임용권자는 대학인사위원회의 재임용 심의를 거쳐 해당 교원을 재임용할지 결정하고 그 사실을 임용 기간이 끝나기 2개월 전까지 그 교원에게 문서로 통지하여야 한다. 이 경우 그 교원을 재임용하지 아니하기로 결정하였을 때에는 재임용하지 아니하겠다는 의사와 재임용 거부 사유를 구체적으로 밝혀 통지하여야 한다.

⑤ 대학인사위원회가 제4항에 따라 해당 교원의 재임용에 대하여 심의할 때에는 다음 각 호의 사항에 관한 평가 등 객관적인 사유로서 학칙으로 정하는 사유에 근거하여야 한다. 이 경우 심의 과정에서 15일 이상의 기간을 정하여 해당 교원에게 지정된 날짜에 대학인사위원회에 출석하여 의견을 진술하거나 서면으로 의견을 제출할 기회를 주어야 한다.

1. 학생 교육에 관한 사항

2. 학문 연구에 관한 사항

3. 학생 지도에 관한 사항

4. 「산업교육진흥 및 산학연협력촉진에 관한 법률」 제2조 제6호에 따른 산학연
   협력에 관한 사항

⑥ 대학인사위원회는 교원의 재임용을 심의하는 경우 해당 교원의 평가 등에
제5항 각 호의 사항에 대한 실적과 성과가 「고등교육법」 제15조에 따른 해당 교
원의 임무에 비추어 적정하게 반영될 수 있도록 필요한 조치를 취하여야 한다.

⑦ 재임용이 거부된 교원이 재임용 거부 처분에 불복하려는 경우에는 그 처분
이 있음을 안 날부터 30일 이내에 「교원의 지위 향상 및 교육활동 보호를 위한 특
별법」 제7조에 따른 교원소청심사위원회에 심사를 청구할 수 있다.

[2] 재임용 거부 사건 Ⅱ

주 문

피청구인이 2016. 6. 27. 청구인에게 한 재임용 거부 처분을 취소한다.

이 유

1. 사건 경과

가. 청구인은 2014. 9. 1.부터 2015. 8. 31.까지로 하여 A대학교 B학과 조교수로 신규 임용되었고, 2015. 9. 1.부터 2016. 8. 31.까지 재임용되었다.

나. 피청구인은 2015. 8. 28. 청구인에게 2015학년도 3학기 강의수업 대체근무를 통보하였다.

다. 피청구인은 2016. 6. 2. 청구인에게 2016학년도 후기 교원 재임용 심사평정 결과를 통보하였고, 청구인은 2016. 6. 16. 피청구인에게 재심을 청구하였다.

라. A대학교 교원인사위원회는 2016. 6. 17. 개최된 회의에서 청구인이 제출한 논문 게재예정증명서 1건을 연구업적으로 인정하여, 절대요건 중 연구실적 충족 여부 평정 결과를 '부'에서 '가'로 변경하였고, 합계 평정 결과를 59.5점으로 평가하였다.

마. A대학교 총장은 2016. 6. 17. 피청구인에게 청구인에 대한 재임용 거부를 제청하였다.

바. 피청구인 이사회는 2016. 6. 23. 청구인에 대한 재임용 거부를 의결하였고,

피청구인은 2016. 6. 27. 청구인에게 재임용 거부를 통지하였다(이하 '이 사건 거부 처분'이라 한다).

사. 피청구인은 2016. 7. 1. 청구인에게 2016학년도 후기 교원 재임용 재평정 결과(2차)를 통보하고, 소명기회를 부여하였고(재심에 따른 재평정), 청구인은 2016. 7. 15. 피청구인에게 재심을 청구하였다.

아. A대학교 교원인사위원회는 2016. 8. 22. 청구인의 출석 하에 재임용 여부를 심의하여 재임용 탈락을 의결하였고, A대학교 총장은 2016. 8. 29. 청구인에게 재임용 거부를 통보하였다.

2. 처분 사유

기준 점수 70점 미만(59.5점)

3. 청구인 주장

가. 절차상 하자

1) 실질적인 의견 진술 기회 미부여

청구인은 재심 청구를 위해 피청구인에게 2016학년도 후기 교원 재임용 평정 결과에 대한 정보 공개를 요구하였으나, 그 중 학과 학생 지도 및 업무 협조 대상자별 평가표, 대학 발전의 기여도 평가표(부서장)에 대해 피청구인은 '피평가자에 대한 종합적인 정성평가 항목으로 공개될 경우 업무에 현저한 지장을 초래하므로 관련 규정에 의거 비공개함'이라며 비공개 결정을 하였다. 결국 청구인은 관련 부분에 대한 정보 없이 2016. 8. 22. A대학교 교원인사위원회에 출석하게 되어, 실질적 의견 진술의 기회를 부여받지 못하였으므로, 피청구인의 재임용 거부 처분은 위법하다.

나. 실체상 하자

1) 학생 교육 부분 평정의 불공정

청구인은 대체 근무자로 지정되어 2015. 8. 31.부터 2016. 2. 28.까지 강의 수업에 참여할 수 없었다. 그런데 피청구인은 대체 근무자의 수업 시수 및 강의 평가 심사 평정에 관한 규정이 없음에도 불구하고, 청구인이 대체 근무자로 수업을 할 수 없었던 2015학년도 3학기 수업 시수 및 강의 평가 부분에 대해 모두 최저 점수를 부여하여, 청구인의 학생 교육 부분 점수를 20점 만점에 10.8점으로 평가하였으므로 위법하다.

2) 대학 발전 기여도 부분 평정의 불공정

피청구인이 청구인의 정보 공개 청구를 거부하여 자세한 심사 평정 내역은 알 수 없지만, 청구인은 평소 대학 발전 기여도 평가 항목(학교, 학과 행사, 학과 업무 기여도) 수행에 소홀함이 없었고, 청구인이 대체 근무자로 지정된 기간 동안은 학과 업무에 참여할 수 없었으므로, 피청구인이 청구인의 대학 발전 기여도 부분 점수를 20점 만점에 5.5점으로 평가한 것은 위법하다.

4. 판단

가. A대학교 재임용 심사기준

비정년트랙 전임교원 업적평가지침 제9조(평가 결과 활용)

① 업적 평가 결과에 따라 재임용 여부를 결정하되 다음 각 호에 따른다.

1. 절대요건평가: 제4조 제2항에 의거 3개 항목 중 1개 항목 이상 미충족 시 타 항목 평가(기본평가 포함)를 배제함과 동시 재임용에서 제외한다.
2. 기본평가: 기본평가 점수 70점 이상의 경우 재임용 가(可), 70점 미만의 경우 재임용 불가(不可)

「비정년트랙 전임교원 업적평가지침」[별표 3,7,9]

[별표 3] 기본평가(각 100점)

구분	평가 항목	세부 내용	평점	평가자	평가 기준	평가 서식
학생 교육 (100)	수업 시수	책임시수 1시간 초과당 2점 추가	24~50	교무처장	별표4	
		책임 시수	24			
	강의 평가	4.21 이상	50	교무처장		
		3.91 이상~4.20 이하	45			
		3.61 이상~3.90 이하	40			

		3.31 이상~3.60 이하	35			
		3.00 이상~3.30 이하	30			
학생 지도 (100)	학과 재학생 유지율	95.0% 이상	45	교무처장	별표5	별지1
		90.0% 이상~95.0% 미만	40			
		85.0% 이상~95.0% 미만	35			
		80.0% 이상~85.0% 미만	30			
		80.0% 미만	25			
	학과 건강보험 적용 취업률	70% 이상	45	취업지원센터장		
		65% 이상~70% 미만	40			
		60% 이상~65% 미만	35			
		60% 미만	30			
	학과 학생 지도 및 업무 협조		0~10	학과장		별지2 별지 2-1
학문 연구 (100)	연구실적 (1개년)	200% 이상	100	교무처장	별표6	별지3
		150%~200% 미만	75			
		100%~150% 미만	50			
사회 봉사 (100)	교내외 봉사	행정 업무 협조, 위원회 활동, 교내외 행사 참여	50	교무처장	별표7	별지4
		교내외 행사 참여 및 사회봉사	50	학생처장		별지5
산학 협력 (100)	산학협력 활동, 연구과제 수행	산학 협력 활동, 연구 과제	100	산학연구 처장	별표8	별지6
대학 발전의 기여도 (100)	교원의 자질 및 대학 발전 기여도, 구성원과의 화합정도	교원의 자질, 교원 복무 이행 내역	25	교무처장 학생처장 기획처장 소속학과 (부서)장	별표9	별지7
		구성원과의 화합 정도, 학교, 학과 행사, 입시 홍보 등 학과 업무 기여도	25			
		대학 발전 기여도	50	총장		

※ 졸업생이 없는 학과는 취업률 평가 대상에서 제외함(이 경우 학생 지도 평가 항목은 80점 만점이며 100점으로 환산함)

※ 평가 대상자가 학과장인 경우, 학과 학생 지도 및 업무 협조 평가는 교무처장이 실시

※ 평가 결과: 평균 점수 70점 미만이면 재임용 불가

[별표 7] 사회봉사 업적 평가 기준

평가 영역	평가 항목	배점	기준
사회 봉사	교내·외 보직 수행, 위원회 활동	50, 45, 40, 35, 30	교내·외 보직 수행, 위원회 활동
	교내·외 행사 참여	25, 20, 15, 10, 5	본부 주관 행사(예시: 입학식, 졸업식 등), 교외 행사 등
	사회 봉사	25, 20, 15, 10, 5	학생 동아리 활동, 학생 지도 활동, 지역 사회봉사

[별표 9] 자질 및 기여도 등 평가 기준

평가 영역	평가 항목	배점	기준
대학 발전의 기여도	교원의 자질, 교원 복무 이행 내역, 업무 협조, 포상 실적	25, 20, 15, 10, 5	포상 및 징계를 포함
	구성원과의 화합 정도, 학과 행사, 입시 홍보, 취업 지원 등 학과 업무 기여도	25, 20, 15, 10, 5	학교, 학과 행사, 입시홍보 등 행정 업무 협조 등
	대학 발전 기여도	50, 40, 30, 20, 10	
※ 평가자는 본부 보직자(교무처장, 학생처장, 기획처장, 소속 학과(부서)장)로 하며 평균 점수로 한다.			

나. 절차상 하자

1) 실질적 의견 진술 기회 부여 여부

가) 이 사안의 경우, 을 제11호증 '정보공개청구서', 제12호증의1 '정보공개청구서에 대한 요청 자료 회신'에 의하면, 청구인이 2016. 7. 14. 피청구인에게 이 사건 재임용 평가와 관련하여 ① 학과 학생 지도 및 업무 협조 대상자별 평가표, ② 사회봉사(교내·외 봉사) 평가표, ③ 사회봉사 평가표, ④ 대학 발전의 기여도 평가표(부서장)에 대한 정보 공개를 요청하였으나, 피청구인이 2016. 7. 21. ① 학과 학생 지도 및 업무 협조 대상자별 평가표, ④ 대학 발전의 기여도 평가표(부서장)에 대해 정보 공개를 거부한 사실이 인정된다.

또한 을 제13호증 '재심청구서' 및 제21호증 'A대학교 제2016-9차 교원인사위원회 회의록'에 의하면 청구인은 결국 관련 정보들을 알지 못한 채 재심 청구서를 작성하였고, 2016. 8. 22. 참석한 교원인사위원회에서도 재심 청구서 이외의 내용에 대해서는 소명하지 못한 사실이 인정된다.

나) 사립학교법 제53조의2 제7항에 따르면, 교원인사위원회의 재임용 여부 심의 과정에서 15일 이상의 기간을 정하여 당해 교원에게 지정된 기일에 교원인사위원회에 출석하여 의견을 진술하게 하거나 서면에 의한 의견 제출의 기회를 부여하도록 규정하고 있다. 나아가 임용권자는 재임용 심사를 받는 교원에게 재임용 심사에 관한 평가 결과와 각 평가 항목의 평점 및 평정의 사유 등을 구체적으로 제시한 후 교원이 그에 대해 구체적으로 소명이 가능하도록 하여, 의견 진술의 기회가 형식적이 아닌 실질적으로 이루어져야 하는 것이다(서울행정법원 2008. 11. 7. 선고 2008구합22129 판결 참조). 그럼에도 이 사안에서 피청구인이 청구인의 정보 공개 청구를 거부하여 청구인이 평정 사유를 제대로 알지 못한 채 교원인사위원회에 출석하도록 한 것은 청구인에게 실질적 의견 진술 기회를 부여하지 않은 것이다.

다) 따라서 피청구인은 청구인에게 실질적 의견 진술 기회를 부여하지 아니하였으므로, 이 사건 재임용 거부 처분은 위법하다.

2) 재임용 거부 최종 통지의 적법성

가) 이 사안의 경우, 을 제14호증 '2016학년도 교원 재임용 거부 처분 유효 통보'에 의하면, 피청구인은 2016. 8. 29. 청구인에게 거부 처분 사유에 대해 "귀하는 재임용 평가 결과 기준 점수 70점 미만(59.5점)으로 재임용 거부 처분이 유효함을 알려드립니다."라고만 기재하여 재임용 거부 처분 최종 통지를 한 사실이 인정된다.

나) 사립학교법 제53조의2 제6항에 의하면, 교원을 재임용하지 아니하기로 결정할 때에는 재임용하지 아니하겠다는 의사와 재임용 거부 사유를 명시하여 통지하여야 한다고 규정하고 있는바, 재임용 거부가 교원에 대한 불이익 처분이라는 점에 비추어 보면, 재임용 거부 사유 통보에 관한 위 규정의 주된 취지는 본인에게 재임용 거부를 당하게 된 사유와 경위를 알리도록 하여 그에 대한 불복 기회를 보장하려는 데 있다고 할 것이므로, 당해 교원이

재임용 거부 당시의 전후 사정에 의하여 스스로에 대한 구체적인 재임용 거부 사유를 명확히 알고 있다고 볼 만한 특별한 사정이 없는 한, 그 사유는 적어도 재임용 거부를 당하게 된 해당 사실관계를 인식할 수 있을 정도로 구체적으로 특정하여 통지하여야 한다고 봄이 상당하다(서울행정법원 2011. 4. 11. 선고 2010구합46012 판결 참조).

다) ① 을 제4호증의2 '평가 심사 집계표'에 의하면 청구인을 37점으로 평가했다가 이후 59.5점으로 평가 점수를 변경한 점, ② 청구인이 정성 평가 항목에 대한 정보 공개를 거부당하여 재임용 거부 사유와 경위를 알지 못한 점 등을 종합하면, 피청구인은 청구인에게 재임용 거부를 당하게 된 사실관계를 인식할 수 있을 정도로 구체적으로 통지해 주어야 함에도 "재임용 평가 결과 기준 점수 70점 미만(59.5점)"이라고만 기재하여 통지하였으므로, 이 사건 재임용 거부 처분은 위법하다.

다. 실체상 하자

1) 객관적 사유에 근거한 재임용 심의 여부

가) 이 사안의 경우, 을 제19호증 '비정년트랙 전임교원 업적평가지침'[별표 3], [별표 7], [별표 9]에 의하면, 학생 지도 영역의 학과 학생 지도 및 업무 협조 평가 항목, 사회봉사 영역, 산학 협력 영역, 대학 발전의 기여도 영역은 평가 기준의 구체적 적용 방법 없이 추상적 배점 기준만을 나열하고 있는 사실이 인정된다.

나) 사립학교법 제53조의2 제7항 전문에서 재임용 심의 사유를 학칙이 정하는 객관적인 사유에 근거하도록 규정한 취지는, 해당 교원에게 사전에 심사 방법의 예측 가능성을 제공하고 사후에는 재임용 거부 결정이 합리적인 기준에 의하여 공정하게 이루어졌는지를 심사할 수 있도록 재임용 심사기준이 사전에 객관적인 규정으로 마련되어 있어야 함을 요구하는 것으로 보아야(대법원 2011. 2. 10. 선고 2010두17403 판결 참조) 하는데, 사안의 경우, 교원이 이러한 추상적 배점 기준에 의해 위 평가 분야의 심사 방법을 예측하기는 불가능하고, 사후에 재임용 거부 결정이 합리적인 기준에 의해 공정하게 이루어졌는지를 심사할 수도 없는 점, 위 평가 분야의 배점이 총 재임

용 평가 점수의 절반 이상을 차지하는 점 등을 고려하면, 피청구인의 위와 같은 재임용 평가 기준은 객관적 사유에 근거한 것이라 볼 수 없다.

다) 따라서 피청구인의 비정년트랙 전임교원 업적평가지침 [별표 3], [별표 7], [별표 9]는 사립학교법 제53조의2 제7항에 반하는 것이므로, 이 사건 재임용 거부 처분은 위법하다.

5. 결론

이상에서 살펴본 바와 같이 이 사건 재임용 거부 처분에는 사립학교법 제53조의2의 규정을 위반한 중대한 하자가 있어 위법하므로 주문과 같이 결정한다.

※ 본 사안은 교원소청심사위원회 2016년도 결정문집 Ⅱ. 재임용 거부 처분 결정 연번 5번 등을 바탕으로 재구성한 사안입니다.

▣ 사안의 해설

본 사안의 재임용 거부 처분에서는 절차적 하자와 관련하여 ① 피소청인이 해당 교원에게 교원인사위원회 재임용 심의 과정에서 실질적 소명 기회를 부여하였는지 여부, ② 재임용 거부의 최종 통지가 적법한지(최종 통지 시 거부 사유 제시의 정도) 여부가 쟁점이 되었습니다.

앞서 연번1 사안에서 구체적으로 살펴본 바와 같이, 재임용 심사 과정에서 절차적 하자가 있다 하여 바로 재임용 거부 결정의 효력이 부정되는 것은 아니나, 재임용 여부에 관하여 합리적인 기준에 의한 공정한 심사를 요구할 권리가 실질적으로 침해되었다고 평가될 정도에 이르면 그 재임용 거부 결정은 절차적 하자만으로도 효력이 부정될 수 있다는 점(대법원 2010. 9. 30. 선고 2008다58794 판결 등 참조)을 유의할 필요가 있습니다.

또한, 실체적 하자와 관련하여 ③ 재임용 심의 사유가 객관적인 사유인지 여부가 쟁점이 되었습니다. 이는 재임용 관련 소청 및 소송에서 양 당사자 간에 첨예

한 대립이 있는 부분이라 사료되며, 실제 사안에 따라서는 유사 판례와 결정례에서 어떠한 판단을 하였는지에 대한 분석을 요하는 점도 있어 보입니다.

◉ 쟁점: 재임용 심의 과정에서 실질적 소명 기회를 부여하였는지 여부

사립학교법 제53조의2 제6항 및 제7항에 따르면, 교원인사위원회 재임용 심의 과정에서 15일 이상의 기간을 정하여 당해 교원에게 지정된 기일에 교원인사위원회에 출석하여 의견을 진술하게 하거나 서면에 의한 의견 제출의 기회를 부여하도록 규정하고 있습니다.

위 의견 제출의 기회는 해당 교원에게 실질적으로 부여되어야 한다는 점이 중요합니다. 임용권자는 재임용 심사를 받는 교원에게 재임용 심사에 관한 평가 결과, 각 평가 항목의 평점, 평정의 사유 등을 구체적으로 제시하여 해당 교원이 그에 대해 소명이 가능하도록 하여야 합니다.

본 사안에서는, 청구인이 피청구인에게 구체적인 평가표에 대해 정보 공개 요청을 하였으나 피청구인이 일부 평가표에 대한 정보 공개를 거부하였고, 이에 청구인이 교원인사위원회 심의 과정에서 구체적인 평정 사유에 충분히 대해 알지 못하여 실질적인 소명을 하지 못하였다고 평가하였습니다.

실제 사안의 적용에 있어서는, 교원인사위원회 심의 과정에서 교원에게 평가 결과와 각 평가 항목 및 평정의 사유 등을 구체적으로 제시하였는지 여부, 충분한 기간과 진술의 기회를 부여하였는지 여부 등이 세부 쟁점이 될 것으로 사료되며 이에 대한 면밀한 검토가 필요하다고 할 것입니다.

◉ 쟁점: 재임용 거부 처분 시 거부 사유 제시의 정도

사립학교법 제53조의2 제6항에 따르면, 임용권자가 당해 교원을 재임용하지 아니하기로 결정할 때에는 재임용을 하지 아니하겠다는 의사와 그 거부 사유를 명시하여 당해 교원에게 통지하여야 한다고 규정하고 있습니다. 이는 재임용 대상자인 당해 교원에게 재임용 거부를 당하게 된 사유와 경위를 알리도록 하여 재임용 거부에 대한 불복 기회를 보장하려는 데 있다고 할 것입니다.

위와 같은 취지를 고려하면, 피청구인은 청구인이 재임용 거부 당시의 전후 사정에 의하여 스스로 구체적인 재임용 거부 사유를 명확히 알고 있다고 볼 만한 특별한 사정이 없는 한, 청구인이 재임용 거부를 당하게 된 해당 사실관계를 인식할 수 있을 정도로 구체적으로 재임용 거부 사유를 특정하여 통지하여야 할 것입니다.

본 사안에서는, 피청구인이 청구인에게 재임용 거부 통지 처분을 하면서 재임용 거부를 당하게 된 사실관계를 인식할 수 있을 정도로 구체적으로 통지해 주어야 함에도, 재임용 평가 결과 기준 점수 미만이라고만 기재하여 통지한 위법이 있다고 평가하였습니다.

◉ 쟁점: 재임용 심의 사유가 객관적인 사유인지 여부

교육 관계 법령상 해당 교원에 대한 재임용 결정 여부는 임용권자가 대학교수에게 요구되는 고도의 전문적인 학식과 교수능력 및 인격 등의 사정을 고려하여 합목적적으로 판단할 재량에 속하는 것이라고 할 것입니다.

이에 임용권자는 평가의 구체적인 방식에 대해서도 구체적인 평가항목의 설정이나 배점, 평가 방법 등을 정함에 있어 원칙적으로 상당한 재량을 가진다고 할 것이나, 이러한 재량은 자의적으로 행사되지 않아야 하는 내재적 한계를 지닌다고 할 것입니다.

사립학교법 제53조의2 제7항 및 제8항의 취지를 고려하면, 교원인사위원회에서는 당해 교원에 대한 재임용 여부를 심의할 때 학생교육에 관한 사항, 학문연구에 관한 사항, 학생지도에 관한 사항, 산학연협력에 관한 사항 등에 관한 평가를 객관적인 사유로서 학칙에 정하는 사유에 근거해야 하고, 해당 교원의 임무에 비추어 이에 대한 실적과 성과가 적정하게 반영될 수 있도록 필요한 조치를 하여야 합니다.

또한, 판례에 따르면 위와 같이 재임용 심의 사유를 학칙이 정하는 객관적인 사유에 근거하도록 규정한 취지는, 해당 교원에게 사전에 심사 방법의 예측 가능성을 제공하고 사후에는 재임용 거부 결정이 합리적인 기준에 의하여 공정하게 이루어졌는지를 심사할 수 있도록 재임용 심사기준이 사전에 객관적인 규정으로 마련되어 있어야 함을 요구하는 것으로 보고 있는바(대법원 2011. 2. 10. 선고 2010두17403 판결 등 참조), 실제 사안의 적용에 있어서는 이를 구체적으로 고려할 필요가 있어 보입니다.

본 사안에서는, 이 사건 재임용 심사 평가 기준 중 학생 지도 영역의 학과 학생 지도 및 업무 협조 평가 영역 등 일부 영역의 평가기준이 구체적 적용 방법 없이 추상적 배점기준만을 나열하고 있어 해당 교원에게 심사 방법을 예측하기는 불가능하게 하고, 사후에 재임용 거부 결정이 합리적인 기준에 의해 공정하게 이루어졌는지를 심사할 수도 없는 점 등을 고려할 때, 이 사건 재임용 평가기준은 객관적 사유에 근거한 것이라 볼 수 없다고 판단하였습니다.

❏ 관계 법령

○ 사립학교법
[시행 2019. 3. 19.] [법률 제15954호, 2018. 12. 18., 일부개정]

제53조의2(학교의 장이 아닌 교원의 임용)

③ 대학교육기관의 교원은 정관이 정하는 바에 따라 근무기간·급여·근무 조건, 업적 및 성과 약정등 계약 조건을 정하여 임용할 수 있다. 이 경우 근무 기간에 관하여는 국·공립대학의 교원에게 적용되는 관련 규정을 준용한다.

④ 제3항의 규정에 의하여 임용된 교원의 임용권자는 당해 교원의 임용 기간이 만료되는 때에는 임용 기간 만료일 4월 전까지 임용기간이 만료된다는 사실과 재임용 심의를 신청할 수 있음을 당해 교원에게 통지(문서에 의한 통지를 말한다.

이하 이 조에서 같다)하여야 한다.

⑤ 제4항의 규정에 의하여 통지를 받은 교원이 재임용을 받고자 하는 경우에는 통지를 받은 날부터 15일 이내에 재임용 심의를 임용권자에게 신청하여야 한다.

⑥ 제5항의 규정에 의한 재임용 심의를 신청받은 임용권자는 제53조의4의 규정에 의한 교원인사위원회의 재임용 심의를 거쳐 당해 교원에 대한 재임용 여부를 결정하고 그 사실을 임용 기간 만료일 2월 전까지 당해 교원에게 통지하여야 한다. 이 경우 당해 교원을 재임용하지 아니하기로 결정한 때에는 재임용하지 아니하겠다는 의사와 재임용 거부 사유를 명시하여 통지하여야 한다.

⑦ 교원인사위원회가 제6항의 규정에 의하여 당해 교원에 대한 재임용 여부를 심의함에 있어서는 다음 각 호의 사항에 관한 평가 등 객관적인 사유로서 학칙이 정하는 사유에 근거하여야 한다. 이 경우 심의 과정에서 15일 이상의 기간을 정하여 당해 교원에게 지정된 기일에 교원인사위원회에 출석하여 의견을 진술하거나 서면에 의한 의견제출의 기회를 주어야 한다.

1. 학생교육에 관한 사항
2. 학문연구에 관한 사항
3. 학생지도에 관한 사항
4. 「산업교육진흥 및 산학연협력촉진에 관한 법률」 제2조 제6호에 따른 산학연 협력에 관한 사항

⑧ 교원인사위원회는 교원의 재임용을 심의하는 경우 해당 교원의 평가 등에 제7항 각 호의 사항에 대한 실적과 성과가 「고등교육법」 제15조에 따른 해당 교원의 임무에 비추어 적정하게 반영될 수 있도록 필요한 조치를 취하여야 한다.

⑨ 재임용이 거부된 교원이 재임용 거부 처분에 대하여 불복하고자 하는 경우에는 그 처분이 있음을 안 날부터 30일 이내에 「교원의 지위 향상 및 교육활동 보호를 위한 특별법」 제7조에 따른 교원소청심사위원회에 심사를 청구할 수 있다.

○ 교육공무원법

[시행 2019. 6. 19.] [법률 제15949호, 2018. 12. 18., 일부개정]

제11조의4(계약제 임용 등)

① 대학의 교원은 대통령령으로 정하는 바에 따라 근무 기간, 급여, 근무 조건, 업적 및 성과 약정 등 계약 조건을 정하여 임용할 수 있다.

② 제1항에 따라 임용된 교원의 임용권자는 그 교원의 임용 기간이 끝나기 4개월 전까지 임용 기간이 끝난다는 사실과 재임용 심의를 신청할 수 있음을 그 교원에게 문서로 통지하여야 한다.

③ 제2항에 따라 통지를 받은 교원이 재임용을 받으려면 통지를 받은 날부터 15일 이내에 임용권자에게 재임용 심의를 신청하여야 한다.

④ 제3항에 따른 재임용 심의를 신청받은 임용권자는 대학인사위원회의 재임용 심의를 거쳐 해당 교원을 재임용할지 결정하고 그 사실을 임용 기간이 끝나기 2개월 전까지 그 교원에게 문서로 통지하여야 한다. 이 경우 그 교원을 재임용하지 아니하기로 결정하였을 때에는 재임용하지 아니하겠다는 의사와 재임용 거부 사유를 구체적으로 밝혀 통지하여야 한다.

⑤ 대학인사위원회가 제4항에 따라 해당 교원의 재임용에 대하여 심의할 때에는 다음 각 호의 사항에 관한 평가 등 객관적인 사유로서 학칙으로 정하는 사유에 근거하여야 한다. 이 경우 심의 과정에서 15일 이상의 기간을 정하여 해당 교원에게 지정된 날짜에 대학인사위원회에 출석하여 의견을 진술하거나 서면으로 의견을 제출할 기회를 주어야 한다.

1. 학생 교육에 관한 사항
2. 학문 연구에 관한 사항
3. 학생 지도에 관한 사항
4. 「산업교육진흥 및 산학연협력촉진에 관한 법률」 제2조 제6호에 따른 산학연협력에 관한 사항

⑥ 대학인사위원회는 교원의 재임용을 심의하는 경우 해당 교원의 평가 등에 제5항 각 호의 사항에 대한 실적과 성과가 「고등교육법」 제15조에 따른 해당 교원의 임무에 비추어 적정하게 반영될 수 있도록 필요한 조치를 취하여야 한다.

⑦ 재임용이 거부된 교원이 재임용 거부 처분에 불복하려는 경우에는 그 처분이 있음을 안 날부터 30일 이내에 「교원의 지위 향상 및 교육활동 보호를 위한 특별법」 제7조에 따른 교원소청심사위원회에 심사를 청구할 수 있다.

[3] 재임용 거부 취소 사건 Ⅲ

주 문

피청구인이 2016. 4. 2. 청구인에게 한 재임용 거부 처분을 취소한다.

이 유

1. 사건 경과

가. 청구인은 1997. 3. 1. A대학교 신규 임용되었다.

나. 2015. 2. 16. 피청구인 교원인사위원회의 심의 결과, 청구인은 재임용 조건을 충족하지 못하였다(신앙영역 62점, 연구영역 98.47점 각 부족).

다. 피청구인은 2015. 2. 28. 청구인에게 재임용 조건을 1년간 충족할 수 있는 기회를 부여하기로 결정하고, 1년간(2015. 3. 1.~2016. 2. 29.) 조건부로 재임용하는 계약을 체결하였다.

라. 피청구인 교원인사위원회는 2016. 2. 2. 회의를 개최하여 청구인의 재임용 기준 미달 사실에 관해 심의하였다.

마. 피청구인 이사회는 2016. 2. 16. 청구인의 재임용에 대한 결정을 A대학교 총장에게 위임하기로 의결하였다.

바. A대학교는 2016. 3. 2. 청구인에게 재임용 심사와 관련하여 2016. 3. 21. 열리는 교원인사위원회에 참석하여 진술할 수 있음을 통지하였다.

사. A대학교는 2016. 3. 4. 청구인에게 임용 기간이 만료됨을 통보하였고, A대
학교총장은 2016. 4. 2. 청구인에 대해 재임용 거부됨을 최종 통보하였다.

2. 처분 사유

재임용 거부 사유: 2015년 조건부 재임용 계약 불이행
① 재임용 조건 연구 점수는 198.47점(미이행분 98.47점＋2015년 이행분 100
점)이나 150점으로 요건 미충족(2015. 11. 30. 기준)
② (계약 조건이) 본교 이외의 다른 정규직이나 비정규직, 유급이나 혹은 무급
이라도 지속적이고 반복되는 업무를 요하는 일(예: 목사, 설교자)에 종사하거나
관련되지 않을 것이었으나 "甲교회 乙목사" 겸직으로 계약 조건 5번 조항 불이행

3. 청구인 주장

(이하 생략)

4. 판단

가. 재임용 여부 등 통지 기간 준수 여부

1) 사립학교법 제53조의2 제4항은 "제3항의 규정에 의하여 임용된 교원의 임용
권자는 당해 교원의 임용 기간이 만료되는 때에는 임용 기간 만료일 4월 전
까지 임용 기간이 만료된다는 사실과 재임용 심의를 신청할 수 있음을 당해
교원에게 통지하여야 한다.", 동조 제6항은 "제5항의 규정에 의한 재임용 심
의를 신청받은 임용권자는 제53조의4의 규정에 의한 교원인사위원회의 재임
용 심의를 거쳐 당해 교원에 대한 재임용 여부를 결정하고 그 사실을 임용
기간 만료일 2월 전까지 당해 교원에게 통지하여야 한다."라고 각각 규정하
고 있다.

2) 청구인의 재임용 기간은 2015. 3. 1.부터 2016. 2. 29.까지였는데, 이 사건
기록을 보면, A대학교는 2016. 3. 2. 청구인에게 재임용 평가 결과와 교원인
사위원회에 출석하여 진술할 수 있음을 통지하였고, 그 후 A대학교 총장은
2016. 4. 2. 청구인에게 재임용이 거부됨을 최종 통지한 사실이 인정되는바,
이는 위 사립학교법 제53조의2에서 재임용 기간 만료 4월 전까지 재임용 심
의 신청에 관한 통지를, 또 재임용 기간 만료 2월 전까지 재임용 여부 결과

를 통지하도록 한 규정을 위반한 것이다.

나. 임용권자에 의한 처분 여부

1) 이 사건 기록에 의하면, 피청구인 이사회는 2016. 2. 16. 청구인의 재임용 여부에 대한 결정을 A대학교 총장에게 위임하기로 의결하였고, 그에 따라 2016. 4. 2. A대학교 총장은 청구인에게 최종적으로 재임용 거부 통지를 한 사실을 알 수 있다.

2) 사립학교법 제53조의2 제2항은 "대학교육기관의 교원의 임용권은 당해 학교법인의 정관이 정하는 바에 의하여 학교의 장에게 위임할 수 있다."라고 규정하고 있는데, 학교법인 A학원 정관 제43조(임면) 제2항은 "학교의 장 이외의 교원은 인사위원회의 심의를 거쳐 학교의 장의 제청으로 이사회의 의결을 거쳐 이사장이 다음 각 호의 범위 안에서 계약 조건을 정하여 임명한다. 다만 겸임교원 등 특별임용교원에 대한 사항은 별도로 정한다."라고 하여 교원의 임용권자를 학교법인으로 규정하고 있을 뿐, 위 정관에서 교원의 임용권을 A대학교 총장에게 위임하고 있는 규정은 찾아볼 수 없다.

3) 위 사립학교법의 규정에 의할 때 학교법인의 교원 임용권은 정관이 정하는 바에 의해 학교의 장에게 위임할 수 있을 뿐인데(대법원 2012. 4. 26. 선고 2011두25739 판결 참조), 이 사건에서 정관의 근거 없이 피청구인 이사회의 의결만으로 청구인에 대한 재임용 여부를 A대학교 총장에게 위임한 것은 효력이 없고, 따라서 적법한 교원 임용권 위임 없이 A대학교 총장이 청구인에 대한 최종 재임용 거부를 결정하고 통지한 것은 권한 없는 자에 의한 처분으로 위법하다 할 것이다.

다. 실질적인 의견 진술 기회 부여 여부

1) 사립학교법 제53조의2 제7항에서는, 교원인사위원회의 재임용 여부 심의 과정에서 15일 이상의 기간을 정하여 당해 교원에게 지정된 기일에 교원인사위원회에 출석하여 의견을 진술하게 하거나 서면에 의한 의견 제출의 기회를 부여하도록 규정하고 있는바, 교원의 임용권자는 재임용 심사를 받는 교원에게 재임용 심사에 관한 평가 결과와 각 평가 항목의 평점 및 평정의 사

유 등을 구체적으로 제시한 후 교원이 그에 대해 구체적으로 소명이 가능하도록 하여, 의견 진술의 기회가 형식적이 아닌 실질적으로 이루어져야 하는 것이다(서울행정법원 2008. 11. 7. 선고 2008구합22129 판결 참조).

2) 이 사건에서 피청구인은 2016. 3. 2. 청구인에게 2016. 3. 21.자 개최되는 교원인사위원회에 참석하여 진술할 수 있다는 취지로 통지하면서, 청구인의 재임용 심사 평정과 관련하여 아래와 같은 내용으로만 통지한 사실을 알 수 있다.

> ① 신앙에 대하여 158점(미이행분 56점+2015년 이행분 96점)에 대해 203점으로 요건 충족
> ② 연구 198.47점(미이행분 98.47점+2015년 이행분 100점)에 대해 산정 기준일 내 취득 점수가 150점으로 요건 미충족
> ③ 주야간 구분 없이 4일 이상 학교 출근에 대해서는 정확하게 확인할 근거 없음
> ④ ○○선교회 소속 교회 출석(2016. 1. 30. 이전)에 대해서는 출석을 확인할 증빙 없음, 그러나 甲교회 乙목사로 재직하고 계신바 이행되지 않은 것으로 보임(甲교회 주보에 乙목사로 인쇄된 것 제출한 것이 있음)
> ⑤ 본교 이외의 다른 정규직이나 비정규직, 유급이나 혹은 무급이라도 지속적이고 반복되는 업무를 요하는 일(예: 목사, 설교자)에 종사하거나 관련 되지 않을 것에 대해서는 "甲교회 乙목사"로 확인되어 요건 미충족

3) 위 통지를 보면 피청구인은 청구인에게 연구 영역 점수를 150점으로 산정한 평가 근거 및 사유, 각 연구 실적에 대한 평가 결과 등을 전혀 적시하지 않은 채(나머지 재임용 심사 결과 역시 정확하게 근거를 밝히지 않았음), 청구인에게 교원인사위원회 출석 통지를 하였는바, 이는 사립학교법 제53조의2에서 규정하는 실질적인 의견 진술의 기회를 부여하지 않은 중대한 절차상 하자가 있다고 할 것이어서, 이 사건 재임용 거부 처분은 위법하다.

라. 학칙이 정하는 객관적인 사유에 근거한 재임용 심의

1) 사립학교법 제53조의2 제7항 전문에서 재임용 심의 사유를 학칙이 정하는 객관적인 사유에 근거하도록 규정한 취지는, 해당 교원에게 사전에 심사 방법의 예측 가능성을 제공하고 사후에는 재임용 거부 결정이 합리적인 기준에 의하여 공정하게 이루어졌는지를 심사할 수 있도록 재임용 심사기준이

사전에 객관적인 규정으로 마련되어 있어야 함을 요구하는 것으로 보아야 한다(대법원 2011. 2. 10. 선고 2010두17403 판결 참조).

2) 나아가 학교법인의 규정에 객관적인 사유와 기준 자체가 마련되어 있지 않은 상태에서는 개별 계약에서 정한 재임용 조건의 공정성, 객관성, 합리성 및 다른 교원들과의 형평성을 담보하기 어렵고, 또한 규정에서 정한 범위를 벗어나는지 여부 자체를 알 수 없으므로, 재임용에 관한 계약 조건이 쌍방의 합의를 거쳐 객관적인 기준을 계약으로 정한 것이라고 하더라도 사립학교법 제53조의2 제7항에서 규정하는 '학칙이 정하는 객관적인 사유'에 해당한다고 볼 수 없다(대법원 2011. 2. 10. 선고 2010두17403 판결 참조).

3) 이 사건에서 피청구인이 청구인에게 최종적으로 재임용 거부 처분을 한 사유는 두 가지로, 첫 번째는 ① 연구 영역 점수가 150점으로 재임용 조건(198.47점＝미이행분 98.47점＋2015년 이행분 100점)을 미충족하였다는 것이고, 두 번째는 ② 본교 이외의 다른 정규직이나 비정규직, 유급이나 혹은 무급이라도 지속적이고 반복되는 업무를 요하는 일(예: 목사, 설교자)에 종사하거나 관련 되지 않아야 하나 "甲교회 乙목사" 겸직으로 계약 조건 5번 조항을 불이행하였다는 것이다.

재임용 부결 통보서

1. 직위 및 성명: ○○○ 교수(부교수)
2. 재임용 심의 결과: 부결
3. 재임용 거부 사유: 2015년 조건부 재임용 계약 불이행
   ① 연구 198.47점(미이행분 98.47점＋2015년 이행분 100점)이었으나 150점으로 요건 미충족(2015. 11. 30. 기준)
   ② 본교 이외의 다른 정규직이나 비정규직, 유급이나 혹은 무급이라도 지속적이고 반복되는 업무를 요하는 일(예: 목사, 설교자)에 종사하거나 관련 되지 않을 것이었으나 "甲교회 乙목사"로 겸직으로 계약 조건 5번 조항 불이행
4. 교원인사위원회 개최 및 소명 기회 부여: 2016. 3. 21. 오전 9시 미충족 조항에 대해 이행 여부를 확인한바 이행 의지가 없음이 확인되어 재임용 불가 결정 내려짐
5. 재임용 기간 만료일: 2016. 2. 29.

---

4) 한편 피청구인 교원인사규정 시행 세칙에서 규정하는 재임용 기준은, "④ 재

임용대상자는 임용 기간 중 각 영역별 업적 평가 결과의 연도별 평균이 신앙 영역 96점, 교육 영역 130점, 연구 영역 100점, 봉사 영역 30점 이상의 실점수를 넘어야 한다.(각 영역에 대한 배점은 별도기준 존재)" 및 "⑤ 매 학년 예배 참석 횟수가 15회 미만일 경우 재임용하지 않는다."인데, 위와 같은 청구인에 대한 재임용 거부 사유 중 두 번째 "甲교회 乙목사 겸직으로 계약 조건 5번 조항을 불이행하였다는 것"은 피청구인 교원인사규정 시행 세칙에서 정하는 재임용 기준이 아니라, 2015. 2. 28.자 피청구인과 청구인 사이의 조건부 재임용 계약서에서 규정하고 있는 재임용 조건일 뿐이어서, 사립학교법 제53조의2 제7항에서 규정하는 학칙이 정하는 재임용 심사기준에 의한 것이 아니므로 "甲교회 乙목사 겸직으로 계약 조건 5번 조항을 불이행하였다는 것"은 적법한 재임용 거부 사유로 인정할 수 없다.

마. 재임용 거부 최종 통지의 적법성 인정 여부

1) 사립학교법 제53조의2 제6항에 의하면, 재임용 심의를 신청받은 임용권자는 교원인사위원회의 재임용 심의를 거쳐 당해 교원에 대한 재임용 여부를 결정하고, 그 사실을 임용 기간 만료 2월 전까지 당해 교원에게 통지하여야 하며, 이 경우 당해 교원을 재임용하지 아니하기로 결정할 때에는 재임용하지 아니하겠다는 의사와 재임용 거부 사유를 명시하여 통지하여야 한다고 규정하고 있는바, 재임용 거부가 교원에 대한 불이익한 처분이라는 점에 비추어 보면, 재임용 거부 사유 통보에 관한 위 규정의 주된 취지는 본인에게 재임용 거부를 당하게 된 사유와 경위를 알리도록 하여 그에 대한 불복 기회를 보장하려는 데 있다고 할 것이므로, 당해 교원이 재임용 거부 당시의 전후 사정에 의하여 스스로에 대한 구체적인 재임용 거부 사유를 명확히 알고 있다고 볼 만한 특별한 사정이 없는한, 그 사유는 적어도 재임용 거부를 당하게 된 해당 사실관계를 인식할 수 있을 정도로 구체적으로 특정하여 통지하여야 한다고 봄이 상당하다(서울행정법원 2011. 4. 11. 선고 2010구합46012 판결 참조).

2) 이 사건에서 A대학교 총장이 2016. 4. 2. 청구인에게 최종적으로 재임용 거부됨을 통지하면서, 첫 번째 사유로 "연구 영역 점수가 150점으로 재임용 조건(198.47점 = 미이행분 98.47점 + 2015년 이행분 100점)을 미충족하였다"고 적시하였는데, 이는 구체적인 연구 영역 평가 근거 및 사유, 각 연구 실적에

대한 평가 결과 등을 전혀 적시하지 않은 채 단지 최종 연구 영역 점수가 150점이란 사실만을 통지한 것으로 청구인이 구체적인 재임용 거부 사유를 확인할 수 없는 것이다.

3) 결론적으로 이 사건에서 피청구인은 사립학교법 제53조의2 제6항에서 규정하고 있는 재임용 여부에 대한 구체적인 최종 통지를 한 것으로 볼 수 없어, 이 사건 재임용 거부 처분은 위법하다.

5. 결론

이상에서 살펴본 바와 같이 이 사건 재임용 거부 처분에는 사립학교법 제53조의2의 규정을 위반한 중대한 하자가 있어 위법하므로 주문과 같이 결정한다.

───────────

※ 본 사안은 교원소청심사위원회 2016년도 결정문집 Ⅱ. 재임용 거부 처분 결정 연번 3번 등을 바탕으로 재구성한 사안입니다.

▣ 사안의 해설

본 사안에서는, ① 재임용 신청 통지 기간 및 재임용 결과 통지 기간을 준수하였는지 여부, ② 임용권자에 의한 재임용 거부 처분인지, ③ 교원인사위원회 재임용 심의 과정에서 청구인에게 실질적인 소명 기회를 제공하였는지 여부, ④ 재임용 심의 사유가 학칙이 정하는 객관적인 사유에 근거한 것인지 여부 중 당사자간 계약을 통해 재임용 심사기준을 정할 수 있는지, ⑤ 재임용 거부 최종 통지의 적법성 여부가 쟁점이 되었습니다.

위 쟁점 중 ①, ③, ⑤는 절차적 하자와 관련된 쟁점으로, 연번1 사안 해설과 연번2 사안 해설에서 구체적인 내용을 참조할 수 있으며, 아래에서는 쟁점 ②, ④ 쟁점에 대해 상세히 살펴보고자 합니다.

◉ 쟁점: 임용권자에 의한 재임용 거부 처분인지 여부

재임용 거부 처분을 행하는 주체는 임용권자가 되어야 합니다. 따라서 해당 교원에 대한 임용권이 누구에게 있는지에 대한 판단이 선행되어야 할 것으로 보입니다.

사립학교법 제53조의2 제1항에서는 학교법인 및 법인인 사립학교경영자가 설치·경영하는 사립학교의 교원의 임용은 당해 학교의 장의 제청으로 이사회의 의결을 거쳐야 한다고 규정하고 있고, 제2항에 따라 대학교육기관의 교원의 임용권은 당해 학교법인의 정관이 정하는 바에 의하여 학교의 장에게 위임할 수 있습니다.

이를 종합하여 해석하면, 사립학교의 대학 교원에 대한 임용권은·원칙적으로 이사회에 있으며, 예외적으로 해당 학교법인에서 정관이 정하는 바에 따라 학교의 장에게 위임할 수 있다고 사료됩니다.

본 사안에서는 피청구인 이사회가 청구인의 재임용 여부에 대한 결정을 총장에게 위임하기로 의결한 사실이 있으나, 피청구인 정관에 총장에게 위임한다는 규정이 없는바, 위 이사회의 의결만으로는 위임의 효력이 없어 무권한자에 의한 처분으로 위법하다고 판단하였습니다.

❑ 관계 법령

❍ 사립학교법
[시행 2019. 3. 19.] [법률 제15954호, 2018. 12. 18., 일부개정]

제53조의2(학교의 장이 아닌 교원의 임용)

① 각급학교의 교원은 당해 학교법인 또는 사립학교경영자가 임용하되, 다음 각 호의 1에 의하여야 한다.

1. 학교법인 및 법인인 사립학교경영자가 설치·경영하는 사립학교의 교원의 임용은 당해 학교의 장의 제청으로 이사회의 의결을 거쳐야 한다.
2. 사인인 사립학교경영자가 설치·경영하는 사립학교의 교원의 임용은 당해 학교의 장의 제청에 의하여 행하여야 한다.

② 대학교육기관의 교원의 임용권은 당해 학교법인의 정관이 정하는 바에 의하여 학교의 장에게 위임할 수 있다.

❑ 관련 판례

❍ 임용권 위임이 정관이 정하는 바에 의하여 행하여야 하는지 여부
－대법원 2012. 4. 26. 선고 2011두25739 판결 등 참조

사립학교법 제53조의2 제2항은, 헌법이 정한 대학의 자율성 보장 이념을 충실하게 구현하기 위하여 학교법인이 대학 교원의 임면권을 총장에게 위임할 수 있도록 하면서도 임면권 위임의 남용을 방지하고 교원 인사의 책임성과 투명성을 확보하기 위하여 그 권한의 위임을 학교법인의 조직·활동에 관한 근본 규칙으로서 엄격한 절차를 거쳐 제정 및 변경되고 그 내용이 일반에 공개되는 정관이 정하는 바에 의하도록 한정하고 있다.

◉ 쟁점: 당사자간 계약을 통해 재임용 심사기준을 정할 수 있는지 여부

사립학교법 제53조의2 제7항(이하 '이 사건 규정'이라고 합니다)에 따르면, 교원인사위원회가 당해 교원에 대한 재임용 여부를 심의함에 있어서는 학생교육에 관한 사항, 학문연구에 관한 사항, 학생지도에 관한 사항, 산학연협력에 관한 사항 등에 관한 평가를 객관적인 사유로서 학칙에 정하는 사유에 근거하도록 규정하고 있습니다.

이때의 학칙은 형식적인 명칭에 구애받는 것은 아니고, 학교법인의 정관에 근거를 두고 교원인사 규정 등과 같은 다른 규정의 형식으로 재임용 심사기준을 마련하였다고 하더라도 이 사건 규정에서 말하는 학칙에 포함됩니다.

다만, 쌍방의 합의를 거쳐 객관적인 재임용기준을 계약으로 정하였다고 하더라도, 개별 계약에서 정한 재임용 조건의 공정성, 객관성, 합리성 및 다른 교원들과

의 형평성을 담보하기 어렵다는 점 등에 비추어 볼 때, 개별 계약에서 정한 기준은 이 사건 규정에서 말하는 '학칙이 정하는 객관적인 사유'에 해당하지 않는다고 할 것입니다.

　본 사안에서는, 이 사건 재임용 거부 사유 중 甲교회 乙목사 겸직으로 계약 조건 5번 조항을 불이행하였다는 것은 청구인과 피청구인 사이에 조건부 재임용계약서에서 규정하고 있는 재임용 조건일 뿐, 학칙이 정하는 재임용 심사기준에 의한 것이 아니므로 적법한 재임용 거부 사유가 아니라고 판단하였습니다.

❏ 관계 법령

○ 사립학교법

　[시행 2019. 3. 19.] [법률 제15954호, 2018. 12. 18., 일부개정]

제53조의2(학교의 장이 아닌 교원의 임용)
　⑦ 교원인사위원회가 제6항의 규정에 의하여 당해 교원에 대한 재임용 여부를 심의함에 있어서는 다음 각 호의 사항에 관한 평가 등 객관적인 사유로서 학칙이 정하는 사유에 근거하여야 한다. 이 경우 심의 과정에서 15일 이상의 기간을 정하여 당해 교원에게 지정된 기일에 교원인사위원회에 출석하여 의견을 진술하거나 서면에 의한 의견제출의 기회를 주어야 한다.
　1. 학생교육에 관한 사항
　2. 학문연구에 관한 사항
　3. 학생지도에 관한 사항
　4. 「산업교육진흥 및 산학연협력촉진에 관한 법률」 제2조 제6호에 따른 산학연 협력에 관한 사항

❑ 관련 판례

○ 개별 계약을 통하여 재임용 심사기준을 마련할 수 있는지 여부
  ─대법원 2011. 2. 10. 선고 2010두17403 판결 등 참조

　비록 원고가 교원업적평가규정에 교원업적평가의 세부항목과 배점기준 등에 대하여 정하여 두긴 하였지만 재임용이 가능한 기준은 이에 명시하지 않고, 그 기준의 성취 여부는 피고 보조참가인과 사이에 약정한 개별적인 계약 조건만을 가지고 심사한 점, 학교법인과 교원 사이에서 재임용에 관하여 그 심사의 객관적인 사유와 기준이 학교법인의 규정에 정해져 있는 상태에서는 그 규정에 어긋나지 아니하는 범위 내에서 학교법인이나 교원의 특수한 사정 등을 감안하여 객관적인 사유와 기준에 관한 구체적인 조건을 일부 수정하는 형태로 상호 합의하여 조정할 수 있다고 할 것이지만, 학교법인의 규정에 객관적인 사유와 기준 자체가 마련되어 있지 않은 상태에서는 개별 계약에서 정한 재임용 조건의 공정성, 객관성, 합리성 및 다른 교원들과의 형평성을 담보하기 어렵고, 또한 규정에서 정한 범위를 벗어나는지 여부 자체를 알 수 없으므로, 원고와 피고 보조참가인 사이에 체결된 재임용에 관한 계약 조건이 쌍방의 합의를 거쳐 객관적인 기준을 정한 것이라고 하더라도 사립학교법 제53조의2 제7항에서 정한 객관적인 사유에 해당한다고 볼 수 없는 점 등을 종합하면, 원고의 이 사건 재임용 거부 처분은 사립학교법 제53조의2 제7항을 위반하여 이루어진 것으로서 위법하다.

[4] 재임용 거부 취소 사건 Ⅳ

주 문

청구인의 청구를 각하한다.

이 유

1. 사건 경과

가. 청구인은 2015. 9. 1. A대학교 교수로 임용되었다(임용 기간 : 2015. 9. 1. 부터 2017. 9. 1.까지).

나. A대학교 교원인사위원회는 2017. 6. 2. 청구인의 의견 진술을 들은 후, 2017. 6. 13. 청구인의 재임용을 거부하는 것으로 심의하였다.

다. 피청구인은 2017. 6. 26. 이사회의 의결을 거쳐, 청구인에게 재임용 거부 처분을 통보하였다.

라. 재임용 거부 처분 통지서가 반송되자, 피청구인 측은 2017. 7. 6. 청구인에게 전화로 재임용이 거부되었음을 알리고 재임용 거부 처분 통지서를 내용증명우편으로 송부하였는데 그 우편은 2017. 7. 12. 청구인의 자택에서 청구인의 처 B가 수령하였다.

2. 처분 사유

(이하 생략)

3. 청구인 주장

청구인의 처 B가 2017. 7. 12. 재임용 거부 처분 통지서를 수령했지만 청구인은 당시 출장 중이었고 2017. 7. 14.에 귀가하여 이 사건 재임용 거부 처분을 알게 되었다. 이에 2017. 7. 14.부터 계산하면 30일 이내에 소청심사를 청구한 것이고, 2017. 8. 12.은 토요일, 2017. 8. 13.은 일요일이므로 기간의 만료일이 공휴일인 경우 그 다음날까지로 연장되므로 2017. 8. 14. 월요일까지 소청심사를 청구하면 30일 이내에 청구한 것이어서 적법하다.

4. 판단

가. 이 사건 소청심사 청구의 적법 여부(청구 기간 도과 여부)

1) 교원의 지위 향상 및 교육활동 보호를 위한 특별법 제9조에 따르면, 교원이 징계 처분과 그 밖에 그 의사에 반하는 불리한 처분에 대하여 불복할 때에는 그 처분이 있었던 것을 안 날로부터 30일 이내에 소청심사를 청구할 수 있도록 규정하고 있다.

2) 한편 '처분이 있었던 것을 안 날'의 의미와 관련하여 대법원은, 처분의 효력 발생 요건으로서의 도달이란 상대방이 그 내용을 현실적으로 양지할 필요까지는 없고 상대방이 양지할 수 있는 상태에 놓임으로써 충분한 것인바 피처분자의 배우자가 그 주소지에서 인사발령통지서를 수령한 이상 피처분자로서는 그 배우자가 통지서를 수령한 때에 그 내용을 양지할 수 있는 상태에 있었다고 할 것이므로 그 당시 해당 처분을 하는 의사 표시가 도달된 것이라고 판시하였다(대법원 1989. 1. 31. 선고 88누940 판결 등 참조).

3) 피청구인이 제출한 자료를 보면, 이 사건에서 피청구인 측은 2017. 7. 6. 전화로 청구인에게 재임용이 거부된 사실과 재임용 거부 처분 통지서를 우편 및 이메일로 발송한 사실을 고지하였고, 실제로 2017. 7. 12.경 청구인의 주소지에서 청구인의 처 B가 이 사건 재임용 거부 처분 통지서를 수령한 사실이 인정된다.

4) 그런데 청구인은 2017. 7. 6.부터는 물론이고 2017. 7. 12.부터 기산하더라도 30일이 도과된 2017. 8. 13.에 이르러서야 이 사건 소청심사를 청구하였는

바, 이는 교원의 지위 향상 및 교육활동 보호를 위한 특별법 제9조에서 정하고 있는 30일의 청구 기간을 도과하였음이 명백한 것이다.

5) 이에 대해 청구인은 2017. 7. 12. 당시 출장 중이어서 2017. 7. 14.에서야 귀가하여 재임용 거부 처분 사실을 알게 되었다고 주장하나, 위 대법원 판례에 의할 때 이 사건 재임용 거부 처분 통지서는 2017. 7. 12.경 청구인이 양지할 수 있는 상태에 놓여 그 날 도달되었다고 봄이 상당하므로 청구인의 위 주장은 이유 없고, 결론적으로 이 사건 소청심사 청구는 청구 기간을 도과하여 부적법하다.

5. 결론

이상에서 살펴본 바와 같이 이 사건 청구는 청구 기간이 도과된 부적법한 청구이므로, 나아가 살피지 아니하고 주문과 같이 결정한다.

※ 본 사안은 교원소청심사위원회 2017년도 결정문집 Ⅴ. 각하 결정 연번 3번 등을 바탕으로 재구성한 사안입니다.

▣ 사안의 해설

본 사안에서는 청구 기간 도과 여부가 쟁점이 된바 아래에서 상세히 살펴보겠습니다. 청구 기간 도과 여부 쟁점은 재임용 거부 처분 사건뿐만 아니라 징계 처분 사건, 기타 불이익 처분 사건에도 동일한 적용을 받는다는 점에서 주의를 요한다고 할 것입니다.

◉ 쟁점: 청구 기간 도과 여부

교원의 지위 향상 및 교육활동 보호를 위한 특별법 제9조 제1항에서는 교원이 징계 처분과 그 밖에 그 의사에 반하는 불리한 처분(재임용 거부 처분 포함)에 대하여 불복할 때에는 그 처분이 있었던 것을 안 날부터 30일 이내에 심사위원회에 소청심사를 청구할 수 있다고 규정하고 있습니다.

또한, 교원소청에 관한 규정 제3조에서는 천재·지변·전쟁·사변 그 밖에 불가항력 등 청구인의 책임 없는 사유로 소청심사를 청구할 수 없는 기간은 소청심사 청구 기간에 산입하지 아니한다고 규정하고 있습니다.

이에 원칙적으로는 처분이 있었던 것을 안 날로부터 30일 이내에 소청심사가 청구되어야 하고, 예외적으로 청구인이 책임질 수 없는 사유로 소청심사를 청구할 수 없었던 사정이 있었는지 여부를 살펴보아야 할 것으로 보입니다.

실제 사안의 적용에 있어서는 '처분이 있었던 것을 안 날'이 언제인지가 세부 쟁점이 되는 경우가 많은 것으로 사료되며, 본 사안에서도 '처분이 있었던 것을 안 날'이 언제인지가 쟁점이 되었습니다.

한편, '처분이 있었던 것을 안 날'의 의미와 관련하여 판례의 판시 내용(대법원 2017. 3. 9. 선고 2016두60577 판결 참조)을 살펴보면, 통지 및 공고 기타의 방법에 의하여 청구인이 당해 처분 등이 있었다는 사실을 현실적으로 안 날을 의미하며, 처분서가 청구인의 주소지에 송달되는 등 사회 통념상 처분이 있음을 청구인이 알 수 있는 상태에 놓인 때에는 반증이 없는 한 청구인이 처분이 있음을 알았다고 추정할 수 있다고 보는바, 이에 대한 주의를 요한다고 할 것입니다.

본 사안에서는, 청구인의 주소지에서 청구인의 배우자가 이 사건 재임용 거부 처분 통지서를 수령한 때 청구인이 그 내용을 알 수 있는 상태라고 보아 이를 기산점으로 삼았으며, 이에 이 사건 청구 당시 30일의 청구 기간을 도과하여 이 사건 청구가 부적법하다고 판단하였습니다.

❑ 관계 법령

○ 교원의 지위 향상 및 교육활동 보호를 위한 특별법
[시행 2019. 4. 23.] [법률 제16331호, 2019. 4. 23., 일부개정]

제7조(교원소청심사위원회의 설치)
① 각급학교 교원의 징계 처분과 그 밖에 그 의사에 반하는 불리한 처분(「교육공무원법」 제11조의4 제4항 및 「사립학교법」 제53조의2 제6항에 따른 교원에 대한 재임용 거부 처분을 포함한다. 이하 같다)에 대한 소청심사(訴請審査)를 하기 위하여 교육부에 교원소청심사위원회(이하 "심사위원회"라 한다)를 둔다.

제9조(소청심사의 청구 등)
① 교원이 징계 처분과 그 밖에 그 의사에 반하는 불리한 처분에 대하여 불복할 때에는 그 처분이 있었던 것을 안 날부터 30일 이내에 심사위원회에 소청심사를 청구할 수 있다. 이 경우에 심사청구인은 변호사를 대리인으로 선임(選任)할 수 있다.

○ 사립학교법
[시행 2019. 3. 19.] [법률 제15954호, 2018. 12. 18., 일부개정]

제53조의2(학교의 장이 아닌 교원의 임용)
⑨ 재임용이 거부된 교원이 재임용 거부 처분에 대하여 불복하고자 하는 경우에는 그 처분이 있음을 안 날부터 30일 이내에 「교원의 지위 향상 및 교육활동 보호를 위한 특별법」 제7조에 따른 교원소청심사위원회에 심사를 청구할 수 있다.

○ 교원소청에 관한 규정
[시행 2016. 8. 4.] [대통령령 제27418호, 2016. 8. 2., 타법개정]

제3조(청구 기간의 진행정지)
① 천재·지변·전쟁·사변 그 밖에 불가항력 등 청구인의 책임 없는 사유로 소

청심사를 청구할 수 없는 기간은 소청심사 청구 기간에 산입하지 아니한다.

② 제1항의 규정에 의한 책임이 없는 사유의 여부는 심사위원회가 결정한다.

[5] 재임용 거부 취소 사건 V

주 문

피청구인이 2017. 8. 31. 청구인에게 한 재임용 거부 처분을 취소한다.

이 유

1. 사건 경과

가. 청구인은 2005. 3. 1. A대학 B학과 조교수로 신규 임용되었고, 2013. 1. 2. 재임용되었다(임용 기간: 2013. 3. 1.~2014. 2. 28.).

나. 피청구인은 2013. 12. 24. 청구인에 대한 재임용 거부 처분(1차 재임용 거부 처분)을 하였고, 청구인이 이의 취소를 구하는 소청심사를 청구하였는데, 교원소청심사위원회는 2014. 4. 30. 위 재임용 거부 처분을 취소하는 결정(1차 취소 결정)을 하였다.

다. 피청구인은 교원소청심사위원회의 취소 결정에 대하여 행정소송을 제기하였는데, 2014. 12. 4. 행정법원, 2015. 8. 21. 고등법원 및 2016. 1. 14. 대법원에서 모두 패소(원고 청구 기각)하였다.

라. 피청구인은 2016. 4월 다시 청구인에 대한 재임용 심의를 한 후, 2016. 5. 2. 청구인에 대해 재차 재임용 거부 처분(2차 재임용 거부 처분)을 하였다.

마. 교원소청심사위원회는 2016. 7. 13. 위 재임용 거부 처분을 다시 취소하는 결정을 하였다(2차 취소 결정). 이에 대해 피청구인은 행정소송을 제기하였는데, 2017. 6. 16. 행정법원은 피청구인의 청구를 기각(피청구인 패소)하였

고, 현재 고등법원에 항소심 계속 중에 있다.

바. 한편 청구인의 가처분 신청에 의해, 민사법원은 2017. 6. 22. 피청구인에게 청구인에 대한 재임용 심사 절차를 이행하라는 취지의 가처분 결정을 하였다.

사. 피청구인은 2017. 8. 1. 청구인에게 재임용 심사 업적 평가 관련 소명기회에 관해 통보하였고, 청구인은 2017. 8. 16. 피청구인에게 소명서를 제출하였다.

아. 피청구인은 2017. 8. 31. 청구인에게 이 사건 재임용 거부 처분을 하였다.

2. 처분 사유

가. 계약 만료기간 : 2014년 2월 28일
나. 재계약 탈락 사유 : 업적 평가 재임용기준 조건 미충족
다. 관련 근거
　　1) A대학교 교원 인사 규정 제16조(재임용 조건) 제1항
　　2) A대학교 교원 인사 규정 제17조(재임용 제한) 제1호

재임용 조건	미달내용	비고
1. 업적 평가 총점: 170점 이상 2. 연구 실적: 국제 A/B급 이상 30점 3. 국내 A급 이상 30점	연구 점수 미충족 국제 A/B급 이상 30점 미달 국내 A급 이상 30 미달	

3. 청구인 주장

가. 피청구인이 청구인에게 한 이 사건 재임용 거부 처분은 2차 재임용 거부 처분이 위법하다는 취지의 교원소청심사위원회 및 법원 판결의 취지에 반하는 것으로 위법한 처분이다. 이 사건 재임용 거부 처분 사유는 2차 재임용 거부 처분 사유와 동일하다.

나. 이 사건에서 청구인에게 적용한 재임용 심사기준(재임용 조건: 업적 평가 총점 170점 이상 및 연구 실적 국제 A/B급 이상 30점, 국내 A급 이상 30점)은 청구인이 전혀 예측할 수 없었던 기준이다.

다. 이 사건 재임용 거부 처분은 민사법원의 재임용 심사 절차 이행 가처분 결
   정의 취지에도 반하는 것이다.

4. 판단

가. 이 사건 재임용 거부 처분에 이르기까지의 경과

1) 1차 재임용 거부 처분 사유 요지 및 교원소청심사위원회 결정

A대학교 교원 인사 규정 제25조 제1항은 재임용 기준과 관련하여 2001. 12.
31. 이전 신규 임용된 조교수에 대해서는 "3년간 연구 실적 200% 이상, 3년
간 연평균 업적 평가 70점 이상"의 재임용 기준을 요구하는 반면, 2001. 12.
31. 이후 임용된 조교수는 임기와 재임용 기준을 각 계약 조건에 따르는 것
으로 규정하였다. 이에 따라 청구인과 피청구인이 체결한 계약에서는 재임용
기준을 "(임용 기간 1년간) ① 국내외 저명 학술지에 논문 150% 이상 게재
② 연구 부문 업적 평가 점수가 54점 이상 포함된 업적 평가 점수 85점 이
상"으로 약정하였는데, 청구인이 위 조건에 미달하였다는 사유로 1차 재임용
거부 처분을 하였다.

이에 대해 교원소청심사위원회는, 동일한 지위에 있는 교원에게 채용 시기에
따라 다른 기준을 적용하는 것은 부당하며, 가사 채용 시기에 따라 임기나
재임용 기준을 달리 두는 것이 가능하다 하더라도 계약 기간이 3년인 교원(3
년간 논문 200% 이상, 업적 평가 점수 연평균 70점 이상)보다 짧은 1년으로
임용된 조교수에게 (1년당) 오히려 더 높은 재임용 기준(1년간 150% 이상,
업적 평가 85점 이상)을 요구하는 것은 그 기준이 지나치게 과중하여 부당하
므로 그러한 재임용 기준은 위법하고, 위법한 재임용 기준에 의한 재임용 거
부 처분 역시 위법하다고 결정(1차 취소 결정)하였다. 한편 법원에서도 교원
소청심사위원회의 결정과 같은 취지로 판결하였다.

2) 2차 재임용 거부 처분 사유 및 교원소청심사위원회 결정

이후 피청구인은 청구인에 대해 새롭게 개정된 재임용 기준, 즉 업적 평가
총점 170점 이상 및 연구 실적 국제 A/B급 이상 30점, 국내 A급 이상 30점
의 기준을 적용하여 재임용 심사를 한 후, 청구인이 위 재임용 기준에 미달
하였다는 사유로 2차 재임용 거부 처분을 하였다.

3) 이에 대해 교원소청심사위원회는, 재임용 심사기준의 위법을 사유로 재임용 거부 처분이 취소된 경우, 새로운 심사기준의 적용은 청구인의 예측 가능성 정도에 따라 제한되어야 하는데, 2차 재임용 거부 처분은 청구인의 임용 기간이 만료된 후인 2014. 12월에 개정된 재임용 기준에 따른 재임용 심사를 하여 청구인으로서는 임용 기간 동안 국제 A급(SCI, SSCI, A&HCI), 국제 B급(SCIE), 국내 A급(한국연구재단 등재지, 학술저서) 등의 업적을 준비하였어야 함을 예측할 수 없었음이 충분히 인정되므로 위와 같은 재임용 심사는 청구인의 예측 가능성을 침해한 것으로 위법하다고 결정(2차 취소 결정)하였다. 위 2차 취소 결정에 불복하여 피청구인은 행정소송을 제기하였는데, 행정법원은 교원소청심사위원회의 2차 취소 결정과 같은 취지로 판시하였고, 피청구인이 항소를 제기하여 현재 항소심에 소송이 계속 중이다.

나. 이 사건 재임용 거부 처분의 적법 여부

1) 교원의 지위 향상 및 교육활동 보호를 위한 특별법 제10조 제2항은 "심사위원회의 결정은 처분권자를 기속한다."라고 규정하고 있고, 학교법인이 교원소청심사위원회를 상대로 소청심사 결정의 취소를 구하는 행정소송을 제기하였다고 하더라도 법원의 집행정지명령에 의하여 소청심사 결정의 집행이나 효력이 정지되지 않는 한 소청심사 결정의 기속력은 그대로 존속한다. 다만 소청심사 결정을 취소한다는 법원의 판결이 확정될 때 비로소 교원소청심사위원회의 결정은 취소되어 기속력을 상실하는 것이다(서울고등법원 2016. 6. 23. 선고 2015누71091 판결 참조).

2) 이 사건에서 피청구인은 교원소청심사위원회가 2016. 7. 13. 청구인의 임용 기간이 만료된 후에 개정된 재임용기준을 적용하여 재임용 거부 처분하는 것은 위법하다는 취지로 취소 결정한 2차 재임용 거부 처분(2016. 5. 2.자 재임용 거부 처분)과 동일한 재임용 심사기준을 청구인에게 적용하고, 또 동일한 사유(기준 미달)로 재임용 거부 처분을 하였다.

3) 따라서 이 사건 재임용 거부 처분은 교원소청심사위원회의 2016. 7. 13.자 2차 취소 결정의 기속력에 반하는 것으로 위법하여 취소되어야 한다. 이는 피청구인이 현재 행정소송을 통해 위 교원소청심사위원회의 2차 취소 결정의 당부에 대해 다투고 있다고 하더라도 마찬가지이다.

5. 결론

이상에서 살펴본 바와 같이 피청구인이 청구인에게 한 재임용 거부 처분은 위법하므로 주문과 같이 결정한다.

※ 본 사안은 교원소청심사위원회 2017년도 결정문집 II. 재임용 거부 처분 결정 연번 5번 등을 바탕으로 재구성한 사안입니다.

▣ 사안의 해설

본 사안에서는 교원소청심사위원회 결정의 기속력이 쟁점이 된바 아래에서 상세히 살펴보겠습니다. 교원소청심사위원회 결정의 기속력 쟁점은 재임용 거부 처분 사건뿐만 아니라 징계 처분 사건, 기타 불이익 처분 사건에도 동일한 적용을 받는다는 점에서 주의를 요한다고 할 것입니다.

◉ 쟁점: 교원소청심사위원회 결정의 기속력

기속력이란 피청구인에게 교원소청심사위원회의 결정에 따라 행동하여야 할 의무를 지우는 효력을 의미합니다.

교원의 지위 향상 및 교육활동 보호를 위한 특별법 제10조의3에서는 심사위원회 결정은 처분권자를 기속한다고 규정하고 있으며, 위 규정에 따라 피청구인은 교원소청심사위원회의 결정에 저촉되는 처분을 하는 것은 허용되지 않는다고 할 것입니다.

또한, 학교법인이 교원소청심사위원회를 상대로 소청심사 결정을 불복하는 행정소송을 제기하였다고 하더라도 소청심사 결정의 기속력은 그대로 존속한다 할 것입니다. 다만, 법원의 집행정지명령에 의하여 위 소청심사 결정의 집행이나 효력이 정지되거나, 위 소청심사 결정을 취소한다는 법원의 판결이 확정되는 경우에는 달리 볼 여지가 있다 할 것입니다.

　본 사안에서는, 피청구인이 이 사건 재임용 거부 처분의 주된 근거로 삼고 있는 사유에 대해서 이미 2차 재임용 거부 처분 취소 결정에서 교원소청심사위원회가 재임용 거부 사유로 삼을 수 없다고 판단하였으며, 이에 이 사건 재임용 거부 처분은 기속력에 위배되어 위법하다고 보았습니다.

　또한, 피청구인이 교원소청심사위원회의 2차 재임용 거부 처분 취소 결정에 대해 행정소송을 제기한 것만으로는 기속력이 발생하는 것에 장애가 되지 아니한다고 판단하였습니다.

❏ 관계 법령

○ 교원의 지위 향상 및 교육활동 보호를 위한 특별법
　[시행 2019. 4. 23.] [법률 제16331호, 2019. 4. 23., 일부개정]

제10조의3(결정의 효력)
심사위원회의 결정은 처분권자를 기속한다.

○ 행정소송법
　[시행 2017. 7. 26.] [법률 제14839호, 2017. 7. 26., 타법개정]

제23조(집행 정지)
　① 취소소송의 제기는 처분등의 효력이나 그 집행 또는 절차의 속행에 영향을 주지 아니한다.

제30조(취소 판결등의 기속력)
　① 처분등을 취소하는 확정판결은 그 사건에 관하여 당사자인 행정청과 그 밖의 관계행정청을 기속한다.
　② 판결에 의하여 취소되는 처분이 당사자의 신청을 거부하는 것을 내용으로 하는 경우에는 그 처분을 행한 행정청은 판결의 취지에 따라 다시 이전의 신청에 대한 처분을 하여야 한다.

③ 제2항의 규정은 신청에 따른 처분이 절차의 위법을 이유로 취소되는 경우에 준용한다.

04

공무원 징계 소청

[1] 교통사고 사건

주 문

피소청인이 소청인에게 한 견책 처분은 이를 불문경고로 변경한다.

이 유

1. 원처분 사유 요지

소청인은 2016. 9. 1. 22:20경 A시 B길 도로에서 좌회전하며 진행하던 중 보행 중인 피해자 甲을 차량 범퍼로 충격하여 2주간 안정가료를 요하는 상해를 입힌 사실을 인정하였고, 이로 인해 2016. 10. 1. A지방검찰청으로부터 교통사고처리 특례법위반(치상)으로 기소유예 처분을 받은 점 등을 종합해 볼 때 혐의 사실이 인정된다.

이와 같은 소청인의 행위는 국가공무원법 제63조(품위 유지의 의무)를 위반하여 같은 법 제78조 제1항의 징계 사유에 해당되고, 소청인이 ○○년간 성실하게 근무하고 피해자와 원만히 합의한 점 및 개전의 정 등을 고려하여 '견책'에 처한다는 것이다.

2. 소청 이유 요지

(이하 생략)

3. 판단

가. 징계 사유의 존부

소청인은 2016. 9. 1. 22:00경 A시 B길 도로에서 좌회전하며 진행하던 중이었고 이곳은 횡단보도가 설치되어 있는 곳으로 도로교통법 제27조 제1항에 따라 모든 차의 운전자는 보행자가 횡단보도를 통행하고 있는 때에는 그 횡단보도 앞 정지선이 설치되어 있는 곳에서는 그 정지선에 일시정지하거나 정지선이 없는 곳에서는 그 횡단보도 앞에 일시 정지하여 보행자의 횡단을 방해하거나 위험을 주어서는 아니 됨에도 불구하고 이에 대한 주의의무를 게을리 하여 보행 중이던 피해자 甲을 차량 범퍼로 충격하여 2주간의 안정가료를 요하는 상해를 입힌 사실은 있다고 할 것이다.

비록 A지방검찰청이 2016. 10. 1. 기소유예 처분을 하였다고는 하나 위의 피의사실 자체는 인정하고 있어 이 건 징계 사유가 된 공무원의 품위를 훼손한 사실은 부정할 수 없는바 이와 같은 소청인의 행위는 국가공무원법 제63조(품위 유지의 의무)를 위반하여 같은 법 제78조 제1항 각 호의 징계 사유에 해당한다 할 것이다. 그렇다면 이 부분에 대한 소청인의 주장은 이유가 없다고 판단된다.

나. 징계 양정의 적정성 여부

소청인은 사적인 영역에 있어서도 건실한 생활을 할 것을 요구받는 공무원으로서 품위를 손상하였는바 그 책임의 정도가 가볍지만은 않다 할 것이다.

다만, ① 소청인이 이 사건 당일 사무실 업무 마감으로 퇴근이 늦어졌고 그로 인해 차가 없는 직원을 소청인의 차로 귀가시켜 주었는데 소청인의 귀가 시간이 더욱 늦어져 소청인의 집에 혼자 있는 아이가 걱정되어 평소 다니지 않던 길로 급히 가는 중에 이 사고가 발생한 점, ② 소청인의 차가 진입하려는 입구 화단에 관목이 심어져 있어 시야 확보가 여의치 않은데다가 비가 그치고 다른 때보다 어두운 상황에서 피해자가 어두운 색의 코트를 입고 있었고 소청인이 운행하던 차가 전기차로 소음이 없어 사고의 불가피한 정황 등이 일부 있었던 것으로 보이는 점, ③ 사고 발생 직후 피해자의 응급실 진료 등을 성실히 도와주고 피해자의 신체적·정신적 안정을 위해 반찬거리 전달하는 등 성실하게 사고 처리를 하고자 노력한 것으로 보이는 점, ④ 본 건 교통사고로 인해 피해자가 비교적 경미한 상해를 입은 점, ⑤ 피해자와 원만히 합의하여 소청인에 대하여 형사처벌을 원치 않고 다년간 성실히 근무한 것과 개전의 정 등이 참작되어 검찰청으로부터 기소유예 처분을 받은 점, ⑥ 공무원 징계령 시행규칙 제4조 제3항에서 감경 제외 대상이 아닌 비위 중 직무와 관련이 없는 사고로 인한 비위라고 인정될 때에는 그 정상을 참작하여 [별표 3] 징계의 감경기준에 따라 징계를 감경할 수 있는 근거가 마련되어 있는바 소청인은 국가공무원으로 이 건 교통사고와 소청인 직무와의 관련성은 찾기 어려운 점 등을 종합적으로 감안하면 원처분은 다소 과중하여 소청인에게 가혹한 측면이 있으므로 그 징계 책임을 감경해 주는 것이 바람직하다고 할 것이다. 이와 같은 견지의 소청인의 이 부분 주장은 일부 이유가 있다고 판단된다.

4. 결론

그렇다면 이 사건 청구는 이유 있으므로 국가공무원법 제14조 제5항 제3호에 따라 원처분을 변경하기로 하여 주문과 같이 결정한다.

※ 본 사안은 소청심사위원회 2017년도 소청결정사례집 54집 연번 38번 등을 바탕으로 재구성한 사안입니다.

▣ 사안의 해설

본 사안에서는 소청인의 과실로 교통사고가 발생하여 피해자가 상해를 입었고 소청인은 관련 형사 사건에서 교통사고처리특례법 위반으로 기소유예 처분을 받았습니다. 과실로 발생한 교통사고 사건을 품위 유지 위반의 징계 사유로 인정할 수 있는지에 대해 아래에서 살펴보도록 하겠습니다.

◉ 쟁점: 교통사고 사건이 품위 유지 의무 위반의 징계 사유로 인정되는지 여부

국가공무원법 제63조에서는 직무의 내외를 불문하고 그 품위가 손상하는 행위를 하여서는 아니 된다고 규정하고 있습니다.

또한, 판례에서도 국가공무원의 품위손상행위는 본인은 물론 공직사회에 대한 국민의 신뢰를 실추시킬 우려가 있으므로 사적인 부분에 있어서도 건실한 생활을 할 것을 요구하는 품위 유지 의무를 규정하고 있다는 취지로 판시하고 있습니다

(대법원 1987. 12. 8. 선고 87누657, 87누658 판결 등 참조).

본 사안에서는 위와 같은 법리에 따라 이 사건 교통사고와 같은 과실에 의한 교통사고도 징계 사유로 인정한 것으로 보입니다. 다만, 징계 양정을 정함에 있어서 이 사건 교통사고가 소청인의 직무와는 무관한 점과 기타 정상을 참작하여 견책에서 불문경고로 감경하였습니다.

공직사회에 대한 국민의 신뢰를 실추시킬 우려를 배제하기 위하여 원칙적으로 직무 외적인 부분에 대해서도 품위 유지 의무 위반으로 봄이 상당하다 할 것입니다. 다만, 실제 사안의 적용에 있어서는 직무와 관계가 없는 단순한 과실에 의한 행위로서 사회 통념에 비추어 공무원의 품위를 손상하지 아니하였거나 그 정도가 현저히 경미하다면 징계 사유로 인정할 수 없다고 달리 해석할 여지도 있어 보입니다.

❏ 관계 법령

국가공무원법 제63조(품위 유지의 의무)
공무원은 직무의 내외를 불문하고 그 품위가 손상되는 행위를 하여서는 아니 된다.

❏ 관련 판례

❍ 품위 유지의 의무 위반의 범위에 대해 사적인 부분을 포함한 사안
− 대법원 1987. 12. 8. 선고 87누657, 87누658 판결 등 참조

국민으로부터 널리 공무를 수탁하여 국민 전체를 위해 근무하는 공무원의 지위를 고려할 때 공무원의 품위손상행위는 본인은 물론 공직사회에 대한 국민의 신뢰를 실추시킬 우려가 있으므로 지방공무원법 제55조는 국가공무원법 제63조와 함께 공무원에게 직무와 관련된 부분은 물론 사적인 부분에 있어서도 건실한 생활을 할 것을 요구하는 '품위 유지 의무'를 규정하고 있고, 여기에서 품위라 함은 주

권자인 국민의 수임자로서의 직책을 맡아 수행해 나가기에 손색이 없는 인품을 말한다고 할 것이다.

[2] 음주운전 사건

주 문

피소청인이 소청인에게 한 강등 처분은 이를 정직 2월로 변경한다.

이 유

1. 원처분 사유 요지

소청인은 A지방경찰청 소속 경찰공무원으로서, 2016. 11. 1. 19:30경 B시 소재 C식당에서 소주 1병을 넘게 마시고, 술자리가 끝날 무렵 식당주인에게 대리운전을 불러달라고 하여 21:10경 도착한 대리운전 기사와 함께 차량에 탑승한 후 잠에 들었고, 대리운전 기사는 D지구에 이르러 소청인을 깨우며 D지구에 왔다고 하니 소청인이 "됐다"고 하자 길 옆에 주차한 후 시동을 끄고 소청인에게 차량키를 준 후 다른 곳으로 이동하였으며, 21:57경 잠에서 깬 소청인은 귀가하기 위해 위 차량에 시동을 걸어 후진하다가 뒤에서 우회전하던 승용차의 측면을 충격하는 경미한 물적 피해 교통사고를 일으켰고, 112신고를 받고 현장에 출동한 경찰관들에게 혈중알코올농도 0.096%로 음주 측정되어 입건되었다.

이와 같은 소청인의 행위는 국가공무원법 제56조(성실 의무) 및 제63조(품위 유지의 의무)를 위반하여 같은 법 제78조 제1항의 징계 사유에 해당하며, 소청인이 잘못을 인정하고 반성하는 점과 제반사항을 참작하여 '강등'에 처한다는 것이다.

2. 소청 이유 요지

(이하 생략)

3. 판단

경찰공무원은 국민의 생명·신체 및 재산의 보호 등을 주된 임무로 하며 음주운전은 본인뿐만 아니라 타인의 생명과 재산에 해를 끼칠 수 있는 중한 범죄행위로 경찰공무원의 음주운전은 그 비난의 정도가 매우 크다고 할 것이고, 특히 음주단속 권한을 가지고 있는 단속주체로서 고도의 도덕성과 준법성이 요구되는 경찰공무원이 이를 위반하는 경우 엄히 문책하고 있다.

소청인이 혈중알코올농도 0.096%의 주취상태로 운전 중 교통사고를 일으킨 사실이 인정되는 점, 이는 비위 당시 경찰공무원 징계 양정 등에 관한 규칙상 '해임~강등' 상당에 해당하는 점, 의무 위반행위 근절을 위한 경찰조직 내부의 강도 높은 지시가 지속적으로 있어 왔고 소청인도 음주운전 금지 관련 직속상관의 교양을 수시로 받는 등 이를 충분히 인지하고 있었음에도 본건 비위에 이른 점 등을 고려했을 때 그 책임이 무겁다고 하겠다.

다만, 사고로 인한 인적 피해가 없고 물적 피해도 경미하여 피해자와 원만히 합의하였으며 음주운전에 대해서만 기소된 점, 음주운전 전력이 없는 점, 소청인이 당초 대리운전 기사를 불렀던 경위로 보아 음주운전 회피 노력이 보이고 운전거리도 짧았던 점, 소청인이 장기간 재직하면서 음주 관련 문제나 일체의 징계전력 없이 다수의 표창을 수상하면서 성실히 근무해 온 것으로 보이는 점, 소청인이 자신의 잘못을 깊이 반성하고 있고 소청인의 근무태도 등에 대한 처분청의 평가가 매우 양호한 점 등을 감안하여, 중징계로 문책하되 심기일전하여 다시 직무에 매진할 수 있도록 원처분을 다소 감경해주는 것이 바람직하다고 판단된다.

4. 결론

그렇다면 이 청구는 이유 있으므로 국가공무원법 제14조 제5항 제3호에 따라 원처분을 변경하기로 하여 주문과 같이 결정한다.

※ 본 사안은 소청심사위원회 2017년도 소청결정사례집 54집 연번 36번 등을 바탕으로 재구성한 사안입니다.

■ 사안의 해설

본 사안에서는 소청인이 음주운전을 하였고 이로 인해 강등 처분을 받았습니다.

경찰공무원에 대해서는 국가공무원법상 징계 사유가 적용된다고 할 것인데, 국가공무원법 제63조에서는 품위 유지에 대해 직무의 내외를 불문하고 그 품위가 손상하는 행위를 하여서는 아니 된다고 규정하고 있습니다. 이에 본 사안과 같은 음주운전, 불건전한 이성교제, 도박 등과 같이 비위사실이 직접적으로 직무와 관련되어 있지 않다고 하더라도 징계 사유에 해당할 수 있습니다.

아래에서는 본 사안과 같은 경찰공무원 음주운전 위반 사안에 대한 구체적인 징계 양정에 대해 중점적으로 살펴보겠습니다.

◉ 쟁점: 음주운전 위반 사안에 대한 징계 양정

소청인은 징계 양정의 적정성에 대하여 소청심사나 소송 단계에서 이를 다툴 수 있습니다. 국가공무원법 제14조 제4항에 따르면, 소청심사위원회가 징계 처분을 받은 자의 청구에 따라 소청을 심사할 경우에는 원징계 처분보다 무거운 징계 처분을 부과하는 결정을 하지 못한다고 규정하고 있는바, 소청심사 단계에서 징계 양정을 다툰다고 하여 소청인에게 불이익한 방향으로 징계 양정이 가중되지는 않습니다.

한편, 판례의 판시 내용(대법원 2006. 12. 21. 선고 2006두16274 판결 참조) 따르면 징계권자인 피소청인이 소청인에게 징계 사유가 있어서 징계 처분을 하는 경우 어떠한 처분을 할 것인가는 피소청인의 재량에 맡겨진 것이므로 징계 양정으로 인하여 위법하다고 하기 위해서는 피소청인이 재량권의 행사로서 한 징계 처분이 사회 통념상 현저하게 타당성을 잃어 재량권을 남용한 것이라고 인정되는 경우에 한한다고 할 것입니다.

경찰공무원의 음주운전 위반 사안에 대하여 징계 양정의 적정성을 살펴볼 수 있는 기준으로는 경찰공무원 징계령 세부시행규칙을 참조할 수 있습니다. 이는 징계위원회 단계에서 적용되는 규칙이나 소청심사 단계에서도 양정의 적정성을 참조하는 자료로 유의미하게 활용될 수 있다고 할 것입니다.

경찰공무원 음주운전 징계 양정기준(19. 5. 23. 개정, 19. 6. 25. 시행)

음주운전 유형		처리기준	비고
최초 음주운전을 한 경우	혈중알코올농도가 0.08퍼센트 미만인 경우	정직 - 감봉	1. "음주운전"이란 「도로교통법」 제44조 제1항을 위반하여 음주운전을 한 것을 말한다. 2. "음주측정 불응"이란 「도로교통법」 제44조 제2항을 위반하여 음주측정에 불응한 것을 말한다.
	혈중알코올농도가 0.08퍼센트 이상인 경우 또는 음주측정불응의 경우	강등 - 정직	
2회 음주운전을 한 경우		파면 - 강등	
3회 이상 음주운전을 한 경우		파면 - 해임	
음주운전으로 운전면허가 정지 또는 취소된 상태에서 운전을 한 경우		강등 - 정직	
음주운전으로 운전면허가 정지 또는 취소된 상태에서 음주운전을 한 경우		파면 - 강등	
음주운전으로 인적·물적 피해가 있는 교통사고를 일으킨 경우	상해 또는 물적 피해의 경우	해임 - 정직	
	사망사고의 경우	파면 - 해임	
	사고 후 「도로교통법」 제54조 제1항에 따른 조치를 하지 않은 경우	※ 물적 피해 후 도주 해임 - 정직 ※ 인적 피해 후 도주 파면 - 해임	

위 기준에 따르면 음주운전 횟수, 혈중알코올농도, 물적·인적 피해 유무 등에 따른 기준을 정하고 있으며, 이는 징계 양정을 정함에 있어서 중요한 요소가 될 것입니다.

다만, 위 기준이 모든 음주운전 사안에 대해 일률적·기계적으로 적용된다는 것은 아니며, 각 사안에서의 비위의 정도 및 과실의 경중, 소청인의 근무성적, 공적, 뉘우치는 정도 등의 양정 사유를 종합적으로 고려할 필요가 있어 보입니다.

위 기준은 19. 5. 23.자로 개정되어 19. 6. 25. 시행 중인 기준인데, 음주운전 사안에 대한 징계기준은 신분상 불이익이 강화되는 방향으로 개정되고 있는 추세이며, 징계 처분과 더불어 전보, 의원 면직 제한, 근무 평정, 승진 제한 등의 불이익을 부과하는 경향을 보이고 있습니다.

본 사안에서는 징계 양정을 정함에 있어 사고로 인한 인적 피해가 없고 물적 피해가 경미하였던 점, 물적 피해를 입은 피해자와 원만히 합의한 점, 음주운전 전력이 없는 점, 대리운전 기사를 불렀던 경위로 보아 음주운전을 회피하고자 하는 노력이 있었던 점, 근무평가 등을 참작하여 양정의 감경에 이르렀습니다.

한편, 일반직 국가공무원의 음주운전 사안에 대한 징계 양정의 적정성을 살펴볼 수 있는 기준으로 공무원 징계령 시행규칙을 참조할 수 있으며, 구체적인 내용은 아래와 같습니다.

경찰공무원 음주운전 징계 양정기준과 유사하게 음주운전 횟수, 혈중알코올농도, 물적·인적 피해 유무 등에 따른 기준을 정하고 있으며, 이 요소들은 개별적인 음주운전 사안에서 양정을 정함에 있어 중요한 요소라고 할 것입니다.

[2019. 6. 25.자 개정된 음주운전 징계 양정기준]

음주운전 유형		처리기준	비고
최초 음주운전을 한 경우	혈중알코올농도가 0.08퍼센트 미만인 경우	정직 - 감봉	1. "음주운전" 이란 「도로교통법」 제44조 제1항을 위반하여 음주운전을 한 것을 말한다. 2. "음주측정 불응"이란 「도로교통법」 제44조 제2항을 위반하여 음주측정에 불응한 것을
	혈중알코올농도가 0.08퍼센트 이상인 경우 및 음주측정 불응의 경우	강등 - 정직	

2회 음주운전을 한 경우			파면 - 강등	말한다. 3. "운전업무 관련 공무원"이란 운전직류 및 집배운영직류 공무원 등 운전을 주요 업무로 하는 공무원을 말한다. 다만, 운전업무 관련 공무원이 음주운전을 하였더라도 운전면허취소나 운전면허정지 처분을 받지 않은 경우에는 혈중알코올농도에 따른 징계 처리기준을 적용한다. 4. 음주운전 횟수를 산정할 때에는 행정안전부령 제253호 공무원 징계령 시행규칙 일부개정령의 시행일인 2011년 12월 1일 이후 행한 음주운전부터 산정한다.
3회 이상 음주운전을 한 경우			파면 - 해임	
음주운전으로 운전면허가 정지 또는 취소된 상태에서 운전을 한 경우			강등 - 정직	
음주운전으로 운전면허가 정지 또는 취소된 상태에서 음주운전을 한 경우			파면 - 강등	
음주운전으로 인적·물적 피해가 있는 교통사고를 일으킨 경우	상해 또는 물적 피해의 경우		해임 - 정직	
	사망사고의 경우		파면 - 해임	
	사고 후 「도로교통법」 제54조 제1항에 따른 조치를 하지 않은 경우	물적 피해 후 도주한 경우	해임 - 정직	
		인적 피해 후 도주한 경우	파면 - 해임	
운전업무 관련 공무원이 음주운전을 한 경우	면허취소 처분을 받은 경우		파면 - 해임	
	면허정지 처분을 받은 경우		해임 - 정직	

주 문

이 청구를 기각한다.

이 유

1. 원처분 사유 요지

가. 소청인은 2015. 1. 1. 10:35경 甲호 열차가 운행 중일 때, 옆 좌석에 앉아있
   는 피해자 B(여)를 보고 성적 충동을 느껴 피해자의 의사에 반해 잠을 자는
   척하며 자신의 머리를 피해자의 오른쪽 어깨에 기대고 왼손바닥을 피해자
   의 오른쪽 허벅지 부분 위에 올려 2~3회 문지르는 방법으로 추행하였고,

나. 2015. 2. 1. 08:50경 乙호 열차가 운행 중일 때, 옆 좌석에 앉아있는 피해자
   C(여)에게 성적 충동을 느껴 피해자의 의사에 반해 오른손 바닥으로 피해자
   의 왼쪽 무릎을 원을 그리듯이 만지는 방법으로 추행하고, 계속하여 09:05
   경 같은 방법으로 피해자의 왼쪽 무릎을 추행하여 약 20분간 공중이 밀집한
   열차 내에서 추행하였으며,

다. 2016. 3. 1. 07:00경 丙호 열차가 운행 중일 때, 옆 좌석에 앉아있는 피해자
   D(여)에게 성적충동을 느껴 잠을 자는 척하며 오른손 등을 피해자의 왼쪽
   허벅지 옆에 댄 채 오른손 약지와 새끼손가락을 허벅지와 엉덩이 사이에 넣
   어 약간씩 움직이는 방법으로 공중이 밀집한 열차 내에서 피해자를 추행한
   사실이 있다.

이와 같은 소청인의 행위는 국가공무원법 제56조(성실 의무), 제57조(복종의 의

무), 제63조(품위 유지의 의무)를 위반하여 동법 제78조 제1항 제1,2,3호의 징계 사유에 해당한다.

소청인이 의무 위반 사실을 인정하고 반성하고 있으나, 경찰공무원 징계 양정 등에 관한 규칙 제4조 행위자의 양정기준을 보면 의무 위반행위의 정도가 심하고 고의가 있는 경우 배제징계를 원칙으로 하고 있고, 소청인이 수차례 같은 수법으로 성범죄 범행을 저지르는 등 경찰공무원으로서의 자질이 의심스럽고 소양이 부족할 뿐만 아니라, 의무 위반 사실이 언론 보도되어 경찰에 대한 국민의 불신을 초래하는 등 그 책임이 결코 가볍다고 볼 수 없다고 판단되므로 '해임'에 처한다는 것이다.

2. 소청 이유 요지

(이하 중략)

3. 판단

가. 징계 사유의 존부 판단

아래와 같은 사정에 따르면 징계 사유가 모두 인정된다(이하 중략).

나. 징계 양정의 적정 여부

비위의 정도를 살펴보면, 이와 같이 상대방으로 하여금 상당한 성적 모욕감과 수치심을 느끼게 행위는 반드시 근절되어야 하는 점, 소청인은 이 같은 범행을 예방하고 단속할 책임이 있는 경찰공무원임에도 3차례에 걸친 성추행의 범행을 저지른 점, 사건의 양태를 살피면 모두 20대 초반의 여성만을 대상으로 삼아 유사한 수법으로 범죄를 저질렀고, 점차 추행의 수위가 높아짐을 알 수 있어 그 죄질이 상당히 불량하다고 판단되는 점, 이와 같은 사실이 언론에 다수 보도되어 경찰 전체에 대한 국민의 신뢰와 품위를 크게 실추시킨 점, 범행 후 경찰공무원 신분을 숨기고 타 기관 조사를 받는 경우 알려야 할 의무가 있음에도 이를 이행하지 않는 등 비위 후 정황도 좋지 않은 점, 소청인은 성추행 등 의무 위반 예방에 대한 교양이나 교육을 수시로 받아왔음에도 이와 같은 비위를 저지른 점 등을 종합할 때 비위의 정도가 매우 심하다고 판단된다.

결국 소청인의 비위의 정도가 심하고 고의성이 있다고 판단되는 점, 3회에 걸친 비위행위로 인해 비위가 경합되어 징계가 가중될 수 있는 점 등을 고려할 때, 징계 양정기준상 '해임'의 처분이 과도하다고 볼 수 없고, 소청인이 주장하는 유리한 정상을 감안하더라도 소청인을 고도의 준법의식과 높은 청렴성, 도덕성, 윤리성이 요구되는 경찰공무원의 직위에서 배제하고자 하는 처분청의 판단은 타당하다고 판단되고, 이 사건 처분으로 인하여 소청인이 입을 손해가 그로 인하여 달성하고자 하는 공무원의 성실성, 품위 유지라는 공익보다 크다고 할 수는 없으므로, 이 사건 처분이 객관적으로 부당하다거나 사회 통념상 현저하게 타당성을 잃어 징계 재량권을 일탈·남용하였다고 할 수 없다.

4. 결정

그렇다면 이 청구는 이유 없으므로 국가공무원법 제14조 제5항 제2호에 따라 기각하기로 하여 주문과 같이 결정한다.

※ 본 사안은 소청심사위원회 2016년도 소청결정사례집 53집 연번 42번 등을 바탕으로 재구성한 사안입니다.

▣ 사안의 해설

본 사안에서는 징계 양정이 쟁점이 되었으며, 아래에서는 경찰공무원의 성비위 사안의 일반적인 징계 양정기준에 대해 살펴보고자 합니다.

◉ 쟁점: 성비위 사안의 징계 양정기준

통상 법을 집행하는 경찰공무원에게는 일반 직업인보다 높은 도덕성이 요구되고 경찰공무원의 비위행위는 본인은 물론 경찰공무원 전체에 대한 국민의 신뢰를 실추할 우려가 있다는 점에서 보다 엄격한 품위 유지 의무를 부담한다고 봅니다.

특히, 성비위의 경우에는 징계 사유가 인정된다면, 경찰공무원 전체에 대한 국민의 신뢰를 실추할 우려가 크다고 보아, 다른 유형의 비위에 비해 비위의 정도가 비교적 중하게 평가될 가능성이 높다고 할 것입니다.

경찰공무원의 성비위 사건에 대한 징계 양정의 적정성을 살펴볼 수 있는 기준으로는 경찰공무원 징계령 시행세부규칙을 참조할 수 있습니다. 이는 징계위원회 단계에서 적용되는 규칙이나, 소청심사 단계에서도 위 기준이 양정의 적정성을 참조하는 자료로 유의미하게 활용될 수 있다고 할 것입니다.

아래의 양정기준에 따르면 성비위의 유형과 비위의 정도 및 과실에 따라 징계기준을 정하고 있습니다. 실제 사안에서는 징계 원인이 되는 사실이 어떠한 유형의 성비위인지, 어느 정도로 중한 비위인지 등이 양정을 정하는 중요한 쟁점이 될 가능성이 높습니다.

행위자의 징계 양정기준(제4조 관련) 〈2017. 9. 25. 개정〉

의무 위반행위 유형 \ 의무 위반행위 및 과실의 정도	의무 위반행위의 정도가 심하고 고의가 있는 경우	의무 위반행위의 정도가 심하고 중과실이거나, 의무위반행위의 정도가 약하고 고의가 있는 경우	의무 위반행위의 정도가 심하고 경과실이거나, 의무위반행위의 정도가 약하고 중과실인 경우	의무 위반행위의 정도가 약하고 경과실인 경우
7. 품위 유지 의무 위반				
가. 성폭력	파면	파면	파면 - 해임	해임
나. 반복·상습적이거나 피해자가 다수인 성희롱, 우월적 지위를 이용한 성희롱	파면	파면 - 해임	해임 - 강등	강등 - 정직
다. 그 밖의 성희롱	파면	파면 - 해임	강등 - 정직	정직 - 감봉
라. 미성년자 또는 장애인 대상 성매매	파면	파면	파면 - 해임	해임
마. 그 밖의 성매매	파면	파면 - 해임	강등 - 정직	정직 - 감봉

※ 비고
  - 제7호(품위유지의무위반)에서 "성희롱"이란 「국가인권위원회법」 제2조 제3호 라목에 따른 성희롱을 말한다.

다만, 위 징계기준이 일률적·기계적으로 적용된다고는 보기 어려우며, 위 징계 기준 내 양정 요소에 더하여 평소 행실, 뉘우치는 정도, 피해의 정도, 피해자의 감정, 비위행위에 따른 사회적 파장 등의 정상 사유가 종합적으로 고려되어 징계 양정이 정해진다고 봄이 상당하다 할 것입니다.

본 사안에서는 징계 원인 사실이 인정된다는 전제하에 징계기준 내 양정, 비위의 정도가 중하고 비위가 수차례 반복된 점 등을 근거로 해임이라는 징계 양정이 과다하지 않다고 보았습니다.

한편, 일반직 국가공무원의 성비위 사건에 대한 징계 양정의 적정성을 살펴볼 수 있는 기준으로는 공무원 징계령 시행규칙이 있으며, 2019. 4. 30.자로 개정된 구체적인 내용은 아래와 같습니다.

징계기준(제2조 제1항 관련) 〈개정 2019. 4. 30.〉

비위의 정도 및 과실 여부 / 비위의 유형	비위의 정도가 심하고 고의가 있는 경우	비위의 정도가 심하고 중과실이거나, 비위의 정도가 약하고 고의가 있는 경우	비위의 정도가 심하고 경과실이거나, 비위의 정도가 약하고 중과실인 경우	비위의 정도가 약하고 경과실인 경우
7. 품위 유지의 의무 위반				
가. 성폭력(업무상 위력 등에 의한 성폭력, 미성년자 또는 장애인 대상 성폭력)	파면	파면 - 해임	해임 - 강등	강등 - 정직
나. 그 밖의 성폭력	파면	파면 - 해임	강등 - 정직	감봉 - 견책
다. 성희롱	파면	파면 - 해임	강등 - 정직	감봉 - 견책
라. 성매매	파면 - 해임	해임 - 강등	정직 - 감봉	견책
마. 기타	파면 - 해임	강등 - 정직	감봉	견책

※ 비고

7. 제7호 가목에서 "업무상 위력 등"이란 업무, 고용이나 그 밖의 관계로 인하여 자기의 보호 또는 감독을 받는 사람에 대하여 위계 또는 위력을 행사한 경우를 말한다.

8. 제7호 다목에서 "성희롱"이란 「양성평등기본법」 제3조 제2호에 따른 성희롱을 말한다.

[4] 명예훼손 혐의 사건

주　문

이 청구를 기각한다.

이　유

1. 원처분 사유 요지

소청인은 2014. 1. 1. 거주하고 있는 아파트의 입주자 대표회의 회장과 관리소장 등이 '규정 등을 무시한 채 관리비를 착복하고 이들의 부정으로 회계사가 감사를 포기했다'라는 허위사실을 유포하여 2014. 11. 1. A지방검찰청으로부터 명예훼손죄로 구약식 처분(벌금 700만 원)을 받았고, 이에 대해 소청인은 정식재판을 청구하였으나 소청인의 명예훼손죄가 확정되었다.

이와 같은 소청인의 행위는 국가공무원법 제63조(품위 유지의 의무)를 위반하여 같은 법 제78조 제1항 각 호의 징계 사유에 해당되어 '감봉 1월'에 처한다는 것이다.

2. 소청 이유 요지

(이하 생략)

3. 판단

가. 징계 사유의 존부

이 사건 기록 중 판결문 등을 통해 알 수 있는 관련 형사재판 경과를 살펴보면, B지방법원은 소청인은 피해자들에 대하여 횡령 등 비리가 있는 것으로 단정하여 전단지를 작성·게시하였으나 실제 그러한 비리가 존재하지 않았고, 소청인이 이 사건 아파트의 전 세대에 해당하는 입주민들을 상대로 아파트 승강기에 전단지를 게시하거나 세대별 우편함에 투입한 것으로 그만큼 전단지에 적시된 내용의 파급력은 상당하고 그로 인하여 만일 추후 그와 같은 내용이 허위사실로 밝혀질 경우 피해자들의 명예가 훼손되는 정도는 실로 중대하므로, 소청인은 더욱더 객관적인 자료에 기반하여 내부적인 조사를 심도 있게 거친 후에 밝혀진 사실만을 적시하였어야 되는데 소청인은 그러한 과정을 거치지 않은 점 등에 비추어 보면, 소청인은 공소사실 기재 전단지의 적시 내용을 진실한 것이라고 믿었다고 보기 어렵고, 설령 그와 같이 믿었다고 하더라도 그에 대한 상당한 이유가 있었다고 볼 수 없으며, 달리 그러한 상당한 이유가 있었음을 인정할 만한 자료가 없다고 판단하여 항소를 기각하였다.

이에 소청인은 상고를 제기하였고, 대법원은 2015. 5. 1. 사실인정 및 법리 적용에 대한 원심 판단을 정당하다고 보고 상고를 기각하여 동 판결은 확정되었는바, 이미 동일한 사실관계에 관하여 확정된 형사판결이 인정한 사실은 유력한 증거 자료가 되므로, 그 형사재판의 사실 판단을 채용하기 어렵다고 인정되는 특별한 사정이 없는 한 이와 배치되는 사실은 인정할 수 없다(대법원 1995. 1. 12. 선고 94다39215 판결, 대법원 1999. 11. 26. 선고 98두10424 판결 등 참조)는 판례에 비추어 볼 때, 앞서 살펴본 형사 확정 판결에서 인정된 사실은, 이 사건 징계 사유를 입증하는 유력한 증거이며, 이 사건 기록을 살펴보아도 위 인정 사실을 배척할 만한 특단의 사정이 없는 점 등을 종합하여 보면, 결국 이 사건 징계 사유, 즉 소청인은 타인의 명예를 훼손한 행위가 인정되고, 이와 같은 소청인의 행위는 공무원의 품위를 크게 손상시킨 행위로서 그 비난 가능성이 크다고 할 것이므로, 이와 다른 전제에 선 소청인의 주장은 이유가 없다.

나. 징계 양정의 적정 여부

소청인은 직무 내외를 불문하고 그 품위가 손상되는 행위를 하여서는 아니 됨에도 불구하고, 타인의 명예를 훼손하는 비위를 저지른바, 국가공무원법 제63조 품위 유지의 의무를 위반하였고, 공무원 징계령 시행규칙 [별표1]의 기준을 따를 때, 비위의 정도가 심하고 경과실이거나, 비위의 정도가 약하고 중과실인 경우 감봉 상당의 책임을 묻도록 규정하고 있는 점, 향후 재발 방지를 위해서라도 엄격하게 처분할 필요성이 상당한 점 등을 종합적으로 고려할 때, 원처분 상당의 책임이 인정된다고 판단된다.

4. 결정

그렇다면 이 청구는 이유 없으므로 국가공무원법 제14조 제5항 제2호에 따라 기각하기로 하여 주문과 같이 결정한다.

※ 본 사안은 소청심사위원회 2016년도 소청결정사례집 53집 연번 47번 등을 바탕으로 재구성한 사안입니다.

▣ 사안의 해설

본 사안에서는 소청인이 허위 사실을 유포하여 타인의 명예를 훼손했다는 사유로 이 사건 징계 처분에 이르렀고, 동일한 사실관계로 형사 사건이 진행되어 상고심에서 벌금형이 확정되었습니다.

동일한 사실관계에 대한 형사 사건이 확정되었을 때 징계 사건에 대한 소청심사와 행정소송에서는 어떠한 사실인정을 할 수 있는지를 아래에서 상세히 살펴보도록 하겠습니다.

◉ 쟁점: 확정된 형사판결이 있는 경우 징계 사건의 사실인정

본 사안에서 가장 핵심적인 법리는 '행정소송에 있어서 형사판결이 그대로 확정된 이상 그 형사판결의 사실판단을 채용하기 어렵다고 볼 특별한 사정이 없는 한 이와 배치되는 사실을 인정할 수 없다.'라는 내용이라고 할 것입니다.

이미 형사판결에서 확정 판결이 있다면, 위 법리에 따라 원칙적으로 형사판결 내용과 사실인정을 동일하게 해야 할 것이고, 예외적으로 달리 판단할 만한 특별한 사정이 있다면 사실인정을 달리 할 수 있다고 할 것입니다.

이에 실제 사안의 적용에 있어서는, 확정된 형사판결이 있음에도 징계 사건에서 사실인정 부분에 대해 다투고 있다면, 사실인정을 달리할 만한 특별한 사정이 있는지를 살펴보는 것이 중요하다고 할 것입니다.

본 사안에서는 관련 형사판결이 확정되었고, 이를 달리 판단할 만한 특별한 사정이 없었다고 보다고 보았습니다. 이에 형사판결과 동일하게 소청인이 허위 사실을 유포하여 타인의 명예를 훼손했다는 사실을 인정하였고, 위 인정 사실을 바탕으로 품위 유지의 의무 위반의 징계 사유가 있다고 보았습니다.

○ 확정된 형사판결이 있는 경우 징계 사건에서의 사실인정
　　- 대법원 1999. 11. 26. 선고 98두10424 판결 등 참조

행정소송에 있어서 형사판결이 그대로 확정된 이상 위 형사판결의 사실판단을 채용하기 어렵다고 볼 특별한 사정이 없는 한 이와 배치되는 사실을 인정할 수 없다.

[5] 금품수수 혐의 사건 Ⅰ

주 문

파면 처분 취소 또는 감경 청구는 이를 기각하고, 피소청인이 2015. 6. 8. 소청인에게 한 징계부가금 3배 부과 처분은 이를 취소한다.

이 유

1. 원처분 사유 요지

소청인은 2012. 2. 23. B로부터 직무에 관하여 50만 원을 송금받아 이를 수수한 것을 비롯하여 2013. 8. 20.까지 총 19회에 걸쳐 합계 1,000만 원을 송금받는 등 직무에 관하여 뇌물을 수수하고, 2013. 7. 30. B로부터 부탁을 받고 C의 수배사실을 조회한 후 수배되어 있는 사실을 알려주는 등 업무상 알게 된 개인정보를 누설하고 권한 없이 다른 사람이 이용토록 제공한 비위가 인정된다.

이와 같은 소청인의 행위는 국가공무원법 제56조(성실의 의무), 제60조(비밀엄수의 의무), 제61조(청렴의 의무), 제63조(품위 유지의 의무)에 위배되고 같은 법 제78조 제1항 제1호 내지 제3호에 해당하고, 같은 법 제78조의2(징계부가금) 제1항에 해당한다.

소청인은 재직기간 동안 경찰청장 이상 표창을 수상하였으나, 소청인의 비위는 직무와 관련한 금품 및 향응수수에 해당하는바 경찰공무원 징계 양정 등에 관한 규칙 제9조(상훈 감경) 제1항에 의거 감경 사유에 해당하지 않으며, 기타 제반 정상을 참작하더라도 '파면' 및 '징계부가금 3배 부과' 처분에 처한다는 것이다.

2. 소청 이유 요지

소청인은 뇌물을 받은 것이 아니고 B에게 금원을 차용한 것으로, B도 자신은 검찰 조사 시 처음부터 소청인에게 돈을 빌려준 것이라고 진술하였다고 법정에서 진술하였다.
(이하 중략)

3. 판단

이 사건 형사재판 경과를 살펴보면, 소청인은 2014. 11. 18. '뇌물수수 및 개인정보보호법 위반'으로 공소 제기된 후 2015. 5. 12. 甲지방법원에서 범죄사실에 대해 유죄로 인정되어 징역 1년 및 벌금 2,000만 원과 추징 1,000만 원을 선고받았고, 이에 소청인은 항소하였으나 2015. 11. 4. 법원에서 기각하였으며 현재 상고심이 진행 중인데, 형사재판에서 유죄의 인정은 법관으로 하여금 합리적인 의심을 할 여지가 없을 정도로 공소사실이 진실한 것이라는 확신을 가지게 하는 증명력을 가진 엄격한 증거에 따르고 있고, 2015. 6. 4. 이 사건 징계위원회에서는 1심 법원에서 유죄로 인정한 소청인의 비위사실에 대해서 징계 사유로 삼았으며, 대법원 상고심이 계속 중이라 하더라도 증거의 취사와 사실의 인정은 사실심 법원의 전권에 속하는 사항으로 사실인정의 최종심인 2심 법원의 기각 결정에 따라 법원이 인정한 사실 판단을 당 소청에서 합리적 이유 없이 배척할 수는 없을 것이고, 소청인은 징계 사유의 사실관계를 다투면서도 추가 증거를 제출하지 못하는바, 법원에서 인정된 사실과 달리 소청인의 주장을 인정할 만한 특단의 사정을 발견할 수 없다.

한편 소청인은 이 사건의 뇌물 공여자인 B가 형사 사건 법정에서 소청인에게 돈을 빌려주었다고 진술하였다고 주장하나, 2심 법원에서는 채택된 증거에 따라 'B가 원심 법정에서 검찰에서 조사를 받을 때 사실대로 진술했지만 기억에 착오가 있었던 부분도 있고 자신이 이야기 하지 않은 부분이 조서에 기재되어 있다는 취지로 진술하였을 뿐, 수사기관의 회유나 강압에 의하여 허위로 진술하다는 취지로 진술한 것이 아니다.'라며 소청인의 뇌물수수와 관련한 검찰 조사 시 B의 진술이 신빙성이 있다고 인정하고 있다.

따라서 소청인은 고도의 청렴성과 준법성이 요구되는 경찰공무원으로서 B로부터 매월 50만 원씩 송금 받는 방법으로 B가 2013. 9.경 경찰에 구속되기 전까지 19회에 걸쳐 총 1,000만 원을 받은 사실이 있고, 그러한 금품을 수수한 후 B로부터 범죄 혐의가 의심되는 자의 수배 여부 등을 알아봐달라는 부탁을 받고서 이를 불법 조회한 후 그 내용을 B에게 알려주는 등 업무상 알게 된 개인정보를 누설하고 권한 없이 다른 사람이 이용하도록 제공한 사실이 인정된다고 할 것이므로 위와 같은 소청인의 주장은 받아들이기 어렵다.

4. 결정

이와 같은 소청인의 행위는 국가공무원법 제56조(성실의 의무), 제60조(비밀엄수의 의무), 제61조(청렴의 의무), 제63조(품위 유지의 의무)에 위배되어 같은 법 제78조 제1항 제1호 내지 제3호에 해당하고, 같은 법 제78조의2(징계부가금) 제1항에 해당한다.

징계 양정에 있어서는, 사실 인정의 최종심인 2심 법원에서 위 비위사실이 인정되어 징역 1년 및 벌금 2,000만 원과 추징 1,000만 원이 선고되었고 이는 당연퇴직 사유에 해당하는 점, 소청인은 경찰공무원으로서 누구보다도 엄정하게 법을 집행하여야 함에도 불구하고 불법적인 일을 하는 업자로부터 수차례 뇌물을 수수한 것은 공직사회의 청렴성과 공무집행의 공정성에 대한 국민의 신뢰를 훼손한 것으로 비위의 정도나 비난 가능성이 매우 중하다고 할 것인 점, 경찰공무원 징계 양정 등에 관한 규칙[별표2]에 따르면 직무와 관련한 수수 금액이 500만 원 이상인 경우 어떠한 경우라도 '파면'으로 의결하도록 규정하고 있고, 같은 규칙 제4조에 의하면 금품수수 비위는 상훈 감경이 불가한 점 등을 종합적으로 고려하면, 소청인이 주장하는 제반사정을 모두 고려하더라도 원처분 상당의 책임이 인정된다고 판단되어 주문과 같이 결정한다.

다음으로 징계부가금의 적정성에 있어, 징계부가금 부과제도의 도입 취지가 직무와 관련한 범죄 고발이 되지 아니한 금품 및 향응수수 비위 등에 대하여 재산상의 제재를 가할 필요에 의해 신설되었음을 감안하여 볼 때, 이 사건의 형사재판에서 아직 법원 판결이 확정되진 않았으나 사실 인정의 최종심인 2심 법원에서 위 비위사실이 인정되어 징역 1년 및 벌금 2,000만 원과 추징 1,000만 원이 선고되었고, 공직에서는 배제되어 징계의 실효성은 이미 확보되었다고 할 수 있는 점 등으로 볼 때 징계부가금에 한하여 취소해주는 것이 바람직하다고 판단되어 주문과 같이 결정한다.

※ 본 사안은 소청심사위원회 2015년도 소청결정사례집 52집 연번 60번 등을 바탕으로 재구
성한 사안입니다.

▣ 사안의 해설

본 사안에서는 소청인이 B에게 직무에 관하여 금원을 수수하고 업무상 알게 된 개인정보를 누설하였다는 사유로 징계 처분을 받았으며, 소청인은 B에게 금원을 차용한 것이라는 취지의 주장을 하는 것으로 보입니다. 한편, 관련 형사판결은 항소심에서 유죄가 선고되었으나, 형이 확정되지 아니하였고 이 사건 심사 당시 상고심이 진행 중인 것으로 보입니다.

아래에서는 미확정 형사유죄판결문을 이 사건 징계 사유를 인정하는 증거로 사용할 수 있는지 여부에 대해 상세히 살펴보도록 하겠습니다.

◉ 쟁점: 미확정 형사판결문을 증거로 징계 사유를 인정할 수 있는지 여부

판례에서는 '판결서 중에서 한 사실판단을 그 사실을 증명하기 위하여 이용하는 것을 불허하는 것이 아니어서 이를 이용하는 경우에는 판결서도 그 한도 내에서는 보고문서라 할 것이고, 판결이 확정되지 아니한 것이라고 하여 증거로 사용될 수 없다고는 할 수 없고 다만 그 신빙성이 문제될 수 있을 뿐이다.'고 판시(대법원 1995. 4. 28. 선고 94누11583 판결 참조)하고 있습니다.

이에 따르면 아직 확정되지 않은 형사판결문이라고 해도 징계 원인 사실을 인정하는 증거로 사용할 수 있으며, 통상의 경우에는 그 신빙성도 높다고 봅니다.

또한, 징계 처분은 공무원의 질서유지를 위하여 국가공무원법 위반행위에 대해 신분상 불이익을 부과하는 것으로 일반 법익 보호를 위하여 국가통치권의 일환으로 형사법상 반사회적 법익 위반을 처벌하는 형사벌과 권력의 기초, 목적, 내용,

대상 등을 달리하는바, 징계 사유가 인정되는 이상 관련된 형사 사건이 아직 유죄로 확정되지 아니하였거나 수사기관에서 이를 수사 중에 있다하여도 징계 처분은 할 수 있다고 할 것입니다(대법원 1984. 9. 11. 선고 84누110 판결 참조).

다만, 소청인이 징계의 사유가 되는 혐의 사실을 부인하고 있으며 관련 형사 사건에서 유무죄 다툼이 유의미하게 있는 경우에는 소청인으로서는 소청심사 및 소송 단계에서 형사판결의 확정시까지 기일 연기 신청 등을 검토해 볼 수 있다고 할 것입니다.

❏ 관련 판례

○ 미확정 판결문을 증거로 활용할 수 있는지 여부
 ─대법원 1995. 4. 28. 선고 94누11583 판결 등 참조

판결서 중에서 한 사실판단을 그 사실을 증명하기 위하여 이용하는 것을 불허하는 것이 아니어서 이를 이용하는 경우에는 판결서도 그 한도 내에서는 보고문서라 할 것이고, 판결이 확정되지 아니한 것이라고 하여 증거로 사용될 수 없다고는 할 수 없고 다만 그 신빙성이 문제될 수 있을 뿐이다.

○ 형사재판의 유죄확정 이전에 징계 혐의 사실을 인정할 수 있는지 여부
 ─대법원 1986. 6. 10. 선고 85누407 판결 등 참조

징계 혐의 사실의 인정은 형사재판의 유죄확정 여부와는 무관한 것이므로 형사재판 절차에서 유죄의 확정 판결을 받기 전이라도 징계 혐의 사실은 인정될 수 있는 것이며 그와 같은 징계 혐의 사실인정은 무죄추정에 관한 헌법 제26조 제4항 또는 형사소송법 제275조의 2 규정에 저촉된다고 볼 수 없다.

[6] 금품수수 혐의 사건 II

주 문

피소청인이 소청인에게 한 강등 처분 및 징계부가금(2배) 부과 처분은 이를 각 취소한다.

이 유

1. 원처분 사유 요지

소청인은 A서에서 근무하고 있는 국가공무원으로서, 법령을 준수하며 맡은바 직무를 성실히 수행하여야 하며, 특히 직무와 관련하여 직접 또는 간접을 불문하고 사례·증여 또는 향응을 주거나 받을 수 없음에도 불구하고, 2015. 10.~11.초경, B청 C계 D실에서 당시 B청 소속공무원 甲으로부터 과세자료 유출 혐의로 경찰 수사를 받고 있던 공무원 乙을 도와달라는 부탁과 함께 현금 300만 원을 수수하였다.

이와 같은 소청인의 행위는 국가공무원법 제61조(청렴의 의무) 규정을 위반한 것으로 국가공무원법 제78조 및 제78조의2에 따라 징계 사유 및 징계부가금 부과 대상에 해당한다.

소청인은 재직기간 동안 모범공무원으로 선발된 공적 등 수상공적이 있음을 감안하더라도 국가공무원법상 청렴의무를 위반한 행위는 결코 용납될 수 없다.

따라서 향후 이와 유사 사례의 재발 방지와 공직기강의 확립을 위해서라도 엄히 그 책임을 묻는 것이 바람직하다고 판단되어 '강등' 처분 및 '징계부가금 2배'의 부과 처분에 처한다는 것이다.

2. 소청 이유 요지

소청인의 금품수수에 한 증거는 오직 甲의 신빙성이 부족한 검찰피의자신문조서뿐이며 다른 객관적인 증거는 부재하다. 또한 甲의 검찰에서의 진술은 신빙성이 부재하다.

(이하 중략)

3. 판단

가. 뇌물공여 시기에 관하여

甲은 소청인에게 300만 원을 공여한 시기는 2015. 10.부터 2015. 11.초순경 사이라고 진술하였다. 그러나 이와 같은 진술은 그 범위가 다소 광범위하여 해당 진술의 신빙성을 떨어뜨리는 것은 물론 소청인의 방어권행사에 문제가 발생할 수 있다. 이에 뇌물공여 시기를 특정되었다고 보기 어려운 가운데, 소청인은 2015. 10. 8. 乙에 대한 감찰조사보고서에서 乙의 비위사실이 모두 인정되고 그 비위의 정도가 매우 중하여 중징계(파면) 의견으로 보고서를 기안하여 상신한 사실이 있다. 만약 소청인이 2015. 10. 8.을 전후하여 금품을 수수하였다고 가정하면, 소청인은 감찰조사보고서에서 乙에 대하여 파면의견으로 보고서를 작성하지 않았거나 기안이 이미 상신되어 자신이 乙에 대한 징계 처분에 더 이상 영향력을 행사하기 어려운 사정인 만큼 돈을 받지 않는 것이 일반적인 선택일 것이다. 따라서 甲이 2015. 10.부터 2015. 11.초순경 사이에 소청인에게 금품을 제공하였다는 진술은 신빙성이 있다고 판단하기 어렵다.

나. 뇌물공여 장소 및 방법에 관하여

甲의 검찰에서 작성한 피의자신문조서에 의하면 이 사건 금품공여는 B청 C계 D실에서 이루어졌고 당시 소청인은 "이거 甲한테 받은 것 아니지?"라고 물었다고 진술하였다. 피소청인의 입장에서는 이와 같은 진술이 매우 구체적이고 실제 경험하지 않으면 진술하기 어려운 내용이라고 보아 甲 진술에 신빙성이 인정된다고 판단하였던 것으로 보인다. 그러나 C계 D실의 경우 직원들이 탕비실로 사용하는 공간으로서 언제든지 드나들 수 있는 곳인 것은 물론 이동식 칸막이로 일부 가로막혀져 있을 뿐이어서 폐쇄된 공간이라고 볼 수 없다. 그렇다면 C계 D실이 은밀하게 이루어져야 하는 금품수수의 현장으로서는 적절하지 않은 측면이 인정된다. 뿐만 아니라 소청인은 D실에서 근무하는 직원이었던 만큼 다른 사무실에 갈 경우 감사가 이루어진다는 오해를 불러일으켜 이목이 집중될 수밖에 없었던 사정이 인정됨에도 불구하고 2015년 가을 무렵, C계 직원 가운데 소청인을 사무실에서 본 사람이 아무도 없다는 점 또한 소청인의 비위혐의를 인정하기 어렵게 만든다. 나아가 甲은 소청인에게 공여한 300만 원이 5만 원권인지 만 원권인지에 대해서도 특정하지 못하고 있다.

다. 甲의 진술 번복에 관하여

甲은 2016. 7. 구속 상태에 있었던 자신을 찾아온 A서 직원 丙에게 검찰에서의 자신의 진술을 최초로 번복한 것으로 보인다. 당시 丙이 소청인에게 乙에게 받은 돈의 일부를 전달하였다고 들었다는 말에 甲은 "미안하다. 사실이 아니다. 나를 이해해다오. 혹시 내가 나가게 되면 자세히 이야기 하겠다"라고 말하였고 丙은 소청인에 대한 공무원범죄사실이 피소청인에게 통보된 이후 소청인에게 이 말을 전했다고 진술하였다.

일반적으로 진술이 번복되는 경우 최초 진술의 신빙성이 있는지를 판단할 때는 진술을 번복함으로써 얻게 되는 이해관계의 유무 그리고 진술을 번복할 것을 종용받거나 협박 또는 회유를 받았는지 여부 등을 살펴보아야 한다. 그런데 甲은 이 사건 진술 번복을 바탕으로 구금상태를 벗어날 수 있었던 것도 아니고 예상되는 형량이 축소될 가능성이 있었던 것도 아닌 점(오히려 甲은 乙로부터 받은 돈 가운데 소청인에게 300만 원, 丁에게 200만 원을 공여하였다고 진술함으로써 乙로부터 1,000만 원의 금품을 수수하였음에도 불구하고 추징금 500만 원만을 선고받은 바 있다), 관련 형사재판에서 징역 1년, 집행유예 2년을 선고받고 구치소에서 석방된 이후 B청 감사관실 직원을 만나 자신이 검찰에서 소청인 관련하여 한 진술은 사실이 아니라는 내용의 문답서와 사실확인서(2회)를 자발적으로 작성한 점 등을 고려하였을 때 甲의 최초 진술이 이후 번복된 진술과 비교하였을 때 월등히 신빙성이 높다고 볼 수 없다.

라. 소결

위와 같은 점 등을 종합적으로 고려하면 소청인이 甲으로부터 다른 연유로 금품을 수수하였을 가능성이 있는지 여부는 별론으로 하더라도 甲으로부터 乙을 도와달라는 부탁과 함께 금품을 수수한 것이 아닌만큼 이 사건 징계 사유는 타당하지 않다.

나아가 소청인에 대한 이 사건 징계 사유에 대해서는 피소청인이 입증책임을 가지며 그 비위사실의 증명은 형사소송의 범죄사실의 증명에 이르는 고도의 개연성을 인정할 수 있을 정도는 아니라고 하더라도 그에 버금가는 증명이 필요함에도 불구하고 피소청인이 제시하고 있는 증거만으로는 소청인이 甲으로부터 300만 원을 수수하였다는 사실을 인정하기 어렵다.

따라서 소청인의 이 사건 징계 처분 및 징계부가금(2배) 부과 처분은 그 징계 사유가 명백하게 입증되지 아니한 채 이루어진 만큼 위법하다.

4. 결론

그렇다면 이 청구는 각 이유 있으므로 국가공무원법 제14조 제5항 제3호에 따라 원처분을 모두 취소하기로 하여 주문과 같이 결정한다.

※ 본 사안은 소청심사위원회 2017년도 소청결정사례집 54집 연번 55번 등을 바탕으로 재구성한 사안입니다.

▣ 사안의 해설

본 사안에서는 징계 사유의 입증책임 문제에 대해 상세히 살펴보고자 합니다.

◉ 쟁점: 입증책임

통상 문제되는 징계 사유의 유형이 금품수수인 경우에는, 동일한 사실관계에 대한 형사 사건이 진행되었거나 진행되고 있을 개연성이 높다 할 것이고, 이에 징계의결 단계나 징계에 따른 소청심사 단계에서는, 선행하여 진행되었던 형사 사건의 공소장 기재 내용이나 판결문 기재 내용 등을 바탕으로 사실관계를 확정하는 경우가 다수 있다고 할 것입니다.

　다만, 본 사안의 경우에는 동일한 사실관계에 대한 형사 사건이 진행되지 않아 수사기관 또는 법원의 판단이 없는 상태에서 징계 원인 사실에 대한 판단이 이루어진 것으로 보이며, 소청심사에서 징계 사유에 해당하는 행위가 있었음을 누가 입증해야 하는가라는 입증책임이 문제되었습니다.

　징계권자의 징계 요구에 대하여 징계대상자(소청인)가 징계 사유가 되는 징계 원인 사실을 부인하는 경우에는, 그에 대한 입증책임은 비록 엄격한 형사소송법의 증거 법칙이 적용되지 않는다고 하더라도, 징계 처분이 징계대상자(소청인)에게 미치는 효력과 입증책임의 일반 원칙 등을 고려할 때 징계 사실을 주장하는 징계권자, 즉 피소청인이 입증책임을 부담한다고 봄이 상당하다 할 것입니다.

　본 사안에서는, 위 법리에 따라 뇌물수수의 시기가 특정되지 못하고 장소 및 방법이 상식적으로 납득하기 어려우며, 소청인에게 금품을 주었다는 甲의 진술이 번복되었고 번복된 진술이 더 신빙할 만한 사정이 있는 점 등을 근거로 피소청인이 제시하고 있는 증거만으로는 소청인이 甲으로부터 300만 원을 수수하였다는 사실을 인정하기 어렵다고 보았습니다.

　실제 사안의 적용에 있어서는, 소청인의 소청심사 청구가 인용되면 피소청인은 이에 대한 불복으로 행정소송을 제기할 수 없고 소청 결정이 그대로 확정이 되는바, 피소청인은 소청심사 단계에서 징계 원인행위가 있었음을 입증할 만한 증거 자료가 적시에 제출되었는지 여부 등을 보다 면밀하게 검토하여야 할 것으로 보입니다.

[7] 향응수수 혐의 사건

주 문

피소청인이 소청인에게 한 해임 처분 취소 또는 감경 청구는 이를 기각한다.

이 유

1. 원처분 사유 요지

소청인은 甲부처 소속 공무원으로 아래와 같이 직무관련자로부터 2회에 걸쳐 1,130,000원 상당의 식사와 술 접대를 제공받는 등 향응을 수수하여 국가공무원법 제61조(청렴의 의무)를 위반한 사실이 있다.

가. 소청인이 2015. 1. 4.부터 같은 해 1. 5.까지 점검한 乙공사현장은 고위험사업장 밀착관리 대상으로 지정하여 관리하는 건설현장이고 B는 위 현장의 안전관리자로 근무하는 자임에도, 위 B로부터 2015. 1. 16. 丙시 소재 식당과 유흥주점 등에서 550,000원 상당 향응을 수수하였다.

나. 소청인은 2015. 2. 1. 丁시 소재 식당과 유흥주점 등에서 B로부터 580,000원 상당 향응을 수수하였다.

소청인의 이와 같은 행위는 기타 제 정상을 참작하더라도, 국가공무원법 제78조 제1항 각 호의 징계 사유에 해당되고 공직사회에 유사 사례의 재발 방지와 청렴한 공직자상 정립 및 공직기강 확립을 위해 엄히 그 책임을 묻는 것이 바람직하므로 '해임' 처분한다는 것이다.

2. 소청 이유 요지

(이하 생략)

3. 판단

가. 징계 사유의 존부

소청인은 처분 사유인 직무관련자인 안전관리자로부터 2회에 걸쳐 식사와 술 접대를 제공받는 등 1,130,000원 상당의 향응을 수수하였다는 사실관계 자체는 인정하고 있으며, 피소청인 제출 증거들을 종합하여도 이 사건 징계 사유는 인정된다.

나. 징계 양정의 적정성

공무원 징계령 시행규칙 [별표1의2] 청렴의 의무 위반 징계기준에서는 '직무와 관련하여 금품·향응 등 재산상 이익을 받거나 제공하였으나, 그로 인하여 위법·부당한 처분을 하지 아니한 경우'에 금품·향응 등 재산상 이익이 '100만 원 이상'이면 '파면 – 해임'으로 처분하도록 정하고 있는 점, 위 기준보다 한 단계 낮은 비위 유형인 '위법·부당한 처분과 직접적인 관계없이 금품·향응 등 재산상 이익을 직무관련자 또는 직무관련공무원으로부터 받거나 직무관련공무원에게 제공한 경우'에 금품·향응 등 재산상 이익이 '100만 원 이상'인 경우를 적용하더라도 '파면 – 강등'으로 정하고 있는 점, 소청인은 ㅁ부 장관 표창을 수상한 공적이 있으나 금품·향응수수는 공무원 징계령 시행규칙 제4조의 제2항에 따라 상훈감경 대상에 해당되지 않는 점, 나아가 공무원의 청렴 의무는 공무원에게 요구되는 가장 기본적인 의무라 할 것인데 소청인은 이에 대한 주의를 기울이지 아니하고 동 비위를 저지른 행위는 국민적 신뢰를 심히 저해하는 것으로 볼 수밖에 없는 점, 특히 최근 시행된 부정청탁 및 금품 등 수수의 금지에 관한 법률에서 공직자는 직무와 관련하여 대가성 여부를 불문하고 금품 등을 받아서는 아니 됨에도 불구하고 직무관련자인 B로부터 2회에 걸쳐 식사와 술 접대를 받는 등 총 100만 원이 넘는 고액의 향응을 수수하여 그 비위의 정도가 상당한 점, 소청인에 대한 해임 처분이 국가공무원법이 정하는 중한 징계라는 점을 거듭 감안하더라도 국가공무원 전체의 공정성과 신뢰 및 직무의 불가매수성의 회복이라는 공익과 깨끗한 공직사회를 구현하기 위해서 금품·향응수수 비위에 대하여는 엄중하게 책임을 물을 수밖에 없는 점, 향후 유사사례 재발방지 및 공직 기강 확립차원에서 경각심을 줄 필요성 등을 종합적으로 고려하면 원처분 상당의 책임이 인정된다고 판단된다.

4. 결론

그렇다면 소청인의 이 사건 청구는 이유가 없어 주문과 같이 결정한다.

※ 본 사안은 소청심사위원회 2017년도 소청결정사례집 54집 연번 65번 등을 바탕으로 재구성한 사안입니다.

▣ 사안의 해설

국가공무원법 제61조에 따르면 직무와 관련하여 직접적이든 간접적이든 사례·증여 또는 향응을 제공받을 수 없다고 규정되어 있습니다.

본 사안에서는 소청인이 직무관련자인 B에게 1,130,000원 상당의 향응을 수수하였다는 사유로 징계 처분에 이르게 되었는데, 징계 사유가 인정된다는 전제하에 청렴의 의무 위반 사안에 대한 징계 양정기준을 아래에서 상세히 살펴보고자 합니다.

◉ 쟁점: 청렴의 의무 위반 사안에 대한 징계 양정기준

국가공무원의 청렴의 의무 위반 사안에 대하여 징계 양정의 적정성을 살펴볼 수 있는 기준으로 공무원 징계령 시행규칙을 참조할 수 있습니다. 이는 징계위원회 단계에서 적용되는 규칙이나, 소청심사 단계에서도 위 기준이 양정의 적정성을 참조하는 자료로 유의미하게 활용될 수 있다고 할 것이며, 구체적인 기준 내용은 다음과 같습니다.

청렴의 의무 위반 징계기준(제2조 제1항 관련) 〈신설 2015. 12. 29.〉

비위의 유형 / 금품·향응 등 재산상 이익	100만 원 미만		100만 원 이상
	수동	능동	
1. 위법·부당한 처분과 직접적인 관계없이 금품·향응 등 재산상 이익을 직무관련자 또는 직무관련공무원으로부터 받거나 직무관련공무원에게 제공한 경우	강등 - 감봉	해임 - 정직	파면 - 강등
2. 직무와 관련하여 금품·향응 등 재산상 이익을 받거나 제공하였으나, 그로 인하여 위법·부당한 처분을 하지 아니한 경우	해임 - 정직	파면 - 강등	파면 - 해임
3. 직무와 관련하여 금품·향응 등 재산상 이익을 받거나 제공하고, 그로 인하여 위법·부당한 처분을 한 경우	파면 - 강등	파면 - 해임	파면

※ 비고
  1. "금품·향응 등 재산상 이익"이란 「국가공무원법」 제78조의2 제1항 제1호에 따른 금전, 물품, 부동산, 향응 또는 그 밖에 「공무원 징계령」 제17조의2 제1항에서 정하는 재산상 이익(금전이 아닌 재산상 이득의 경우에는 금전으로 환산한 금액을 말한다)을 말한다.
  2. "직무관련자"와 "직무관련공무원"이란 「공무원 행동강령」 제2조 제1호에 따른 직무관련자와 같은 조 제2호에 따른 직무관련공무원을 말한다.

위 기준에 따르면 금품·향응 등을 수수하고 위법·부당한 처분에 이르렀는지 여부, 금품 또는 향응 등 재산상 이익이 100만 원 이상인지 여부, 능동 또는 수동적으로 수수한 것인지 여부에 따라 징계 양정을 달리합니다.

실제 사례의 적용에 있어서는 위 기준이 징계 양정을 정함에 있어서 중요한 참조 자료가 될 것이나, 위 기준에 따라 일률적·기계적으로 징계 양정이 정해진다고 보기는 어렵다고 할 것이고, 금품 등 수수 경위, 장기간에 걸쳐 금품 등을 수수하였는지, 공여자와의 관계 등 제반사정, 뉘우치는 정도, 공적 등을 종합적으로 고려하여야 할 것으로 보입니다.

본 사안에서는 징계 양정의 적정성을 판단함에 있어 위 기준의 내용, 비위의 정도, 공직기강 확립차원에서 경각심을 줄 필요성 등을 고려하여 해임이라는 징계 양정이 적정하다고 판단한 것으로 보입니다.

한편, 경찰공무원의 경우에는 청렴의 의무 위반 사안에 대하여 아래와 같이 별도의 징계 양정기준을 두고 있습니다.

청렴 의무 위반 징계 양정기준(제4조 관련) 〈2016. 2. 29. 개정〉

의무위반 유형	금품·향응 등 재산상 이익	100만 원 미만		100만 원 이상
		수동	능동	
직무와 관련하여 금품·향응 등 재산상 이익을 받거나 제공하고, 그로 인하여 위법·부당한 처분을 한 경우		파면 - 강등	파면 - 해임	파면
직무와 관련하여 금품·향응 등 재산상 이익을 받거나 제공하였으나, 그로 인하여 위법·부당한 처분을 하지 아니한 경우		해임 - 정직	파면 - 강등	파면 - 해임
위법·부당한 처분과 직접적 관계없이 금품·향응 등 재산상 이익을 직무관련자 또는 직무관련공무원으로부터 받거나 직무관련공무원에게 제공한 경우		강등 - 감봉	해임 - 정직	파면 - 강등
의례적인 금품·향응 등 재산상 이익을 받거나 제공한 경우		견책	견책 - 감봉	감봉 - 파면

※ 비고
1. 금품·향응 등 재산상 이익을 수수하지 아니하였더라도 금품·향응 등 재산상 이익을 요구한 경우에도 위의 징계기준에 따라 처분한다.
2. 다른 경찰공무원에게 금품·향응 등 재산상 이익 수수를 제안·주선한 자에 대해서는 위의 기준보다 1단계 위로 징계 의결을 할 수 있다.
3. 금품·향응 등 재산상 이익의 수수 횟수가 3회 이상에 해당하거나 사건 및 인사 청탁과 관련한 경우에는 위의 기준보다 1단계 위로 징계의결을 할 수 있다.
4. "금품·향응 등 재산상 이익"이란 「국가공무원법」 제78조의2 제1항 제1호에 따른 금전, 물품, 부동산, 향응 또는 그 밖에 「공무원 징계령」 제17조의2 제1항에서 정하는 재산상 이익(금전이 아닌 재산상 이득의 경우에는 금전으로 환산한 금액을 말한다)을 말한다.
5. "직무관련자"와 "직무관련공무원"이란 「경찰청 공무원 행동강령」 제2조 제1호에 따른 직무관련자와 같은 조 제2호에 따른 직무관련공무원을 말한다.

위 기준에 따르면, 금품·향응 등을 수수하고 위법·부당한 처분에 이르렀는지 여부, 금품 또는 향응 등 재산상 이익이 100만 원 이상인지 여부, 능동 또는 수동적으로 수수한 것인지 여부, 금품·향응 등 수수횟수가 3회 이상에 해당하는지 여부, 사건 및 인사 청탁과 관련된 경우인지 여부 등에 따라 징계 양정을 달리합니다.

일반직 공무원의 경우와 마찬가지로, 징계기준 내 양정 요소 및 비고란에 기재한 사항이 징계 양정을 정함에 있어서 중요한 참조 자료가 될 것이며, 기타 양정 요소들을 종합적으로 고려하여야 할 것입니다.

[8] 징계부가금 사건

주 문

소청인의 해임 처분 취소 또는 감경 청구는 이를 기각하고, 피소청인이 2016. 12. 9. 소청인에게 한 징계부가금 3배 부과 처분은 이를 징계부가금 1배로 변경한다.

이 유

1. 원처분 사유 요지

소청인은 2014. 11. 1. 직원인 B가 상신한 C에 대한 재산세 결정결의서를 결재한 사실이 있으며, 같은 해 12. 1.경 甲시 소재 乙식당에서 B와 함께 C의 재산관리 및 세무대리·자문을 담당하였던 D를 만나 식사를 하던 중 B가 잠깐 자리를 비운 사이에 위 D로부터 300만 원을 수수한 사실이 있다.

이와 같은 소청인의 행위는 국가공무원법 제61조(청렴의 의무) 및 공무원 행동강령 제14조(금품 등을 받는 행위의 제한)등을 위반하여 같은 법 제78조 제1항의 징계 사유에 해당하고, 직무관련자인 D로부터 수수한 300만 원은 같은 법 제78조의2에 의한 징계부가금 부과 의결 대상에 해당되므로 향후 이와 같은 유사 사례의 재발 방지와 공직기강 확립을 위해서 엄히 책임을 묻는 것이 바람직한바, '해임 및 징계부가금 3배'에 처한다는 것이다.

2. 소청 이유 요지

(이하 생략)

3. 판단

가. 징계 사유의 존부

먼저 소청인이 D로부터 현금 300만 원을 받은 사실에 대해서는 인정하고 있어 이 부분은 당사자 사이에는 다툼이 없다고 할 것이다.
(이하 중략)

나. 징계 양정의 적정

1) 이 사건 해임 처분과 관련하여

① 공무원이 직무와 관련하여 금품 및 향응을 주거나 받는 행위는 금액의 많고 적음을 떠나 공직의 염결성을 해치고 국민을 위해 이루어져야 할 공직 수행이 돈으로 오염되는 결과를 가져오는 등 비난 가능성이 높은 비위에 해당되는 점, ② 특히 이 사건과 같은 경우 징계 처분을 통해 업무의 불가매수성을 보호하고자 하는 공익적 필요가 크다고 할 것인데, 비록 이 사건 현금의 공여로 인하여 업무가 부적절하게 처리된 정황이 밝혀진바 없다고 하더라도 이 같은 사정이 위 공익 추구의 필요성을 감쇄시킬 수 있다고는 볼 수 없는 점, ③ 이 사건 비위 당시 시행중인 구 공무원 징계령 시행규칙【별표1】징계기준에 의하면 청렴의 의무 위반의 경우로서 그 비위의 정도가 심하고 중과실이거나 비위의 정도가 약하고 고의가 있는 경우에는 파면~해임으로 규정하고 있고, 소청인이 상훈감경 대상 표창인 모범공무원으로 선발된 공적은 있으나 금품수수 비위는 상훈감경 제한 대상인 점 등을 살펴볼 때, 이 건 처분으로 달성하고자 하는 직무 집행의 공정성과 신뢰의 회복 및 깨끗한 공직사회 구현이라는 공익이 이 사건 처분으로 소청인이 입게 될 불이익에 비하여 결코 작다고 할 수 없다. 그렇다면 이 사건 처분이 사회 통념상 현저하게 타당성을 잃어 징계권자에게 맡겨진 재량권을 남용한 것이라고 볼 수 없다. 이와 다른 소청인의 주장은 이유가 없다.

2) 이 사건 징계부가금 3배 부과 처분과 관련하여

이 사건 비위 당시 시행중인 공무원 징계령 시행규칙【별표1의3】징계부가금 부과기준에 의하면, 그 비위의 정도가 심하고 중과실이거나 그 비위의 정도가 약하고 고의가 있는 경우에는 3~4배를 부과하도록 요구하고 있고, 소청인은 이와 관련하여 형사 처벌(벌금 내지 추징금)을 받지 아니한바, 부당이득의 환수나 경제적 처벌의 기능은 이 사건 징계부가금 부과 처분이 유일한 점을 전제한다면 이 사건 처분이 재량을 일탈 남용한 처분으로 보기 어렵다 할 것이다.

다만, 징계부가금은 금품비리 특히 형사 처벌이 되지 않는 소액 금품비리의 경우에 징계만으로는 적절한 제재가 될 수 없어 징계의 실효성을 확보하기 위하여 도입한 것으로 개별 비위 행위의 위법 정도에 비례하는 상당한 금액의 범위에서 부과되도록 함이 제도의 주된 취지인 점(헌법재판소 2015. 2. 26.자 2012헌바435 결정 참조), 소청인이 국가공무원법이 정한 중한 징계인 '해임' 처분으로 공직에서의 배제가 확정되어 소청인의 비위 정도나 책임에 상응한 징벌의 효과는 달성되었다고 볼 수 있는 점 등을 고려한다면, 이 사건 징계부가금 3배 부과 처분은 다소 과다하여 감경해 주는 것이 바람직하다고 판단된다.

4. 결론

그렇다면 이 사건 청구 중 징계부가금 3배 부과 처분의 감경을 구하는 부분은 이유가 있어 이를 국가공무원법 제14조 제5항 제3호에 따라 원처분을 변경하기로 하고, 나머지 청구는 이유가 없으므로 국가공무원법 제14조 제5항 제2호에 따라 기각하기로 하여 각 주문과 같이 결정한다.

※ 본 사안은 소청심사위원회 2016년도 소청결정사례집 53집 연번 65번 등을 바탕으로 재구성한 사안입니다.

◼ 사안의 해설

본 사안에서는 징계 사유 인정 여부, 징계 양정의 적정성 여부, 징계부가금의 적정성 여부 등이 쟁점이 되었습니다. 위 쟁점 중에서 징계부가금과 관련하여 징계부가금 부과 대상과 징계부가금 양정기준에 대해 상세히 살펴보고자 합니다.

◉ 쟁점: 징계부가금 대상

금품 관련 비위행위에 대한 제재의 실효성을 높이기 위한 목적으로 2010. 3. 22.자 국가공무원법 개정법률 제79조의2에 근거하여 징계부가금 제도가 신설되었습니다.

 실제 사례의 적용에 있어서는 국가공무원법의 개정에 따라 징계부가금의 대상이 늘어나고 있는 추세라는 점을 주의할 필요가 있습니다. 이에 동일한 징계 원인 행위라고 하더라도 시기에 따라서 징계부가금 대상이 되는지 여부가 달라질 수 있습니다.

 2019. 4. 17.자 시행 국가공무원 제78조의2 및 공무원징계령 제17조의2 등에 따르면 징계부가금 대상이 되는 징계 원인 행위는 아래와 같습니다.

---

① 금전, 물품, 부동산을 취득하거나 제공한 경우
② 유가증권, 숙박권, 회원권, 입장권, 할인권, 초대권, 관람권, 부동산 등의 사용권 등 일체의 재산상 이익을 취득하거나 제공한 경우
③ 골프 등의 접대 또는 교통·숙박 등의 편의 제공을 취득하거나 제공한 경우
④ 채무면제, 취업제공, 이권(利權)부여 등 유형·무형의 경제적 이익을 취득하거나 제공한 경우
⑤ 다음 해당하는 것을 횡령(橫領), 배임(背任), 절도, 사기 또는 유용(流用)한 경우
 (ㄱ) 「국가재정법」에 따른 예산 및 기금
 (ㄴ) 「지방재정법」에 따른 예산 및 「지방자치단체 기금관리기본법」에 따른 기금
 (ㄷ) 「국고금 관리법」 제2조 제1호에 따른 국고금
 (ㄹ) 「보조금 관리에 관한 법률」 제2조 제1호에 따른 보조금
 (ㅁ) 「국유재산법」 제2조 제1호에 따른 국유재산 및 「물품관리법」 제2조 제1항에 따른 물품
 (ㅂ) 「공유재산 및 물품 관리법」 제2조 제1호 및 제2호에 따른 공유재산 및 물품

 본 사안에서 문제되었던 징계 사유는 금품수수였으며, 징계 사유가 인정된다는 전제하에 금전, 물품, 부동산을 취득한 경우라고 보아 징계부가금 대상이라고 판단하였습니다.

● 쟁점: 징계부가금 양정기준

국가공무원법 제78조의2에서는 징계 원인 행위로 취득하거나 제공한 금전 또는 재산상 이득의 5배 내의 징계부가금 부과 의결을 징계위원회에 요구하여야 한다고 규정하고 있으며, 공무원 징계령 시행규칙 제2조에는 구체적인 징계부가금 양정에 대해 아래와 같이 기재하고 있습니다.

징계부가금 부과기준(제2조 제1항 관련) 〈개정 2015. 12. 29.〉

비위의 정도 및 과실 여부 〈br〉〈br〉 비위의 유형	비위의 정도가 심하고 고의가 있는 경우	비위의 정도가 심하고 중과실이거나, 비위의 정도가 약하고 고의가 있는 경우	비위의 정도가 심하고 경과실이거나, 비위의 정도가 약하고 중과실인 경우	비위의 정도가 약하고 경과실인 경우
1. 「국가공무원법」 제78조의2 제1항 제1호의 행위	금품비위 금액등의 4~5배	금품비위 금액등의 3~4배	금품비위 금액등의 2~3배	금품비위 금액등의 1~2배
2. 「국가공무원법」 제78조의2 제1항 제2호의 행위	금품비위 금액등의 3~5배	금품비위 금액등의 2~3배	금품비위 금액등의 2배	금품비위 금액등의 1배

※ 비고
  1. "금품비위금액등"이란 「국가공무원법」 제78조의2 제1항 각 호의 어느 하나에 해당하는 행위로 취득하거나 제공한 금전 또는 재산상 이득(금전이 아닌 재산상 이득의 경우에는 금전으로 환산한 금액을 말한다)을 말한다.
  2. 징계부가금 배수는 정수(整數)를 기준으로 한다. 다만, 징계부가금 감면 의결의 경우에는 정수로 하지 아니할 수 있다.

실제 사례의 적용에 있어서는 위 기준이 징계부가금 양정을 정함에 있어서 중요한 참조 자료가 될 것이나, 위 징계부가금 기준에 따라 일률적·기계적으로 양정이 정해진다고 보기는 어렵다고 할 것입니다.

위 부과기준의 요소뿐만 아니라 그 밖의 기타 양정 요소 등이 종합적으로 고려되어 징계부가금 양정이 정해진다고 봄이 상당하며, 관련 형사 사건에서 몰수나 추징을 당하였거나, 변상책임을 다한 경우 등과 같은 경우에는 이에 대한 고려가 이루어져야 할 것으로 보입니다.

징계부가금도 역시 징계와 마찬가지로 소청심사나 소송 단계에서 이를 다툴 수 있으며, 소청심사 단계에서 이를 다툰다고 하여 소청인에게 불이익한 방향으로 징계부가금이 늘어나지는 않습니다.

한편, 징계부가금 제도는 형사 처벌이 되지 않는 소액 금품비리의 경우에 징계만으로는 적절한 제재가 될 수 없어 징계의 실효성을 확보하기 위하여 도입한 점을 고려할 필요가 있습니다.

이에 실제 사안의 적용에 있어서는, 징계 원인 행위로 인한 취득액이 다액인 경우, 징계 원인 행위로 배제징계에 이르렀고 관련 형사 사건에서 처벌을 받은 경우 등의 사안에서는 징계부가금의 양정을 정함에 있어서 보다 신중을 기해야 할 것으로 보입니다.

본 사안에서는 소청인이 해임 처분으로 공직에서 배제되어 소청인의 비위 정도나 책임에 상응한 징벌의 효과는 달성되었다고 볼 수 있는 점 등을 고려하면 징계부가금 3배의 부가 처분은 다소 과다하여 감경하는 것이 적정하다고 판단하였습니다.

❑ 관계 법령

○ 국가공무원법
[시행 2019. 4. 17.] [법률 제15857호, 2018. 10. 16., 일부개정]

제78조의2(징계부가금)
① 제78조에 따라 공무원의 징계 의결을 요구하는 경우 그 징계 사유가 다음 각 호의 어느 하나에 해당하는 경우에는 해당 징계 외에 다음 각 호의 행위로 취득하거나 제공한 금전 또는 재산상 이득(금전이 아닌 재산상 이득의 경우에는 금

전으로 환산한 금액을 말한다)의 5배 내의 징계부가금 부과 의결을 징계위원회에 요구하여야 한다.

1. 금전, 물품, 부동산, 향응 또는 그 밖에 대통령령으로 정하는 재산상 이익을 취득하거나 제공한 경우

2. 다음 각 목에 해당하는 것을 횡령(橫領), 배임(背任), 절도, 사기 또는 유용 (流用)한 경우

　가. 「국가재정법」에 따른 예산 및 기금

　나. 「지방재정법」에 따른 예산 및 「지방자치단체 기금관리기본법」에 따른 기금

　다. 「국고금 관리법」 제2조 제1호에 따른 국고금

　라. 「보조금 관리에 관한 법률」 제2조 제1호에 따른 보조금

　마. 「국유재산법」 제2조 제1호에 따른 국유재산 및 「물품관리법」 제2조 제1 항에 따른 물품

　바. 「공유재산 및 물품 관리법」 제2조 제1호 및 제2호에 따른 공유재산 및 물품

　사. 그 밖에 가목부터 바목까지에 준하는 것으로서 대통령령으로 정하는 것

　② 징계위원회는 징계부가금 부과 의결을 하기 전에 징계부가금 부과대상자가 제1항 각 호의 어느 하나에 해당하는 사유로 다른 법률에 따라 형사 처벌을 받거나 변상책임 등을 이행한 경우(몰수나 추징을 당한 경우를 포함한다) 또는 다른 법령에 따른 환수나 가산징수 절차에 따라 환수금이나 가산징수금을 납부한 경우에는 대통령령으로 정하는 바에 따라 조정된 범위에서 징계부가금 부과를 의결하여야 한다.

　③ 징계위원회는 징계부가금 부과 의결을 한 후에 징계부가금 부과대상자가 형사처 벌을 받거나 변상책임 등을 이행한 경우(몰수나 추징을 당한 경우를 포함한다) 또는 환수금이나 가산징수금을 납부한 경우에는 대통령령으로 정하는 바에 따라 이미 의결된 징계부가금의 감면 등의 조치를 하여야 한다.

　④ 제1항에 따라 징계부가금 부과처분을 받은 사람이 납부기간 내에 그 부가금을 납부하지 아니한 때에는 처분권자(대통령이 처분권자인 경우에는 처분 제청권자)는 국세 체납처분의 예에 따라 징수할 수 있다. 다만, 체납액 징수가 사실상 곤란하다고 판단되는 경우에는 징수를 관할 세무서장에게 의뢰하여야 한다.

　⑤ 처분권자(대통령이 처분권자인 경우에는 처분 제청권자)는 제4항 단서에 따

라 관할 세무서장에게 징계부가금 징수를 의뢰한 후 체납일부터 5년이 지난 후에도 징수가 불가능하다고 인정될 때에는 관할 징계위원회에 징계부가금 감면 의결을 요청할 수 있다.

○ 공무원 징계령
[시행 2019. 4. 17.] [대통령령 제29697호, 2019. 4. 16., 일부개정]

제17조의2(징계부가금)

① 법 제78조의2 제1항 제1호에서 "대통령령으로 정하는 재산상 이익"이란 다음 각 호의 어느 하나에 해당하는 것을 말한다.

1. 유가증권, 숙박권, 회원권, 입장권, 할인권, 초대권, 관람권, 부동산 등의 사용권 등 일체의 재산상 이익
2. 골프 등의 접대 또는 교통·숙박 등의 편의 제공
3. 채무면제, 취업제공, 이권(利權)부여 등 유형·무형의 경제적 이익

② 징계위원회가 법 제78조의2 제1항에 따라 징계부가금 부과 의결을 요구받은 때에는 같은 항 각 호의 어느 하나에 해당하는 행위로 취득하거나 제공한 금전 또는 재산상 이득(금전이 아닌 재산상 이득의 경우에는 금전으로 환산한 금액을 말하며, 이하 "금품비위금액등"이라 한다)의 5배 내에서 징계부가금의 부과 의결을 할 수 있다.

③ 징계위원회에서 징계부가금 부과 의결을 하기 전에 징계등 혐의자가 법 제78조의2 제1항 각 호의 어느 하나에 해당하는 행위로 다른 법률에 따라 형사 처벌을 받거나 변상책임 등을 이행(몰수나 추징을 당한 경우를 포함한다) 또는 다른 법령에 따른 환수나 가산징수 절차에 따라 환수금이나 가산징수금을 납부한 경우로서 같은 조 제2항에 따라 징계위원회가 징계부가금을 조정하여 의결할 때에는 벌금, 변상금, 몰수, 추징금, 환수금 또는 가산징수금에 해당하는 금액과 징계부가금의 합계액이 금품 비위 금액등의 5배를 초과해서는 아니 된다.

④ 징계 의결등의 요구권자는 다음 각 호의 어느 하나에 해당하는 사유가 발생한 날부터 30일 내에 징계위원회에 징계부가금 감면 의결을 요구하여야 하며, 동시에 별지 제3호의2서식의 징계부가금 감면의결요구서 사본을 징계등 혐의자에게

송부하여야 한다. 다만, 징계등 혐의자가 그 수령을 거부하는 경우에는 그러하지
아니하다.

1. 징계부가금 부과 의결을 받은 자가 법원의 판결(몰수·추징에 대한 판결을
   포함한다)이 확정되거나 변상책임 등을 이행한 날 또는 환수금이나 가산징
   수금을 납부한 날부터 60일 내에 징계 의결등의 요구권자에게 징계부가금
   감면 의결을 신청한 경우

2. 징계 의결등의 요구권자가 징계부가금 부과 의결을 받은 자에 대한 법원의
   판결(몰수·추징에 대한 판결을 포함한다)이 확정되거나 변상책임 등이 이행
   된 것 또는 환수금이나 가산징수금 등이 납부된 것을 안 경우

⑤ 제4항에 따라 징계부가금 감면 의결이 요구된 경우 법 제78조의2 제3항에
따라 징계위원회는 벌금, 변상금, 몰수, 추징금, 환수금 또는 가산징수금에 해당하
는 금액과 징계부가금의 합계액이 금품 비위 금액등의 5배를 초과하지 않는 범위
에서 감면 의결하여야 한다. 이 경우 징계부가금 감면 의결의 기한에 관하여는 제
9조 제1항을 준용한다.

⑥ 징계등 혐의자 또는 징계부가금 부과 의결을 받은 자가 벌금 외의 형(벌금형
이 병과되는 경우를 포함한다)을 선고받아 제3항 또는 제5항을 적용하기 곤란한
경우에는 징계위원회는 형의 종류, 형량 및 실형, 집행유예 또는 선고유예 여부 등
을 종합적으로 고려하여 징계부가금을 조정하여 의결하거나 감면 의결하여야 한다.

[9] 식료품 횡령 혐의 사건

주　문

피소청인이 2016. 8. 19. 소청인에게 한 감봉 1월 처분은 이를 취소한다.

이　유

1. 원처분 사유 요지

소청인은 2016. 1. 취사장에 보관중인 쌀 1kg, 컵라면 3박스를 본인 차량에 실어 가져가는 방법으로 횡령 또는 유용하는 등 부대운영경비로 구입한 식료품 53,130원 상당을 사적으로 횡령한 사실이 있다.

이와 같은 소청인의 행위는 국가공무원법 제56조(성실 의무)를 위반하여 동법 제78조 제1항 제1호 및 제2호의 징계 사유에 해당되는바, 공무원 징계령 제17조에 규정한 참작 사유, 경찰공무원 징계 양정 등에 관한 규칙 제9조(상훈감경) 등을 감안하여 '감봉 1월'에 처한다.

2. 소청 이유 요지

(이하 생략)

3. 판단

처분 사유에 대한 사실관계의 심사에 앞서 본건 징계 절차의 적법성 여부에 대하여 살펴본다.

가. 관련 규정 및 판례

공무원 징계령 제7조 제7항에서는 '징계의결 등 요구권자는 징계 의결 등을 요구하면서 동시에 공무원 징계 의결 등 요구서 사본을 징계 등 혐의자에게 송부하여야 한다'고 규정하고 있고, 경찰공무원 징계령 제9조 제5항에서도 '경찰기관의 장은 제1항에 따라 징계 등 의결을 요구할 때에는 제1항에 따른 경찰공무원 징계 의결 또는 징계부가금 부과의결요구서 사본을 징계 등 심의대상자에게 보내야 한다. 다만 징계 등 심의대상자가 그 수령을 거부하는 경우에는 그러하지 아니하다.'라고 규정하고 있으며, [별지1] 서식에서는 징계 등 심의대상자의 인적 사항 및 징계 사유, 징계 등 의결요구권자의 의견을 적시하도록 함으로써 징계의결요구서가 징계 등 심의대상자에게 징계 사유 및 징계 요구 내용을 사전에 알릴 의무를 부여하고 있다.

또한 법원에서는 '징계의결요구서 사본 송부절차 없이 한 징계의 효력에 대해 공무원 징계령 제7조 제7항의 취지는 징계 등 혐의자로 하여금 어떠한 사유로 징계에 회부되었는가를 사전에 알게 함으로써 징계위원회에서 그에 대한 방어 준비를 하게 하려는 것으로 징계위원회에 출석하여 진술할 수 있는 권리와 함께 징계 등 혐의자의 방어권 보장을 위한 주요 규정인 동시에 강행규정이므로 징계의결요구서 사본의 송부 없이 진행된 징계 절차는 징계 등 혐의자의 방어권 준비 및 행사에 지장이 없었다거나 징계 등 혐의자가 이의 없이 징계위원회에 출석하여 변명하였다는 등의 특단의 사정이 인정되지 않는 이상 위법하다'고 판시하고 있다(대법원 1993. 6. 25. 선고 92누17426 판결 참조).

나. 사실관계 확인

본건 징계 의결 요구권자인 A경찰서장은 소청인에 대한 징계 의결을 요구하면서 2016. 4. 12. A경찰서 보통징계위원회에 경찰공무원 징계의결요구서 및 별지 징계 사유를 제출하였음에도 2016. 4. 14. 소청인에게 출석통지서만 전달하고 징계의결요구서는 송부하지 않았는데, 당시 소청인이 받은 출석통지서에는 출석 이유에 '의무 위반에 따른 징계 의결'이라고 기재되어 있을 뿐 징계 의결 요구 사유를 알 수 있는 내용이 없음을 제출 증거를 통해 확인할 수 있다.

다. 본건 판단

징계의결요구서를 징계대상자에게 송부하도록 한 징계 절차는 공무원 징계령 뿐만 아니라 경찰공무원 징계령, 교육공무원 징계령, 소방공무원 징계령 등에서 동일하게 규정하고 있는 일반적인 절차인 점, 대법원에서는 '공무원징계의결요 구서 사본을 징계 등 혐의자에게 송부하도록 규정한 공무원 징계령 제7조 제7 항은 징계 등 혐의자의 방어권 보장을 위한 주요 규정으로써 강행규정이다'라고 판시하여 동 규정의 중요성을 적시하고 있는 점을 고려할 때 징계의결요구서 사본을 송부하지 않은 사실을 피소청인이 인정하고 있는 본건의 경우 징계절차 상 하자가 있는 처분인 점은 명백하다.

피소청인은 징계위원회 개최 전 소청인에게 징계의결요구서 사본을 송부하지 않았음을 인정하였으나 소청인에게 전화통화 후 출석통지서를 직접 전달하면서 대면하여 징계 사유 및 징계 수위를 충분히 설명하였기에 소청인의 방어권행사 에 영향이 없다고 주장하나, 경찰공무원 징계령에서 징계의결요구권자가 관할 징계위원회와 징계심의대상자에게 동일한 징계의결요구서를 제공하여 대상자가 확정된 징계 의결 요구 내용을 확인할 수 있도록 절차를 마련한 취지를 고려할 때 피소청인이 징계 의결 요구 내용을 임의로 구두 전달할 수 있다고 보기 어렵 고, 징계의결요구서 사본은 징계위원회가 개최되기에 앞서 징계혐의자의 방어 권행사에 지장을 주지 않을 만큼의 충분한 시간적인 여유를 두고 송부되어야 하는 점을 고려할 때 징계위원회 당시 간사가 징계의결요구서를 낭독하여 소청 인이 이 시점에 소청인이 정확한 징계 의결 이유를 확인할 수 있었다고 해도 경 찰공무원 징계령 제9조 제5항에서 정한 절차에 해당한다고 볼 수 있는 여지는 전혀 없다.

다만 대법원에서는 '징계 등 혐의자의 방어권 준비 및 행사에 지장이 없었다는 등의 특단의 사정이 인정되지 않는 이상 위법하다'라고 판결하고 있어 징계 처 분을 취소할 만한 절차상의 위법으로 볼 수 있는지를 판단하기 위해서는 상기 피소청인의 주장에서 '소청인의 방어권행사에 영향이 없었다고 인정될 만한 특 단의 사정'이 있었는지 여부를 살펴볼 필요성이 있다.

상기 대법원 판결에서는 '피고가 징계의결요구서 사본을 원고에게 송부하지 않 은 사실을 인정하면서도 원고가 징계위원회 개최일 이전에 이미 징계혐의 사실

중 일부 비위사실과 같은 내용의 범죄사실로 구속 기소되어 공소장 부본을 수령하였으며, 기소되었음을 이유로 한 직위해제 처분을 받았고 그 사유 설명서도 수령하였으며 징계혐의사실 모두를 시인하는 취지의 경위서를 피고에게 제출한 사실 등을 인정할 수 있으므로 원고로서는 징계위원회 개최 전에 이미 징계혐의사실을 잘 알고 있어서 징계의결요구서 사본을 송달받지 않았다 하더라도 그로 인하여 방어권행사에 조금이라도 지장을 받았다고 보이지 아니하므로 이 사건 징계 처분을 취소할 만한 절차상의 위법이 있다 할 수 없다'고 판시하고 있는바, 결국 상기 대법원 판결에 대한 사건에서는 원고가 징계의결요구서 사본은 아닐지라도 '징계의결요구서 사본에 상응하는 내용이 담긴 문서(즉, 공소장과 사유 설명서)를 수령'하였고, 이에 원고는 징계위원회 개최 전에 '이미 징계혐의사실을 잘 알고 있어서 원고의 방어권행사에 조금이라도 지장을 받았다고 보이지 않았다'는 특단의 사정으로 인정했다고 판단된다.

그러나 본건의 경우 소청인이 징계위원회 개최 전에 이미 징계혐의 사실을 잘 알고 있었다는 객관적 정황이 있는지를 살펴보면, ① 일단 처분청은 만나서 구두로 충분히 설명했다고 주장하고 있을 뿐이어서 징계의결요구서 사본에 상응하는 어떠한 서면을 소청인에게 교부한 사실이 있다고 볼 수 없고, ② 또한 징계의결요구서에는 징계혐의자가 언제, 어디서, 어떤 행위를 하였고, 이 행위가 어떠한 의무 위반에 해당하는지를 특정하여 구체화된 징계혐의 내용이 포함되므로 징계혐의자가 징계의결요구서 사본을 송부받는다는 것은 쟁점사항에 대해 구체적·효율적으로 방어논리를 수립하는 기회를 얻을 수 있다는 것인데, 본건의 경우 처분청의 구두 설명으로 충분히 이러한 효과를 얻었다고 보기 어렵고, 소청인이 문서를 송부받을 경우와 같은 수준으로 징계혐의 사실을 명확히 인지한 상태에 있었다고 볼 수는 없다.

또한 이와 같이 강행규정으로 적시된 징계절차의 불이행에 대해서는 소청인의 방어권을 보장하기 위해 최대한 소청인의 입장에서 그 특단의 사정을 엄격히 인정해야 할 것으로 판단되는바, 조금이라도 방어권행사에 영향을 미친 정황이 인정된다면 절차상 중대한 흠결이 있는 것으로 보아야 할 것이므로, 본건 징계 처분은 징계 절차 위반을 이유로 취소한 후 피소청인이 국가공무원법 제78조의3(재징계 의결 등의 요구)에 따라 재징계 절차를 거치도록 함이 타당하다고 판단된다.

4. 결정

그렇다면 이 사건 처분은 절차상 하자에 기초하여 이루어진 위법한 처분에 해당하므로 더 살펴볼 필요 없이 이를 취소하기로 하여 주문과 같이 결정한다.

※ 본 사안은 소청심사위원회 2016년도 소청결정사례집 53집 연번 89번 등을 바탕으로 재구성한 사안입니다.

▣ 사안의 해설

본 사안에서는 징계의결요구권자가 징계대상자(소청인)에게 징계의결요구서를 송부하여야 하는지가 쟁점이 되었으며 아래에서 상세히 살펴보도록 하겠습니다.

◉ 쟁점: 징계의결요구권자가 징계대상자(소청인)에게 징계의결요구서를 송부하여야 하는지 여부

공무원 징계령 제7조 및 경찰공무원 징계령 제9조에 따르면, 징계의결등요구권자가 징계등 의결을 요구할 때에는 징계의결요구서 사본을 징계대상자(소청인)에게 보내야 한다고 규정하고 있습니다.

이는 징계대상자(소청인)에게 어떠한 사유로 징계에 회부되었는가를 사전에 알게 하여 징계위원회에서 그에 대한 방어 준비를 하게 하려는 것으로, 징계위원회에서 출석하여 진술할 수 있는 권리와 함께 출석하여 진술할 수 있는 권리와 더불어 징계대상자(소청인)의 방어권 보장을 위한 주요 규정으로서 강행규정이라 할 것입니다.

한편, 징계의결요구서를 송부하지 않아도 되는 예외 사유에 대해서는 소청인의 방어권행사에 영향이 없었다고 인정될 만한 특별한 사정이 있었음이 인정되어야 할 것인데, 징계의결요구서 사본의 송부가 방어권 보장을 위한 강행규정임을 고려할 때 예외 사유의 존부는 제한적으로 해석해야 할 것으로 보입니다.

본 사안에서는, 징계의결요구권자가 징계대상자(소청인)에게 징계위원회 개최 전 징계의결요구서를 송부하지 아니하였고, 피소청인이 주장하는 소청인에게 징계 의결 사유를 구두로 설명하였다는 사실만으로는 징계대상자(소청인)의 방어권행사에 지장이 없었다고 보기는 어렵다고 보아, 이에 이 사건 징계 처분이 위법하다고 판시하였습니다.

❑ 관계 법령

○ 공무원 징계령

[시행 2019. 4. 17.] [대통령령 제29697호, 2019. 4. 16., 일부개정]

제7조(징계 의결등의 요구)

⑦ 징계 의결등 요구권자는 징계 의결등을 요구하면서 동시에 제6항의 공무원 징계 의결등 요구서 사본을 징계등 혐의자에게 송부하여야 한다. 다만, 징계등 혐의자가 그 수령을 거부하는 경우에는 그러하지 아니하다.

○ 경찰공무원 징계령

[시행 2018. 3. 30.] [대통령령 제28760호, 2018. 3. 30., 타법개정]

제9조(징계등 의결의 요구)

⑤ 경찰기관의 장은 제1항에 따라 징계등 의결을 요구할 때에는 제1항에 따른 경찰공무원 징계 의결 또는 징계부가금 부과의결요구서 사본을 징계등 심의대상 자에게 보내야 한다. 다만, 징계등 심의대상자가 그 수령을 거부하는 경우에는 그러하지 아니하다.

❏ 관련 판례

○ 징계의결요구서 송부를 통한 징계위원회에서의 징계대상자(소청인) 방어
  권 보장
  − 대법원 1993. 6. 25. 선고 92누17426 판결 등 참조

징계의결요구권자는 징계위원회에 징계 의결을 요구함과 동시에 징계 사유와
요구하는 징계 종류 등을 기재한 징계의결요구서 사본을 징계혐의자에게 송부하
도록 되어 있는바, 이 규정의 취지는 징계혐의자로 하여금 어떠한 사유로 징계에
회부되었는가를 사전에 알게 함으로써 징계위원회에서 그에 대한 방어 준비를 하
게 하려는 것으로 징계위원회에 출석하여 진술할 수 있는 권리와 함께 징계혐의자
의 방어권 보장을 위한 주요 규정으로서 강행규정이므로 징계의결요구서 사본의
송부 없이 진행된 징계 절차는 징계혐의자의 방어권 준비 및 행사에 지장이 없었
다거나 징계혐의자가 이의 없이 징계위원회에 출석하여 변명하였다는 등의 특단
의 사정이 인정되지 않는 이상 위법하다.

[10] 음주운전 방조 혐의 사건

주 문

피소청인이 2016. 6. 23. 소청인에게 한 감봉 1월 처분은 이를 취소한다.

이 유

1. 원처분 사유 요지

소청인은 2016. 5. 12. A교육원에서 甲과 함께 B시 소재 C식당에서 소주 3병을 나누어 마셔 甲이 술에 취한 상태임을 알고 있음에도 같은날 21:30경 甲의 선임자임에도 적극적으로 제지하지 않고 甲이 운전하는 음주차량에 동승하여 약 2km구간을 甲이 혈중알콜농도 0.218%로 운전하도록 방조한 사실이 있다.

이와 같은 소청인의 행위는 국가공무원법 제56조(성실 의무), 제57조(복종의 의무), 제63조(품위 유지의 의무)를 위반하여 같은 법 제78조 제1항 각 호에 해당되는바, 선임자로 적극적으로 음주운전 방지의무를 결여하여 조직의 위상을 실추시킨 행위가 중하다고 판단되며, D경찰공무원 징계 양정 등에 관한 규칙 제8조(상훈 감경) 제3항에 의거 소청인의 위반행위는 도로교통법 제44조 제1항에 따른 음주운전에 해당되어 상훈 감경 적용 대상에서 제외되므로 '감봉 1월'에 처한다는 것이다.

2. 소청 이유 요지

(이하 생략)

---

3. 판단

가) 관련 규정

F처 소속 경찰공무원 징계 양정 등에 관한 규칙 제8조 제1항 2호에서 경감 이하의 경찰공무원 등은 중앙행정기관 차관급 이상의 표창을 받은 공적이 있는 경우 징계 양정 감경기준에 따라 징계를 감경할 수 있는 상훈 감경 규정을 두고 있고, 공무원징계령 제7조 제6항 제3호에 의하면 공무원에 대한 징계 의결을 요구할 때는 징계 사유의 증명에 필요한 관계 자료뿐 아니라 '감경 대상 공적 유무'등이 기재된 확인서를 징계위원회에 함께 제출하여야 한다고 규정하고 있다.

나) 본건 판단

소청인은 총 ○회 등 표창을 수상한 공적이 있고, 이 중 E청장 표창은 상훈 감경대상이 되는 공적(차관급 표창)에 해당하나, 처분청에서는 2016. 6. 15. 본 건 징계 의결을 요구하면서 제출한 확인서에 소청인의 감경 대상 공적 사항에 상기 표창 공적을 누락하여 기재하지 않았고, 2016. 6. 20. 개최된 징계위원회에서도 위 표창 공적을 누락하여 징계 감경 사유에 해당사 항이 없다고 심의한 사실이 확인된다.

이를 살피면, 피소청인은 소청인의 '음주운전 방조'가 '음주운전'에 해당한다고 보아 이를 상훈 감경 제외대상 비위로 판단하여 상기와 같이 조치하였으나, F처 소속 경찰공무원 징계 양정 등에 관한 규칙 제8조(징계의 감경) 3항에 따른 상훈 감경 제외대상의 비위는 '도로교통법 제44조 제1항에 따른 음주운전에 해당하는 경우'로 명시되어 있고, 도로교통법 제44조 제1항에서는 '누구든지 술에 취한 상태에서 자동차 등을 운전하여서는 안된다'라고 규정하고 있으며, 따라서 음주운전의 책임은 주취상태에서 직접 운전한 자에게 물을 수 있는 것으로, 음주운전의 방조 책임은 이와는 별도로 구분되는 죄책에 해당하는바 징계 양정에 있어서도 음주운전자와 음주운전의 방조는 구분되어야 한다고 판단되므로 결국 음주운전의 방조는 상훈 감경에서 제외되는 비위로 볼 수 없는 것이며, 또한 F처 소속 경찰공무원 징계 양정 등에 관한 규칙【별표3】음주운전 징계 양정기준에서도 '직원의 음주운전 차량에 동승한 자'에 대해 견책의 징계기준을 제시하면서 비고 제8항은 '음주운전 차량에 동승한 자는 사안에 따라 감경할 수 있다'라고 기재하였는바, 결국 음주운전 차량에 동승한 비위에 대해서는 감경의 대상이 되지 않는 음주운전과 별개의 사항으로 조치하고 있는 것으로 판단되므로, 결국 이 사건 징계위원회에 감경 대상인 표창 공적이 제시되지 않아, 심의 과정에서 그 공적 사항의 성질과 내용을 검토하여 그것이 징계를 감경할 만한 사유인지 판단할 기회를 부여받지 못한 점, '징계위원회의 심의 과정에 반드시 제출되어야 하는 공적(功績) 사항이 제시되지 않은 상태에서 결정한 징계 처분은 징계 양정이 결과적으로 적정한지 그렇지 않은지와 상관없이 법령이 정한 징계절차를 지키지 않은 것으로서 위법하다.'라는 대법원 판례(2012. 6. 28. 선고 2011두20505 판결 참조)가 있는 점 등을 고려할 때, 본 건 처분은 징계 절차상의 흠이 있는 경우에 해당하여 위법하다고 판단된다.

4. 결정

따라서 소청인에 대한 본 건 징계 처분은 위법한 징계 의결을 근거로 이루어진 처분으로서 그 효력을 인정하기 어렵다고 판단되는바, 소청인에 대한 본 건 징계 처분은 본안에 들어가 더 살펴볼 필요 없이 징계 절차 위반을 이유로 취소함이 타당하므로 주문과 같이 결정한다.

※ 본 사안은 소청심사위원회 2016년도 소청결정사례집 53집 연번 88번 등을 바탕으로 재구성한 사안입니다.

▣ 사안의 해설

본 사안에서는 상훈 감경이 쟁점이 되었으며, 이를 아래에서 상세히 살펴보고자 합니다. 다만, 본 사안에서의 소청인은 F처 소속 특정직공무원이나 아래에서는 실제 유사한 문제에서의 참조를 위해 일반직 국가공무원을 기준으로 관계 법령 등을 기재하고자 합니다.

◉ 쟁점: 상훈 감경

공무원 징계령 시행규칙 제4조 제1항에 따르면 징계위원회에서는 징계 의결이 요구된 사람에게 상훈이 있는 경우 상훈에 따른 징계 감경을 할 수 있습니다.

물론 상훈이 없다고 하여 다른 감경 요소가 있음에도 징계위원회에서 작량 감경을 할 수 없는 것은 아니며, 상훈이 있다고 하여 필요적으로 감경이 이루어지는 것은 아닙니다.

다만, 징계위원회의 심의 과정에 반드시 제출되어야 하는 공적 사항이 제시되지 않은 상태에서 결정한 징계 처분은 징계 양정이 결과적으로 적정한지 그렇지 않은지와 상관없이 법령이 정한 징계 절차를 지키지 않은 것으로서 위법하다는 취지의 판례(2012. 6. 28. 선고 2011두20505 판결)의 판시 내용에 비추어 보면, 상훈 감경이 임의적 감경이라 하더라도 징계위원회에서는 대상자의 상훈에 대해 충분히 검토하여야 할 것으로 보입니다.

상훈 감경의 대상이 되는 상훈은 ① 상훈법에 따른 훈장 또는 포장을 받은 공적, ② 정부표창규정에 따라 국무총리 이상의 표창을 받은 공적[비위행위 당시에 6급이하 공무원등에 대해서는 청장(차관급 상당 기관장 포함)], ③ 모범공무원규정에 따라 모범공무원으로 선발된 공적입니다.

위 상훈이 있다고 하더라도, 금품수수 비위, 성폭력 비위 등 일부 중한 비위에 대해서는 상훈 감경의 제한을 받습니다. 19. 6. 25.자로 시행 중인 공무원 징계령 시행규칙 제4조 제2항에 따르면 상훈 감경 제한이 문제되는 비위의 유형은 아래와 같습니다.

① 「국가공무원법」 제83조의2 제1항에 따른 징계 사유의 시효가 5년인 비위
② 「성폭력범죄의 처벌 등에 관한 특례법」 제2조에 따른 성폭력범죄
③ 「성매매알선 등 행위의 처벌에 관한 법률」 제2조 제1항 제1호에 따른 성매매
④ 「양성평등기본법」 제3조 제2호에 따른 성희롱
⑤ 「도로교통법」 제44조 제1항에 따른 음주운전 또는 같은 조 제2항에 따른 음주측정에 대한 불응
⑥ 「공직자윤리법」 제8조의2 제1항 또는 제22조에 따른 등록의무자에 대한 재산등록 및 주식의 매각·신탁과 관련한 의무 위반

⑦ 부작위 또는 직무태만
⑧ 「공무원 행동강령」 제13조의3에 따른 부당한 행위
⑨ 성 관련 비위 또는 「공무원 행동강령」 제13조의3에 따른 부당한 행위를 은폐하거나 필요한 조치를 하지 않은 경우
⑩ 공무원 채용과 관련하여 청탁이나 강요 등 부당한 행위를 하거나 채용 업무와 관련하여 비위행위를 한 경우

본 사안에서는 문제가 되었던 비위의 유형이 음주운전의 방조인데, 이는 도로교통법에 제44조 제1항에 따른 음주운전과는 구분되는 비위로 상훈 감경에서 제외되는 비위로 볼 수 없음에도 징계위원회 심의 과정에서 상훈 감경이 제외되는 비위로 판단하고 표창 공적을 제시하지 아니하여 그 공적 사항의 성질과 내용을 판단 받지 못한 위법이 있다고 판시하였습니다.

❑ 관계 법령

❍ 공무원 징계령 시행규칙

[시행 2019. 6. 25.] [총리령 제1549호, 2019. 6. 25., 일부개정]

제4조(징계의 감경)

① 징계위원회는 징계 의결이 요구된 사람에게 다음 각 호의 어느 하나에 해당하는 공적이 있는 경우에는 별표 3의 징계의 감경기준에 따라 징계를 감경할 수 있다. 다만, 그 공무원이 징계 처분이나 이 규칙에 따른 경고를 받은 사실이 있는 경우에는 그 징계 처분이나 경고 처분 전의 공적은 감경 대상 공적에서 제외한다.

1. 「상훈법」에 따른 훈장 또는 포장을 받은 공적
2. 「정부표창규정」에 따라 국무총리 이상의 표창(공적에 대한 표창만 해당한다. 이하 이 호에서 같다)을 받은 공적. 다만, 비위행위 당시 「공무원 징계령」 제2조 제2항 제3호 각 목에 따른 공무원은 중앙행정기관장인 청장(차관급 상당 기관장을 포함한다) 이상의 표창을 받은 공적
3. 「모범공무원규정」에 따라 모범공무원으로 선발된 공적

② 제1항에도 불구하고 징계 사유가 다음 각 호의 어느 하나에 해당하는 경우

에는 해당 징계를 감경할 수 없다.

1. 「국가공무원법」 제83조의2 제1항에 따른 징계 사유의 시효가 5년인 비위
2. 「성폭력범죄의 처벌 등에 관한 특례법」 제2조에 따른 성폭력범죄
3. 「성매매알선 등 행위의 처벌에 관한 법률」 제2조 제1항 제1호에 따른 성매매
4. 「양성평등기본법」 제3조 제2호에 따른 성희롱
5. 「도로교통법」 제44조 제1항에 따른 음주운전 또는 같은 조 제2항에 따른 음주측정에 대한 불응
6. 「공직자윤리법」 제8조의2 제1항 또는 제22조에 따른 등록의무자에 대한 재산등록 및 주식의 매각·신탁과 관련한 의무 위반
7. 부작위 또는 직무태만
8. 「공무원 행동강령」 제13조의3에 따른 부당한 행위
9. 성 관련 비위 또는 「공무원 행동강령」 제13조의3에 따른 부당한 행위를 은폐하거나 필요한 조치를 하지 않은 경우
10. 공무원 채용과 관련하여 청탁이나 강요 등 부당한 행위를 하거나 채용 업무와 관련하여 비위행위를 한 경우

④ 제1항과 제3항의 경우에 징계의 감경기준에 관하여는 「공무원 징계령 시행규칙」 별표 3을 준용한다.

[별표 3] 〈개정 2009. 3. 30〉

징계의 감경기준

제2조 제1항 및 제3조에 따라 인정되는 징계	제4조에 따라 감경된 징계
파면	해임
해임	강등
강등	정직
정직	감봉
감봉	견책
견책	불문(경고)

❏ 관련 판례

○ 징계위원회 심의 과정에서 공적 사항의 검토
　　－대법원 2012. 6. 28. 선고 2011두20505 판결 등 참조

　공무원징계령 제7조 제6항 제3호에 의하면, 공무원에 대한 징계 의결을 요구할 때는 징계 사유의 증명에 필요한 관계 자료뿐 아니라 '감경 대상 공적 유무' 등이 기재된 확인서를 징계위원회에 함께 제출하여야 하고, 경찰공무원 징계 양정 등에 관한 규칙 제9조 제1항 제2호 및 [별표 10]에 의하면 경찰청장의 표창을 받은 공적은 징계 양정에서 감경할 수 있는 사유의 하나로 규정되어 있다. 위와 같은 관계 법령의 규정 및 기록에 비추어 보면, 징계위원회의 심의 과정에 반드시 제출되어야 하는 공적(功績) 사항이 제시되지 않은 상태에서 결정한 징계 처분은 징계 양정이 결과적으로 적정한지 그렇지 않은지와 상관없이 법령이 정한 징계 절차를 지키지 않은 것으로서 위법하다.

[11] 재산등록 사건

주　문

이 청구를 기각한다.

이　유

1. 원처분 사유 요지

소청인은 공직자윤리법 제12조에 따라 재산등록사항을 누락하거나 잘못 신고하는 일이 없도록 해야 함에도 불구하고 소청인이 재산을 잘못 신고한 사실이 확인되는 점, 이번 신고가 소청인의 10번째 재산신고인 점, 재산을 실수로 누락한 사실을 인정한 점 등을 종합적으로 고려해 볼 때 혐의 사실이 인정되는바, 위와 같은 소청인의 행위는 국가공무원법 제56조(성실 의무)를 위반하여 같은 법 제78조 제1항의 징계 사유에 해당하고 향후 이와 같은 유사 사례의 재발 방지와 공직기강 확립을 위해서라도 엄히 그 책임을 묻는 것이 바람직하다고 판단되어 '견책'에 처한다는 것이다.

2. 소청 이유 요지

공직자 재산등록신고 시 채무에 대하여 변동 사유에는 변동 사항과 변동 금액까지 자세히 명기하였으나, 실수로 변동액에 일부 금액의 입력을 누락한 것으로 변동보완 시 이를 정정하였으며, 또한 소유차량의 번호판을 신형으로 교체하면서 차량번호가 바뀌었으나 전산 처리되어 동일한 차량으로 인식될 것으로 판단하는 등 다소 조심스럽지 못했던 사실을 인정하나, 단순실수에 의한 누락이므로 징계 처분이 너무 과중하다고 생각되고, 해당 기관은 개청 등 업무과중으로 인해 다른 업무에 집중할 여력이 부족했던 점의 제반 정상을 참작하여 원처분을 취소 또는 감경해 달라는 것이다.

3. 판단

소청인은 재산등록의무자로서 본인의 재산을 면밀히 파악하여 성실하게 신고해야 할 의무가 있음에도 정기 재산변동 신고 시 본인 명의 금융채무 등 총 5건, 114,480천 원을 잘못 신고한 사실이 있는바, 소청인은 이미 재산신고를 10회실시한 경험이 있고, 직전년도 기준 신고서 심사 시에도 재산을 잘못 신고하여 정부공직자윤리위원회로부터 경고 및 시정조치 처분을 받은 전력이 있음에도 불구하고 주의 의무를 다하지 않음으로써 2014. 12. 31. 기준 정기 재산변동 신고 시 같은 잘못을 반복한 점에서 소청인이 변동 사유에 변동 사항을 기재하였던 점을 참작하더라도 소청인의 비위행위는 그 주장처럼 단순한 실수가 아니라 주의의무를 현저히 결한 경우에 해당한다고 판단되는 점 등을 종합해 볼 때, 소청인의 이에 대한 주장은 받아들이기 어렵다.

4. 결정

소청인의 이와 같은 행위는 국가공무원법 제56조(성실 의무)를 위반하여 같은 법 제78조 제1항의 징계 사유에 해당된다.

징계 양정과 관련하여, 정부공직자윤리위원회의 '재산등록사항 심사 및 처분기준'에 의하면 '최근 2년 이내 경고 이상 처분이 있는 경우'에 해당될 때, 가중 처분되는 것으로 규율하고 있는 점, 소청인은 10회에 걸친 재산등록 경험이 있으며 이 건 이전에도 동일한 비위를 저질러 경고를 받은 사실에 비추어 볼 때 소청인에게 중한 과실을 인정할 수 있는 점, 청렴한 공직사회 구축 및 엄정한 공직윤리 확립에 대한 국민의 기대가 높아지고 있는 상황에서 향후 유사사례의 재발 방지 및 공직기강 확립을 위해 엄히 책임을 물을 필요가 있는 점 등을 종합적으로 고려할 때, 위와 같은 징계 양정기준과 처분 사유가 된 위반행위의 내용 및 관계 법령의 규정 내용과 취지에 비추어 원처분이 현저히 부당하다고 볼 수 없으므로 주문과 같이 결정한다.

※ 본 사안은 소청심사위원회 2016년도 소청결정사례집 53집 연번 10번 등을 바탕으로 재구성한 사안입니다.

▣ 사안의 해설

공직자윤리법 제3조 등에 따르면 정무직 공무원, 4급 이상의 일반직 공무원과 세무·감사 등 특정분야 5~7급 공무원 등은 재산을 등록하여야 하는 재산등록의무자입니다.

공직자윤리심사위원회는 재산등록사항의 심사결과 재산등록의무자가 등록대상 재산을 거짓으로 기재하거나 중대한 과실로 빠트리거나 잘못 기재한 사실이 있다고 인정하면, 경고 및 시정조치, 과료 부과, 일간신문 광고란을 통한 허위등록사실의 공표, 징계 의결 요청 조치를 할 수 있습니다.

한편, 중대한 과실이 있는지 여부는 등록된 재산과 등록에서 빠진 재산의 규모·종류 및 가액과 빠트리거나 잘못 기재한 경위 등을 종합적으로 고려하게 됩니다.

아래에서는 재산등록의무자가 재산등록사항을 누락하거나 거짓으로 기재한 사안에 대한 징계 양정기준을 구체적으로 살펴보고자 합니다.

◉ 쟁점: 재산등록의무자의 재산등록사항 누락 등 사안에 대한 징계 양정 기준

징계 양정을 결정함에 있어서는 등록대상재산을 거짓으로 기재하였는지 여부, 과실로 잘못 기재하였다면 중과실에 이르는지 여부, 잘못 신고한 금액이 과다한지 여부, 최초 심사인지 여부, 과거에 등록대상재산 누락으로 경고 등을 받은 전력이 있는지 여부, 전체 재산을 변동없음으로 신고하였는지 여부, 정당한 사유 없이 불성실하게 자료 제출이나 소명을 지체하였는지 여부 등을 양정 요소로 고려할 수 있을 것입니다.

본 사안에서는, 소청인이 동일한 비위 내용으로 경고를 받은 전력이 있는 점, 10회에 걸친 재산등록 경험이 있는 점 등을 근거로 이 사건 견책 처분이 적정하다고 판시하였습니다.

❑ 관계 법령

○ 공직자윤리법
[시행 2017. 7. 26.] [법률 제14839호, 2017. 7. 26., 타법개정]

제8조(등록사항의 심사)
① 공직자윤리위원회는 등록된 사항을 심사하여야 한다.
② 공직자윤리위원회는 등록의무자가 등록재산의 일부를 과실로 빠트리거나 가액합산 등을 잘못 기재한 부분이 있다고 인정될 때에는 등록의무자에게 기간을 정하여 재산등록서류의 보완을 명할 수 있다.

제8조의2(심사결과의 처리)
① 공직자윤리위원회는 제8조에 따른 등록사항의 심사(제9조의2에 따른 재심사를 포함한다) 결과 등록대상재산을 거짓으로 기재하거나 중대한 과실로 빠트리거나 잘못 기재하거나 직무상 알게 된 비밀을 이용하여 재물 또는 재산상 이익을 취득한 사실이 인정되면 다음 각 호의 어느 하나의 조치를 하여야 한다.
  1. 경고 및 시정조치
  2. 제30조에 따른 과료 부과
  3. 일간신문 광고란을 통한 허위등록사실의 공표
  4. 해임 또는 징계(파면을 포함한다) 의결요청
② 제1항의 중대한 과실이 있는지를 인정하려면 등록된 재산과 등록에서 빠진 재산의 규모·종류 및 가액과 빠트리거나 잘못 기재한 경위 등을 종합적으로 고려하여야 한다.
③ 공직자윤리위원회는 제1항 각 호의 조치 중 제3호의 조치는 다른 조치에 부수하여 함께 할 수 있다.
④ 공직자윤리위원회는 제1항에 따른 조치를 하였을 때에는 등록기관의 장이나 그 밖의 관계 기관의 장에게 통보하여야 한다.

⑤ 공직자윤리위원회는 제1항에 따른 조치를 하는 경우에 제4조 제1항 각 호의 어느 하나에 해당하는 사람이 다른 법령을 위반하여 부정한 방법으로 재물 또는 재산상 이익을 취득한 혐의가 있다고 인정되면 이를 법무부장관(군인 또는 군무원의 경우에는 국방부장관을 말한다)에게 통보할 수 있다. 다만, 조세 관련 법령의 경우에는 국세는 국세청장 또는 관세청장에게, 지방세는 해당 지방자치단체의 장에게 각각 통보할 수 있다.

제12조(성실등록의무 등)

① 등록의무자는 제4조에서 규정하는 등록대상재산과 그 가액, 취득일자, 취득경위, 소득원 등을 재산등록 서류에 거짓으로 기재하여서는 아니 된다.

② 등록의무자는 공직자윤리위원회 등의 등록사항에 대한 심사에 성실하게 응하여야 한다.

③ 제4조 제1항 제2호 또는 제3호의 사람은 등록의무자의 재산등록이나 공직자윤리위원회 등의 등록사항의 심사에 성실하게 응하여야 한다.

④ 제3항에도 불구하고 제4조 제1항 제3호의 사람 중 피부양자가 아닌 사람은 관할 공직자윤리위원회의 허가를 받아 자신의 재산신고사항의 고지를 거부할 수 있으며 3년마다 재심사를 받아야 한다. 이 경우 등록의무자는 고지거부 사유를 밝혀 허가를 신청하여야 한다.

⑤ 제4항에 따른 고지거부에 관한 허가신청 및 심사에 필요한 사항은 대통령령으로 정한다.

[12] 사전 겸직허가 없이 시간강사 출강한 사건

주 문

이 청구를 기각한다.

이 유

1. 원처분 사유 요지

소청인은 국가공무원으로서 20○○년부터 20○○년까지 총 7개 학기(A학교 5개 학기, B학교 2개 학기)의 학교 시간강사를 사전 겸직허가 없이 출강하였으며, 이 중 2개 학기(A학교 20○○년 2학기, B학교 20○○년 2학기)는 사후에 겸직허가를 받았고, 위 시간강사 출강 모두에 대하여 소속기관장에게 외부강의 등의 신고를 하지 않은 사실이 있다.

이와 같은 소청인의 행위는 국가공무원법 제56조(성실 의무) 및 제64조(영리업무 및 겸직 금지)를 위반하여 같은 법 제78조(징계 사유) 제1항에 해당하고, 소청인이 지난 ○○년간 성실하게 근무한 것으로 보이고, 개전의 정 등을 감안하더라도 향후 이와 같은 유사 사례의 재발 방지와 공직기강 확립을 위해서라도 엄히 그 책임이 묻는 것이 바람직하여 '감봉 1월'에 처한다는 것이다.

2. 소청 이유 요지

(이하 중략)

3. 판단

가. 징계 사유의 존부

먼저 이 사건 징계위원회에서는 ① 소청인이 20○○년 8월부터 20○○년 2월까지 총 7개 학기의 시간강사로 출강을 하면서 외부강의·회의 등에 대해 신고를 하지 않은 점, ② 소청인이 시간강사는 겸직허가를 신청해야 한다는 것은 알고 있었지만 외부강의·회의 등의 신고 대상에 해당하는지는 몰랐다고 진술한 점, ③ 소청인이 20○○. 1. 29. 겸직허가를 신청한 바 있으나, 겸직허가가 어렵다는 인사담당자의 안내에 따라 신청을 철회하고, A학교 측에 이를 통보하였음에도 강사를 구하지 못한 학교 측의 부탁으로 출강했다고 진술한 점, ④ 그 이후로 겸직신청이 허가될 가능성이 없다고 생각해서 겸직허가를 신청할 수 없었다고 소청인이 진술한 점 등을 종합해 볼 때 소청인의 비위사실이 인정된다고 판단하였고, 소청인이 A학교에서 시간강사로 출강한 20○○년 1학기, 20○○년 1학기, 20○○년 여름학기에 대해 징계 시효(3년)를 도과한 부분은 징계 사유에서 배제하였다.

소청인도 이 사건 징계 처분의 원인이 된 사실관계에 대해 전부 인정하며 정상참작을 바라고 있고 이 사건 기록을 통해서도 징계 사유가 존재함은 충분히 알 수 있다 할 것이다.

그렇다면 소청인의 이 같은 행위는 국가공무원법 제56조(성실 의무), 제62조(영리업무 및 겸직 금지 의무)를 위반하여 같은 법 제78조(징계 사유) 제1항에 해당된다고 판단한 이 건 처분 사유는 인정할 수 있다. 이와 다른 전제의 소청인의 주장은 이유 없다.

나. 징계 양정의 적정 여부

징계 시효가 도과된 부분이 있다 하더라도 소청인이 20○○년부터 20○○년까지 A학교와 B학교에서 시간강사로 출강한 대가로 총 25,752천 원의 강사료를 받았다는 사실로 보아 위 강사료 취득행위는 일회적이거나 단기간에 걸쳐 이루어진 것이라고 보기 어렵고, 행위의 지속성 및 업무의 강도 등을 고려 시 소청인의 본 직무의 능률을 저해할 정도의 영리업무라고 판단되므로 금지되는 영리업무를 행하였다는 사실이 인정된다.

게다가 소청인이 이와 같은 일련의 비위행위를 중첩적이고 지속적으로 행함으로써 고도의 성실성과 도덕성이 요구되는 공무원의 품위를 손상하고 직무를 태만히 한 책임이 크다는 사실도 역시 부인하기 어렵다.

또한 소청인은 임용권자의 허가를 득한 후에야 대학 등에 시간강사로 출강할 수 있음에도 불구하고 임의적으로 출강하였을 뿐 아니라, 소청인은 관련 규정에 따라 겸직허가를 받아야 한다는 규정을 알고 있음에도 계속 출강하였기에 그 비위의 정도가 더 중하다고 판단된다.

이와 같은 소청인의 행위는 공무원 징계령 시행규칙【별표1】 징계기준에 의하면, 성실 의무 위반(바. 기타) 및 영리업무 및 겸직 금지 의무 위반 시 그 비위의 정도가 심하고 경과실이거나, 비위의 정도가 약하고 중과실인 경우에는 '감봉'으로 징계 의결할 수 있고, 향후 이러한 유사사례가 반복되지 않도록 경각심을 고취하며, 공무원의 엄정한 복무기강을 확립할 필요성이 있는 점 등을 종합할 때, 이 건 처분으로 달성하고자 하는 직무 집행의 공정성과 신뢰의 회복 및 깨끗한 공직사회 구현이라는 공익이 이 사건 처분으로 소청인이 입게 될 불이익에 비하여 결코 작다고 할 수 없다.

그렇다면 이 사건 처분이 사회 통념상 현저하게 타당성을 잃어 징계권자에게 맡겨진 재량권을 남용한 것이라고 볼 수 없으므로, 이와 다른 소청인의 주장은 이유가 없다.

4. 결론

그렇다면 이 사건 청구는 이유 없으므로 국가공무원법 제14조 제5항 제2호에 따라 주문과 같이 결정한다.

───────────

※ 본 사안은 소청심사위원회 2017년도 소청결정사례집 54집 연번 3번 등을 바탕으로 재구성한 사안입니다.

▣ 사안의 해설

본 사안에서는 소청심사에 앞서 징계위원회 심의 단계에서 징계 시효 도과된 부분에 대하여 징계 사유에서 배제하였습니다. 징계 시효 쟁점은 징계위원회 심의 단계뿐만 아니라 소청심사 단계에서도 충분히 주요 쟁점이 될 수 있는바, 아래에서는 징계 시효의 쟁점에 대해 상세히 살펴보고자 합니다.

또한, 본 사안에서는 사전 겸직허가 없이 대학에 출강한 사유로 징계 처분에 이른바, 영리 업무 및 겸직 금지 위반 사안에 대한 일반적인 징계 양정기준에 대해 살펴보고자 합니다.

◉ 쟁점: 징계 시효

국가공무원법에서는 공무원이 상당기간 불안정한 지위에 있게 하는 것을 방지하기 위하여 징계 사유가 발생한 날로부터 일정 기간이 경과하였을 때에는 징계의결 요구를 할 수 없다는 취지의 징계 시효를 규정하고 있습니다.

2019. 4. 17.자 시행 중인 국가공무원법 제83조의2를 보면, 징계 의결의 요구는 징계의 사유가 발생한 날부터 3년이 지나면 하지 못한다고 규정하고 있어, 일반적인 징계 사유는 3년의 징계 시효 적용을 받습니다.

한편, 징계 사유가 국가공무원법 제78조의2 제1항 각 호의 어느 하나에 해당하는 경우에는 징계의 사유가 발생한 날로부터 5년의 지나면 하지 못한다고 규정하고 있어, 아래의 징계 사유에 대해서는 5년의 징계 시효 적용을 받는다 할 것입니다.

---

① 금전, 물품, 부동산을 취득하거나 제공한 경우

② 유가증권, 숙박권, 회원권, 입장권, 할인권, 초대권, 관람권, 부동산 등의 사용권 등 일체의 재산상 이익을 취득하거나 제공한 경우

③ 골프 등의 접대 또는 교통·숙박 등의 편의 제공을 취득하거나 제공한 경우

④ 채무면제, 취업제공, 이권(利權)부여 등 유형·무형의 경제적 이익을 취득하거나 제공한 경우

⑤ 다음 해당하는 것을 횡령(橫領), 배임(背任), 절도, 사기 또는 유용(流用)한 경우

　(ㄱ)「국가재정법」에 따른 예산 및 기금

　(ㄴ)「지방재정법」에 따른 예산 및 「지방자치단체 기금관리기본법」에 따른 기금

　(ㄷ)「국고금 관리법」제2조 제1호에 따른 국고금

> (ㄹ) 「보조금 관리에 관한 법률」 제2조 제1호에 따른 보조금
>
> (ㅁ) 「국유재산법」 제2조 제1호에 따른 국유재산 및 「물품관리법」 제2조 제1항에 따른 물품
>
> (ㅂ) 「공유재산 및 물품 관리법」 제2조 제1호 및 제2호에 따른 공유재산 및 물품

실제 사안의 적용에 있어서는, 문제되는 징계 사유가 어떠한 유형의 비위인지에 따라 징계 시효가 달라진다는 점, 징계 시효와 관련된 규정이 수차례 개정되었다는 점, 부칙 규정 등을 유의하여야 할 것으로 보입니다.

본 사안에서는 사전 겸직허가 없이 출강하였다는 점이 문제되었는데, 징계위원회에서는 당시 법률과 부칙 등을 종합하여 볼 때 3년의 징계 시효가 적용된다고 보았고, 이에 징계 의결 요구일로부터 3년이 도과한 부분에 대해서는 징계 사유에서 배제하였습니다.

❑ 관련 법률

○ 국가공무원법

[시행 2019. 4. 17.] [법률 제15857호, 2018. 10. 16., 일부개정]

제83조(감사원의 조사와의 관계 등)

① 감사원에서 조사 중인 사건에 대하여는 제3항에 따른 조사개시 통보를 받은 날부터 징계 의결의 요구나 그 밖의 징계 절차를 진행하지 못한다.

② 검찰·경찰, 그 밖의 수사기관에서 수사 중인 사건에 대하여는 제3항에 따른 수사개시 통보를 받은 날부터 징계 의결의 요구나 그 밖의 징계 절차를 진행하지 아니할 수 있다.

③ 감사원과 검찰·경찰, 그 밖의 수사기관은 조사나 수사를 시작한 때와 이를 마친 때에는 10일 내에 소속 기관의 장에게 그 사실을 통보하여야 한다.

제83조의2(징계 및 징계부가금 부과 사유의 시효)

① 징계 의결등의 요구는 징계 등의 사유가 발생한 날부터 3년(제78조의2 제1

항 각 호의 어느 하나에 해당하는 경우에는 5년)이 지나면 하지 못한다.

② 제83조 제1항 및 제2항에 따라 징계 절차를 진행하지 못하여 제1항의 기간이 지나거나 그 남은 기간이 1개월 미만인 경우에는 제1항의 기간은 제83조 제3항에 따른 조사나 수사의 종료 통보를 받은 날부터 1개월이 지난 날에 끝나는 것으로 본다.

③ 징계위원회의 구성·징계 의결등, 그 밖에 절차상의 흠이나 징계 양정 및 징계부가금의 과다(過多)를 이유로 소청심사위원회 또는 법원에서 징계 처분등의 무효 또는 취소의 결정이나 판결을 한 경우에는 제1항의 기간이 지나거나 그 남은 기간이 3개월 미만인 경우에도 그 결정 또는 판결이 확정된 날부터 3개월 이내에는 다시 징계 의결등을 요구할 수 있다.

제78조의2(징계부가금)

① 제78조에 따라 공무원의 징계 의결을 요구하는 경우 그 징계 사유가 다음 각 호의 어느 하나에 해당하는 경우에는 해당 징계 외에 다음 각 호의 행위로 취득하거나 제공한 금전 또는 재산상 이득(금전이 아닌 재산상 이득의 경우에는 금전으로 환산한 금액을 말한다)의 5배 내의 징계부가금 부과 의결을 징계위원회에 요구하여야 한다.

1. 금전, 물품, 부동산, 향응 또는 그 밖에 대통령령으로 정하는 재산상 이익을 취득하거나 제공한 경우
2. 다음 각 목에 해당하는 것을 횡령(橫領), 배임(背任), 절도, 사기 또는 유용(流用)한 경우
   가. 「국가재정법」에 따른 예산 및 기금
   나. 「지방재정법」에 따른 예산 및 「지방자치단체 기금관리기본법」에 따른 기금
   다. 「국고금 관리법」 제2조 제1호에 따른 국고금
   라. 「보조금 관리에 관한 법률」 제2조 제1호에 따른 보조금
   마. 「국유재산법」 제2조 제1호에 따른 국유재산 및 「물품관리법」 제2조 제1항에 따른 물품
   바. 「공유재산 및 물품 관리법」 제2조 제1호 및 제2호에 따른 공유재산 및

물품

사. 그 밖에 가목부터 바목까지에 준하는 것으로서 대통령령으로 정하는 것

❏ 징계 시효 쟁점 관련 참고 내용

○ 관련 형사판결의 확정시를 징계 시효 기산점으로 삼아 징계 의결을 할 수 있는지 여부

징계 시효 규정은 소청인에 대한 징계 사유가 발생하여 임용권자가 공무원을 징계할 수 있었음에도 그 행사 여부를 확정하지 아니함으로써 소청인으로 하여금 상당 기간 불안정한 지위에 있게 하는 것을 방지하고자 하는데 그 목적이 있습니다.

위와 같은 목적을 고려할 때, 징계 시효의 기산점은 원칙적으로 비위행위의 종료시라고 봄이 상당하며, 비위행위로 인하여 형사판결이 확정된 시점을 기산점으로 보거나, 이를 새로운 비위행위라고 보기는 어렵다고 할 것입니다.

실제사안의 적용에 있어서는, 비위행위의 존부에 대한 다툼이 있고 이에 소청인에 대한 징계 의결 요구를 관련 형사판결이 확정된 이후로 연기하여 징계 시효 문제가 발생하는 경우가 있는바, 징계 시효 규정을 고려하여 징계 의결 요구시를 검토하여야 할 것으로 보입니다.

○ 징계 시효가 도과된 비위행위도 징계 양정을 정함에 있어서 참작할 수 있는지 여부

판례에서는 징계 양정의 판단을 함에 있어서는 소청인의 평소의 소행, 근무성적, 징계 처분 전력 이외에도 당해 징계 처분 사유 전후에 저지른 징계 사유로 되지 아니한 비위사실도 징계 양정에 있어서의 참고 자료가 될 수 있다고(대법원 1998. 5. 22. 선고 98다2365 판결 등 참조) 판시하고 있는바, 징계 시효가 도과된 비위행위에 대해 징계 사유로는 삼을 수 없다 하더라도 징계 양정을 결정하는 참

작 요소로 활용할 수 있다고 할 것입니다.

◯ 감사원 조사 종료 통보 사안에 대한 징계 시효

국가공무원법 제83조 제1항에 따르면 감사원에서 조사 중인 사건에 대하여는 조사개시 통보를 받은 날로부터는 징계 의결의 요구나 그 밖의 징계 절차를 진행하지 못하도록 규정하고 있고, 같은 법 제83조의2 제2항에서는 위 절차에 따라 징계 절차를 진행하지 못하여 시효가 도과하였거나, 시효의 남은 기간이 1개월 미만인 경우에는 조사의 종료 통보를 받은 날부터 1개월이 지난 날에 시효가 끝나는 것으로 본다고 규정하고 있는바, 감사원 조사 사안 등에 대해서는 조사 등의 종료 통보 시점 등을 확인할 필요가 있다고 할 것입니다.

◉ 쟁점: 영리 업무 및 겸직 금지 의무 위반 사안의 징계 양정기준

국가공무원법 제64조 제1항에서는 공무원은 공무 외 영리를 목적으로 하는 업무에 종사하지 못하고 소속 기관장의 허가 없이 다른 직무를 겸할 수 없다고 규정하고 있습니다.

또한, 국가공무원 복무규정 제25조 및 제26조에 따르면 ① 상업, 공업, 금융업 또는 그 밖의 영리적인 업무를 스스로 경영하여 영리를 추구함이 뚜렷한 업무, ② 상업, 공업, 금융업 또는 그 밖에 영리를 목적으로 하는 사기업체의 이사·감사 업무를 집행하는 무한책임사원·지배인·발기인 또는 그 밖의 임원이 되는 것, ③ 본인의 직무와 관련 있는 타인의 기업에 대한 투자, ④ 그 밖에 계속적으로 재산상 이득을 목적으로 하는 업무에 종사함으로써 공무원의 직무 능률을 떨어뜨리거나, 공무에 대하여 부당한 영향을 끼치거나, 국가의 이익과 상반되는 이익을 취득하거나, 정부에 불명예스러운 영향을 끼칠 우려가 있는 경우에는 그 업무에 종사할 수 없으며, 영리 업무에 해당하지 아니하지 않더라도 다른 직무를 겸하려는 경우에는 소속 기관의 장의 사전 허가를 받아야 하며 담당 직무 수행에 지장이 없어야 합니다.

위 관련 규정을 종합하여 보면, 공무원이 사적 이익 추구로 공무에 부당한 영향을 미치는 것을 방지하고, 공무 본연의 업무에 집중하게 하고자 공무 외 영리 목적 업무 종사를 금지하고 겸직 시에는 허가를 받을 것을 요구하고 있는 것이라고 해석할 수 있습니다.

영리 업무 및 겸직 금지 의무 위반 사안에 대한 일반적인 징계 양정의 적정성을 살펴볼 수 있는 기준으로는 공무원 징계령 시행규칙이 있습니다. 이는 징계위원회 단계에서 적용되는 규칙이나, 소청심사 단계에서도 위 기준이 양정의 적정성을 참조하는 자료로 유의미하게 활용될 수 있다고 할 것이며 구체적인 내용은 아래와 같습니다.

징계기준 〈개정 2019. 4. 30.〉

비위의 정도 및 과실 여부 비위의 유형	비위의 정도가 심하고 고의가 있는 경우	비위의 정도가 심하고 중과실이거나,비위의 정도가 약하고 고의가 있는 경우	비위의 정도가 심하고 경과실이거나, 비위의 정도가 약하고 중과실인 경우	비위의 정도가 약하고 경과실인 경우
8. 영리 업무 및 겸직 금지 의무 위반	파면 - 해임	강등 - 정직	감봉	견책

다만, 위 기준 내의 양정 요소인 비위의 정도 및 과실뿐만 아니라, 직무상의 능률 저해 정도, 공무에 대한 부당한 영향이 있는지 유무, 영리행위의 지속성, 영리 추구의 정도, 겸직 신고를 하지 않은 경위 등에 대해서도 종합적으로 검토해야 할 것으로 보입니다.

본 사안에서는, 소청인의 행위의 지속성, 소청인의 본 직무의 능률을 저해할 정도의 업무였다는 점 등을 근거로 감봉 1월의 징계 처분이 과중하지 않다고 판단하였습니다.

❑ 관련 법률

⭕ 국가공무원법

[시행 2019. 4. 17.] [법률 제15857호, 2018. 10. 16., 일부개정]

제64조(영리 업무 및 겸직 금지)

① 공무원은 공무 외에 영리를 목적으로 하는 업무에 종사하지 못하며 소속 기관장의 허가 없이 다른 직무를 겸할 수 없다.

② 제1항에 따른 영리를 목적으로 하는 업무의 한계는 대통령령등으로 정한다.

⭕ 국가공무원 복무규정

[시행 2018. 12. 18.] [대통령령 제29375호, 2018. 12. 18., 일부개정]

제25조(영리 업무의 금지)

공무원은 다음 각 호의 어느 하나에 해당하는 업무에 종사함으로써 공무원의 직무 능률을 떨어뜨리거나, 공무에 대하여 부당한 영향을 끼치거나, 국가의 이익과 상반되는 이익을 취득하거나, 정부에 불명예스러운 영향을 끼칠 우려가 있는 경우에는 그 업무에 종사할 수 없다.

1. 공무원이 상업, 공업, 금융업 또는 그 밖의 영리적인 업무를 스스로 경영하여 영리를 추구함이 뚜렷한 업무
2. 공무원이 상업, 공업, 금융업 또는 그 밖에 영리를 목적으로 하는 사기업체(私企業體)의 이사·감사 업무를 집행하는 무한책임사원·지배인·발기인 또는 그 밖의 임원이 되는 것
3. 공무원 본인의 직무와 관련 있는 타인의 기업에 대한 투자
4. 그 밖에 계속적으로 재산상 이득을 목적으로 하는 업무

제26조(겸직허가)

① 공무원이 제25조의 영리 업무에 해당하지 아니하는 다른 직무를 겸하려는 경우에는 소속 기관의 장의 사전 허가를 받아야 한다.

② 제1항의 허가는 담당 직무 수행에 지장이 없는 경우에만 한다.

③ 제1항에서 "소속 기관의 장"이란 고위공무원단에 속하는 공무원 이상의 공무원에 대해서는 임용제청권자, 3급 이하 공무원 및 우정직공무원에 대해서는 임용권자를 말한다.

[13] 선행사례 대상자 허위보고 사건

주 문

피소청인이 2016. 3. 4. 소청인에게 한 견책 처분은 이를 불문경고로 변경한다.

이 유

1. 원처분 사유 요지

경찰공무원은 제반 법령을 준수하고 성실히 직무를 수행하여야 함에도 불구하고, 소청인은 2015. 1. 1. 10:15경 A시 소재 B은행 앞 노상에서 교통근무 중이던 상경 甲이 관련자 乙가 보이스피싱 전화에 속아 송금하려던 다액을 송금하지 못하게 우선 조치한 것을 당시 지구대 상황근무인 순경 丙이 보이스피싱을 적극적으로 예방한 것처럼 허위 보고서를 작성하여 관련 부서에 보고하는 등 제 규정을 위반하였다.

이러한 소청인의 행위는 국가공무원법 제56조(성실 의무)를 위반하여 국가공무원법 제78조 제1항 제1, 2호에 해당하는 것으로, 소청인이 평소 성실히 복무에 전념하였고 감찰조사 과정에서 자신의 잘못된 행위를 모두 반성하고 있으며, D청장 정기표창을 받은 공적으로 경찰공무원 징계 양정 등에 관한 규칙 제9조(상훈 감경) 제1항 제2호를 감안하여 '견책' 처분한다는 것이다.

2. 소청 이유 요지

(이하 생략)

3. 판단

가. 징계 사유 인정 여부

1) 인정 사실

앞서 거시한 증거 및 이 사건 기록을 살피어 아래와 같은 사실이 인정된다.

가) 소청인은 2015. 1. 1. 순찰 근무하던 중 10:14경 A시 소재 B은행 교차로에서 교통관리 중이던 상경 甲이 보이스피싱 피해를 당할 현장에 대하여 조치하고 이를 제보한 것을 기화로, E경찰서 112종합상황실로부터 현장 출동 지시를 받아 현장에 도착한 후 위 보이스피싱 관련자 乙이 아직 금원을 송금하지 아니하여 전화사기 피해를 당하지 아니한 것을 확인한 후, 10:22경 사실관계를 확인하기 위해 인근 역전치안센터로 피해자를 임의 동행하여 진술내용을 들은 후 乙이 후차적인 피해를 당하지 않도록 전화를 받지 말 것을 당부하는 등 예방 교육을 하였다.

나) 소청인은 같은 날 11:45경 위 F지구대 사무실로 복귀하여, 'E경찰서, 책임을 다한 믿음직한 경찰관 발굴 보고'라는 표제 하에, 같은 F지구대 소속 순경 丙이 위 관련자 乙과 전화통화를 하고 전화를 끊으려는 것을 만류하며 보이스피싱을 의심, 순찰차를 출동하는 조치를 취하였다는 취지로 기재하여 보고서를 작성하였다.

다) 소청인은 같은 날 위 보고서를 E경찰서 G과 등에 발송하였는바, G과는 위 보고서 내용을 근거로 순경 丙에게 E경찰서장 표창을 수여하였다가 공적이 사실이 아님이 문제가 되자 취소하였다. 한편 G과는 위 보고서 내용이 사실과 다름을 인지하여 F지구대에 항의를 하였고, 그 과정에서 H일보에 보도가 되었다. 또한 E경찰서는 위 보고 내용과 달리 사실 확인을 통하여 상경 甲을 선행경찰관으로 J지방경찰청에 보고하였다.

라) 소청인은 위와 같은 소위로 보고서를 허위 작성한 혐의로 감찰 조사를 받게 되어 이 건 징계에 이르렀다.

2) 판단

경찰공무원은 범죄 예방과 범인 검거 등 본연의 임무를 충실히 이행하여 국민의 생명과 안전을 책임져야 하므로 경찰청에서는 특별승진과 더불어 표창 등 포상 제도를 적극적으로 운영하고 있는바, 위와 같은 표창 등 포상은 경찰공무원 개인의 공적을 기준으로 공정하게 운영되어야 할 것이므로 개인의 공적을 다른 사람이 한 것처럼 허위의 내용으로 보고서를 작성하여 상부에 보고하는 행위를 두고 관행이라는 이유로 정당화 될 수는 없으며, 행위자의 주관적 동기에 따라 거짓 보고 등을 금지한 경찰공무원법 제18조 위반 여부가 달라지지 않을 뿐만 아니라 비록 후배 직원을 위하는 선의라 할지라도 허위의 문건 작성 및 보고행위를 하여야 할 현저하거나 불가피한 사유가 있다고도 볼 수 없다.

또한, 소청인은 자신의 선행을 순경 丙의 이름으로 보고서를 작성하였다고 하나, 소청인은 112종합상황실의 지령에 따라 출동한 후 관련자 乙을 설득한 것으로 보고서에 기재된 것과 같이 초기 대응에 해당하는 행동을 한 바가 없고, 위 보고서 작성 및 보고 과정에서도 소청인은 이 사건 보고서를 작성하면서 순경 丙에게 사실관계를 확인하지도 않는 등 상당 부분 자신의 경험에 근거하지도 않은 상황을 적극적으로 구성하여 작성한 책임이 인정되는 점 등을 종합하여 볼 때 소청인은 허위의 내용으로 문서를 작성하여 관련 부서에 보고하는 등으로 국가공무원법 제56조 성실 의무 등을 위반한 이 건 징계 사유는 인정된다고 판단된다.

나. 징계 양정

소청인의 행위로 보이스피싱 예방에 공적이 없는 순경 丙이 표창을 받고 비난성 기사가 언론 보도되어 소청인의 책임이 가볍다고 보기 어려운 점, 경찰공무원 징계 양정 등에 관한 규칙에서는 허위보고의 비위가 의무 위반행위의 정도가 약하고 경과실인 경우 감봉-견책의 처분을 하도록 기준을 정하고 있는 점에 비추어 소청인에게 이에 상응한 책임이 인정됨은 부인할 수 없다.

그러나 소청인이 관련자 乙의 보이스피싱 피해를 예방하는데 실제로 기여한 사실은 부인할 수 없는 점, 소청인이 개인적 이득이나 만족을 얻기 위함이었다거나, 기타 부정한 목적을 이루고자 이 건 비행에 이르렀다고 볼만한 사정은 발견할 수 없는 점, 허위 문서 작성 비위로 소청인의 일반적 직무인 수사 본연의 기능을 훼손하였다던가, 부여된 구체적 직무의 역할을 다하지 못하였다고 볼 수는 없어 비위나 의무 위반의 정도가 중하다고는 할 수 없는 점, 소청인이 타 부서에 전파되는 과정에서 해당 사실이 밝혀질 것이 비교적 쉽게 예측할 수 있음에도 특별한 주의를 기울이지 아니하고 이 사건 보고서를 보고하는 등 치밀하지 못한 이 사건 비행의 소위를 볼 때, 후배 경찰공무원을 챙기려는 호의에서 비롯된 것이라는 소청인의 주장을 일부 경청할 여지가 있는 점 등을 종합적으로 고려해 볼 때, 이 사건 원처분은 다소 무거워 그 책임을 다소 감경해주는 것이 바람직하다고 판단된다.

4. 결정

따라서 원처분의 취소 또는 감경을 구하는 이 사건 청구는 일부 이유가 있는바, 주문과 같이 결정한다.

※ 본 사안은 소청심사위원회 2016년도 소청결정사례집 53집 연번 15번 등을 바탕으로 재구성한 사안입니다.

▣ 사안의 해설

경찰공무원법 제18조 제1항에서는 경찰공무원은 직무에 관하여 거짓으로 보고나 통보를 하여서는 아니된다고 규정하고 있습니다. 아래에서는 허위 보고 사안에 대한 일반적인 징계 양정기준을 살펴보고자 합니다.

◉ 쟁점: 허위 보고 사안에 대한 징계 양정기준

경찰공무원의 허위 보고 사안에 대한 일반적인 징계 양정의 적정성을 살펴볼 수 있는 기준으로는 경찰공무원 징계령 세부시행규칙을 참조할 수 있습니다. 이는 징계위원회 단계에서 적용되는 규칙이나, 소청심사 단계에서도 위 기준이 양정의 적정성을 참조하는 자료로 유의미하게 활용될 수 있다고 할 것입니다.

경찰공무원 징계령 세부시행규칙에 따르면, 허위 보고 및 지연처리·보고, 보고

결략, 사건은폐 등에 대한 사안에 대하여 별도로 양정기준을 두고 있으며, 구체적
인 기준 내용은 아래와 같습니다.

행위자의 징계 양정기준(제4조 관련) 〈2017. 9. 25. 개정〉

의무 위반행위 및 과실의 정도 　　　　 의무 위반행위 유형	의무위반행위의 정도가 심하고 고의가 있는 경우	의무위반행위의 정도가 심하고 중과실이거나, 의무위반행위의 정도가 약하고 고의가 있는 경우	의무위반행위의 정도가 심하고 경과실이거나, 의무위반행위의 정도가 약하고 중과실인 경우	의무위반행위의 정도가 약하고 경과실인 경우
1. 성실 의무 위반				
라. 직무유기, 부작위·직무태만 (하.목의 소극행정은 제외한다) - 지연처리·보고 - 확인소홀, 허위·축소보고 - 보고결략, 사건은폐 - 사건묵살, 편파, 격하처리	파면	해임	강등 - 정직	감봉 - 견책

　다만, 위 기준 내의 비위의 정도 및 과실뿐만 아니라, 수사 본연의 기능을 훼손
한 정도, 비난 가능성 유무, 의무 위반행위에 대하여 자진신고하거나 사후조치에
최선을 다했는지 여부, 평소의 행실, 근무성적, 공적, 뉘우치는 정도 등 기타 요소
를 종합적으로 참작하여 징계의 양정이 결정된다고 봄이 상당하다 할 것입니다.

　한편, 소청인은 징계 양정의 적정성에 대하여 소청심사나 소송 단계에서 이를
다툴 수 있습니다. 국가공무원법 제14조 제7항에 따르면, 소청심사위원회가 소청
인의 청구에 따라 소청을 심사할 경우에는 원징계 처분보다 무거운 징계 처분을
하는 결정을 하지 못하는바, 소청심사 단계에서 징계 양정을 다툰다고 하여 소청
인에게 불이익한 방향으로 징계 양정이 가중되지는 않습니다.

　본 사안에서는 징계 양정의 적정성 여부가 쟁점이 되었고, 소청인이 개인적 이
득이나 만족을 얻기 한 목적이 아니었다는 점, 소청인의 행위가 수사 본연의 기능

을 훼손하였다고 보기 어려우며 의무 위반의 정도가 중하다고는 할 수 없다는 점 등을 고려하여 징계 양정을 견책에서 불문경고로 감경하였습니다.

❑ **관계 법령**

○ **경찰공무원법**

   [시행 2018. 9. 21.] [법률 제15522호, 2018. 3. 20., 타법개정]

제18조(거짓 보고 등의 금지)
① 경찰공무원은 직무에 관하여 거짓으로 보고나 통보를 하여서는 아니 된다.
② 경찰공무원은 직무를 게을리하거나 유기(遺棄)해서는 아니 된다.

[14] 소속 직원의 금품수수 혐의 감독책임 사건

주 문

피소청인이 2015. 1. 13. 소청인에게 한 견책 처분은 이를 불문경고로 변경한다.

이 유

1. 원처분 사유 요지

소청인은 甲경찰서에 근무하는 자로, 자신의 관리·감독 하에 있는 소속 직원의 비위행위 등에 대하여 관리·감독하여야 함에도 이를 확인하지 않아 소속 직원 B가 뇌물수수로 구속 기소된 것에 대한 관리·감독 책임 소홀이 인정되는바, 이는 국가공무원법 제56조(성실 의무), 제57조(복종의 의무)에 위배되어 같은 법 제78조 제1항 제1, 2호에 의거 '견책'에 처한다는 것이다.

2. 소청 이유 요지

B는 사건청탁을 해준다는 명목으로 향응 및 금품수수를 하였는데, 이는 乙계 업무와는 전혀 관련성이 없는 극히 개인적인 행위이며, 일과시간 이후나 휴일, 휴가 중에 받은 것으로 소속 상사의 직접 관리·감독이 가능한 장소적 범위와 소속 부서와 관련된 업무와 직접 관련성이 없는 행위로 사료되고, 소청인은 乙 계장으로 근무하면서 직원들에게 평소 자체사고 예방과 관련하여 반복적으로 교양을 실시했을 뿐만 아니라 각종 동반모임을 통한 소통과 화합으로 자체사고 예방을 위한 노력을 하였으며, B와 10개월 동안 근무하면서 업무 중에 도를 넘는 행동이나 이상한 점을 발견하지 못해 직장 이외의 개인 사생활까지 상세하게 파악하기에는 한계가 있는 부분이 있었다.

소청인은 다년간 재직하면서 한 차례의 징계 처분을 받은 사실 없이 국무총리 표창 등 공적이 있는 점, 본건 발생 후 주무계장이자 감독자로서의 책임을 통감하면서 마음 속 깊이 반성하면서 생활하고 있는 점 등 정상을 참작하여 원처분의 취소 또는 감경을 구하는 것이다.

3. 판단

경찰공무원 징계 양정 등에 관한 규칙 제5조 제2항 제2호 '부하직원의 의무 위반행위가 감독자 또는 행위자의 비번일, 휴가기간, 교육기간 등에 발생하거나, 소관업무와 직접 관련 없는 등 감독자의 실질적 감독 범위를 벗어났다고 인정된 때'와 제5호 '기타 부하직원에 대하여 평소 철저한 교양감독 등 감독자로서의 임무를 성실히 수행하다고 인정된 때'에 해당하는 경우에는 징계요구권자 또는 징계위원회는 감독자에게 그 징계 책임을 감경하여 징계 의결 요구 또는 징계의결하거나 징계 책임을 묻지 아니할 수 있다고 규정하고 있다.

소속 직원이 행한 16회 금품·향응수수 중 15회가 행위자의 휴가기간 및 근무시간 이후에 발생하고, 丙주유소에서 유류비를 결제하는 방법으로 금품을 수수한 행위는 감독하기가 쉽지 않았던 것으로 추단되는바, 소청인의 주장은 이유가 있어 보인다.

4. 결정

이와 같은 소청인의 행위는 국가공무원법 제56조(성실 의무), 제57조(복종의 의무)에 위반하여, 같은 법 제78조 제1항 제1호 내지 제2호의 징계 사유에 해당된다.

경찰공무원 징계 양정 등에 관한 규칙의 감독자의 징계 양정기준에 의하면 직무관련 금품·향응수수로 행위자가 중징계 처분을 받을 경우 1차 감독자는 '견책'에 해당하여 소속 부하직원인 B가 '파면'이라는 중징계 처분을 받았기 때문에 소청인은 원처분 상당의 책임이 인정된다고 보인다.

그러나 소속 직원의 비위 발생일이 소속 직원의 휴가기간 및 근무시간 이후에 발생하여 감독하기가 쉽지 않았던 점, 乙계 사무실에서 체포될 때까지 소속 경찰서에서도 B의 금품·향응수수 행위에 대해 전혀 모르고 있을 정도로 파악하기 쉽지 않았던 점, 평소 소속 직원에 대한 교양감독을 성실히 수행한 측면이

엿보이는 점 등 소청인에게 유리한 정상을 참작할 때 원처분을 다소 감경할 필요가 있다고 할 것이므로 주문과 같이 결정한다.

※ 본 사안은 소청심사위원회 2015년도 소청결정사례집 52집 연번 70번 등을 바탕으로 재구성한 사안입니다.

▣ 사안의 해설

최근 직원의 비위행위에 대한 감독자의 관리 감독 책임이 강화되고 있습니다. 여기서 감독자란 소관업무에 대하여 직원을 직접 관리 감독하는 위치에 있거나 직무수행 상황을 확인할 책임이 있는 자를 의미하며, 관리 감독 책임을 태만히 하였다면 징계 책임을 물을 수 있습니다.

경찰공무원 징계령 세부시행규칙에서는 행위자와 감독자에 대한 문책기준을 규정하고 있는바 이에 대해 상세히 살펴보도록 하겠습니다.

◉ 쟁점: 감독책임

경찰공무원 징계령 세부시행규칙 제5조 제1항에 따르면 직원의 비위행위에 대하여 업무의 성질 및 업무의 관련 정도 등을 참작하여 감독자를 문책하여야 한다고 규정하고 있으며, 문책기준은 아래와 같습니다.

행위자와 감독자에 대한 문책기준 〈2019. 5. 23. 개정〉

업무의 성질 ＼ 업무 관련도	행위자	직상(直上) 감독자	2단계 위의 감독자	최고감독자 (결재권자)
○ 정책 결정사항				
· 중요 사항(고도의 정책사항)	-	3	2	1
· 일반적인 사항	3	1	2	4
○ 단순·반복 업무				
· 중요 사항	1	2	3	4
· 경미 사항	1	2	3	
○ 단독행위	1	2		

※ 비고
  - 1, 2, 3, 4는 문책 정도의 순위를 표시함
  - '고도의 정책사항'이란 국정과제 등 주요 정책결정으로 확정된 사항, 다수 부처 연관과제로 정책조정을 거쳐 결정된 사항 등을 의미함

다만, ① 직원의 의무 위반행위를 사전에 발견하여 적법 타당하게 조치한 때, ② 직원의 의무 위반행위가 감독자의 비번일, 휴가 기간, 교육 기간 등에 발생하거나, 소관업무와 직접 관련 없는 등 감독자의 실질적 감독범위를 벗어났다고 인정된 때, ③ 감독자의 부임 기간이 1개월 미만으로 직원에 대한 실질적인 감독이 곤란하다고 인정된 때, ④ 교정이 불가능하다고 판단된 직원의 사유를 명시하여 인사상 조치(전출 등)를 상신하는 등 성실히 관리한 이후에 같은 직원이 의무 위반행위를 야기하였을 때, ⑤ 기타 직원에 대하여 평소 철저한 교양감독 등 감독자로서의 임무를 성실히 수행하였다고 인정된 때 등 경찰공무원 징계령 세부시행규칙 제5조 제2항에 따른 사유가 있는 경우에는 징계 책임을 감경하여 징계 의결하거나 징계 책임을 묻지 아니할 수 있습니다.

이에 실제사안의 적용에 있어서는, 경찰공무원 징계령 세부시행규칙 제5조 제2항에 따른 감경 또는 책임을 묻지 아니할 사유가 있는지 여부를 주의 깊게 살펴볼 필요가 있어 보입니다.

본 사안에서는, 소청인의 소속 직원 B가 뇌물수수로 구속 기소되었으며 소청인에게 관리 감독 책임이 인정된다고 보았습니다. 다만, 징계 양정을 정함에 있어 B의 비위행위가 휴가기간 또는 근무 시간 이후에 발생하여 소청인이 이를 감독하기가 어려웠던 점, 소청인이 평소 소속직원에 대한 교양감독을 성실히 수행하였던 점 등을 고려하여 견책 처분에서 불문경고 처분으로 감경하였습니다.

한편, 일반직 국가공무원의 감독책임은 공무원 징계령 시행규칙 제3조 제1항에서 규정하고 있고, 구체적인 문책기준은 아래와 같습니다.

비위행위자와 감독자에 대한 문책기준

업무의 성질		업무 관련도	비위 행위자 (담당자)	직근 상급 감독자	2단계 위의 감독자	최고감독자 (결재권자)
정책결정 사항	중요 사항 (고도의 정책 사항)	고의 또는 중과실이 없는 경우	-	3	2	1
		고의 또는 중과실이 있는 경우	4	3	2	1
	일반적인 사항		3	1	2	4
단순·반복 업무	중요 사항		1	2	3	4
	경미한 사항		1	2	3	
단독 행위			1	2		

※ 비고

1. 1, 2, 3, 4는 문책 정도의 순위를 말한다.
2. "고도의 정책사항"이란 국정과제 등 주요 정책결정으로 확정된 사항 및 다수 부처 관련 과제로 정책조정을 거쳐 결정된 사항 등을 말한다.
3. 고의 또는 중과실이 없는 경우란 제3조의2 제2항에 해당하는 경우를 말한다.

위 문책 정도의 순위 1에 해당하지 아니하는 사람이고, ① 해당 비위를 발견하여 보고하였거나 이를 적법·타당하게 조치한 징계등 사건, ② 비위의 정도가 약하고 경과실인 징계등 사건, ③ 철저하게 감독하였다는 사실이 증명되는 감독자의 징계 사건 중 어느 하나인 경우에는 징계 책임을 묻지 아니할 수 있다는 점을 유의할 필요가 있어 보입니다.

[15] 승진임용 제한 기간 중 주취 소란 혐의 사건

주 문

피소청인이 2016. 7. 20. 소청인에게 한 파면 처분은 이를 해임으로 변경한다.

이 유

1. 원처분 사유 요지

소청인은 2009. 5. 20. 감봉 2월, 2015. 4. 27. 견책, 2015. 9. 30. 감봉 2월, 2016. 3. 10. 정직 2월 등 4회의 징계를 받고 2016. 5. 16. A경찰서로 전보된 후, 상급자들로부터 과도한 음주 자제와 의무 위반 금지의 교양을 수회 받았다.

그럼에도 불구하고 2016. 7. 8. 01:00경 B시 소재 C식당에 만취 상태로 들어가 식당 종업원 甲을 향해 욕설을 하고, 같은 날 02:17경 甲의 112신고를 받고 출동한 D지구대 경사 乙이 깨우자 욕설을 하며 소란을 피우고, 술값 계산문제로 말다툼을 하는 등 당일 01:00부터 02:40경까지 1시간 40분 동안 경찰관으로서의 품위 손상을 하였다.

이와 같은 소청인의 행위는 국가공무원법 제63조(품위 유지의 의무)를 위배하여 같은 법 제78조 제1항 제3호에 해당되고, 비록 소청인은 ○○년 재직 기간 성실하게 근무해 오면서 장관 표창 등 40여 회의 표창 수상한 사실과 위 비위 사실을 인정하고 반성하면서 선처를 바라는 점 등을 감안하더라도 징계를 받고 승진임용 제한 기간 중에 있음에도 품위 유지 의무를 위반한 점 등이 경찰공무원 징계 양정 등에 관한 규칙 제5조의 징계 가중 사유에 해당되는 점을 종합적으로 고려하여 '파면'에 처한다는 것이다.

2. 소청 이유 요지

(이하 생략)

3. 판단

가. 징계 사유 존부 여부

이 사건 기록을 종합하여 보면, 이 사건 징계 사유를 모두 인정할 수 있다(이하 생략).

나. 징계 재량의 적정 여부

소청인의 ○○청장 표창 등 40회의 표창에 대한 감경은 2016. 3. 10. 징계 처분 시 상훈 경력이 반영된 것으로 보이며, 소청인은 2009년부터 징계를 받은 전력이 4회나 되고, 위 전력 관련 상급자들로부터 수차례 의무 위반 예방 교양을 받았음에도 불구하고 개전의 정이 없이 불과 2개월도 안된 승진임용 제한 기간 중에 다시 의무 위반의 비위를 저지른 행위는 경찰공무원 징계 양정 등에 관한 규칙 제5조의 징계 가중사유에 해당되고, 그 동안 반성의 기회에 반하여 일탈행위의 발생 빈도가 계속해서 잦아지고 있는 상황으로 볼 때, 이를 방치할 경우 국민으로부터 지탄의 대상이 되는 점 등을 종합적으로 검토하여 이 건 징계의 결에 이른 것으로 보이는 점, 경찰공무원 징계 양정 등에 관한 규칙 제4조 관련 [별표1]에서 품위 유지의 의무 위반 및 과실의 정도에서 의무 위반행위의 정도가 심하고 경과실이거나, 의무 위반행위의 정도가 약하고 중과실인 경우 '감봉'으로 규정하고 있고 특히, 동 규칙 제8조(징계의 가중) 제1항에 따르면 징계위원회는 징계 처분을 받은 사람에 대하여 경찰공무원 승진임용 규정 제6조에 따른 승진임용 제한기간 중에 발생한 비위로 다시 징계 의결이 요구된 경우에는 그 비위에 해당하는 징계보다 2단계 위의 징계로 의결할 수 있는 점, 향후 유사 사례의 재발방지 및 조직기강 확립차원에서 엄한 책임이 불가피한 점은 부인할 수 없다.

다만, 자신의 잘못을 인정하고 깊이 반성하고 있는 것으로 판단되는 점, 이번 사건에서 단순 음주 소란이라는 비위의 정도만을 볼 때, '파면'이라는 최고의 중징계의 중대성에 비추어 원처분은 다소 과중한 것으로 판단된다.

4. 결정

그렇다면 이 청구는 이유가 있으므로 국가공무원법 제14조 제5항 제3호에 따라 원처분을 변경하기로 하여 주문과 같이 결정한다.

※ 본 사안은 소청심사위원회 2016년도 소청결정사례집 53집 연번 49번 등을 바탕으로 재구성한 사안입니다.

▣ 사안의 해설

본 사안에서는 소청인이 과거 징계 처분을 받았고 승진임용 제한 기간 중 품위 손상의 사유로 이 사건 징계 처분에 이른바, 아래에서는 승진임용 제한 기간 중 비위로 인한 징계 가중에 대해 상세히 살펴보도록 하겠습니다.

◉ 쟁점: 승진임용 제한 기간 중 비위로 인한 징계의 가중

징계위원회 심의 단계에서는 해당 공무원이 징계 처분으로 인한 승진임용 제한 기간 중 행한 비위에 대해서는 징계를 가중하여 의결할 수 있습니다.

구체적으로 이를 살펴보면, 해당 공무원이 과거에 징계 처분을 받고 위 승진임용 제한 기간 내 새로운 비위로 징계 의결이 요구된 경우에는 징계위원회에서는 그 비위에 해당하는 징계보다 2단계 위의 징계로 의결할 수 있습니다. 또한, 승진임용 제한 기간이 종료되었다 하더라도 제한 기간 종료 후로부터 1년 이내에 비위로 징계 의결이 요구된 경우에는 1단계 위의 징계로 의결할 수 있습니다.

여기서 말하는 승진임용 제한 기간이란, ① 징계 처분 집행 중, ② 징계 처분의 집행이 끝난 날부터 강등·정직은 18개월, 감봉은 12개월, 견책은 6개월을 의미합니다.

다만, 징계 시효가 5년인 사유로 인한 징계 처분과 성폭력, 성희롱, 성매매에 따른 징계 처분의 경우에는 위 기간에 6개월이 가산되어 승진임용의 제한을 받으며, 징계 처분을 받은 후 해당 계급에서 훈장, 포장, 모범공무원 포상, 대통령 표창 또는 국무총리 표창, 제안이 채택·시행되어 받은 포상을 받은 경우에는 위 기간의 2분의 1을 단축할 수 있습니다.

징계위원회에서는 위 규정에 따라 해당 공무원에 대한 징계 양정을 가중할 수 있으나 반드시 필요적으로 가중해야 한다고 평가하기는 어려우며, 소청인은 징계위원회에서 가중된 징계 양정을 받았다 하더라도 소청심사 및 소송 단계에서 징계 양정의 적정성에 대해 다툴 수 있습니다.

본 사안에서는, 소청인이 2016. 3. 10. 정직 2월의 징계를 받았으며, 위 징계로 인한 승진임용 제한 기간은 20개월인데(정직 기간 + 18개월), 소청인이 승진임용 제한 기간 내인 2016. 7. 8.에 이 사건 음주 소란 행위를 한바, 징계위원회 심의 단계에서는 이를 감안하여 징계대상자(소청인)에 대한 징계 양정을 가중하였습니다.

소청인은 소청심사 단계에서 징계 양정의 적정성에 대해 다투었고, 본 사안에서는 구체적인 비위 내용이 단순 음주 소란이라는 점에 비추어 볼 때 파면이라는 징계 양정은 다소 과중하다고 보아 감경에 이르렀습니다.

❏ 관계 법령(경찰공무원)

❍ 경찰공무원 징계령 세부시행규칙
[시행 2019. 5. 23.] [경찰청예규 제548호, 2019. 5. 23., 일부개정]

제7조(징계의 가중)
③ 징계위원회는 징계 처분을 받은 사람에 대하여 「경찰공무원 승진임용 규정」 제6조에 따른 승진임용 제한 기간 중에 발생한 비위로 다시 징계 의결이 요구된 경우에는 그 비위에 해당하는 징계보다 2단계 위의 징계로 의결할 수 있고, 승진임용 제한 기간이 끝난 후부터 1년 이내에 발생한 비위로 징계 의결이 요구된 경

우에는 1단계 위의 징계로 의결할 수 있다.

○ 경찰공무원 승진임용 규정

[시행 2019. 7. 1.] [대통령령 제29930호, 2019. 6. 25., 타법개정]

제6조(승진임용의 제한)

① 다음 각 호의 어느 하나에 해당하는 경찰공무원은 승진임용될 수 없다.

1. 징계 의결 요구, 징계 처분, 직위해제, 휴직(「공무원 재해보상법」에 따른 공무상 질병 또는 부상으로 인하여 「국가공무원법」 제71조 제1항 제1호에 따라 휴직한 사람을 제37조 제1항 제4호 또는 같은 조 제2항에 따라 특별승진임용하는 경우는 제외한다) 또는 시보임용 기간 중에 있는 사람

2. 징계 처분의 집행이 끝난 날부터 다음 각 목의 구분에 따른 기간(「국가공무원법」 제78조의2 제1항 각 호의 어느 하나에 해당하는 사유로 인한 징계 처분과 성폭력, 성희롱 및 성매매에 따른 징계 처분의 경우에는 각각 6개월을 더한 기간)이 지나지 아니한 사람

   가. 강등·정직: 18개월

   나. 감봉: 12개월

   다. 견책: 6개월

② 제1항에 따라 승진임용 제한 기간 중에 있는 사람이 다시 징계 처분을 받은 경우 승진임용 제한 기간은 전(前) 처분에 대한 승진임용 제한 기간이 끝난 날부터 계산하고, 징계 처분으로 승진임용 제한 기간 중에 있는 사람이 휴직하는 경우 징계 처분에 따른 남은 승진임용 제한 기간은 복직일부터 계산한다.

③ 경찰공무원이 징계 처분을 받은 후 해당 계급에서 다음 각 호의 포상을 받은 경우에는 제1항 제2호 및 제3호에 따른 승진임용 제한 기간의 2분의 1을 단축할 수 있다. <개정 2018. 6. 12.>

1. 훈장

2. 포장

3. 모범공무원 포상

4. 대통령표창 또는 국무총리표창

5. 제안이 채택·시행되어 받은 포상

❑ 관계 법령(일반직 국가공무원)

○ 공무원 징계령 시행규칙

[시행 2019. 6. 25.] [총리령 제1549호, 2019. 6. 25., 일부개정]

제5조(징계의 가중)

② 징계위원회는 징계 처분을 받은 사람에 대하여「공무원임용령」제32조에 따른 승진임용 제한 기간 중에 발생한 비위로 다시 징계 의결이 요구된 경우에는 그 비위에 해당하는 징계보다 2단계 위의 징계로 의결할 수 있고, 승진임용 제한 기간이 끝난 후부터 1년 이내에 발생한 비위로 징계 의결이 요구된 경우에는 1단계 위의 징계로 의결할 수 있다.

○ 공무원임용령

[시행 2019. 7. 1.] [대통령령 제29930호, 2019. 6. 25., 타법개정]

제32조(승진임용의 제한)

① 공무원이 다음 각 호의 어느 하나에 해당하는 경우에는 승진임용될 수 없다.

1. 징계 처분 요구 또는 징계 의결 요구, 징계 처분, 직위해제, 휴직(법 제71조 제1항 제1호에 따른 휴직 중 「공무원 재해보상법」에 따른 공무상 질병 또는 부상으로 인한 휴직자를 제35조의2 제1항 제4호 또는 제5호에 따라 특별승진임용하는 경우는 제외한다) 또는 시보임용 기간 중에 있는 경우

2. 징계 처분의 집행이 끝난 날부터 다음 각 목의 기간(법 제78조의2 제1항 각 호의 어느 하나에 해당하는 사유로 인한 징계 처분과 성폭력, 성희롱 및 성매매에 따른 징계 처분의 경우에는 각각 6개월을 더한 기간)이 지나지 않은 경우

   가. 강등·정직: 18개월

   나. 감봉: 12개월

   다. 견책: 6개월

② 징계에 관하여 이 영에 따른 공무원과는 다른 법률의 적용을 받는 공무원이 이 영에 따른 공무원이 된 경우 종전의 신분에서 강등처분을 받은 경우에는 그 처분 종료일부터 18개월 동안 승진임용될 수 없고, 근신·영창이나 그 밖에 이와 유사한 징계 처분을 받은 경우에는 그 처분 종료일부터 6개월 동안 승진임용될 수 없다.

③ 제1항 또는 제2항에 따라 승진임용 제한 기간 중에 있는 사람이 다시 징계 처분을 받은 경우의 승진임용 제한 기간은 전 처분에 대한 제한기간이 끝난 날부터 계산하고, 징계 처분으로 승진임용 제한 기간 중에 있는 사람이 휴직하는 경우 징계 처분에 따른 남은 승진임용 제한기간은 복직일부터 계산한다.

④ 공무원이 징계 처분을 받은 후 해당 계급에서 훈장, 포장, 모범공무원 포상, 국무총리 이상의 표창을 받거나 제안의 채택 시행으로 포상을 받는 경우에는 최근에 받은 가장 무거운 징계 처분에 대해서만 제1항 제2호 및 제2항에서 규정한 승진임용 제한 기간의 2분의 1을 단축할 수 있다.

[16] 음주측정 불응 혐의 사건

주 문

피소청인이 2015. 8. 21. 소청인에게 한 해임 처분은 이를 취소한다.

이 유

1. 원처분 사유 요지

소청인은 2015. 8. 15. 18:00경 甲시 소재 음식점 내에서 소청인은 친구들과 소주와 맥주 각 4병을 나누어 마시고, 자신의 차량을 약 100m 가량 운전하였다.

이후 소청인은 하차하여 차량 뒷바퀴 부근에 앉아 졸던 중, 이를 지켜보던 대리기사의 신고로 출동한 경찰관과 乙파출소로 임의동행을 하고, 파출소 내에서 경찰관의 3회에 걸친 음주측정 요구에 불응하여 도로교통법 위반으로 체포되었다.

이와 같은 소청인의 행위는 국가공무원법 제56조(성실 의무), 제57조(복종 의무), 제63조(품위 유지의 의무)에 위배되어 같은 법 제78조 제1항 각 호의 징계 사유에 해당하고, 소청인은 약 26년간 경찰공무원으로 국민에 봉사해 왔으며, 자신의 비위를 인정하고 반성하고 있는 점 등을 참작하여 '해임'에 처한다는 것이다.

2. 소청 이유 요지

(이하 생략)

3. 판단

소청인에 대한 징계 사건이 관계 법령에 규정된 절차에 따라 적법하게 심의·의결되었는지에 대하여 살펴보건대, 경찰공무원 징계령 제6조 제1항에서 '보통징계위원회는 위원장 1명을 포함하여 3명 이상 7명 이하의 위원으로 구성한다'고 규정하고 있고, 같은 조 제2항은 '징계위원회가 설치된 경찰기관의 장은 징계 등 심의대상자보다 상위 계급인 경위 이상의 소속 경찰공무원 또는 상위 직급에 있는 6급 이상의 소속 공무원 중에서 징계위원회의 공무원 위원을 임명한다.'고 정하고 있다.

일건기록에 따르면, 소청인의 소속 기관장인 丙경찰서장은 2015. 8. 17. 소청인과 동일 계급, 즉 경위 계급의 여성청소년과 수사2팀장 B를 징계위원으로 임명하고, 2015. 8. 20.에 개최된 丙경찰서 경찰공무원 보통징계위원회는 위 B가 징계위원으로 참여한 가운데 본건 소청인에 대한 징계 사건을 심의·의결하였으므로, 이는 경찰공무원 징계령 제6조 제2항에 저촉되어 위법한 것으로 판단된다.

4. 결정

따라서 2015. 8. 21. 丁지방경찰청장이 소청인에게 한 해임 처분은 징계위원 구성에 하자가 있는 징계위원회의 심의·의결에 기초하여 이루어진 위법한 처분에 해당하므로, 더 살펴볼 필요 없이 징계 절차상의 하자를 이유로 주문과 같이 결정한다.

※ 본 사안은 소청심사위원회 2015년도 소청결정사례집 52집 연번 89번 등을 바탕으로 재구성한 사안입니다.

▣ 사안의 해설

본 사안에서는 경찰공무원 보통징계위원회 위원 구성의 하자가 쟁점이 된바 이를 상세히 살펴보도록 하겠습니다.

◉ 쟁점: 경찰공무원 보통징계위원회 위원 구성

경찰공무원 보통징계위원회는 통상 해당 징계위원회가 설치된 경찰기관 소속 경감 이하 경찰공무원에 대한 징계 사건을 심의·의결하며, 위원장 1명을 포함하여 3명 이상 7명 이하의 민간위원과 공무원위원으로 구성합니다.

이 중 민간위원으로 위원장을 제외한 위원 수의 2분의 1 이상을 ① 법관·검사 또는 변호사로 5년 이상 근무한 사람, ② 대학에서 경찰 관련 학문을 담당하는 부교수 이상으로 재직 중인 사람, ③ 경찰공무원으로 20년 이상 근속하고 퇴직한 사람 중 어느 하나에 해당하는 사람을 위촉하여야 합니다.

한편, 공무원위원은 원칙적으로 징계 심의 대상자보다 상위 계급인 경위 이상의 소속 경찰공무원을 임명하도록 규정하고 있습니다.

다만, 예외적으로 징계 심의 대상자보다 상위 계급인 경위 이상의 소속 경찰공무원 수가 민간위원을 제외한 위원 수에 미달되는 등의 사유로 징계위원회 구성하는 것이 곤란한 경우에는 징계 심의 대상자보다 상위 계급인 경사 이하의 소속 경찰공무원을 임명할 수 있습니다. 이 경우에는 3개월 이하의 감봉 또는 견책에 해당하는 사건만을 심의·의결할 수 있으며, 이에 따라 해당 보통징계위원회의 징계 관할에서 제외되는 징계 사건은 바로 위 상급 경찰기관에 설치된 보통징계위원회에서 심의·의결하게 됩니다.

본 사안에서는, 소청인과 동일 계급인 경위 계급의 여성청소년과 수사팀장 B를 징계위원으로 임명하고 소청인에 대한 징계 사건을 심의·의결한바, 해당 보통징계위원회 공무원위원 구성에 하자가 있다고 판시하였습니다.

실제사안의 적용에 있어서는, 민간위원이 위촉되었는지 여부, 징계 심의 대상자보다 상위 계급인 경위 이상의 소속 경찰공무원이 공무원위원으로 임명되었는지 여부가 세부 쟁점이 될 것으로 보이며, 이에 대한 주의가 필요해 보입니다.

❏ 관계 법령

○ 경찰공무원 징계령

[시행 2018. 3. 30.] [대통령령 제28760호, 2018. 3. 30., 타법개정]

제6조(징계위원회의 구성 등)

① 중앙징계위원회는 위원장 1명을 포함하여 5명 이상 7명 이하의 공무원위원과 민간위원으로 구성하고, 보통징계위원회는 위원장 1명을 포함하여 3명 이상 7명 이하의 공무원위원과 민간위원으로 구성한다. 다만, 해양경찰청에 두는 중앙징계위원회의 경우 징계등 심의 대상자보다 상위 계급인 소속 공무원(해양경찰청장은 제외한다)의 수가 제3항에 따른 민간위원을 제외한 위원 수에 미달되는 등의 사유로 중앙징계위원회를 구성하는 것이 곤란한 경우에는 3명 이상 7명 이하의 위원으로 구성할 수 있다.

② 징계위원회가 설치된 경찰기관의 장은 징계등 심의 대상자보다 상위 계급인 경위 이상의 소속 경찰공무원 또는 상위 직급에 있는 6급 이상의 소속 공무원 중에서 징계위원회의 공무원위원을 임명한다. 다만, 보통징계위원회의 경우 징계등 심의 대상자보다 상위 계급인 경위 이상의 소속 경찰공무원 또는 상위 직급에 있는 6급 이상의 소속 공무원의 수가 제3항에 따른 민간위원을 제외한 위원 수에 미달되는 등의 사유로 보통징계위원회를 구성하는 것이 곤란한 경우에는 징계등 심의 대상자보다 상위 계급인 경사 이하의 소속 경찰공무원 또는 상위 직급에 있는 7급 이하의 소속 공무원 중에서 임명할 수 있으며, 이 경우에는 제4조 제2항에도 불구하고 3개월 이하의 감봉 또는 견책에 해당하는 징계등 사건만을 심의·의결한다.

③ 징계위원회가 설치된 경찰기관의 장은 위원장을 제외한 제1항에 따른 위원 수의 2분의 1 이상을 다음 각 호의 구분에 따라 다음 각 목의 어느 하나에 해당하는 사람 중에서 민간위원으로 위촉하여야 한다.

　1. 중앙징계위원회

　　가. 법관·검사 또는 변호사로 10년 이상 근무한 사람

　　나. 「고등교육법」 제2조에 따른 학교 또는 이에 준하는 교육기관(이하 "대

학"이라 한다)에서 경찰 관련 학문을 담당하는 정교수 이상으로 재직 중
인 사람

다. 총경 이상의 경찰공무원으로 근무하고 퇴직한 사람

2. 보통징계위원회
    가. 법관·검사 또는 변호사로 5년 이상 근무한 사람
    나. 대학에서 경찰 관련 학문을 담당하는 부교수 이상으로 재직 중인 사람
    다. 경찰공무원으로 20년 이상 근속하고 퇴직한 사람
④ 징계위원회의 위원장은 위원 중 최상위 계급에 있거나 최상위 계급에 먼저
승진임용된 경찰공무원이 된다.

○ 유사쟁점: 일반직 국가공무원 보통징계위원회 위원 구성

일반직 국가공무원에 대한 보통징계위원회 위원 구성은 공무원 징계령 제5조를
참조할 수 있으며, 세부적인 쟁점은 경찰공무원 보통징계위원회 위원 구성 쟁점과
유사합니다.

구체적으로 살펴보면, 보통징계위원회는 위원장 1명을 포함하여 9명 이상 15명
이하의 민간위원(위원장을 제외한 위원 수의 2분의 1 이상이 되어야 함)과 공무원
위원으로 구성하며, 회의는 위원장과 위원장이 회의마다 지정하는 6명의 위원으로
구성하되 이 중 민간위원이 4명 이상 포함되어야 합니다.

민간위원은 ① 법관·검사 또는 변호사로 5년 이상 근무한 사람, ② 대학에서
법학 또는 행정학을 담당하는 조교수 이상으로 재직 중인 사람, ③ 공무원으로 20
년 이상 근속하고 퇴직한 사람(퇴직 전 5년부터 퇴직할 때까지 소속되었던 적이
있는 중앙행정기관 또는 소속기관의 경우에는 퇴직일부터 3년 경과한 사람), ④
민간부분에서 인사·감사 업무를 담당하는 임원급 또는 이에 상응하는 직위에 근
무한 경력이 있는 사람 중 어느 하나에 해당하는 사람으로 위촉하여야 합니다.

공무원위원은 징계대상자보다 상위 계급 소속 공무원 중에서 해당 기관의 장이 임명합니다. 특별한 사유가 없으면 최상위인 사람부터 차례로 임명하여야 하며, 징계대상자보다 상위 계급의 공무원이 징계위원회 위원이 될 수 있도록 관할권을 조정할 수 있습니다.

❑ 관계 법령

○ 공무원 징계령

[시행 2019. 4. 17.] [대통령령 제29697호, 2019. 4. 16., 일부개정]

제5조(보통징계위원회의 구성)

① 보통징계위원회는 위원장 1명을 포함하여 9명 이상 15명 이하의 공무원위원과 민간위원으로 구성한다. 이 경우 민간위원의 수는 위원장을 제외한 위원 수의 2분의 1 이상이어야 한다.

② 보통징계위원회의 위원장은 해당 위원회 설치기관의 장의 다음 순위인 사람(직급을 기준으로 정하되, 같은 직급의 경우에는 직위를 설치하는 법령에 규정된 직위의 순위를 기준으로 정한다)이 된다. 다만, 중앙행정기관에 설치된 보통징계위원회의 위원장은 징계 운영의 효율성 등을 고려하여 고위공무원단 직위 또는 이에 상당하는 특정직공무원으로 보하는 직위에 있는 사람 중에서 중앙행정기관의 장이 임명할 수 있다.

③ 보통징계위원회의 공무원위원은 징계등 대상자보다 상위 계급(고위공무원단에 속하는 공무원을 포함한다)의 소속 공무원 중에서 해당 기관의 장이 임명하되, 특별한 사유가 없으면 최상위인 사람부터 차례로 임명하여야 한다.

④ 보통징계위원회가 설치된 행정기관의 장은 다음 각 호의 사람 중에서 성별을 고려하여 민간위원으로 위촉하여야 한다.

1. 법관, 검사 또는 변호사로 5년 이상 근무한 사람
2. 대학에서 법학 또는 행정학을 담당하는 조교수 이상으로 재직 중인 사람
3. 공무원으로 20년 이상 근속하고 퇴직한 사람[퇴직 전 5년부터 퇴직할 때까지 소속되었던 적이 있는 중앙행정기관(그 소속기관에 소속되었던 경우를 포함

한다) 또는 소속기관(소속 중앙행정기관 또는 소속 중앙행정기관의 다른 소
속기관에 소속되었던 경우를 포함한다)의 경우에는 퇴직일부터 3년이 경과한
사람을 말한다]

4. 민간부문에서 인사·감사 업무를 담당하는 임원급 또는 이에 상응하는 직위
에 근무한 경력이 있는 사람

⑤ 보통징계위원회의 회의는 위원장과 위원장이 회의마다 지정하는 6명의 위원
으로 구성한다. 이 경우 제4항에 따른 민간위원이 4명 이상 포함되어야 한다.

05

공무원 기타불이익 소청

[1] 직위해제 및 전보 처분

주 문

직위해제 처분은 이를 취소하고, 전보 처분 취소 청구는 이를 기각한다.

이 유

1. 원처분 사유 요지

소청인은 甲경찰서 소속 경찰공무원 B를 징계 처분 또는 형사 처벌받게 하기 위해, B가 2016. 7. 1. 甲경찰서 인사발령 시 인사위원회 개최 없이 독단적으로 결정·허위서류를 작성하고, 상반기 인사발령대상자로 거론되자 컴퓨터 자판을 내동댕이치는 등 하극상을 표출하고, 정례사격 시 대리사격을 의뢰하였다는 허위 내용의 진정서를 乙지방경찰청장 앞으로 제출하였다.

이에 乙지방경찰청 청문감사담당관실에서 동 민원 사건을 조사하였으나 B의 경미한 과오 외 혐의사실을 미발견하였고, 이에 B는 소청인을 무고죄로 고소하여 丙경찰서에서 소청인에 대한 수사를 진행하였다.

이와 같은 소청인의 비위는 공무원 임용령 제60조 제4호에 해당되고, 비위의 정도가 중하고 이로 인하여 공무원으로서의 품위를 크게 손상하여 그 직위를 유지하는 것이 부적절하다고 판단되고 정상적인 업무수행을 기하기 현저히 어려운 자이므로 국가공무원법 제73조의3 제1항 제6호에 따라 2016. 12. 1.자로 그 직위를 해제하고, 같은 날 丁경찰서로 전보한다는 것이다.

2. 소청 이유 요지

(이하 생략)

3. 판단

가. 직위해제 처분에 관한 판단

1) 직위해제 사유의 존부

국가공무원법 제73조의3 제1항 제6호 및 공무원임용령 제60조 제4호에 따르면 임용권자는 ① 금품비위, 성범죄 등 대통령령으로 정하는 비위행위, 즉 같은 법 제78조의2 제1항 각 호의 행위로서 금품 관련 비위, 성폭력범죄의 처벌 등에 관한 특례법 제2조에 따른 성폭력범죄와 성매매알선 등 행위의 처벌에 관한 법률 제4조에 따른 금지행위 및 공무원으로서의 품위를 크게 손상하여 그 직위를 유지하는 것이 부적절하다고 판단되는 행위로 인하여 ② 감사원 및 검찰·경찰 등 수사기관에서 조사나 수사 중인 자로 ③ 비위의 정도가 중하고 ④ 이로 인하여 정상적인 업무수행을 기하기 현저히 어려운 자에 대해 직위해제를 할 수 있다고 규정하고 있다.

소청인의 경우 ① 동료에 대하여 허위사실을 적시한 민원을 제기하여 무고죄로 고소되어, 공무원으로서의 품위를 손상시켰으므로 대통령령으로 정한 비위에 해당한다고 보이며, ② 2016. 11. 1.자로 검찰에 '기소의견'으로 송치되어 현재 검찰의 조사 단계에 있는 사실이 있다.

그러나 ③ 비위의 정도가 중하고 ④ 이로 인하여 정상적인 업무수행을 기하기 현저히 어려운 경우에 해당하는지를 살펴보건대, 이 사건 기록 및 진술에 따르면 피소청인은 소청인의 행위가 상당히 부적절하다고 주장하고 있는데 이러한 주장의 타당성은 인정되나 그 비위의 정도가 중하다는 주장에 대한 구체적인 근거 제시는 다소 부족하다. 설령 소청인의 비위가 중하다 하더라도 그로 인하여 정상적인 업무수행을 기하기 현저히 어려운 경우에 해당되는지를 살펴보면, 일반 국민으로서는 그 진위 여부와 무관하게 소청인이 위와 같은 사실로 고소 당하였다는 사정만으로는 소청인의 공무집행의 공정성에 대하여 상당한 정도의 의심을 품게 되었다고 보기는 어려울 것이고, 소청인으로 하여금 계속 해당 직위를 보유하며 동일한 직무를 수행하게 하는 경우 공무의 순결성과 공무집행의 불가매수성, 적정성에 대한 국민의 신뢰를 저해할 구체적인 위험이 존재한다고 보기는 어렵다고 사료된다.

또한 정상적인 직무를 수행할 수 있는지를 판단하기 위하여 구속 여부는 주요한 고려 요소라고 할 것인데 소청인은 현재 불구속 상태에서 수사를 받고 있으며, 심지어 직위해제 이후 아직까지도 검찰에 출석하여 조사를 받은 적도 없어, 소청인이 이건 직위해제 당시 정상적인 직무수행이 불가능하거나 현저히 곤란한 처지에 놓여 있었다고도 볼 수 없다.

2) 처분 재량의 일탈·남용 여부

국가공무원법 제73조의3 제1항 제6호에 의한 직위해제 처분은 같은 조 제2항에서 제1항에 따라 직위를 부여하지 아니한 경우에 그 사유가 소멸되면 임용권자는 지체 없이 직위를 부여하여야 한다고 규정하고 있을 뿐, 그 직위를 해제할 수 있는 기한의 명시적 제한이 없고, 사실상 관련된 형사판결 또는 징계 의결의 경과에 따라 임용권자의 직위 부여 여부에 대한 재량을 주고 있는 것인바, 형사재판 또는 징계의결 절차가 장기화되어 직위해제 처분을 받은 때부터 3월이 초과하게 되면 징계 처분으로 행하는 3월 이하의 정직 처분보다 더 가혹한 불이익 처분이 될 수 있다.

이 사건의 경우 소청인은 2016. 12. 1.부터 현재까지 3개월을 초과하여 직위가 해제된 상태이며 앞으로 검찰의 기소 여부 및 징계 절차의 일정을 기약할 수 없어 장기간 동안 직위가 해제된 상태로 봉급 감액 등 각종 불이익을 받을 처지에 놓여 있다.

결국 소청인은 정직의 징계 처분보다 오히려 가혹한 처분을 받은 것으로, 이 건 직위해제 처분이 목적으로 하는 공익에 비해 소청인이 침해받은 사익은 너무도 크다고 보인다.

앞서 살펴본 바와 같이 직위해제 처분은 인사권자인 피소청인의 보직권에 근거한 인사권의 행사에 따른 것으로써 피소청인에게 상당한 재량권이 인정된다고 보아야 하나, 소청인의 비위가 죄질이 중하고 국민의 신뢰를 저해할 위험이 존재하여 도저히 직무를 수행할 수 없다고 해석할 만한 명확한 근거가 부족해보이고, 장기간에 걸친 직위해제로 인하여 소청인이 받은 심각한 불이익뿐만 아니라 그 전·후 사정을 종합적으로 고려한다면 이 사건 직위해제 처분은 재량권을 일탈하거나 남용한 위법이 있다고 판단된다.

나. 전보 처분에 관한 판단

경찰공무원 임용령 제27조 제1항은 소속 경찰공무원이 해당 직위에 임용된 날부터 1년 이내(감사업무를 담당하는 경찰공무원의 경우에는 2년 이내)에 다른 직위에 전보할 수 없다고 규정하고 있으나, 소청인과 같이 형사 사건에 관련되어 수사기관에서 조사를 받고 있거나, 경찰공무원으로서의 품위를 크게 손상하는 비위로 인한 감사 또는 조사가 진행 중이어서 해당 직위를 유지하는 것이 부적절하다고 판단되는 경찰공무원을 전보하는 경우 등은 예외적으로 허용하고 있으며, 乙지방경찰청 인사관리 규칙 제11조는 고비난성 비위행위 등으로 전보조치가 필요한 자로 감찰부서에서 전보제청하는 경우에는 징계 전이라도 전보할 수 있다고 규정하고 있다.

또한 피진정인이 소청인을 무고 혐의로 고소하여 검찰조사가 진행되고 있는바, 고소인과 소청인이 같은 근무지에서 근무할 경우 조직 분위기가 저해되고 공정하고 원활한 업무수행을 기하기 어려울 것으로 보이며, 전보는 원칙적으로 인사권자의 재량 권한에 속하는 것으로 전보 인사가 법령이 정한 기준과 원칙에 위배되거나 인사권자의 인사권을 부적절하게 행사한 것으로 볼 여지가 없음은 물론 설사 법령이 정한 기준과 원칙에 위배되거나 인사권자의 인사권을 다소 부적절하게 행사한 것으로 볼 여지가 있다고 하더라도 그러한 사유만으로 그 전보 인사가 당연히 위법하다고 볼 수는 없는 점 등을 고려하면 인사권자에게 주어진 재량의 범위를 벗어나 일탈 남용이 있다고 보이지 않는다고 판단된다.

4. 결론

그렇다면 '직위해제' 처분에 대한 소청인의 청구는 이유 있으므로 국가공무원법 제14조 제5항 제3호에 따라 원처분을 취소하기로 하고, '전보' 처분에 대한 소청인의 청구는 이유 없으므로 국가공무원법 제14조 제5항 제2호에 따라 기각하기로 하여 주문과 같이 결정한다.

※ 본 사안은 소청심사위원회 2017년도 소청결정사례집 54집 연번 85번 등을 바탕으로 재구성한 사안입니다.

▣ 사안의 해설

본 사안에서는 소청인에 대하여 직위해제 처분과 전보 처분이 있었습니다. 아래에서는 공무원으로서의 품위 손상 사유로 직위해제 처분 시 적법 요건과 전보 처분 시 재량권 일탈·남용 판단 기준에 대해 상세히 살펴보고자 합니다.

◉ 쟁점: 공무원으로서 품위 손상 사유로 직위해제 처분 시 적법 요건

직위해제는 일시적으로 당해 공무원에게 직위를 부여하지 아니함으로써 직무에 종사하지 못하도록 하는 잠정적인 조치로서 보직의 해제라는 점을 고려하면, 직위해제 처분을 결정하는데 있어서 피소청인의 재량은 폭넓게 인정된다고 할 것이나 그 재량권 행사에는 한계가 따른다고 할 것입니다.

국가공무원법 제73조의3 제1항 제6호 및 공무원 임용령 제60조 제4호에 따르면, 피소청인은 소청인에 대하여 공무원으로서의 품위 손상을 사유로 직위해제 처분을 행할 수 있습니다.

다만, 품위 손상을 사유로 직위해제 처분을 할 때에는 법문에 따라 엄격한 요건에 따라야 할 것인데, ① 공무원으로서의 품위를 크게 손상하여 그 직위를 유지하는 것이 부적절하다고 판단되는 행위이어야 하고, ② 감사원 및 검찰·경찰 등 수사기관에서 조사나 수사 중인 자로 비위의 정도가 중대하고 정상적인 업무수행이 기대하기 현저히 어려울 정도에 해당하여야 한다고 할 것입니다.

본 사안에서는, 품위손상행위가 있었고 이로 인하여 소청인에 대한 수사기관의 수사가 진행 중인 사실은 있으나, 품위 손상의 정도가 중하여 직위를 유지하는 것이 부적절하거나 정상적인 업무수행을 기하기 현저히 어려운 경우에 해당한다고 보기는 어렵다고 보아, 이 사건 직위해제 처분은 위법하다고 판시하였습니다.

❑ 관계 법령

○ 국가공무원법

[시행 2019. 4. 17.] [법률 제15857호, 2018. 10. 16., 일부개정]

제73조의3(직위해제)

① 임용권자는 다음 각 호의 어느 하나에 해당하는 자에게는 직위를 부여하지 아니할 수 있다.

1. 삭제 <1973. 2. 5.>

2. 직무수행 능력이 부족하거나 근무성적이 극히 나쁜 자

3. 파면·해임·강등 또는 정직에 해당하는 징계 의결이 요구 중인 자

4. 형사 사건으로 기소된 자(약식명령이 청구된 자는 제외한다)

5. 고위공무원단에 속하는 일반직공무원으로서 제70조의2 제1항 제2호부터 제5 호까지의 사유로 적격심사를 요구받은 자

6. 금품비위, 성범죄 등 대통령령으로 정하는 비위행위로 인하여 감사원 및 검 찰·경찰 등 수사기관에서 조사나 수사 중인 자로서 비위의 정도가 중대하고 이로 인하여 정상적인 업무수행을 기대하기 현저히 어려운 자

② 제1항에 따라 직위를 부여하지 아니한 경우에 그 사유가 소멸되면 임용권자 는 지체 없이 직위를 부여하여야 한다.

③ 임용권자는 제1항 제2호에 따라 직위해제된 자에게 3개월의 범위에서 대기 를 명한다.

④ 임용권자 또는 임용제청권자는 제3항에 따라 대기 명령을 받은 자에게 능력 회복이나 근무성적의 향상을 위한 교육훈련 또는 특별한 연구과제의 부여 등 필요 한 조치를 하여야 한다.

⑤ 공무원에 대하여 제1항 제2호의 직위해제 사유와 같은 항 제3호·제4호 또는 제6호의 직위해제 사유가 경합(競合)할 때에는 같은 항 제3호·제4호 또는 제6호 의 직위해제 처분을 하여야 한다.

○ 공무원 임용령

[시행 2019. 7. 1.] [대통령령 제29930호, 2019. 6. 25., 타법개정]

제60조(직위해제 대상 비위행위)

법 제73조의3 제1항 제6호에서 "금품비위, 성범죄 등 대통령령으로 정하는 비위행위"란 다음 각 호의 행위를 말한다.

1. 법 제78조의2 제1항 각 호의 행위
2. 「성폭력범죄의 처벌 등에 관한 특례법」 제2조에 따른 성폭력범죄
3. 「성매매알선 등 행위의 처벌에 관한 법률」 제4조에 따른 금지행위
4. 공무원으로서의 품위를 크게 손상하여 그 직위를 유지하는 것이 부적절하다고 판단되는 행위

◉ 쟁점: 전보 처분 시 재량권 일탈·남용 판단기준

공무원에 대한 전보는 원칙적으로 인사권자의 권한에 속하므로 업무상 필요한 범위 내에서 인사권자는 상당한 재량을 가지며, 그것이 법률 등에 위배되거나 권리남용에 해당되는 등의 특별한 사정이 없는 한 유효하다고 보아야 할 것입니다.

또한, 권리남용에 해당하는지 여부는 전보 처분이 업무상의 필요한지 여부와 공무원의 생활상 불이익 등을 비교·교량하여 결정되어야 할 것입니다.

한편, 경찰공무원 임용령 제27조 제1항에 따르면 임용권자는 소속 경찰공무원이 해당 직위에 임용된 날로부터 원칙적으로 1년 이내에 다른 직위에 전보할 수 없으나, 형사 사건에 관련되어 수사기관에서 조사를 받고 있는 경우 등에는 예외적으로 전보를 할 수 있습니다.

본 사안에서는 소청인이 B에 대한 무고 혐의로 수사기관에서 수사가 진행 중인 점, 현 근무지에서 B와 함께 계속 근무할 경우 조직 분위기가 저해되고 공정하고 원활한 업무수행을 기하기가 어려운 점이 있는 점 등에 비추어 보면 이 사건 전보

의 필요성이 인정되며, 이에 피소청인이 전보 처분의 재량권을 일탈 남용하였다고 보긴 어렵다고 판단하였습니다.

실제사안의 적용에 있어서는 전보의 필요성, 전보에 인한 근무환경 또는 직무의 연속성 및 일상생활 안정성 침해의 정도, 전보에 대한 피소청인측 제반 규정 등이 상세히 검토되어야 할 것으로 보입니다.

❏ 관련 규정

○ 경찰공무원 임용령
[시행 2019. 1. 1.] [대통령령 제29018호, 2018. 7. 3., 일부개정]

제27조(전보의 제한)

① 임용권자 또는 임용제청권자는 소속 경찰공무원이 해당 직위에 임용된 날부터 1년 이내(감사업무를 담당하는 경찰공무원의 경우에는 2년 이내)에 다른 직위에 전보할 수 없다. 다만, 다음 각 호의 어느 하나에 해당하는 경우에는 그러하지 아니하다.

1. 직제상 최저단위인 보조기관 또는 보좌기관 내에서 전보하는 경우
2. 경찰청 및 해양경찰청과 소속기관등 또는 소속기관등 상호 간의 교류를 위하여 전보하는 경우
3. 기구의 개편, 직제 또는 정원의 변경으로 해당 경찰공무원을 전보하는 경우
4. 승진임용된 경찰공무원을 전보하는 경우
5. 전문직위로 경찰공무원을 전보하는 경우
6. 징계 처분을 받은 경우
7. 형사 사건에 관련되어 수사기관에서 조사를 받고 있는 경우
8. 경찰공무원으로서의 품위를 크게 손상하는 비위(非違)로 인한 감사 또는 조사가 진행 중이어서 해당 직위를 유지하는 것이 부적절하다고 판단되는 경찰공무원을 전보하는 경우
9. 경찰기동대 등 경비부서에서 정기적으로 교체하는 경우

10. 교육훈련기관의 교수요원으로 보직하는 경우

11. 시보임용 중인 경우

12. 신규 채용된 경찰공무원을 해당 계급의 보직관리기준에 따라 전보하는 경우 및 이와 관련한 전보의 경우

13. 감사담당 경찰공무원 가운데 부적격자로 인정되는 경우

② 법 제17조 제2항에 따른 교육훈련기관의 교수요원으로 임용된 사람은 그 임용일부터 1년 이상 3년 이하의 범위에서 경찰청장 또는 해양경찰청장이 정하는 기간 안에는 다른 직위에 전보할 수 없다. 다만, 기구의 개편, 직제·정원의 변경이나 교육과정의 개편 또는 폐지가 있거나 교수요원으로서 부적당하다고 인정될 때에는 그러하지 아니하다.

③ 법 제8조 제3항 제6호에 따라 채용된 경찰공무원은 그 채용일부터 5년의 범위에서 경찰청장 또는 해양경찰청장이 정하는 기간(휴직 기간, 직위해제 기간 및 정직 기간은 포함하지 아니한다) 안에는 채용 조건에 해당하는 기관 또는 부서 외의 기관 또는 부서로 전보할 수 없다.

❏ 관련 판례

○ 전보처분 재량권 일탈·남용 여부

–대법원 2007. 10. 11. 선고 2007두11566 판결 등 참조

근로자에 대한 전보나 전직은 원칙적으로 인사권자인 사용자의 권한에 속하므로 업무상 필요한 범위 내에서는 사용자는 상당한 재량을 가지며, 그것이 근로기준법에 위반되거나 권리남용에 해당되는 등의 특별한 사정이 없는 한 유효하고, 전보 처분 등이 권리남용에 해당하는지 여부는 전보처분 등의 업무상의 필요성과 전보 등에 따른 근로자의 생활상의 불이익을 비교·교량하여 결정되어야 하고, 업무상의 필요에 의한 전보 등에 따른 생활상의 불이익이 근로자가 통상 감수하여야 할 정도를 현저하게 벗어난 것이 아니라면, 이는 정당한 인사권의 범위 내에 속하는 것으로서 권리남용에 해당하지 않는다.

[2] 직위해제 사건

주 문

피소청인이 소청인에게 한 직위해제 처분은 이를 취소한다.

이 유

1. 원처분 사유 요지

소청인은 20○○. 9. 11. 직위해제되었고 20○○. 3. 14. 해임 처분되었다가 소청심사위원회의 결정으로 해임 처분이 취소되어 20○○. 2. 17. 복직된 경찰공무원이다.

소청인은 甲경찰서에 근무할 당시 마약 정보원인 B로부터 지명수배 관련 정보제공을 대가로 뇌물을 수수한 후 정보를 알려주는 등 직무상 부정한 행위를 하였고, B의 수배 여부를 조회한 후 휴대전화 등을 통하여 전화하는 등의 방법으로 알려주어 법령에 의한 직무상 비밀을 누설한 혐의로 20○○. 9. 11. 형사 사건 기소되었다.

피소청인은 당시 소청인이 20○○. 8. 28. 이후 구속수감 중으로 계속 직무를 수행함으로 인하여 공정한 공무집행에 위험을 초래할 수 있으며 유죄판결을 받을 고도의 개연성이 있다고 판단되어 '직위해제' 처분을 하였다는 것이다.

2. 소청 이유 요지

가. 직위해제 처분의 원인

소청인은 甲경찰서에서 근무할 당시인 20○○. 10. 4. 마약 정보원인 관련자 B

를 만나 점심과 커피를 사준 후 13:00경 헤어져 甲경찰서에 복귀한 일이 있었는데, 20○○. 8. 26. 乙지방검찰청에서는 소청인을 체포하여 범죄 혐의로 소청인을 조사한 후 구속기소하였고, 소청인은 20○○. 2. 19. 1심에서 징역 1년을 선고받았다.

이에 하여 丙지방경찰청은 20○○ 3. 14. 소청인에 대한 해임 및 징계부가금 100만 원의 처분을 의결하여 소청인에게 서면 통지하였는데, 이후 소청인은 20○○. 9. 23. 2심에서 무죄 선고 및 20○○. 12. 15. 3심 판결을 통해 무죄가 확정되었고 20○○. 2. 10. 소청심사위원회의 결정으로 해임 및 징계부가금 100만 원의 처분이 취소되었다.

나. 직위해제 처분의 하자

소청인은 직위해제 된 사실을 모르고 있다가 20○○. 2. 17. 복직 후인 20○○. 3. 15. 미집행 월급을 정산받는 과정에서 20○○. 9. 11.부터 20○○. 3. 13. 까지 직위해제 처분이 있었음을 알게 되었다. 소청인은 20○○. 8. 26. 검찰에 의해 체포된 후 丁교도소에 20○○. 8. 26.~20○○. 6. 2. 기간 구속된 상태였는데, 그동안 20○○. 9. 11. 직위해제 처분과 관련하여 아무런 문서, 우편물 등을 송달받지 못하여 이의제기를 하지 못하다가, 20○○. 3. 15. 직위해제 처분이 있었음을 알게 되었다.

소청인은 丙지방경찰청에서 소청인에 대한 직위해제 관련 서류를 송달·공시한 사실이 없음을 담당자 등을 통해 확인하였는데, 소청인에게 사전통지 및 처분사유서 등을 송달하지 않은 것은 절차상 요건을 충족하지 못한 행정행위로 절차상 흠결이 있는 것이다.

또한, 이 사건 관련 징계 처분인 해임 등 처분은 절차를 통해 취소가 되었는데도 인사자료에 직위해제가 남아 인사상 불이익을 받고 있고, 직위해제 기간 동안 월급의 일부만 정산되어 경제적으로도 불이익을 받고 있는 점을 감안하여 원처분을 '취소'하여 달라는 것이다.

3. 판단

가. 소청심사 청구 요건(제기 기간) 관련

1) 관련 법령

국가공무원법 제75조 및 제76조에서는 공무원에 대하여 직위해제 처분을 할 때 처분권자는 그 처분 사유를 적은 설명서를 교부하여야 하고, 공무원은 직위해제에 대한 처분사유설명서를 받은 날부터 30일 이내에 소청심사를 청구할 수 있도록 하고 있고, 행정심판법 제4조 제2호에서는 다른 법률에서 특별행정심판이나 이 법에 따른 행정심판 절차에 대한 특례를 정한 경우에도 그 법률에서 규정하지 아니한 사항에 관하여는 이 법에서 정하는 바에 따르도록 하고 있으며, 같은 법 제27조 제1항에서는 처분이 있음을 알게 된 날부터 90일 이내, 제3항에서는 처분이 있었던 날부터 180일 이내에 청구하되 정당한 사유가 있는 경우 그 예외로 할 수 있도록 정하고 있으며, 제6항에서는 행정청이 심판청구 기간을 알리지 않은 경우에는 제3호를 적용하도록 하고 있다.

2) 판단

소청인은 20○○. 9. 15. 직위해제 처분된 이후 20○○. 4. 26. 직위해제 처분의 취소를 구하는 소청심사를 청구한바, 이 사건 청구의 제기 요건을 판단하는데 있어 丙지방경찰청에서 20○○. 9. 15. 소청인에 대해 직위해제 처분을 하면서 처분사유 설명서나 인사발령통지서 등을 교부하지 않은 사실을 인정하고 있는 만큼 처분 사유 설명서 수령일을 기준으로 하는 국가공무원법상 소청제기 기간이 적용된다고 볼 수 없으므로 행정심판법 제4조에 따라 같은 법 제27조에서 정한 행정심판 청구 기간을 기준으로 살펴본다.

피소청인이 소청인에게 처분사유설명서 등을 교부하지 않았으므로 심판청구 기간 역시 알리지 않았다고 볼 수 있어 행정심판법 제27조 제3항 즉, '처분이 있었던 날부터 180일 이내에 청구하되 정당한 사유가 있는 경우 그 예외로 할 수 있도록' 한 규정을 적용할 수 있고, 이 사건 청구일인 20○○. 4. 6.은 직위해제 처분일인 20○○. 9. 15.부터 180일을 이미 지났으나 피소청인이 처분사유설명서 교부 외의 다른 방법으로도 소청인이 직위해제 사실을 알 수 있도록 조치한 바가 없음을 인정하고 있는 점과 소청인의 입장에서는 장기간 구금 및 공무원 신분이 박탈된 상태에서 다른 경로로 직위해제 사실을 인지하기 어려웠을 것으로 보이는 점을 고려하면 소청인이 처분이 있었던 날부터 180일 이내에 소청심사를 청구할 수 없는 '정당한 사유'가 있었다고 인정되는 만큼 이 사건 청구는 소청심사의 대상이 된다.

나. 청구이유의 존부 판단

1) 직위해제 처분의 절차적 하자 관련

가) 관련 법리

국가공무원법 제76조에서는 공무원에 대하여 직위해제 처분을 할 때 처분권자가 처분사유설명서를 교부하도록 의무를 부과하고 있다. 임용권자가 공무원에 대하여 직위해제 처분 등을 할 때 그 공무원에게 처분의 사유를 적은 설명서를 교부하도록 규정하고 있는 것은 해당 공무원에게 직위해제 처분 등의 사유를 분명히 밝힘으로써 그 공무원이 그 처분에 불복할 경우 제소의 기회를 갖도록 하기 위한 것이므로 그 처분사유설명서의 교부를 처분의 효력 발생 요건이라고 할 수 없고(대법원 2014. 10. 30. 선고 2012두25552 판결), 처분사유설명서의 내용에는 구체적이고도 명확한 사실 적시가 있어야 하고 그 기재가 너무 추상적이고 모호한 경우에는 처분사유설명서의 교부절차를 흠결한 하자가 있다고 할 것이다(서울고법 1989. 10. 13. 선고 89나239 등 참조).

나) 판단

이 사건의 경우 피소청인은 20○○. 9. 15. 소청인에 대해 직위해제 처분을 하면서 처분사유설명서는 물론 인사발령통지서 등 소청인이 직위해제 처분 사실을 알 수 있는 서류를 일절 교부하지 않아 법에서 정한 절차를 누락하였으므로 처분사유설명서의 내용이 추상적이고 모호한데 그치는 경우에도 교부 절차를 흠결한 하자가 인정되는 기존 판례를 고려할 때 이 사건 직위해제 처분에 있어 절차적 하자가 객관적으로 명백하다 할 것이다.

또한, 처분사유서를 교부하지 않은 흠결이 직위해제 처분의 효력에 직접 영향을 미친다고 보기는 어려우나 소청인이 자신에 대한 직위해제 처분 사실조차 인지하지 못하고 관련 형사재판에서 무죄가 확정되고 관련 징계 처분에 대한 취소 결정으로 복직되기까지 약 1년 6개월간 직위해제 처분에 대해 소청심사 청구

등 방어 및 불복의 기회를 보장받지 못한 점을 감안할 때 절차적 하자로 인한 소청인의 피해가 결코 가볍다고 할 수 없는 만큼 소청인의 주장은 이유가 있다.

4. 결론

그렇다면 이 청구는 이유 있으므로 국가공무원법 제14조 제5항 제3호에 따라 원처분을 취소하기로 하여 주문과 같이 결정한다.

> ※ 본 사안은 소청심사위원회 2017년도 소청결정사례집(54집) 연번 86번 등을 바탕으로 재구성한 사안입니다.

▣ 사안의 해설

본 사안에서는 ① 직위해제 처분 시 처분사유설명서 교부의 필요성 및 기재의 정도, ② 소청심사 청구기간 도과 여부가 쟁점이 된바, 이에 대해 상세히 살펴보도록 하겠습니다.

◉ 쟁점: 직위해제 처분 시 처분사유설명서 교부 필요 여부 및 기재의 정도

국가공무원법 제75조에서는 공무원에 대하여 직위해제 처분을 할 때에는 처분권자는 처분 사유를 적은 설명서를 교부하여야 한다고 규정하고 있습니다.

국가공무원법의 공무원 신분 보장 취지에 비추어 볼 때 처분사유설명서는 그 법적 근거를 기재하고, 처분 사유에 대하여 적어도 사실관계의 동일성을 식별할 수 있을 정도로 구체적으로 기재하여야 할 것입니다. 이를 통해 해당 공무원이 직위해제 처분의 사유를 정확히 인지하여 이에 대한 불복이 있는 경우 그 권리를 구제받을 수 있는 기회를 실질적으로 보장하여야 할 것입니다.

본 사안에서는 이 사건 직위해제 처분을 하면서 소청인에게 처분사유설명서를 교부를 하지 않은바, 이에 절차적 위법이 있다고 판단하였습니다.

실제사안의 적용에 있어서는, 본 사안과 같은 직위해제 처분뿐만 아니라 징계처분, 강임, 휴직, 면직 처분의 경우에도 처분 서유설명서를 교부하여야 하고, 그 처분 사유 또한 구체적으로 기재하여야 한다는 점에서 주의를 요한다고 할 것입니다.

❑ 관계 법령

○ 국가공무원법

[시행 2019. 4. 17.] [법률 제15857호, 2018. 10. 16., 일부개정]

제75조(처분사유설명서의 교부)

① 공무원에 대하여 징계 처분등을 할 때나 강임·휴직·직위해제 또는 면직 처분을 할 때에는 그 처분권자 또는 처분제청권자는 처분 사유를 적은 설명서를 교부(交付)하여야 한다. 다만, 본인의 원(願)에 따른 강임·휴직 또는 면직처분은 그러하지 아니하다.

◉ 쟁점: 소청심사 청구 기간 도과 여부

국가공무원법 제75조에 따르면 공무원에 대하여 직위해제 처분을 할 때에는 처분사유 설명서를 교부하도록 하고 있고, 제76조에서는 처분사유설명서를 받은 공무원이 그 처분에 불복할 때에는 그 설명서를 받은 날로부터 30일 이내에 소청심사위원회에 이에 대한 심사를 청구할 수 있다고 규정하고 있습니다.

다만, 본 사안과 같이 소청인에게 처분사유설명서가 교부되지 않은 경우에는 처분사유설명서 수령을 기준으로 하는 위 규정을 적용하기 어려운 측면이 있습니다.

이에 일반법적인 성격을 가지는 행정심판법의 적용을 검토할 수 있는데, 행정심판법 제27조 제3항에서는 처분이 있었던 날부터 180일 이내에 청구하되 정당한 사유가 있는 경우에는 그러하지 아니하다고 규정하고 있습니다.

본 사안에서는 소청인이 처분이 있었던 날로부터 180일이 도과하여 소청심사를 뒤늦게 청구하기는 하였으나, 피소청인이 소청인에게 직위해제 처분이 있었음을 알 수 있도록 조치한 바가 없고, 소청인도 장기간 구금으로 인하여 직위해제 사실을 인지하기 어려웠던 점 등에 비추어 소청인이 180일 이내에 청구하지 못했던 사유가 정당하다고 보아 이 사건 소청심사 청구가 적법하다고 판시하였습니다.

실제사안의 적용에 있어서, 청구 기간 도과 쟁점은 본 사안과 같은 직위해제 처분 사건뿐만 아니라 징계 처분 사건 등에도 동일한 적용을 받는다는 점에서 주의를 요한다 할 것입니다.

❑ 관계 법령

○ 국가공무원법
[시행 2019. 4. 17.] [법률 제15857호, 2018. 10. 16., 일부개정]

제75조(처분사유설명서의 교부)
① 공무원에 대하여 징계 처분등을 할 때나 강임·휴직·직위해제 또는 면직 처분을 할 때에는 그 처분권자 또는 처분제청권자는 처분 사유를 적은 설명서를 교부(交付)하여야 한다. 다만, 본인의 원(願)에 따른 강임·휴직 또는 면직처분은 그러하지 아니하다.

제76조(심사청구와 후임자 보충 발령)
① 제75조에 따른 처분사유설명서를 받은 공무원이 그 처분에 불복할 때에는 그 설명서를 받은 날부터, 공무원이 제75조에서 정한 처분 외에 본인의 의사에 반한 불리한 처분을 받았을 때에는 그 처분이 있은 것을 안 날부터 각각 30일 이내에 소청심사위원회에 이에 대한 심사를 청구할 수 있다. 이 경우 변호사를 대리인으로 선임할 수 있다.

○ 행정심판법

[시행 2018. 11. 1.] [법률 제15025호, 2017. 10. 31., 일부개정]

제27조(심판청구의 기간)

① 행정심판은 처분이 있음을 알게 된 날부터 90일 이내에 청구하여야 한다.

② 청구인이 천재지변, 전쟁, 사변(事變), 그 밖의 불가항력으로 인하여 제1항에서 정한 기간에 심판청구를 할 수 없었을 때에는 그 사유가 소멸한 날부터 14일 이내에 행정심판을 청구할 수 있다. 다만, 국외에서 행정심판을 청구하는 경우에는 그 기간을 30일로 한다.

③ 행정심판은 처분이 있었던 날부터 180일이 지나면 청구하지 못한다. 다만, 정당한 사유가 있는 경우에는 그러하지 아니하다.

④ 제1항과 제2항의 기간은 불변 기간(不變期間)으로 한다.

⑤ 행정청이 심판청구 기간을 제1항에 규정된 기간보다 긴 기간으로 잘못 알린 경우 그 잘못 알린 기간에 심판청구가 있으면 그 행정심판은 제1항에 규정된 기간에 청구된 것으로 본다.

⑥ 행정청이 심판청구 기간을 알리지 아니한 경우에는 제3항에 규정된 기간에 심판청구를 할 수 있다.

⑦ 제1항부터 제6항까지의 규정은 무효등확인심판청구와 부작위에 대한 의무이행심판청구에는 적용하지 아니한다.

[3] 시보경찰공무원 직권면직 사건

주 문

피소청인이 2016. 5. 24. 소청인에게 한 직권면직 처분은 이를 취소한다.

이 유

1. 원처분 사유 요지

소청인은 시보임용 기간 중인 2014. 6. 1. 21:30경 甲시 소재 乙식당에서 동료 B 등과 같이 술을 마시던 중, 피해자 B를 향해 '눈빛이 섹시 하다, 앉아있는 것도 섹시하다, 옷을 여성스럽게 입고 다녀라. C는 얼굴은 못생겨도 치마입고 다니니깐 봐 줄 만하다.'며 성적 굴욕감을 주는 성희롱적 발언을 하여 2014. 10. 1. 감봉 1월의 징계 처분을 받은 사실이 있다.

이에 2015. 5. 1. 丙청 정규임용심사위원회는 비록 소청인이 근무성적, 직무수행 태도, 교육훈련 성적에서는 특별한 결격 사유가 발견되지 않지만, 시보임용 기간 중 경찰공무원으로서 모범을 보여야 함에도 불구하고, 공개된 장소에서 동료여경의 외모·옷차림에 대한 언어적 성희롱과 타 여경 관련 성희롱 발언 등은 도덕적 비난 가능성이 현저하며, 경찰관으로서 요구되는 책임감 및 윤리성이 부족하여 추후 음주·성관련 비위 발생 가능성을 배제할 수 없다고 할 것이므로 정규경찰공무원으로서의 임용이 부적합하다고 판단되어 '직권면직'에 처한다는 것이다.

2. 소청 이유 요지

소청인은 경찰공무원으로서 품위를 유지하여야 함에도 잘못된 언행에 대해 모두 인정하며 그 잘못을 깊게 반성하고 있다. 다만, 이 사건으로 인해 경찰관으로서 요구되는 책임감 및 윤리성이 부족하다고 판단하고 소청인에게 직권면직 처분한 것에 대해, 소청인은 확고한 국가관과 투철한 사명감을 가지고 성실히 근무하여 소속 상관뿐만 아니라 동료 경찰공무원들로부터 다수의 탄원서가 제출된 점, 피해자가 감찰조사 시 소청인의 처벌을 원하지 않는다고 진술한 점 등을 볼 때, 이 사건 징계 처분 외에 소청인에게 정규임용에서 배제할 정도의 특별한 문제점이 있다고 보기 어렵다고 할 것이며, 다른 직권면직 처분 취소 사건의 소청심사 결과와 형평성 등을 고려하여 원처분을 취소해 달라는 것이다.

3. 판단

가. 시보임용제도의 취지 및 관련 규정

시보임용제도는 공무원의 신규 채용을 위한 공개경쟁시험 등의 방법이 공무원의 직무수행 능력을 완전히 실증하기 어려운 점을 감안하여 일단 시험에 의하여 채용된 사람들 가운데 실무를 통하여 적격성을 갖추지 못한 것으로 판정되는 사람을 정규공무원의 임용에서 배제함으로써 공무원의 임용을 능력의 실증에 의하여 한다는 실적주의 원칙을 관철하기 위한 것으로서 공개경쟁시험 등과 함께 정규공무원을 선발하는 또 하나의 절차이고, 법을 집행하는 경찰공무원은 더 높은 도덕성과 기강이 요구되므로 시보임용경찰공무원의 정규임용 적격성 여부는 관련 규정에 따라 엄격히 판단되어야 한다.

나아가 경찰공무원임용령 제20조 제2항은 시보임용경찰공무원이 ① 징계 사유에 해당할 때, ② 제21조 제1항의 규정에 의한 교육훈련 성적이 만점의 6할 미만이거나 생활기록이 극히 불량할 때, ③ 경찰공무원 승진임용규정 제7조 제2항에 의한 제2평정요소에 대한 근무성적평정점이 만점의 5할 미만일 때에는 정규임용심사위원회의 심사를 거쳐 당해 시보임용경찰공무원을 면직시킬 수 있다.

같은 영 제47조 직권면직 사유로는 제1항에서 ① 지능저하 또는 판단력의 부족으로 경찰업무를 감당할 수 없는 경우, ② 책임감의 결여로 직무수행에 성의가 없고 위험한 직무를 고의로 직무수행을 기피 또는 포기하는 경우, 제2항에서는 ① 인격장애, 알코올·약물중독 그 밖의 정신장애로 인하여 경찰업무를 감당할 수 없는 경우, ② 사행행위 또는 재산의 낭비로 인한 채무과다, 부정한 이성관계 등 도덕적 결함이 현저하여 타인의 비난을 받는 경우에 해당한다.

경찰공무원임용령 시행규칙 제10조 제1항은 시보임용경찰공무원의 정규임용을 위한 적부 심사에 있어 ① 시보임용 기간 중의 근무실적 및 직무수행 태도, ② 경찰공무원임용령 제20조 제2항 각 호에의 해당 여부, ③ 같은 영 제47조 각 호에의 해당 여부 및 ④ 소속 상사의 소견을 고려하여야 한다고 규정하고 있으며, 시보경찰공무원 인사관리지침 제9조 제1항 및 제13조 제2항에 따르면, 정규임용심사자료심의회는 시보경찰관의 적부 여부를 심사함에 있어 대상자의 신상자료(책임지도관 면담·관찰기록부, 동료평가표), 책임지도관의 의견, 근무실적 및 직무수행 태도 평가, 소속 상사의 소견을 근거로 정규임용심사위원회에 제출할 자료를 심의·의결하고, 정규임용심사위원회는 경찰공무원임용령 시행규칙 제10조 제1항 이외에 신상자료, 책임지도관의 의견을 고려하여야 한다.

아울러 시보경찰공무원 임용심사 강화 계획에 따르면, 경찰공무원임용령 제20조 제2항 제1호 징계 사유에 해당할 때의 구체화 기준을 정하면서 '음주운전 및 음주로 인한 교통사고 야기, 직무와 관련한 비밀 누설 및 개인정보 누출, 직무 관련 금품·향응 수수'로 인하여 감봉 이상의 징계 처분 시에는 정규임용 배제 원칙을 엄격히 적용하도록 규정하고 있다.

나. 인정 사실

본 건 직권면직 처분과 관련하여 이 사건 기록을 통해 다음과 같은 사실을 인정할 수 있다.

① 소청인은 시보임용 기간 중인 2014. 6. 1. 21:30경 피해자 B를 향해 '눈빛이 섹시하다, 앉아있는 것도 섹시하다, 옷을 여성스럽게 입고 다녀라, C는 얼굴은 못생겨도 치마입고 다니니깐 봐 줄 만하다'며 성적 굴욕감을 주는 성희롱적 발언을 하여 2014. 10. 1. '감봉 1월'의 징계 처분을 받았는바, 이에 기하여 2015. 5. 1. 丙청 정규임용심사위원회는 소청인이 경찰관으로서 요구되는 책임감 및 윤리성이 부족하여 추후 음주·성관련 비위 발생 가능성을 배제할 수 없다고 보아 정규경찰공무원으로서의 임용이 부적합하다고 판단하여 이 사건 직권면직 처분을 하였다.

② 경찰공무원임용령 제20조 제2항 제2호 및 제3호 기준을 보면, 소청인의 교

육훈련 성적은 만점(1,000점)의 6할을 초과하고, 제2평정요소에 대한 근무성적 평정점이 만점(20점)의 5할을 초과하여 위 규정을 충족하며, 소속 상사와 책임 지도관의 소견이 긍정적이고, 함께 근무한 동료들도 좋은 평가를 하는 등 근무 실적 및 직무수행 태도가 양호한 것으로 평가하였으며, 피소청인도 직권면직 의 결서에 근무성적, 직무수행 태도, 교육훈련 성적에서는 소청인에게 특별한 결격 사유가 발견되지 않는다고 판단하였다.

③ 시보경찰공무원 임용심사 강화 계획에서 규정해 놓은 징계를 받았거나 징계 사유에 해당될 때의 구체화 기준에는 소청인이 받은 징계 비위가 해당하지 않 고, 나아가 시보경찰공무원 인사관리지침 제14조의2는 여러 사정을 종합적으로 고려하여 정규임용함이 타당하다고 판단되는 경우 경찰공무원임용령 제20조 제 2항에 해당하는 면직 사유가 있더라도 예외로 할 수 있는 것으로 규정해 놓고 있다.

다. 판단(처분 재량의 일탈·남용 여부)

위 인정사실에 비추어 알 수 있는 다음과 같은 사정들 즉, 소청인은 경찰공무원 으로서 제반 법령을 준수하며 성실히 직무를 수행하여야 하고 직무의 내외를 불문하고 그 품위가 손상되는 행위를 하여서는 아니 되며, 시보임용제도가 시험 을 통해 판단하기 어려운 경찰공무원으로서의 적격성을 보다 면밀하게 판단하 고자 하는 취지임에 비추어 볼 때, 직장 내 성희롱 등으로 물의를 야기하여 건 전한 직장 분위기를 저해하고 경찰공무원의 위신을 실추시키지 않도록 경찰조 직 내부에서도 부단히 교육·지시하였음에도 소청인은 이에 대한 주의를 기울이 지 아니하고, 동료에게 성희롱 발언한 소청인의 행위는 공무원 사회의 건전한 분위기 및 조직 질서를 심히 해한 것으로, 그 비난 가능성이 매우 크다고 할 것 이다.

또한, 시보경찰공무원의 정규임용 여부는 인사권자에게 상당한 재량이 인정되 는 사항으로 피소청인이 소청인의 징계 전력과 정규임용 관련 평가자료 등을 종합적으로 고려하여 경찰공무원으로서의 임용이 부적합하다고 판단한 경위에 어떠한 위법이 있다고 보이지 않는다.

그러나 비록 정규임용 여부가 피소청인의 재량행위라 할지라도 당해 처분을 통해 달성하려는 공익목적과 개인에게 미칠 불이익을 비교하여 판단해야 할 것인바, 앞서 살펴본 바와 같이 이 사건 징계 사유 외에 소청인이 정규임용에서 배제할 정도의 특별한 문제점은 발견되지 않고, 근무실적이나 책임지도관 및 소속 상사·동료들의 평가가 양호하며, 소청인이 자신의 잘못을 반성하며 만회하려는 노력이 보이는 점으로 보아 이 사건 징계 사유만으로 장래에 음주·성관련 비위가 우려된다고 단정하기에는 다소 무리가 있다고 할 것이다.

그렇다면 본 건 직권면직 처분은 소청인에게 지나치게 가혹하다고 판단되는바, 이를 지적하는 소청인의 주장은 이유가 있다.

4. 결정

따라서 원처분의 취소를 구하는 이 사건 청구는 이유가 있다. 이에 주문과 같이 결정한다.

※ 본 사안은 소청심사위원회 2016년도 소청결정사례집 53집 연번 83번 등을 바탕으로 재구성한 사안입니다.

▣ 사안의 해설

본 사안에서 피소청인은 시보경찰공무원인 소청인의 정규경찰공무원 임용에 대해 부적합하다고 판단하여 직권면직 처분을 하였습니다. 아래에서는 시보경찰공무원에 대하여 임용 부적합을 사유로 직권면직 처분 시 적법성 판단기준에 대해 상세히 살펴보도록 하겠습니다.

◉ 쟁점: 시보경찰공무원 임용 부적합 사유로 직권면직 처분 시 적법성 판단기준

경찰공무원법 제10조 제1항 및 제3항에 의하면, 경정 이하의 경찰공무원을 신규 채용할 때에는 1년간 시보로 임용하고, 시보임용 기간 중 경찰공무원이 근무성적 또는 교육훈련 성적이 불량할 때에는 면직할 수 있습니다.

시보임용제도는 공무원 임용제도의 성격상 정규임용 이후에는 부적격자를 배제하는 데 일정한 한계가 있으므로, 1년간 시보 기간을 두어 경찰관으로서의 자질이나 능력 등을 살펴본 후 정규경찰공무원으로 채용하기 위한 목적으로, 이를 고려할 때 시보공무원의 정규임용 여부는 원칙적으로 인사권자에게 상당한 재량이 인정되는 사항이라 할 것입니다.

본 사안에서는, 소청인은 동료 직원에게 성희롱 발언을 하여 감봉 1월의 징계처분을 받았고 이에 대한 비난 가능성은 매우 크다 할 것이나, 이 사건 외에 소청인을 정규임용에서 배제할 정도의 특별한 문제점은 발견되지 않고 근무실적이나 책임지도관 등의 평가가 양호한 점 등을 감안할 때 이 사건 직권면직 처분이 재량권을 일탈·남용하였다고 취지에서 소청인의 주장이 타당하다고 판단하였습니다.

이와 같이 시보경찰공무원이 징계 처분을 받고 이를 주된 근거로 직권면직 처분을 받은 사례의 경우에는, 비위행위 이외에 피소청인의 제반규정상의 다른 요건의 충족 여부, 시보 기간 중 근무성적, 교육훈련 성적, 책임지도관 및 소속 상사·동료들의 평가, 문제되는 비위행위의 정도, 직권면직 처분을 받은 소청인의 불이익과 청렴하고 유능한 경찰공무원을 채용하기 위한 공익 사이의 이익형량 등을 구체적으로 살펴보아야 할 것으로 보입니다.

❏ 관련 규정

○ 경찰공무원법
[시행 2018. 9. 21.] [법률 제15522호, 2018. 3. 20., 타법개정]

제10조(시보임용)

① 경정 이하의 경찰공무원을 신규 채용할 때에는 1년간 시보(試補)로 임용하고, 그 기간이 만료된 다음 날에 정규경찰공무원으로 임용한다.

③ 시보임용 기간 중에 있는 경찰공무원이 근무성적 또는 교육훈련 성적이 불량할 때에는 「국가공무원법」 제68조 및 이 법 제22조에도 불구하고 면직시키거나

면직을 제청할 수 있다.

제22조(직권면직)

① 임용권자는 경찰공무원이 다음 각 호의 어느 하나에 해당될 때에는 직권으로 면직시킬 수 있다.

1. 「국가공무원법」 제70조 제1항 제3호부터 제5호까지의 규정 중 어느 하나에 해당될 때

2. 경찰공무원으로는 부적합할 정도로 직무수행 능력이나 성실성이 현저하게 결여된 사람으로서 대통령령으로 정하는 사유에 해당된다고 인정될 때

3. 직무를 수행하는 데에 위험을 일으킬 우려가 있을 정도의 성격적 또는 도덕적 결함이 있는 사람으로서 대통령령으로 정하는 사유에 해당된다고 인정될 때

4. 해당 경과에서 직무를 수행하는 데 필요한 자격증의 효력이 상실되거나 면허가 취소되어 담당 직무를 수행할 수 없게 되었을 때

○ 경찰공무원 임용령

[시행 2019. 1. 1.] [대통령령 제29018호, 2018. 7. 3., 일부개정]

제20조(시보임용경찰공무원)

① 임용권자 또는 임용제청권자는 시보임용 기간 중에 있는 경찰공무원(이하 "시보임용경찰공무원"이라 한다)의 근무사항을 항상 지도·감독하여야 한다.

② 임용권자 또는 임용제청권자는 시보임용경찰공무원이 다음 각 호의 어느 하나에 해당하여 정규경찰공무원으로 임용하는 것이 부적당하다고 인정되는 경우에는 제3항에 따른 정규임용심사위원회의 심사를 거쳐 해당 시보임용경찰공무원을 면직시키거나 면직을 제청할 수 있다.

1. 징계 사유에 해당하는 경우

2. 제21조 제1항에 따른 교육훈련 성적이 만점의 60퍼센트 미만이거나 생활기록이 극히 불량한 경우

3. 「경찰공무원 승진임용 규정」 제7조 제2항에 따른 제2평정 요소의 평정점이 만점의 50퍼센트 미만인 경우

③ 시보임용경찰공무원을 정규경찰공무원으로 임용하는 경우 그 적부(適否)를 심사하게 하기 위하여 임용권자 또는 임용제청권자 소속으로 정규임용심사위원회를 둔다.

제21조(시보임용경찰공무원 등에 대한 교육훈련)

② 임용권자 또는 임용제청권자는 시보임용예정자가 제1항에 따른 교육훈련성적이 만점의 60퍼센트 미만이거나 생활기록이 극히 불량할 때에는 시보임용을 하지 아니할 수 있다.

○ 국가공무원법

[시행 2019. 4. 17.] [법률 제15857호, 2018. 10. 16., 일부개정]

제70조(직권 면직)

① 임용권자는 공무원이 다음 각 호의 어느 하나에 해당하면 직권으로 면직시킬 수 있다. <개정 2008. 3. 28., 2012. 12. 11., 2016. 5. 29.>

1. 삭제 <1991. 5. 31.>

2. 삭제 <1991. 5. 31.>

3. 직제와 정원의 개폐 또는 예산의 감소 등에 따라 폐직(廢職) 또는 과원(過員)이 되었을 때

4. 휴직 기간이 끝나거나 휴직 사유가 소멸된 후에도 직무에 복귀하지 아니하거나 직무를 감당할 수 없을 때

5. 제73조의3 제3항에 따라 대기 명령을 받은 자가 그 기간에 능력 또는 근무성적의 향상을 기대하기 어렵다고 인정된 때

6. 전직시험에서 세 번 이상 불합격한 자로서 직무수행 능력이 부족하다고 인정된 때

7. 병역판정검사·입영 또는 소집의 명령을 받고 정당한 사유 없이 이를 기피하거나 군복무를 위하여 휴직 중에 있는 자가 군복무 중 군무(軍務)를 이탈하였을 때

8. 해당 직급·직위에서 직무를 수행하는데 필요한 자격증의 효력이 없어지거나

면허가 취소되어 담당 직무를 수행할 수 없게 된 때

9. 고위공무원단에 속하는 공무원이 제70조의2에 따른 적격심사 결과 부적격
   결정을 받은 때

[4] 승진임용 청구 사건

주 문

이 청구를 각하한다.

이 유

1. 부작위 사유 요지

소청인은 2015년도 A제안 심사에서 B상을 수상하여 국가공무원법 제40조의4 제1항 제3호 및 제53조, 공무원제안규정 제17조 제2항 등의 특별승진 규정이 적용된다.

그러나 2016년 상반기 특별승진시 A제안의 제안자에 대한 인사특전을 검토하면서 특별승진은 강행규정이라 할 수 없으며, 임용권자가 반드시 특별승진을 시켜야 하는 인사법령상의 의무가 존재하지는 않으며, 소청인이 당시 승진을 위한 승진소요최저연수 요건을 충족하지 않아 특별승진에서 제외되었다.

2016년 하반기 특별승진시에는 소청인이 승진소요최저연수가 경과하여 심사에 포함하였으나, 제안 실시로 인한 구체적 예산절감과 뚜렷한 행정발전 실적으로 보기 어려워 승진심사위원회에서 부결되어 특별승진임용하지 않았다.

2. 소청 이유 요지

(이하 생략)

3. 판단

국가공무원법 제9조 제1항에서 '소청심사의 대상'은 '행정기관 소속 공무원의 징계 처분 기타 그 의사에 반하는 불리한 처분이나 부작위'라고 하고 있는바, 이 사건은 징계 처분과는 무관하고, 행정청에서 소청인에게 우월적인 공권력 행사를 하거나 소청인의 권리 또는 이익을 침해한 사실이 없는 등 처분이 존재하지 않으므로 '그 의사에 반하는 불리한 처분'으로 볼 수 없다.

다음으로, 소청심사 대상이 되는 부작위인지를 살펴보면 '부작위'라 함은 행정청이 당사자의 신청에 대하여 어떠한 처분을 하여야 할 법률상 의무가 있음에도 상당한 기간 동안에 아무런 처분도 하지 않은 것을 의미하는바, 인사관계법령인 국가공무원법 제53조 제2항에 의하면 '우수제안자에 대하여 특별승진이나 특별승급을 시킬 수 있다.'고 규정하고 있고, 경찰공무원법 제14조 제1항에서도 '특별승진시킬 수 있다'고 규정하고 있다. 또한 특별승진임용이 재량행위라는 근거를 바탕으로 경찰공무원 승진임용규정 제41조에서 승진심사위원회의 심사를 거칠 것을 규정하고 있고, C처 소속 경찰공무원 승진임용규정 시행규칙에서도 심사에 필요한 절차와 내용을 정하고 있다.

공무원제안규정 제17조 제2항에서 'A제안의 제안자에 대하여는 인사관계법령이 정하는 바에 따라 특별승진 또는 특별승급의 인사상 특전을 부여하여야 한다.'고 규정하고 있지만, 공무원 인사상 특전에 대해서는 인사관계법령이 정하는 바를 따라야 하는 전제가 있으므로 '부여하여야 한다'는 후단 문구만으로 임용권자가 기속된다고 볼 수는 없으며, 동 규정의 이러한 표현상의 문제로 인해 소관 부처인 D부에서는 2017. 1. 6.자 전면개정시 '인사상 특전을 부여할 수 있다.'고 규정을 개정한 바 있다.

따라서 피소청인이 소청인의 특별승진임용에 대해 법률상 의무가 있다고 볼 수는 없다.

한편, 판례에 따르면 승진임용을 위한 신청권을 필요로 한다고 하고 있는데, 인사관계법령상 재량행위인 특별승진에서 일반적으로 공무원의 법적인 신청권이 부여되어 있지는 않으며, 예외적으로 대상자가 임용권자에 의해 특별승진임용

예정자로 선정되고 그 사실이 대내외에 공표까지 되었다는 특별한 사정이 있는 경우 조리상의 권리가 있다고 판시하고 있다(대법원 2009. 7. 23. 선고 2008두 10560).

소청인은 D부의 'A제안자 인사특전부여 협의요청에 대한 회신' 및 C처 E담당관이 F과장에게 보낸 'A제안자 인사상 특전 부여 요청' 문서 등을 근거로 소청인의 특별승진임용에 대한 조리상 권리가 있음을 주장하나, 이는 제안제도 담당부서와 부처간 법령적용 대상에 대한 내용을 확인하는 행위일 뿐 이를 근거로 특별승진임용에 대한 신청권을 인정할 수는 없다.

따라서 이 사건은 국가공무원법 제9조 제1항의 규정에 의한 소청심사대상인 '징계 처분 기타 그 의사에 반하는 불리한 처분이나 부작위'에 해당되지 않는다.

4. 결정

그렇다면 이 사건은 소청심사의 요건을 갖추지 못한 부적법한 청구에 해당하므로, 본안에 들어가 더 살펴볼 필요 없이 국가공무원법 제14조 제5항 제1호에 따라 각하하기로 하여 주문과 같이 결정한다.

※ 본 사안은 소청심사위원회 2016년도 소청결정사례집 53집 연번 90번 등을 바탕으로 재구성한 사안입니다.

▣ 사안의 해설

본 사안에서는 승진임용을 구하는 소청심사가 적법한지 여부를 중점으로 살펴보도록 하겠습니다.

◉ 쟁점: 승진임용을 구하는 소청심사가 적법한지 여부

국가공무원법 제9조 및 제14조에 따르면 소청심사의 대상은 '징계 처분', '그 밖에 그 의사에 반하는 불리한 처분', '부작위'이며, 소청심사위원회의 결정으로 부작위에 대하여 의무 이행을 구하는 심사 청구가 이유 있다고 인정되면 지체 없이 청구에 따른 처분을 하거나 이를 할 것을 명한다고 규정하고 있습니다.

한편, 판례에 따르면 부작위위법확인의 소는 처분청이 당사자의 법규상 또는 조리상의 권리에 기한 신청에 대하여 상당한 기간 내에 법률상 응답의무가 있음에도 불구하고 이를 하지 아니하는 경우 그 부작위가 위법하다는 것을 확인함으로써 소극적 위법상태를 제거하는 것을 목적으로 한다고 판시하고 있습니다(대법원 2009. 9. 10. 선고 2007두20638 판결 참조).

위 법령과 판례의 판시 사항을 종합하면, 소청인이 피소청인에게 승진임용이라는 행위 발동을 요구할 법률상 또는 조리상 신청권이 있어야, 소청심사의 대상이 되는 부작위에 대한 의무이행을 구하는 심사를 청구할 수 있다고 할 것입니다.

통상 승진임용 청구 사안에서 공무원이 승진임용 요건을 갖추었다고 하더라도 특별한 사정이 없는 한 공무원의 승진임용 여부는 임용권자의 재량에 맡겨져 있으므로 승진임용을 희망하는 공무원으로서는 임용 여부에 대한 피소청인의 응답을 신청할 법규상 또는 조리상 권리가 없다고 평가합니다.

다만, 예외적으로 특별한 사정이 있다면 달리 볼 수 있습니다. 구체적인 예시로 소청인이 임용권자에 의해 특별승진임용 예정자로 선정되고 그 사실이 대내외에 공표되는 등의 사정이 있는 경우에는 법률상 또는 조리상 신청권을 인정하고 있고 있습니다.

본 사안에서는 국가공무원법, 경찰공무원법, 공무원제안규정 등 제반 관계 법령 및 규정에 비추어 소청인이 피소청인에게 승진임용이라는 행위 발동을 요구할 법률상 신청권이 없다고 판단하였으며, 인사특전 부여 협의요청에 대한 회신 등만으로는 조리상 신청권이 있다고 인정할 수 없어 이 사건 청구가 부적법하다고 판단하였습니다.

❏ 관계 법령

○ 국가공무원법

[시행 2019. 4. 17.] [법률 제15857호, 2018. 10. 16., 일부개정]

제9조(소청심사위원회의 설치)
① 행정기관 소속 공무원의 징계 처분, 그 밖에 그 의사에 반하는 불리한 처분이나 부작위에 대한 소청을 심사·결정하게 하기 위하여 인사혁신처에 소청심사위원회를 둔다.

제14조(소청심사위원회의 결정)
⑤ 소청심사위원회의 결정은 다음과 같이 구분한다.
5. 위법 또는 부당한 거부 처분이나 부작위에 대하여 의무 이행을 구하는 심사 청구가 이유 있다고 인정되면 지체 없이 청구에 따른 처분을 하거나 이를 할 것을 명한다.

❏ 관련 판례

○ 승진임용을 하지 않고 있는 부작위가 위법하다고 판단한 사안
– 대법원 2009. 7. 23. 선고 2008두10560 판결 등 참조

공무원이 당해 지방자치단체 인사위원회의 심의를 거쳐 승진대상자로 결정되고 임용권자가 그 사실을 대내외에 공표까지 하였다면, 그 공무원은 승진임용에 관한 법률상 이익을 가진 자로서 임용권자에 대하여 승진임용을 신청할 조리상의 권리가 있고, 이러한 공무원으로부터 소청심사 청구를 통해 승진임용신청을 받은 행정청으로서는 상당한 기간 내에 그 신청을 인용하는 적극적 처분을 하거나 각하 또는 기각하는 등의 소극적 처분을 하여야 할 법률상의 응답의무가 있다. 그럼에도, 행정청이 위와 같은 권리자의 신청에 대해 아무런 적극적 또는 소극적 처분을 하지 않고 있다면 그러한 행정청의 부작위는 그 자체로 위법하다.

[5] 업무 처리 부적정 사건

주 문

이 청구를 각하한다.

이 유

1. 원처분 사유 요지

소청인은 A청에 근무 중인 국가공무원이다. 소청인은 B사업 담당으로 재직 중 B사업의 제안요청서 작성 시 관련 규정과 달리 주파수 확보책을 반영하지 않은 채 입찰공고를 하였고 이후 주파수 관련 확보절차를 미준수하여 사업지연을 초래하였으며, 계약금액 증액이 요구될 수도 있는 업체에게 유리한 계약 조건을 포함한 계약을 체결하는 등 B사업 관리를 미흡하게 추진하여 이에 '경고'하였으나, 소청인의 소청 제기로 소청심사위원회로부터 경고 처분 취소 결정을 받아 이에 경고를 취소하고 '주의' 처분에 처한다는 것이다.

2. 소청 이유 요지

(이하 생략)

3. 판단

가. 관련 규정 및 법리

1) 국가공무원법 제9조는 '행정기관 소속 공무원의 징계 처분, 그 밖에 그 의사에 반하는 불리한 처분이나 부작위에 대한 소청을 심사·결정하게 하기 위하여 인사혁신처에 소청심사위원회를 둔다'라고 규정하고 있고, 행정심판법 제2조(정의)에서는 처분을 '행정청이 행하는 구체적 사실에 관한 법집행으로서

의 공권력의 행사 또는 그 거부, 그 밖에 이에 준하는 행정작용'으로 정의하고 있다.

2) 또한, 항고소송 대상이 되는 행정청의 처분이란 원칙적으로 행정청의 공법상 행위로서 특정사항에 대하여 법규에 의한 권리의 설정 또는 의무의 부담을 명하거나 기타 법률상 효과를 직접 발생하게 하는 등 국민의 권리의무에 직접 관계가 있는 행위를 말하므로 행정청의 내부적인 의사결정 등과 같이 상대방 또는 관계자들의 법률상 지위에 직접 법률적 변동을 일으키지 않는 행위는 그에 해당하지 아니한다(대법원 2011. 4. 21. 선고 2010무111판결).

3) A청 자체감사에 관한 규정 제30조 제1항 제5호에 따르면 감사 결과 징계 사유에 이르지 아니하나 행정착오 또는 과실로 인하여 법령 또는 각종 지시사항을 위반하였거나 부당하게 처리한 사실을 발견하여 관련자의 경각심을 촉구하기 위한 경우에는 경고, 위법 또는 부당하다고 인정되는 사실이 있으나 그 정도가 경고 사유에 이르지 아니할 정도로 경미한 경우에 주의를 주도록 되어 있다.

4) A청은 자체 복무·징계관련 훈령이 없으며, 국가공무원 복무·징계 관련 예규(인사혁신처 예규 제24호)를 준용하는데 국가공무원 복무·징계 관련 예규 VI. 공무원의 경고·주의 등 처분 지침을 보면 '경고'는 징계 책임을 물을 정도에 이르지 아니한 사항이나 비위의 정도가 주의보다 중하여 해당 공무원에게 과오를 반성하도록 경고할 필요가 있는 경우 등에 행하는 조치이고, '주의'는 비위의 정도가 경미하다고 판단되어 그 잘못을 반성하게 하고 앞으로는 그러한 행위를 다시 하지 않도록 해당 공무원을 지도할 필요가 있는 경우에 행하는 조치이다.

5) 2017년도 정부포상업무지침은 공무원 포상 추천 제한 사유로 징계 또는 불문경고(징계위원회의 의결에 의한 불문경고에 한함) 처분을 받은 자로 규정되어 있어, 경고나 주의 처분은 제한 사유에 해당하지 아니하고, A청 표창 규정에 의하면 추천제한자는 징계 또는 불문경고(말소된 자 제외)를 받은 자 또는 재직 중 근무불성실 또는 각종 비위에 관련되어 청장서훈이 부적합하다고 판단되는 자로 규정하고 있다.

6) 공무원 인재개발 업무지침(인사혁신처 예규 제21호 2016. 3. 24.)에 의하면 국외훈련 공무원의 선발 요건으로서 징계 처분을 받은 자는 추천일 현재 그 처분이 종료한 날로부터 1년 이상이 경과한 자로 자격을 제한하고 있다.

나. 사안 판단

국가공무원법에서 소청심사의 대상으로서 '그 밖에 그 의사에 반하는 불리한 처분'이라 함은 강임·휴직·직위해제·면직·전보 등과 같이 공무원의 의사에 반하는 불리한 처분을 의미한다 할 것으로, 이때의 불이익은 단순한 사실상의 불이익이 아니라 법적으로 보호되어야 하는 공무원으로서의 구체적인 신분상의 불이익을 의미하며, 이는 행정청의 우월적인 공권력행사로 인해 법률상의 권리의무관계가 직접적으로 변동되고 이로 인해 일정한 법률효과를 발생시켜 기존의 권리 또는 이익을 직접적이고 구체적으로 침해하는 것이어야 할 것이다.

이 사건 주의가 소청심사의 대상인 그 밖에 의사에 반하는 불리한 처분에 해당하는지에 대하여 살펴보면, 주의는 국가공무원법에 규정된 징계에 해당하지 않고, 인사기록카드에 등재되지도 아니하여 A청의 인사관리에 있어 실제적인 법률상의 불이익을 부여하고 있지 않다.

또한 국가공무원 복무·징계 관련 예규에 따르면 처분의 효력으로서 경고는 처분 후 1년 이내에 근무성적평정·성과상여금 등급 조정, 포상대상자 추천·해외연수대상자 선발 등 인사관리에 반영(불이익 부여)하는 것으로 규정하고 있으나, 주의는 근무성적평정과 성과상여금 등에는 영향을 받지 않으며, 처분 후 1년 이내에 포상대상자 추천·해외연수대상자 선발 등 인사관리에 반영(불이익 부여)은 하나 주의 조치로 인해 그 추천 내지 선발의 적격이나 대상 자체를 제한하도록 규정하고 있지는 아니하다.

소청인의 주장대로 '주의'가 실질적으로 승진심사나 타 기관 전보 시 부정적 영향을 미쳐 불이익이 있다고 하더라도 이는 '주의' 자체로부터 직접 발생하는 법률상 효과라기보다는 이 사건 주의를 받은 원인이 된 비위사실이 승진심사나 타 기관 전보 시 참작 사유로 고려되는 사실상 또는 간접적 효과에 불과하여 공무원의 신분에 직접적으로 변동을 주거나 불이익을 가져오는 법률상 효과가 발생한다고 볼 수 없으며, 이와 동일한 이유로 주의가 처분 1년 이내에 포상대상자 추천·해외연수대상자 선발 등 인사관리에 반영된다는 불이익 역시 사실상 또는 간접적 효과에 불과하다.

그렇다면 이 사건 주의는 소청인에게 앞으로 유사한 잘못을 되풀이 하지 않을 것을 권고하거나 지도하는 단순한 의견의 표시에 불과할 뿐이고, 그로 인하여 국가공무원으로서의 소청인의 신분에 불이익을 초래하는 법률상 효과를 발생시키는 것이 아니다.

따라서 이 사건 주의는 국가공무원법 제9조 제1항에서 규정하고 있는 소청심사의 대상인 "징계 처분 기타 그 의사에 반하는 불리한 처분"에 해당하지 않으므로, 주의의 취소를 구하는 이 사건 청구는 부적법하다고 사료된다.

4. 결론

그렇다면 이 사건은 소청심사의 요건을 갖추지 못한 부적법한 청구에 해당하므로, 본안에 들어가 더 살펴볼 필요 없이 국가공무원법 제14조 제5항 제1호에 따라 각하하기로 하여 주문과 같이 결정한다.

※ 본 사안은 소청심사위원회 2017년도 소청결정사례집 54집 연번 90번 등을 바탕으로 재구성한 사안입니다.

▣ 사안의 해설

본 사안에서는 주의에 대한 취소를 구하는 소청심사 청구를 제기할 수 있는지가 문제되었습니다. 아래에서는 주의의 처분성을 중심으로 이에 대해 상세히 살펴보고자 합니다.

◉ 쟁점: 주의가 소청심사의 대상인지 여부

국가공무원법 제9조에 따르면, 소청심사 대상은 행정기관 소속 공무원의 '징계 처분', '그 밖에 그 의사에 반하는 불리한 처분', '부작위'입니다.

징계는 파면·해임·강등·정직·감봉·견책으로 구분되며, 주의는 징계의 종류가 아니기 때문에 '징계 처분'에 해당하지 않으며, 소극적으로 행위를 하지 아니하는 '부작위'에 해당하지도 않습니다.

따라서 주의가 '그 밖에 그 의사에 반하는 불리한 처분'에 해당하는지가 문제되는데 선행하여 '처분'임이 인정되어야 합니다.

법률상 '처분'은 행정청의 공법상 행위로서 특정 사항에 대하여 법규에 의한 권리의 설정 또는 의무의 부담을 명하거나, 기타 법률상 효과를 발생하게 하는 등 국민의 권리 의무에 직접 관계가 있는 행위를 가리키는 것을 의미합니다.

실제 행정 현장에서 처분이라고 지칭되고 있으나, 위와 같은 법률상 처분이 아닌 경우가 있습니다.

본 사안에서 이 사건 주의는 처분이라고 지칭되었으나, 이 사건 주의로 인하여 공무원으로서 신분에 불이익을 초래하는 객관적이고 구체적인 법률상 효과가 나타나지 않아 법률상 처분이라고는 보기 어렵고, 앞으로 근무에 충실히 하라는 내용의 권고행위 또는 지도행위에 지나지 않는다고 판단하였습니다.

다만, 모든 주의에 대하여 처분성이 없다고 단정하기는 어렵다고 할 것입니다. 실제사안에 있어서는 주의가 단순히 권고행위 또는 지도행위를 넘어서 해당 공무원에게 신분상 불이익과 연계되어 있는 경우도 있을 수 있기 때문에 주의로 인하여 소청인이 어떠한 객관적이고 구체적인 신분상 불이익을 입었는지 등이 쟁점이 될 것으로 보입니다.

주의의 경우 징계 처분과 달리 각급 기관에서 자체적으로 규정하여 기관마다 효력이 다를 수 있는바, 피소청인의 제반규정을 중심으로 살펴보아야 할 것으로 보입니다.

한편, 주의뿐만 아니라 경고의 경우에도 이와 유사한 논리 구조를 가집니다. 경고 역시 피소청인의 제반규정을 중심으로 소청인이 경고로 인하여 어떠한 객관적이고 구체적인 신분상 불이익을 입는지 여부를 중심으로 살펴보면 될 것으로 보입니다.

❑ 관계 법령

○ 국가공무원법

[시행 2019. 4. 17.] [법률 제15857호, 2018. 10. 16., 일부개정]

제9조(소청심사위원회의 설치)
① 행정기관 소속 공무원의 징계 처분, 그 밖에 그 의사에 반하는 불리한 처분이나 부작위에 대한 소청을 심사·결정하게 하기 위하여 인사혁신처에 소청심사위원회를 둔다.

❑ 유사 쟁점

○ 불문경고에 대하여 취소를 구하는 소청심사를 청구할 수 있는지 여부

국가공무원법 제9조에 따르면, 소청심사 대상은 행정기관 소속 공무원의 '징계 처분', '그 밖에 그 의사에 반하는 불리한 처분', '부작위'입니다.

징계는 파면·해임·강등·정직·감봉·견책으로 구분되며, 불문경고는 징계의 종류가 아니기 때문에 '징계 처분'에 해당하지 않지 않습니다.

다만, 일반적으로 불문경고를 받게 되면 정부포상업무지침에 따라 인사기록카드에 등재되며 포상추천 대상에서 제외하는 등의 신분상 이익이 뒤따르게 되어 공무원으로서의 신분에 불이익을 초래하는 처분이라고 할 것이고, 이에 '그 밖에 그 의사에 반하는 불리한 처분'에 해당되어 소청심사의 대상이라고 봄이 상당합니다.

판례에서도, 불문경고가 법률상의 징계 처분은 아니지만 불문경고를 받지 아니하였다면 차후 다른 징계 처분이나 경고를 받게 될 경우 징계 감경 사유로 사용될 수 있었던 표창공적의 사용 가능성을 소멸시키는 효과와 1년 동안 인사기록카드에 등재됨으로써 그 동안은 표창대상자에서 제외시키는 효과 등이 있다는 이유로 항고소송의 대상이 되는 행정 처분에 해당하다고 판시한바(대법원 2002. 7. 26. 선고 2001두3532 판결 참조) 있습니다.

[저자 소개]

변호사 박교식

서울교육대학교 졸업(학사)
전남대학교 졸업(전문석사)

교동초등학교 교사
교육부 감사관실 / 사학감사담당관실 법무관
교육부 교원소청심사위원회 법무관
대한법률구조공단 해남출장소 법무관
인사혁신처 소청심사위원회 조사관(사무관 상당)
법무부 범죄예방정책국 광주보호관찰심사위원회 상임위원(서기관)
제4회 변호사시험 검토위원 위촉

(현재) 법률사무소 대표변호사
        청주교육지원청 학교폭력대책심의위원
        대전교육청 교육활동보호법률지원단 자문위원

사례로 보는 교원·공무원 징계(기타불이익, 재임용 거부) 및 소청심사

초판 발행	2020년 3월 30일
중판 발행	2024년 1월 31일
지은이	박교식
펴낸이	안종만·안상준
편 집	우석진
기획/마케팅	오치웅
표지디자인	벤스토리
제 작	우인도·고철민
펴낸곳	(주) 박영사
	서울특별시 종로구 새문안로3길 36, 1601
	등록 1959. 3. 11. 제300-1959-1호(倫)
전 화	02)733-6771
f a x	02)736-4818
e-mail	pys@pybook.co.kr
homepage	www.pybook.co.kr
ISBN	979-11-303-3607-7 93360

정 가 25,000원